EL RÍO DE LOS SUEÑOS

APROXIMACIONES CRÍTICAS A LA OBRA DE ANA MARÍA SHUA

Secretario General
César Gaviria

Secretario General Adjunto
Luigi R. Einaudi

**Director General de la Agencia Interamericana
para la Cooperación y el Desarrollo**
L. Ronald Scheman

Esta publicación integra la colección *INTERAMER* de la Secretaría General de la Organización de los Estados Americanos. Las ideas, afirmaciones y opiniones expresadas no son necesariamente las de la OEA ni de sus Estados Miembros. La responsabilidad de las mismas compete a sus autores. La correspondencia debe dirigirse al Centro Editorial, Departamento de Asuntos Educativos, 1889 "F" Street, N.W., 2º Piso, Washington, D.C., 20006, U.S.A.

EL RÍO DE LOS SUEÑOS

APROXIMACIONES CRÍTICAS A LA OBRA DE ANA MARÍA SHUA

RHONDA DAHL BUCHANAN
Editora

A I C D
Agencia Interamericana
para la Cooperación y el Desarrollo

INTERAMER 70

Colección INTERAMER/*INTERAMER Collection*

Editor General/*General Editor*

Carlos E. Paldao

Editor/*Editor*

Alison August Treppel

Editor Asistente/*Assistant Editor*

Rosario Villanueva-Popovici

Asistente de Producción Editorial/*Editorial Production Assistant*

Lourdes Vales
Mabel González

Fotografía de la Cubierta/*Cover Photograph*

Salvador Dali, "Muchacha a la ventana". © 2001 Kingdom of Spain,
Gala-Salvador Dali Fountation / Artists Rights Society (ARS), New York

INTERAMER No. 70

OAS Cataloging-in-Publication Data

El río de los sueños: Aproximaciones críticas a la obra de Ana María
Shua / Rhonda Dahl Buchanan, editora.
     p. ; cm. Includes bibliographical references. (Interamer ; no. 70)
     ISBN 0-8270-4207-8
1. Shua, Ana María, 1951-   —Criticism and interpretation. 2. Argentine fiction—Women authors—History and criticism. 3. Argentine literature—Women
authors. 4. Women authors, Argentine. 5. Authors, Argentine—20th century. I. Buchanan, Rhonda Lee Dahl. II. Series. III. Series. Colección Interamer ; no. 70.
PQ7798.29.H8 Z38 2001

Esta publicación se realiza con un aporte de la
University of Louisville

ÍNDICE

Ensayos sobre cuento infantil

Ensayo sobre su interés en la tradición popular

Presentación

La Agencia Interamericana para la Cooperación y el Desarrollo de la Organización de los Estados Americanos cree en el poder de la literatura de trascender la retórica del diálogo y facilitar un discernimiento cultural y político con mayor eficacia que cualquier tratado bien formulado. A fin de promover dicha literatura, constituye parte de nuestra misión reconocer aquellos autores que están abriendo nuevos caminos en el mundo literario de América Latina, y permitir que sus obras y los análisis de las mismas sean distribuidas a un público más numeroso. En la escritora argentina Ana María Shua, se encuentra una voz cuyo eco creemos que debería repercutir de manera fuerte y clara, y es con este enfoque que presentamos esta recopilación.

En la búsqueda de una mejor comprensión de nuestros tiempos y situaciones, frecuentemente tendemos a dirigir nuestra mirada a los "grandes" eventos e individuos (a menudo hombres) quienes parecen haber definido nuestras circunstancias. Sin embargo, las obras de Ana María Shua guían nuestra búsqueda de conocimientos hacia la riqueza de la vida cotidiana. Se deleita con las tradiciones orales de la cultura argentina, las reflexiones del judaísmo y la importancia de los recuerdos en una variedad de formatos literarios, desde historias breves hasta literatura infantil. En su variedad de enfoques y estilos, sus obras permiten al lector contemplar la complejidad de la identidad individual y cultural. Sea desde del punto de vista del adulto o del niño, cristiano o judío, hombre o mujer, el trabajo de Ana María Shua aporta nuevas perspectivas sobre las identidades étnicas, nacionales y de género que constituyen un agregado invalorable a la literatura moderna.

Con satisfacción la colección INTERAMER presenta estos ensayos sobre las obras de esta escritora argentina. Es nuestro sincero deseo que los estudios profundicen el valor y el entendimiento de su trabajo y en el proceso contribuyan con la continua evolución de la cultura y la sociedad latinoamericana, promoviendo en particular el cruce de las distintas culturas de las Américas y del Caribe.

El Editor

EL RÍO DE LOS SUEÑOS

APROXIMACIONES CRÍTICAS
A LA OBRA DE ANA MARÍA SHUA

Introducción

En su famoso poema "La fundación mitológica de Buenos Aires," Borges plantea la pregunta: "¿Y fue por este río de sueñera y de barro/que las proas vinieron a fundarme la patria?" Estos versos sirvieron como inspiración para el título del primer libro de cuentos brevísimos de Ana María Shua, *La sueñera* (Buenos Aires: Minotauro, 1984), y también para el título de este libro de ensayos críticos sobre la obra de esta escritora argentina. Algunos críticos han atribuido el significado incorrecto de "soñadora" o "mujer que sueña" a la palabra "sueñera," un argentinismo que quiere decir "ganas de dormir." Esta feliz equivocación describe perfectamente bien a Ana María Shua, una mujer que no ha dejado de soñar nuevas creaciones literarias desde que publicó su primer libro en 1967. Nacida el 22 de abril de 1951 en Buenos Aires como Ana María Schoua, la autora debutó en el mundo literario argentino, poco después de cumplir los quince años, con *El sol y yo* (Buenos Aires: Ediciones Pro, 1967), un volumen de poemas premiado por el Fondo Nacional de las Artes y la Faja de Honor de la Sociedad Argentina de Escritores. Esta temprana incursión en las letras creativas marca el inicio de una fructífera carrera de más de treinta años que abarca todos los géneros literarios: la poesía, el cuento, la novela, el relato brevísimo, el teatro, la literatura infantil, el libro de humor, el guión cinematográfico y el ensayo periodístico.

Más de diez años separan *El sol y yo* de la publicación de su segundo libro, *Soy paciente* (Buenos Aires: Losada, 1980). Para la publicación de esta novela, que ganó el primer premio en el Concurso Internacional de Narrativa de la Editorial Losada, la autora cambió la ortografía de Schoua a Shua, el apellido que ha empleado a partir de entonces.

Aunque la década de los '70 no era la más propicia para los escritores que vivían en la Argentina durante la dictadura, Shua nunca dejó de perseguir sus sueños literarios, publicando cuentos para una revista femenina bajo un seudónimo, mientras escribía los cuentos que reuniría después en *Los días de pesca* (Buenos Aires: Corregidor, 1981), de hecho, su primer libro de narrativa aunque haya aparecido un año después de *Soy paciente*. Hasta la fecha, Shua ha publicado más de 30 libros, muchos de los cuales han sido premiados o traducidos al inglés, francés, italiano, alemán, polaco y holandés, entre otras idiomas. El hecho de que haya sido invitada a tantos congresos literarios, ferias del libro y universidades en todas partes del mundo, como también su frecuente presencia en los medios de comunicación en su país, es una clara indicación de que Shua ha ganado un lugar de reconocimiento bien merecido en la historia de las letras argentinas contemporáneas.

Ana María Shua es una autora difícil de clasificar según las tradicionales normas genéricas de la crítica literaria. Ella se niega a ubicarse en un casillero literario, optando por experimentar nuevas formas creativas en cada libro que publica, y demostrando a la vez una versatilidad extraordinaria. De ese modo ha frustrado tal vez a los críticos que quisieran atribuirle un rótulo definitivo a esta escritora-camaleón.

Aunque sus libros se distinguen por su forma y contenido, cada uno registra la marca personal de Shua. Entre otros elementos recurrentes, la obra de esta escritora se destaca por el uso de humor e ironía, armas discursivas que la autora utiliza para observar y criticar lo que mejor conoce: la vida cotidiana argentina. Sin embargo, todos podemos reconocernos en sus personajes que sufren y gozan de esta realidad absurda que es la vida.

Este libro de ensayos críticos invita al lector a descubrir las varias facetas de la obra de Ana María Shua. En sus páginas, el lector encontrará ensayos sobre sus novelas, sus cuentos para adultos, sus relatos brevísimos y su literatura infantil. Mientras que algunos autores enfocan un libro en particular, otros analizan un aspecto temático, como la importancia de lo judío, la memoria, la imagen del cuerpo, o la tradición oral en su obra. El volumen se abre con dos ensayos sobre *Soy paciente*: Jorgelina Corbatta propone el espacio narrativo del hospital en que se desarrolla la acción de la novela como una alegoría de la realidad argentina durante los años de la Guerra Sucia, mientras que Eugenia Flores de Molinillo plantea otras perspectivas del hospital como metáfora.

Elsa Drucaroff nos da una "lección de anatomía" en su artículo, explorando la función del cuerpo en varias obras de Shua, incluyendo *Soy paciente* y *Los amores de Laurita*, la novela que enfocan los ensayos de Laura Beard y Graciela Gliemmo, quienes examinan un aspecto de la obra poco desarrollado en la literatura contemporánea, la sexualidad y el erotismo en la vida de una mujer embarazada.

Varios autores, incluyendo David William Foster, Ilán Stavans, Marjorie Agosín, Mariano Siskind y Beth Pollack hablan del tema de lo judío en la obra de Shua, sobre todo en función de *El libro de los recuerdos*, una novela que entreteje la saga de tres generaciones de una familia inmigrante judía con eventos políticos de más de cincuenta años de historia argentina. Mientras que Siskind y Pollack comentan sobre la construcción de la identidad judía en varios textos de Shua, incluyendo sus libros de humor, cuentos para adultos y otras novelas, Darrell Lockhart invita a sus lectores a comer y leer con Ana María Shua en un "sabroso" ensayo sobre *Risas y emociones de la cocina judía*, un libro de recetas populares judías acompañadas de historias de *najes* y *tzures*, es decir, alegrías y penas.

En su cuarta novela *La muerte como efecto secundario*, Shua reúne sus obsesiones de cabecera, ofreciéndonos reflexiones sobre el amor y el odio, el sexo y la locura, y la vejez y la muerte. Aunque el texto que aparece en la contratapa del libro nos advierte que la acción se sitúa "en un Buenos Aires futuro, cercano y peligrosamente real," la autora insiste en nuestra entrevista que "no es una novela de ciencia ficción sino de anticipación." Varios artículos analizan la visión apocalíptica de esta novela desde distintos ángulos: los de José Miguel Oviedo, Guillermo García-Corales y Mónica Flori, y el de mi autoría.

En nuestra entrevista, Shua confiesa que el cuento brevísimo es su "gran amor." Aunque según la autora es "un género maldito, porque se lo considera poco comercial," es una forma literaria que ella domina con maestría, quizás porque siendo el cuento breve "hermano de la poesía," le permite volver a sus orígenes literarios y utilizar su extraordinaria capacidad para la síntesis y la brevedad. Varios aficionados a este "género rebelde de la literatura" han contribuido con ensayos sobre los tres libros de microrrelatos de Shua: Lauro Zavala nos da una docena de estrategias literarias que se encuentran en su primer libro de brevísimos *La sueñera*, Mario Goloboff detiene su mirada en algunos textos de *La sueñera* y *Casa de geishas*, el libro que él llama "el segundo tablero del tríptico," siendo *Botánica del caos* el tercer tablero y objeto de estudio de Raúl Brasca. Francisca Noguerol y Ksenija Bilbija cuestionan el valor subversivo de los cuentos de hadas que aparecen en distintas "versiones" en *Casa de geishas* y en ciertos cuentos de *Los días de pesca*.

Varios cuentos de la colección *Viajando se conoce gente* son objetos de la mirada escrutadora de María Victoria García Serrano y Mara García. La primera analiza uno de los cuentos más antologados y traducidos de Shua, "Como una buena madre," mostrando cómo la autora utiliza el humor para subvertir el rol tradicional de la madre, mientras que la segunda examina el papel femenino y el elemento de lo fantástico en tres de los cuentos de la sección del libro titulado "Altamente improbables."

Aunque muchas veces la literatura infantil no recibe toda la atención crítica que merece, en este libro tres autoras, Federica Domínguez Colavita, Irma Verolín y Martha Manier, señalan las contribuciones de Shua en este campo, relacionando varios de sus cuentos escritos para niños o adolescentes con las obras escritas para adultos. Sería una gran falla de nuestra parte si no incluyéramos por lo menos un ensayo que considerara el interés de la autora por la tradición popular. Aunque varios autores lo mencionan en sus ensayos, Gisela Heffes elabora un texto dedicado específicamente a la tradición oral y el tema de la misoginia en *Cabras, mujeres y mulas: Antología del odio/miedo a la mujer en la literatura popular*.

Y ahora, invito a los lectores a entrar al mundo creativo de Ana María Shua que presentan los veinticinco textos reunidos en este volumen, pero antes de concluir, quisiera expresar mi inmensa gratitud a todos los que colaboraron en este proyecto, en particular, al Dr. Carlos E. Paldao, Director de Publicaciones de la OEA, por invitarme a editar este libro, a Ana María Shua, quien compartió conmigo esta aventura desde el principio, ayudándome en cada aspecto del proyecto con tanta paciencia, humor y solidaridad, y a todos los autores que, desde distintos lugares del mundo, tuvieron la generosidad de mandarme sus ensayos para este libro. Uno de los aspectos más hermosos de la experiencia de editar este libro fue la inesperada oportunidad que me brindó de formar nuevas amistades a través de la literatura, amistades "cibernéticas" que ojalá dejen de ser virtuales algun día. Finalmente, quisiera agradecer el apoyo que recibí de la University of Louisville en la forma de una "Arts and Sciences Research Grant," sin la cual no hubiera podido dedicar tanto tiempo a este proyecto, cuya publicación contó, además, con el aporte financiero de la misma universidad.

— *Rhonda Dahl Buchanan*
Editora

FICCIÓN E HISTORIA:

PRESENCIA DE *LA GUERRA SUCIA* EN *SOY PACIENTE* DE ANA MARÍA SHUA

*Jorgelina Corbatta**

El "agujero negro" de la dictadura militar en la Argentina (1976-1983)

En una entrevista personal con Ana María Shua en 1991, la autora me habló acerca de los años de la dictadura, diciendo: "Uno tenía la sensación de estar escribiendo alrededor de un agujero negro, que no se podía tocar, y que era lo único sobre lo que tenía sentido escribir. Y todo lo demás era banal, era trivial, y era inmoral. Era inmoral estar usando la palabra para algo que no fuera contar lo que nos estaba pasando." El "agujero negro que no se podía tocar" representa el período conocido como el *Proceso*, o la *Guerra Sucia*, durante el cual la Argentina atraviesa el momento más violento de su historia y en el que Ana María Shua escribe *Soy paciente*, en medio de circunstancias de exilio y persecución.[1] En una entrevista con Rhonda Buchanan, la autora le cuenta: "Hacía poco que había vuelto de Francia, donde vivía casi un año. Mi hermana había tenido que exiliarse en Estados Unidos. Mis dos primas maternas estaban viviendo en España porque sus respectivos novios (eran también dos hermanos) habían desaparecido. Yo tenía mucho miedo" (295). Como bien lo ha demostrado el informe del CONADEP (Comisión Nacional Sobre la Desaparición de Personas presidida por Ernesto Sábato) titulado *Nunca más*, los años 70 y 80 están definidos por la dictadura militar, los desaparecidos, las tumbas colectivas y anónimas, la tortura y el asesinato ejercidos con total impunidad. Miedo que, tal como lo caracteriza Tulio Halperín Donghi, transformó la realidad de cada argentino en todas sus instancias:

---

* Nacida en Bahia Blanca, Argentina, Jorgelina Corbatta es Licenciada y Profesora en Letras de la Universidad Nacional del Sur. Hizo su maestría y doctorado en la University of Pittsburgh. Es Profesora Titular del Departamento de Lenguas Romances en Wayne State University, donde también ha sido Directora del Programa de los Estudios de la Mujer. Además ha enseñado en universidades de Argentina, Colombia, y como profesora visitante en University of Michigan y University of Indiana en Bloomington en los Estados Unidos. Es autora de tres libros: *Sociología de la literatura*; *Mito personal y mitos colectivos en las novelas de Manuel Puig* y *Narrativas de la Guerra Sucia en Argentina (Piglia, Saer, Valenzuela, Puig)* y ha publicado artículos en varias revistas latinoamericanas. En la actualidad está escribiendo un libro sobre escritoras, cineastas y ensayistas latinoamericanas.

> Una experiencia que, como la vivida por la Argentina en la
> última década, hace del terror una de las dimensiones básicas de
> la vida colectiva, redefine necesariamente el horizonte en el que
> se desenvuelve la experiencia de cada argentino: su relación con
> su país, su ciudad, la calle en que vive no puede ser la misma des-
> pués que por años ha visto en ellos los lugares en que acecha la
> muerte. (71)

Terror y violencia que, aun cuando afectó a toda la población, se foca-
lizó en especial en los vastos sectores de intelectuales y profesionales. Al
respecto, Andrés Avellaneda, en su excelente estudio *Censura, autoritarismo y cultura: Argentina 1960-1983*, analiza el modo en que la censura
y autocensura operan durante esos años y cita a María Elena Walsh, quien
en 1979 afirma: "Todos tenemos el lápiz roto y una descomunal goma de
borrar ya incrustada en el cerebro" (48). Ana María Shua, por su parte,
evoca la autocensura como constante en su vida y escritura durante el Proceso: "Al no haber reglas de juego claras, al no haberse especificado lo
que se podía y lo que no se podía, eso daba lugar a que se jugara en toda su
amplia libertad la autocensura. Porque la autocensura no es más que el
terror" (Corbatta 1991). Y aunque la autora se muestre remisa a aceptarlo,
diciéndole a Buchanan: "Nunca, ni remotamente, quise hacer con *Soy
paciente* una metáfora de la dictadura" (295), en la entrevista conmigo
concede: "Yo creo que en la obra de todos los autores argentinos que
hemos escrito en los últimos años tiene que estar presente todo eso que
vivimos, y sufrimos, *de alguna manera.*"

La pregunta que me planteo en este trabajo es de qué manera la realidad histórica, social y cultural argentina durante la dictadura militar, está
transpuesta literariamente en *Soy paciente* (1980). Me interesa también
explorar la presencia de cierta impronta kafkiana que la emparenta con
otras obras (en especial con la de Ezequiel Martínez Estrada) inscribién-
dola en una línea particular de indagación y crítica de la realidad nacional
argentina. Sabemos que *Soy paciente* recibió el Primer Premio (compartido) en el Concurso Internacional de Narrativa organizado por la Editorial Losada. Transcribo un aparte de uno de los jurados, Eduardo Gudiño
Kieffer, de la contratapa del libro:

> *Soy paciente* es un título con doble sentido, y un texto con
> muchos sentidos y muchos niveles de lectura. El primero, el
> anecdótico, divierte con la aventura de un personaje que se
> interna en un hospital y vive dentro de él, los avatares más lógi-
> cos y disparatados al mismo tiempo. Pero debajo de ese desarro-
> llo bien narrado pueden advertirse otras intenciones; quizá la de
> reflejar simbólicamente la situación de la humanidad en el
> mundo actual; quizá la de penetrar en la intimidad de cada indivi-
> duo a través de unas circunstancias particulares. Cada lector se
> encontrará aquí con su propia versión de la paciencia, en una
> prosa directa y sin concesiones.

Concuerdo con Gudiño Kieffer en lo que se refiere a los muchos sentidos que encierra el texto, y consecuentemente, a los muchos niveles de lectura que posibilita. Coincido con sus afirmaciones acerca del primer nivel, el anecdótico, que divierte. Pienso, sin embargo, que su comentario acerca de las intenciones de la obra es demasiado vago y, posiblemente, escamoteador porque lo que no se dice es que de hecho ese simbolismo es la estrategia narrativa que sirve a su autora para transponer una situación real de la Argentina en esos años. Leídos ambos en los años 90, sabemos que tanto el simbolismo de la autora como la ambigüedad del crítico responden a la censura y represión ejercidas por el gobierno militar en ese momento. Recordemos la cita del historiador Halperín Donghi, donde se hacía referencia al terror y a la violencia imperantes, o la de Andrés Avellaneda citando a María Elena Walsh, y el proceso de interiorización que Ana María Shua admite cuando afirma: "Porque la autocensura no es más que el terror."

En ese sentido la novela de Shua consiste en la transposición literaria de una realidad que se evoca mediante la alegoría y el símbolo para llevar a cabo su reconstrucción y su crítica. En "Política, ideología y figuración literaria," Beatriz Sarlo busca, dentro de la literatura escrita durante la dictadura militar, "trazar algunas líneas descriptivas y de interpretación frente a un corpus heterogéneo" (30). Ve, en primer lugar, una *crítica del presente* (aunque la narración está situada en el pasado) al que se figura mediante recursos que operan por desplazamiento (el uso de la elipsis, la alusión y la alegoría). En el caso de *Soy paciente* se postula una realidad absurda al interior de un espacio cerrado, el hospital, donde un protagonista (cuyo nombre desconocemos) es objeto de innumerables agresiones ante las cuales se rebela al principio para irlas luego aceptando en un proceso de resignación gradual:

> La libretita donde anotaba mis Motivos de Queja no la puedo encontrar. Empecé a buscarla para anotar una lauchita gris que se asomó el otro día a mi pieza. Las ratas no me asustan por mí sino por las palomas. A la libretita la tenía debajo de la almohada: la debe haber confiscado la enfermera jefe en una de sus visitas de control. No me preocupa: en parte porque contra ella no decía nada y en parte porque ya no tengo tantas quejas como al principio.
>
> Después de todo esto es un hospital y cualquiera sabe que los hospitales son malos, que no hay gasas ni algodón, que a las enfermeras les pagan poco. Muchas circunstancias que empezaron siendo molestias se van transformando en costumbre. (75-6)

El protagonista es *paciente* en un doble sentido: por un lado es un paciente versus los doctores y todo el personal del hospital; por otro, es paciente versus un ambiente hostil que no sólo abarca al hospital sino también al mundo de afuera. Y su paciencia va acompañada de otras virtudes pasivas: el silencio que pasa de obediencia a auto-imposición; el ejercicio de cierto humor negro que descubre lo ridículo y grotesco ocultos en casi todas las situaciones a las que se ve sometido; el uso de un raciocinio exagerado de causas menores y la observación de hechos nimios que invierten su sentido cumpliendo así un papel fuertemente subversivo. O sea que la paciencia, con todas sus variantes, termina siendo una estrategia de resistencia. Más aún: la paciencia se convierte en una empresa a perfeccionar día tras día. Constituye una ética que comporta una ascesis y una desposesión, a la vez voluntaria e impuesta.

Hay que recordar aquí que una de las premisas que justificaban el accionar del gobierno militar—después de 1976—era la concepción de un país enfermo que debía ser curado. Enfermedad del cuerpo y del espíritu que debían ser erradicadas mediante la restauración del orden en esa "cruzada" regida por Dios, la patria y la familia. Basado en esa convicción, el cuerpo social fue sometido a todo tipo de vejaciones: represión, censura y autocensura, prisión, tortura, muerte. En una entrevista, aparecida en *La Opinión* en 1981, dice Shua: "Los escritores que escriben sobre el país, no están en el país. Los escritores que estamos en el país, recurrimos a técnicas metafóricas. [. . .] Somos los reyes del eufemismo. Nuestro lenguaje y nuestro humor están hechos de alusiones" (4).

Simbólicamente la novela enuncia la consideración de toda disidencia como enfermedad y el silencio y la aceptación como única salida; el empobrecimiento físico y moral mediante sutiles formas de tortura; la prohibición de toda posible lucha solidaria mediante el uso de la sospecha, el castigo y hasta el privilegio; la sustitución de reinvindicaciones importantes por preocupaciones inmediatas (los sueldos bajos), o triviales (el campeonato de truco, por ejemplo, que podría equipararse en el plano real con el Mundial de Futbol o con la banalización de la Guerra de las Malvinas). Cuando el protagonista, sometido a cirugía por error, se enfrenta con su médico, se desarrolla el siguiente diálogo:

> —Pégueme—fue lo primero que me dijo el doctor Goldfarb—. Pégueme que me lo merezca.
>
> En ese momento yo no tenía fuerzas para obedecerlo, pero me prometí pegarle apenas me encontrase más repuesto.
>
> —No sabe el bien que me va a hacer: me siento tan pero tan culpable. Lo confundieron con un paciente de otra habitación. Si yo hubiera estado presente, ese error no se hubiera cometido.
>
> Y como para demostrarme que la operación no había tenido nada que ver con mi intento de fuga, me firmó inmediatamente el formulario en el que solicito el pase de salida, es decir, la Tarjetita Rosa. (70)

En una palabra, lo que subyace a todo el texto es la subversión como enfermedad, merecedora de cuidados pero, sobre todo, de una extirpación radical, de cirugía. La enfermedad, también la locura, son los rótulos asignados a la disensión, la anomalía, la contravención y la subversión. Recordemos, al respecto, el mote de "locas" asignado a las madres de la Plaza de Mayo. En "La Argentina durante el proceso: las múltiples resistencias de la cultura," Francine Masiello anota la relación entre cuerpo, censura y resistencia: "la escritura de oposición [. . .] devuelve al cuerpo al centro del discurso de manera que puede hablar la verdad sobre su propia opresión. Mostrando los abusos notorios a que ha sido sometido, el cuerpo expone pues las estrategias del régimen y obtiene una nueva identidad como combatiente" (26).

Decíamos que en *Soy paciente* el protagonista, internado en un hospital para hacerse una serie de exámenes médicos, es operado sin necesidad y por equivocación como el primer paso de una serie de agresiones físicas y espirituales que culminan con su reducción total. Evoluciona, entonces, de un estado inicial de confianza en sí y en sus derechos (lleva consigo la ya mencionada libretita en la que comienza anotando prolijamente sus quejas) a la aceptación resignada de un estado de cosas contra el que no se puede rebelar. El ausente doctor Tracer evocado—al estilo del *Godot* de Beckett— por el protagonista ("Doctor Tracer, ¿por qué me has abandonado?", 119) provoca en el enfermo una exclamación que se repetirá casi textual en otra narración, en este caso, la película "Hombre mirando el sudeste" (1987) de Eliseo Subiela, también centrada en la metáfora hospitalaria.

En *Crítica y ficción*, Ricardo Piglia se refiere al relato "médico" que circula durante la época de la dictadura:

> el país estaba enfermo, un virus lo había corrompido, era necesario realizar una intervención drástica. El Estado militar se autodefinía como el único cirujano capaz de operar, sin postergaciones y sin demagogia. Para sobrevivir, la sociedad tenía que soportar esa cirugía mayor. Algunas zonas debían ser operadas sin anestesia. Ese era el núcleo del relato: país desahuciado y un equipo de médicos dispuestos a todo para lavarle la vida. En verdad, ese relato venía a encubrir una realidad criminal, de cuerpos mutilados y operaciones sangrientas. (180)

Por su parte Frank Graziano analiza, en *Divine Violence* la concepción del cuerpo enfermo del país, desde un punto de vista psico-sexual vinculado con la cristiandad y el espectáculo de rituales primitivos, durante la Guerra Sucia.

En la novela de Shua, el hospital (como microcosmos de un país enfermo) aloja el desorden, los abusos, la tortura, la violación de los derechos civiles, la censura, el descontento económico e incluso el uso de las mismas fórmulas acuñadas por los militares para implantar la sospecha y reforzar la culpa. Cuando el protagonista le cuenta a su amigo Ricardo que ha sido operado por equivocación, éste dictamina: "Los cirujanos son todos unos sádicos, pero si te operaron *por algo será*" (74, mi énfasis). En el prólogo del ya mencionado *Nunca más* se lee:

> En cuanto a la sociedad, iba arraigándose la idea de la desprotección, el oscuro temor de que cualquiera, por inocente que fuese, pudiese caer en aquella infinita caza de brujas, apoderándose de unos el miedo sobrecogedor y de otros una tendencia consciente o inconsciente a justificar el horror: "*Por algo será*", se murmuraba en voz baja, como queriendo así propiciar a los terribles e inescrutables dioses, mirando como apestados a los hijos o padres del desaparecido. (9, mi énfasis)

En el texto de Shua, el paciente—a diferencia de Alicia, la protagonista de la película "La historia oficial" (1985)—sufre un proceso de conocimiento que no lo libera sino que, por el contrario, lo somete a una total pasividad. Pese al uso frecuente del humor que a menudo da paso al grotesco, el absurdo y la caricatura, la novela de Shua presenta una visión sin esperanza del individuo en una situación que lo supera, y que concuerda con el estado de ánimo de los escritores que se quedaron en el país en ese período. En el reportaje con Rhonda Buchanan así lo expresa la autora: "No sufrí como escritora los años de la Dictadura, sino como persona: los sufrí por la muerte de tanta gente cercana que conocía, tantas personas que todavía, a veces, vuelven en mis sueños" (296).

Kafka revisitado en tiempos de horror

En una entrevista con Beth Pollack, Shua dice: "Para *Soy paciente*, tuve por un lado a Kafka, digamos cierto ambiente kafkiano. Por otro lado, bueno, un humor que es muy personal mío" (45). Se ha comparado *Soy paciente* con los textos de Kafka en el sentido de una extensa metáfora—el hospital—la que, como en *El proceso* o *El castillo*, transpone el terror de un estado militarizado en donde los civiles aparecen como piezas inermes.[2] En ese sentido la novela de Shua se inscribe en una tradición kafkiana, sumamente rica en la literatura argentina, y que aloja autores como Borges, Cortázar, Martínez Estrada, Piglia, entre otros.[3] Ricardo Piglia quien, con *Respiración artificial*, inaugura en 1980 la indagación y denuncia de la represión y que formara parte, junto con Beatriz Sarlo y la gente de *Punto de Vista*, de la resistencia intelectual de ese momento, plantea en su novela la posibilidad de un encuentro entre Kafka y Hitler en Praga, así como los subsecuentes itinerarios seguidos por ambos. Allí Kakfa es visto como el escritor que percibe la locura que Hitler encarna, y es capaz de transformarla en historias ficticias, mientras que Hitler, por su parte, actúa su propia locura y la transforma en la Historia. Presencia de Kafka que ya se diera en Borges y más concretamente en Ezequiel Martínez Estrada quien—aparte de reconocer la influencia de Kafka en cuentos suyos ("Sábado de Gloria," "Tres cuentos sin amor," "Marta Riquelme" y

"La tos y otros entretenimientos")—es capaz, en ocasión de un encuentro con los estudiantes del Instituto de Literatura Gorki de Moscú, de trazar un esquema de *El Proceso* que constituye toda una premonición de la historia y la literatura argentinas posteriores:

> K. es funcionario de un Banco. Una mañana le notifican que está detenido, porque se le ha entablado un proceso. La novela termina con el ajusticiamiento, en plena calle, de K. *Pero lo importante no es el final, ni siquiera el proceso como tal—acaso tampoco la novela.* Nunca llega a saber K qué proceso es ése, ni por qué. Consulta con abogados y acude a personas influyentes. Los episodios que se traban al argumento principal van demorando el desenlace y hubiera podido durar toda la vida de K. No dura, *pero a muchas otras personas que vinieron a encontrarse en su "situación de procesadas", sí les duró toda la vida; y hasta se prolongó en sus hijos.* (*En torno a Kafka* 19-20, el énfasis es mío)

Aparte de la alucinante actualidad de las afirmaciones de Martínez Estrada, que tienen lugar en 1967 pero que parecen referirse a la Argentina del Proceso, quiero rescatar algunos elementos que conforman una especie de patrón de muchos de sus cuentos: la indefinición temporal y espacial en la que se ubica la acción y que concede al relato un carácter alegórico; la impotencia del protagonista sometido a un proceso del que desconoce la causa; la apelación inútil a jerarquías superiores en busca de ayuda; la presencia de incidentes nimios que confunden y demoran el proceso; la infinita postergación que conlleva la circularidad y la sensación última de un tiempo estancado, sin progreso. Así "La inundación" trata de una lluvia interminable que obliga a todo un pueblo a refugiarse en el interior de la iglesia en donde se reproducen, como en un microcosmos, las divisiones y conflictos del mundo exterior estructurados ahora bajo la forma del caos, la promiscuidad, el ejercicio de una violencia generalizada e imprescindible para sobrevivir.

En el relato "En tránsito", la sala de espera de una estación de ferrocarril se vuelve, como antes la iglesia, en un nuevo microcosmos en el que la protagonista y sus dos hijas pequeñas esperan un tren que nunca han de abordar. Pero tal vez el texto que mayor relación guarda con el de Ana María Shua es el titulado "Examen sin conciencia," que también transcurre en un hospital. Como ya lo ha demostrado Andrés Avellaneda, se trata—en el caso de Martínez Estrada—de la transposición simbólica de la situación que vive la Argentina bajo el gobierno peronista en el que se violan todos los derechos de los ciudadanos: "En 'Examen sin conciencia': las pistas hay que buscarlas en el diseño de un ambiente de invasión corruptora en el seno de un enorme hospital que remite simbólicamente al país real, o en los trazos de injusticia, humillación personal y absurdo que recorren el argumento" (*El habla de la ideología* 144-147).

En este caso se trata de un empleado anónimo y solitario que es sometido a una operación imprevista (cuando va a visitar a su jefe enfermo) por parte de un estudiante de medicina que rinde, por duodécima vez, su examen de cirugía. Los innumerables trámites burocráticos que preceden a la intervención, la impericia del estudiante y la venalidad de los profesores sólo preocupados por hacer apuestas sobre el resultado de la cirugía, van configurando una situación absurda en la que la víctima se debate impotente y que nos recuerda la de Shua.

Hay otras narraciones, literarias y cinematográficas contemporáneas de la de Shua, que plantean situaciones semejantes a la vez que apelan a recursos narrativos similares: la transposición simbólica y alegórica, el desplazamiento, la metáfora y la metonimia para eludir la censura dominantes. Refiero, por ejemplo, al ya mencionado "Hombre mirando el sudeste" (1987) de Eliseo Subiela, cuya acción está ubicada en un hospital que oficia, también, como metáfora de un país enfermo. En este caso se trata del Hospital Borda, de enfermos mentales, al que ingresa un paciente de poderes extraordinarios, Rantés, quien entabla una relación dialógica y dialéctica con un médico psiquiatra, el doctor Denis. Es esta relación médico-paciente (también de padre-hijo) dentro de una institución hospitalaria la que sirve a Subiela para mostrar lo que, según Foucault, será otra de las tantas manifestaciones de las relaciones de poder. El doctor Denis, indiferente en la escena inicial al dolor de un joven que ha matado a su compañera y ha fallado en suicidarse luego (evocado por la imagen recurrente de dos encapuchados que, al unirse en el beso, se cubren de sangre derramada), comienza lentamente a sensibilizarse en contacto con Rantés, quien ha venido a la tierra, según sus palabras, con el fin de estudiar la más importante de las armas, "la estupidez humana". Rantés, que se autodefine como incapaz de sentir, experimenta, sin embargo, compasión, deseo de ayudar a los desposeídos, de entender a los enfermos que lo rodean y aliviar su dolor, liberando a la vez la creatividad y el cuerpo de los reclusos. Sus intentos de mejorar las condiciones del hospital (trabajos en el laboratorio, concierto en el parque en donde toma la batuta y dirige el canto a la alegría de Beethoven a la vez que los enfermos en el hospital empiezan a rebelarse), finalmente fracasan cuando el director del hospital impone al doctor Denis el deber de medicar al enfermo.

El intento del médico de borrar los límites entre normal/anormal, determinado por la institución hospitalaria en torno a la locura, es destruido por la imposición de la disciplina, la tortura, la muerte y la desaparición de los cadáveres. Rantés, atado a la cama e idiotizado por las drogas, murmura: "Doctor, doctor, ¿por qué me has abandonado?" De nuevo el doctor, como el padre/dios ausente, abandona a Rantés que muere como una nueva versión de Cristo, o del "chivo expiatorio", de René Girard, para salvar a la humanidad. Como en la novela de Ana María Shua, las referencias cifradas a la censura y violencia así, como la consideración de la enfermedad mental como arma de represión, constituyen significantes que a lo largo del film metaforizan la situación del país en esos años.

Soy paciente, microcosmos kafkiano de la Argentina bajo la dictadura

En *Soy paciente* el hospital constituye el microcosmos que mima la realidad del país como un todo en donde prima el oportunismo y la corrupción; un universo poblado por enfermeras que se quejan de su sueldo ("por lo que me pagan"), de un enfermero que reparte pizzas en la ambulancia "para equilibrar su economía" y de una enfermera jefe quien, obsesionada por combatir el alcoholismo como fuente de todos los males posibles, representa la moralidad hipócrita instaurada en la Argentina por los militares. El hospital, como metáfora de un país enfermo, se opone al sistema hospitalario de los países del Primer Mundo: al comienzo el protagonista evoca recurrentemente la realidad-diametralmente opuesta—de Felix Leiter, amigo de James Bond: "No es el caso de Felix Leiter. En cuestión de segundos, Bond ha logrado que una ambulancia lo lleve al hospital: aquí no hubiera tardado menos de una hora. [. . .] porque en Estados Unidos todo se hace con más eficiencia. Claro, también los sueldos son otra cosa. Los médicos, allí, ganan lo que quieren" (13). Dentro del hospital, el quirófano simboliza, sin duda, la sala de torturas en donde la música funcional enmascara los gritos de dolor (66-67), en tanto que el hospital, visto como un todo, constituye la cárcel (59). La familia del protagonista (su prima y sus tíos) representan parte del sistema de represión y censura imperantes que, desde su situación de individuos, reproducen sin sentido crítico. Cuando llegan las cartas del hermano del protagonista, quien primero se encuentra en París y después en Brasil, sus tíos se encargan de censurarlas:

> Mi hermano está en París. La carta habla de los días feos y nublados, de mujeres y medialunas y de las calles de París que son tan lindas. Algunas frases están tachadas con tinta negra. Gracias a mi tía, me entero de cuál fue el criterio de censura. Se trataba de descripciones escabrosas y frases en las que se describía el gusto del paté de foie gras trufado, las masitas de almendra y las de frutilla.

—Las taché para que no te hicieran sufrir. (55)

La mayor forma de represión reside, sin duda, en el hospital-cárcel. En una ocasión en que el protagonista intenta escaparse, haciendo aerobismo por los pasillos, el portero lo detiene en la puerta principal y, ante sus protestas, afirma: "Pero no, hombre, como va a estar encerrado, esto no es una cárcel. Todo lo que tiene que hacer es conseguir su tarjetita rosa. Un trámite" (59). La reclusión así impuesta determina la pérdida de sus vínculos con el mundo exterior y un progresivo deterioro y empobrecimiento físico y moral. Sus impulsos de resistir se van debilitando, las quejas iniciales que anotaba prolijamente en su libretita dan paso a la resignación; sus intentos de rebelarse se transforman en silencioso asentimiento. Un ejemplo de ello puede verse en sus relaciones con la enfermera jefe.

Cuando él recién llega al hospital, su presencia lo atemoriza y busca su protección mediante una buena propina; más tarde descubre que le da mejores resultados dejarla hablar de sus temas favoritos—las plantas de interior y los peligros de la bebida en los seres humanos—y no sólo la escucha sino que soporta distraídamente las requisas diarias a las que somete su habitación:

> Me pregunta con ritmo de ametralladora cómo estoy, cómo me siento, dónde me duele, por qué me internaron, qué estoy leyendo, de qué trabajo, cuál es mi plato preferido. [...] Justifica la requisa diciéndome que los pacientes tienen prohibido esconder bebidas alcohólicas en su habitación, que de mí no sospecha porque se ve que soy una persona seria y abstemia pero que más de un disgusto tuvo en la vida por confiar en hombres que parecían serios y después eran igual que todos, que el puesto se lo tiene que cuidar porque el sueldo será bajo pero algo es algo y si no se preocupa ella no se lo va a cuidar el vigilante de la esquina.
>
> Quisiera interrumpirla para explicarle que en las esquinas no hay más vigilantes, que ahora andan todos en coches patrulleros. (40)

Se desliza allí, en esa respuesta que no da, un indicio de lo que sucede afuera y de lo que el hospital es sólo una versión reducida, un microcosmos que mima los conflictos, la violencia, el desorden del país. O sea, la siguiente ecuación: paciente/homólogo de ciudadano pasivo; hospital/homólogo de una Argentina sometida; Argentina/hospital como un lugar de jerarquías institucionales que someten a los pacientes/ciudadanos con métodos diversos pero sumamente eficaces.[4] Y tan debilitada está la resistencia del paciente, tanto ha aprendido en su esforzado ejercicio de la paciencia que, cuando finalmente obtiene la entrevista con el director para solicitarle que autorice su salida, decide quedarse. Al final lo encontramos—ya han pasado muchos años desde su internación—en la Sala General donde ha sido trasladado mientras desinfectan su habitación. Allí asiste a la llegada de un nuevo paciente al que le dan el mismo ritual de bienvenida que a él entonces le brindaran; pero ahora él está adentro, jugando al truco y entonando resignado[5]—o impotente para cambiar su suerte—la misma canción:

> *El que entra en esta sala*
> *ya no se quiere ir,*
> *quedate con nosotros*
> *que te vas a divertir.*
>
> *Catéter por aquí,*
> *y plasma por allá,*
> *el que entra en esta sala*
> *no sale nunca más. (20/138)*

NOTAS

1. Para un estudio sobre la narrativa argentina de la época de la dictadura, ver: Jorgelina Corbatta, *Narrativas de la Guerra Sucia en Argentina (Piglia, Saer, Valenzuela, Puig)* (Buenos Aires: Corregidor, 1999).

2. David William Foster, por su parte, en su estudio *Violence in Argentine Literature*, se refiere a las "kafkaesque metaphors of bureaucracy and justice" en *Soy paciente* (68).

3. *La soñera* de Ana María Shua se inicia con un acápite del *Kafka* de Max Brod, que dice así: "Una tarde en que [Kafka] vino a verme (aún vivía yo con mis padres), y al entrar despertó a mi padre, que dormía en el sofá, en vez de disculparse dijo de una manera infinitamente suave, levantando los brazos en un gesto de apaciguamiento mientras atravesaba la habitación de puntillas: 'Por favor, considéreme usted un sueño'" (9).

4. En *La muerte como efecto secundario*, la cuarta novela de Shua, reaparece el hospital que, en este caso, se denomina eufemísticamente "Casa de Recuperación" en donde se internan a los viejos para separarlos de la sociedad. Especie de pesadilla de ciencia-ficción en una Argentina del futuro pero con todos los rasgos del presente: consumismo, violencia social, falta de espiritualidad, obsesión financiera y estética, traición e individualismo.

5. En el reportaje con Beth Pollack, Ana María Shua dice, en relación con la integración del protagonista al grupo, en el desenlace de la novela: "El primer rechazo y, después, el integrarse y, finalmente, el ascender a posiciones de poder; ahí es cuando uno se siente mejor y se olvida de que antes le tocó estar abajo" (47).

OBRAS CITADAS

Avellaneda, Andrés. *Censura, autoritarismo y cultura: Argentina 1960-1983*. Buenos Aires: Centro Editor América Latina, 1986.

——. *El habla de la ideología*. Buenos Aires: Sudamericana, 1983.

Buchanan, Rhonda Dahl. "Entrevista a Ana María Shua." Agregada a "Historiographic Metafiction in Ana María Shua's *El libro de los recuerdos*." *Revista Interamericana de Bibliografía* 48.2 (1998): 279-306.

Corbatta, Jorgelina. "Censura, democracia actual, memoria de la dictadura militar." Entrevista inédita a Ana María Shua. Buenos Aires, 1991.

——. *Narrativas de la Guerra Sucia en Argentina (Piglia, Saer, Valenzuela, Puig)*. Buenos Aires: Corregidor, 1999.

Foster, David William. *Violence in Argentina Literature. Cultural Responses to Tyranny*. Columbia: U of Missouri Press, 1995.

Graziano, Frank. *Divine Violence. Spectacle, Psychosexuality, and Radical Christianity in the Argentine "Dirty War"*. Boulder: Westview P, 1992.

Girard, René. *La violence et le sacré*. Paris: Grasset, 1964.

Halperín Donghi, Tulio. "El presente transforma el pasado: el impacto del reciente terror en la imagen de la historia argentina." *Ficción y política. La narrativa argentina durante el proceso militar.* Daniel Balderston, David W. Foster y Tulio Halperín Donghi, eds. Buenos Aires: Alianza, 1987.

La Historia Oficial. Dir. Luis Puenzo. Actores. Norma Leandro, Héctor Alterior, Chunchuna Villafane. 1985.

Hombre mirando el sudeste. Dir. Eliseo Subiela. Actores. Hugo Soto, Lorenzo Quinteros y Inés Vernengo, 1987.

López Ocón, Mónica. "La literatura del silencio: Ana María Shua, el humor y el eufemismo." *La Opinión Cultural* [Buenos Aires] 15 feb. 1981: 1-5.

Martínez Estrada, Ezequiel. *En torno a Kafka y otros ensayos.* Barcelona: Seix-Barral, 1967.

——. *La inundación y otros cuentos.* Buenos Aires: Eudeba, 1964.

Masiello, Francine. "La Argentina durante el proceso: las multiples resistencias de la cultura." *Represión y reconstrucción de una cultura: El caso argentino.* Saúl Sosnowski, comp. Buenos Aires: Eudeba, 1988. 11-29.

Nunca más. Informe de la Comisión Nacional sobre la Desaparición de Personas. Buenos Aires: Eudeba, 1984.

Piglia, Ricardo. *Crítica y ficción.* Buenos Aires: Siglo Veinte, 1990.

——. *Respiración artificial.* Buenos Aires: Pomaire, 1980.

Pollack, Beth. "Entrevista a Ana María Shua." *Hispamérica* 69 (1994): 45-54.

Sarlo, Beatriz. "Política, ideología y figuración literaria." *Ficción y política. La narrativa argentina durante el proceso militar.* Daniel Balderston, David W. Foster y Tulio Halperín Donghi, eds. Buenos Aires: Alianza, 1987. 30-59.

Shua, Ana María. *La muerte como efecto secundario.* Buenos Aires: Sudamericana, 1997.

——. *Soy paciente.* Buenos Aires: Losada, 1980.

——. *La sueñera.* Buenos Aires: Minotauro, 1984.

SOY PACIENTE:

LA METÁFORA HOSPITALARIA

Eugenia Flores de Molinillo*

La producción de Ana María Shua se inaugura con *El sol y yo* (1967), poemario que mereció la Faja de Honor de la Sociedad Argentina de Escritores. La temprana ubicación de *Soy paciente* (Buenos Aires: Losada, 1980), su siguiente texto publicado, podría condicionar cualquier abordaje al que se la someta a su carácter de novela "precursora" de criterios estilísticos y de intereses temáticos desarrollados en narraciones posteriores. Sin embargo, el extraordinario eclecticismo con el que Shua ha venido sorprendiendo a sus seguidores durante estas dos décadas (de lo cual este volumen de ensayos es testimonio), así como las cualidades intrínsecas de la obra, hacen posible acercarse a *Soy paciente*, más *nouvelle* o novela corta que novela, como a un texto independiente y ya maduro, no necesariamente anticipatorio y no simplemente "muestrario" ni "promesa" de la narrativa posterior. Las principales marcas de su prosa están ya en este texto, no como anuncios de maduración futura, sino como presencias insoslayables de un efecto total eficaz. A mi parecer, estas marcas son: a) un eficiente control sobre los distintos aspectos que configuran a la novela y b) una marcada capacidad para ironizar sobre la realidad. El nivel de estas cualidades fue sin duda advertido por el jurado del Concurso Internacional de Narrativa Losada, integrado por Adolfo Bioy Casares, Beatriz Guido, Eduardo Gudiño Kieffer y Jorge Laforgue, cuando le otorgaron el Primer Premio en 1980.

Es decir: el carácter de *opera prima* que suele esgrimirse como una suerte de disculpa para explicar cómo ciertos rasgos desarrollados posteriormente se perciben en estado de germinación en tal *opera prima*, no habiendo logrado el nivel satisfactorio que sólo el ejercicio y el tiempo podrían otorgarles, no se aplica a *Soy paciente*. En el despliegue de ele-

---

* Egresada de la Universidad Nacional de Tucumán, Argentina, con una M.A. de la University of Connecticut, Eugenia Flores de Molinillo es Profesora Titular de la cátedra de Literatura de los Estados Unidos, en la carrera de Inglés de la Facultad de Filosofía y Letras de la U.N.T., donde ha dirigido un proyecto de investigación sobre literatura y mito y actualmente un segundo proyecto sobre postcolonialismo. Ha publicado artículos y trabajos de investigación sobre temas literarios, particularmente de literatura comparada. Ha coordinado publicaciones sobre los proyectos de investigación mencionados. Es autora de ficción para adolescentes y ha publicado además poesía.

19

mentos diegéticos y temáticos hábilmente entramados y en la fuerza con que la metáfora central—la del hospital—controla el texto, se advierte una voluntad narrativa ya dueña del oficio.

He mencionado el hospital como metáfora central del relato. Es precisamente el propósito de este artículo explorar los alcances semánticos y estructurales de la imagen hospitalaria para mostrar cómo actúa en su relación con el protagonista y los demás actantes, construyendo un cosmos ficcional destinado a desenmascarar un cosmos referencial de carácter demoníaco,[1] de la misma manera cómo el narrador homodiegético se construye como protagonista, desenmascarándose para revelar al ser humano cuya plenitud le está vedada.

El hospital como *locus*

De los textos de la literatura argentina previos a la década de los '80 en los cuales el hospital está usado como marco casi excluyente de la diégesis, señalaré dos que alcanzaron la canonicidad: el cuento "La señorita Cora," de Julio Cortázar, y la novela *Dormir al sol*, de Adolfo Bioy Casares. El relato de Cortázar usa el hospital como lógico y necesario marco de una acción que incluye un enfermo, sus padres, una enfermera, un médico, y un conflicto enfermo-enfermera-madre que constituye el eje del relato. *Dormir al sol*, en la línea de la literatura fantástica, coloca al protagonista en el Hospital Frenopático, una diabólica institución donde se experimenta con el trasplante de almas en cuerpos ajenos, incluyendo los de animales, incursionando en las alucinantes posibilidades con que los avances científicos sorprenden a la humanidad, además de tocar marginalmente el tema de la cosificación de los seres humanos. Se trata, sin duda, de un lugar demoníaco, pero su proyección semántica, unívoca y sin matices, funciona sin interferencias irónicas que pudieran hacerlo metonimia de algún aspecto significativo de la realidad inmediata, del cronotopo vivo e inevitable del que todo texto emerge. *Soy paciente*, en cambio, se vincula con esa realidad, aunque la logre escamotear tras una diégesis que no la explicita.

Esta breve referencia a la presencia del hospital como *locus* de una diégesis significativa en el corpus de la literatura argentina tiene por objeto señalar la originalidad con que Ana María Shua usa la institución hospitalaria en aquella primera novela suya. A partir del título mismo, *Soy paciente*, la autora comienza a jugar con el sentido metafórico de la presencia del hospital en la novela. La "paciencia" de este "paciente," el narrador homodiegético, es un largo e inevitable ejercicio. El hospital está estructurado como un cosmos dominado por el absurdo, un territorio donde el protagonista es sometido a los más disparatados procedimientos terapéuticos, burocráticos y hasta quirúrgicos sin que nadie pueda explicarle satisfactoriamente cuál es su diagnóstico o cuál va a ser su tratamiento. Desde la perspectiva que le permite su simpleza, el "héroe" narra las alternativas de su odisea sin percatarse de su papel de víctima, ni siquiera cuando sucumbe a las maquinaciones de la organización hospitalaria, convirtiéndose en uno de los internos crónicos, completamente incomunicado con la realidad exterior, inconsciente de su propia tragedia. En el desenlace, ya totalmente alienado, canta junto a sus compañeros canciones de bienvenida para un recién llegado, que duplica, en su ingreso a la sala, la escena que él protagonizara al comienzo: "Catéter por aquí,/y plasma por allá/ el que entra en esta sala/no sale nunca más" (20, 138).

Shua dice haber pensado en el argumento de la novela a partir de la internación de una persona conocida a la que le sucedieron cosas catastróficas en el hospital, pero ese episodio no puede haber sido mucho más que el detonante de una decantada y probablemente inconsciente preparación imaginativa, de una necesaria inquietud intelectual basada en su inescapable experiencia de joven mujer argentina en los años del así llamado "Proceso de reorganización nacional" (los "años de plomo," como se les llamó más tarde), testigo del desgranamiento de su propia generación, primero por el llamado idealista y desesperado de la revuelta, y luego por la dureza maniquea de la represión.[2]

La argentinidad de Ana María Shua se advierte tanto en lo que expresa como en lo que deja sin expresar. Cabe destacar la eficacia satírica con que la historia incluye situaciones que caricaturizan males endémicos de la sociedad argentina, tales como la sobredimensionada burocracia, los magros sueldos en las áreas de servicio administradas por el Estado, la ineficiencia, la improvisación. Todas estas falencias aparecen como fuerzas antagónicas al protagonista, centradas en el funcionamiento del Hospital, institución que, supuestamente, debería velar por la salud y el bienestar de las personas que en él buscan alivio. La misma palabra "hospital" remite a conceptos tales como "hospitalidad" y "huésped." Pero esta institución "hospitalaria" no sólo no cumple con lo que se supone debe ser su misión, sino que se apodera del individuo y le corta las posibilidades de intentar soluciones alternativas a su problema. Tales circunstancias se introducen en la novela como otros tantos silencios cuya proyección semántica está latente, configurando en su conjunto la imagen de un territorio censurado, esclavizado, deteriorado, que no es otro que el del país mismo. El poder omnímodo, los caprichos de la burocracia, la deshumanización del sujeto, aparecen "borrados," según terminología acuñada por Daniel Balderston a propósito de un texto de Luis Gusmán: "las porciones *borradas* del texto pueden ser llenadas por el lector alerta" (118, énfasis mío). Tras el disfraz del hospital, y como para sortear la censura con elegancia y eficacia, las marcas de un sistema represivo están allí, metaforizadas pero vivas.

Lo que Shua deja sin expresar a nivel de denotación lo sugiere desde un comienzo mediante mecanismos connotativos cuya interpretación queda a cargo del receptor. "La connotación," nos dice Roland Barthes, "es la vía a la polisemia del texto clásico" (5). Y así comienzan a desarrollarse los aspectos simbólicos de la institución y del paciente del título, como elementos de esa lectura que Shua parece confiar que el lector hará en la medida que su enciclopedia registre la situación en la Argentina de esos años. Un segundo nivel connotativo tendería a la ideologización filosófica de la temática del texto, la cual se presta airosamente a una universalización de los significados de la trama en términos de la subordinación del individuo a fuerzas que no puede controlar, ya sea que provengan del poder, de la burocracia o de la tecnología, fuerzas que lo despersonalizan con implacable rigor. Varias de las reseñas publicadas tras la aparición de la novela hablan del carácter "kafkiano" de las peripecias que debe atravesar el protagonista,[3] ratificando la posibilidad de universalizar el sentido del texto a un nivel existencial, desprendido del cronotopo "Argentina, 1980".

No hay diagnóstico para el enfermo, y la incertidumbre provocada por esta indefinición se prolonga sin término. ¿Está o no está enfermo? ¿Es o no es un hombre sano? *¿Es* o *no es*? El trasluz de la novela evidencia una aguda conciencia de la frustración emocional intensificada a partir de la fragilidad del equilibrio entre estar y no estar, ser y no ser, interrogantes determinados por las circunstancias históricas del momento, atenazada como está la libertad de expresión por el gobierno militar, agente de la precariedad que preside la seguridad cotidiana. La misma Shua declara en una entrevista de *La Opinión*: "Los escritores que escriben sobre el país, no están en el país. Los escritores que estamos en el país recurrimos a técnicas metafóricas. [. . .] Somos los reyes del eufemismo. Nuestro lenguaje y nuestro humor están hechos de alusiones" (4). Aparte de la protesta o la denuncia política que pueda advertirse en esta declaración, no hay en ella amargura, sino una objetividad teñida con un humor que enmascara una conciencia dolorida por los datos de la realidad. Creo no exagerar al opinar que tal actitud puede ser interpretada como una forma intelectualizada del patriotismo.

El poco contacto que el protagonista tiene con el mundo exterior alcanza para que aparezcan ciertas referencias más o menos vagas sobre la geografía urbana, como Palermo o la Costanera. Se adivina un Buenos Aires desvaído a través de la percepción descolorida del narrador. Los apellidos que se mencionan son frutos tardíos del aluvión inmigratorio: los doctores Tracer y Goldfarb, el compañero de oficina Iparraguire. La doctora Sánchez Ortiz, amable en un principio, elusiva y prácticamente inexistente después, ofrece un toque que puede ser tanto snob como patricio, dada la connotación que en la Argentina se suele dar al doble apellido, cuyo uso se ha preservado sobre todo en las clases altas en forma "fija," sin la variante generacional del apellido materno en segundo término, al contrario de lo que sucede en España y en otros países hispanoamericanos. Estos aspectos de la "argentinidad" del relato, reforzados por el lenguaje de registro coloquial de la voz narradora, con algunos —pocos—giros porteños, completa un ámbito ficcional inconfundiblemente rioplatense. Shua pone en boca de Ricardo, amigo del protagonista, una frase repetida hasta el cansancio por quienes, sintiéndose "inocentes," inmunes a cualquier castigo, se referían a los desaparecidos: "Los cirujanos son todos unos sádicos, pero si te operaron, *por algo será*" (74, énfasis mío).

En términos generales, la alusión visual como imagen literaria convertida en ícono y empleada con carácter isotópico crece en importancia en la novela del siglo XX, al reducirse casi hasta la extinción el texto discursivo-reflexivo tan común en la novela decimonónica. La supresión del discurso autorial como reflexión sobre la realidad traslada la responsabilidad del énfasis semántico y temático hacia objetivaciones de la realidad que funcionan tanto a nivel denotativo como connotativo, llegando en ciertos casos, como sucede en esta novela de Shua, a transformar una imagen (la del hospital) en su propio comentario, y al argumento en general en una gran metáfora de rica referencialidad.

Víctimas y victimarios

Shua limita el espacio de la acción, logrando una concentración temática que privilegia el efecto claustrofóbico y la drástica concentración y reducción de opciones posibles. Esta limitación autoimpuesta contribuye además a aguzar el ángulo de visión determinado por el único, innominado narrador, a quien, para simplificar, llamaremos Paciente.

En el cosmos clausurado del hospital, el narrador participa de un rito en el cual hay victimarios y torturas rituales que anulan gradualmente la resistencia de la víctima y lo someten cada vez más al arbitrio de los poderes que rigen el "culto," alimentando en esa víctima la convicción de que es incapaz de enfrentar al mundo por sí mismo. La víctima, que ingresa en el hospital sin temores ni preconceptos de ningún tipo, se va adaptando gradualmente a la rutina de las humillaciones varias a las que es sometido: análisis, transfusiones, la enfermera que, ante la duda acerca de la naturaleza de la inminente operación, opta por rasurarlo de pies a cabeza, los cirujanos que lo operan de algo de lo que él nunca se entera. Pero tal "tratamiento" no es otra cosa que una especie de "domesticación" a la que se va habituando: "Muchas circunstancias que empezaron siendo molestias se van transformando en costumbre. A las palomas, sin ir más lejos, les tomé cariño y ahora le pido siempre a la Pochi que les ponga miguitas de pan en el alféizar de la ventana" (76).

El personaje sufre una conspiración fraguada por poderes sobre los cuales no tiene ningún control, y de quienes no recibe ninguna explicación. Mejor dicho, explicaciones hay, pero la lógica que las rige escapa de toda coherencia racional, respetando solamente una retórica: la del absurdo. Sorprendido en el trance de buscar un vaso de agua a la noche, el doctor Goldfarb, en pleno romance con la prima Pochi, le grita: "— Lo único que me faltaba: un paciente sin diagnóstico paseándose por los pasillos en la mitad de la noche. Cuando sepa lo que tiene, ¿qué me espera?" (82). Todo este accionar se resume en la actitud de la enfermera jefe, Cara de Caballo, cuando, al rasurar al paciente, sin querer, le provoca cierta reacción y su sexo, "que había casi olvidado las bondades de semejante tratamiento, empezó a reanimarse como una oruga que se despereza una mañana de primavera. Un hábil papirotazo lo volvió a su abatimiento de costumbre" (64).

Este incidente es uno entre muchos que están diseñados para acentuar la isotopía de la prohibición, pero adquiere singular relevancia como elemento metonímico del impulso vital, *erótico*, destruido por su antagonista, el impulso anti-vital, *tanático*. La referencia de la voz protagónica al "abatimiento de costumbre" de su sexo, metonimiza la permanente abulia vital en la que las fuerzas que rigen el hospital le exigen permanecer. Los reclamos instintivos del cuerpo sano son visualizados como potencialmente peligrosos, y deben ser reprimidos de raíz. Shua, sin explicitarlo, sugiere que la política de tal gesto está diseñada para que al cabo de muchos "no puedo," el paciente ya comience a pensar en términos de "no quiero," adaptándose a la prohibición como quien recorta su personalidad a la medida de un molde de dimensiones muy inferiores a las de las potencialidades inherentes a su calidad de ser humano, aún cuando no se trate de un ser humano de virtudes heroicas.

Hay en el espacio distópico creado por Shua una suerte de "argentinización" de la distopía digna de señalarse. Las distopías tradicionales, desde el *Inferno* de Dante hasta *1984* de Orwell, ofrecen un implacable orden predeterminado a cuyo dominio ha de ajustarse todo lo que allí ingrese. Lo que ha sido diseñado para tal fin, cumple con rigor su propósito y no existen fallas en el funcionamiento de la gran maquinaria de represión. O si tal falla existe, constituye una anomalía que crea consecuencias fatales para el sistema, como el error en la gestación "in vitro" del protagonista de *Un mundo feliz* de Aldous Huxley. El hospital de Shua responde, en cambio, a la visión que los argentinos tenemos, y no sin motivos, de nuestras propias instituciones. La magnitud de la ineficiencia que impera en el hospital se advierte en casi todas las secuencias, sobre todo a través de diversos incidentes regidos por percepciones falsas, generalmente de efecto cómico. Cuando la visitante del ocupante anterior de la habitación entra, ve al nuevo paciente y exclama "¡Está muerto!", creando un equívoco un tanto macabro para el protagonista, entramos en un clima en el que el humor negro va a plantearse generalmente asociado a efectos inesperados de falencias endémicas en el funcionamiento de la institución. La falta de información adecuada de esta visitante es una minucia comparada con todo lo que sucede después, desde los médicos que están ausentes cuando se los necesita hasta la impericia en la lectura de los análisis y, horror, la intervención quirúrgica cuya localización y motivo jamás se precisa. Por esa vía, se llega al humor negro total, que consagra a la eficiencia de la ineficiencia como factor de demonización del accionar de los "profesionales de la salud": "El otro día, por ejemplo, entró de urgencia un matrimonio que había sufrido un terrible accidente automovilístico: en la operación, a él le rehicieron la cara de la mujer y a ella la de su marido" (117).

La disciplina laboral es pobre, y la relación de la prima Pochi con el Doctor puede desarrollarse sin problemas en la guardia. La venalidad es la regla, y así vemos al chofer de la ambulancia a la búsqueda de ganancias extras con el transporte de pre-pizzas y con el alquiler de la ambulancia a parejas, por hora. La burocracia no es un mal menor entre los que obstaculizan el logro de los sencillos objetivos que se propone el protagonista, el más audaz de los cuales es el de volver a su casa. Cuando nuestro Paciente ya cree estar curado y listo para abandonar el hospital, no se le permite hacerlo porque le falta la tarjeta rosa, para obtener la cual necesita una foto, que no se puede sacar porque aún está pelado y sin cejas. Y cuando por fin tiene la foto, se entera de que, además, necesita una carta de recomendación para acceder a la famosa tarjeta. Por supuesto, el médico que tiene que darle la carta no aparece.

El absurdo, la realidad reducida a la falta total de sentido y coherencia entre vía y fines, causa y resultados, aparece como único territorio posible adonde inscribir la propia existencia. Hay aquí ecos del existencialismo de mitad de siglo, con la premisa aquella de que el suicidio no es solución porque, después de todo, la vida es lo único que se tiene. Y el absurdo se nutre con elementos simbólicos extraídos de los aspectos más conflictivos del Occidente post-industrial: desde el punto de vista tecnológico, la maquinaria, aparentemente destinada a curar; desde el punto de vista tecnocrático, la burocracia; desde el ángulo político, la apariencia de legalidad de las tramitaciones; y en el aspecto social, el egoísmo y la búsqueda del poder y del placer. El individuo, el desprotegido paciente, llega a decir: "Me gusta que me saquen sangre. Eso quiere decir que no me han olvidado" (33). El miedo a la soledad, al no ser tenido en cuenta, a la oscuridad de la noche, hace de la desintegración física un mal menor.

La metáfora hospitalaria, enriquecida por los diversos personajes que detentan el poder institucional y que integran el grupo de los "victimarios," que insisten en anular el accionar del protagonista, funciona en una dirección precisa: explorar la situación de la persona en estado de sometimiento.

Pero si bien los victimarios más notorios se identifican como miembros del cuerpo médico del Hospital, los rasgos negativos de la naturaleza humana en general están nítidamente subrayados en la presencia de personajes que no pertenecen al Hospital, tales como la prima Pochi, el amigo Ricardo y los compañeros de oficina del Paciente. Todos ellos comienzan por acercarse al protagonista con aparente intención de ayudar, pero tarde o temprano surge el verdadero yo en forma de un desvergonzado aprovecharse de la ingenua pasividad de aquél. La prima Pochi, solícita en un principio, continúa con sus visitas nocturnas sólo mientras dura su relación con el doctor Goldfarb, y su papel en la liquidación de los bienes de su primo es desvergonzadamente protagónico. La variedad de modos con que los compañeros de oficina y el amigo Ricardo esquilman al Paciente es sólo comparable a la variedad de procedimientos médicos a los que el hospital lo somete.

El hospital, lejos de tener el monopolio del poder destructivo, es un fragmento, institucionalizado, de un mundo que funciona mal. Hay, sin embargo, un detalle interesante: Shua parece hacer una distinción entre los personajes no-médicos y los que lo son. Los no-médicos, con la excepción de la monjita "Manzanita," actúan movidos por el más puro egoísmo: satisfacción de sus placeres, obtención de dinero. Los vinculados con el arte de curar, los profesionales de la salud, en cambio, parecen buscar el poder por el poder mismo, estableciendo normas y medidas destinadas a prolongar la estadía del paciente sólo para satisfacer su voluntad de ejercer la autoridad, ya que su accionar no deriva en ningún beneficio económico. Dice el Presidente de la Cooperadora: "usted sabe, el director recién se ha recuperado de su enfermedad y sufre un gran dolor cada vez que uno de sus pacientes se quiere ir del hospital" (135).

No podemos ignorar cierto carácter paradójico en la relación dominador-dominado tal como la plantea Judith Butler a partir de algunas ideas de Michel Foucault: la constitución del dominado incluye su aceptación psíquica del dominador como parte de sí mismo, y no sólo como externo a él. Esto constituiría la aceptación tácita de la situación, que es la que Shua desarrolla con su paciente, respondiendo a los planteos de Butler particularmente en lo que se refiere a la necesidad psicológica de aceptar este proceso de identificación/sometimiento por razones de integración social. Nuestro Paciente, vemos, teme a la soledad más que a cualquier otra cosa, por lo que encuentra su felicidad en la aceptación casi gozosa de un sojuzgamiento que le garantiza compañía y alimento:

> Where social categories guarantee a recognizable and enduring social existence, the embrace of such categories, even as they work in the service of subjection, is often preferred to no social existence at all. How is it, then, that the longing for subjection, based on a longing for social existence, recalling and exploiting primary dependencies, emerges as an instrument and effect of the power of subjection? (Butler 20).

Es decir, la aceptación de la sujeción supone la aceptación de valores diametralmente opuestos a los que nuestra cultura valora como positivos: independencia, libertad, determinación, auto-confianza. Estos valores son rechazados y en su lugar emergen el deseo de supervivencia, la sumisión, la indiferencia por los ideales, la pusilanimidad. La recompensa por tal elección no es despreciable: la atención de las necesidades materiales básicas para la vida. Shua las simboliza en la oferta por parte de las autoridades del hospital de riquísimos manjares a ser incluidos en el menú diario si el paciente decide quedarse.

Narración y narrador

El planteo narrativo se inicia en un tono realista y, consciente de su obligación estética de cautivar al lector, la voz narradora busca la seducción a través de alusiones a experiencias con las que el receptor puede identificarse fácilmente: los inconvenientes de tratar de leer en un colectivo en marcha. En la apertura del texto es fácil advertir la presencia del *cuerpo* como un objeto de atención por parte del narrador, actitud que recorrerá por entero la narración y que contribuirá poderosamente a la unidad de efecto que Edgar Allan Poe reclamaba como esencial para el cuento; y aunque se trate de una *nouvelle*, el recurso es muy efectivo.

La sintomatología que lleva al protagonista al hospital no es precisa, pero es suficiente para colocar al cuerpo en situación de objeto de la preocupación de tal protagonista y de la atención del lector. Esta objetivación del cuerpo como lo observado inaugura una brecha en el personaje: surge una división entre *cuerpo*, lo *objetivo* y, digamos, su *mente*, instrumento de lo *subjetivo*, brecha que irá ahondándose al ir progresando la narración, para desaparecer luego en un movimiento de integración final al legar al desenlace.

En este punto, encuentro iluminador lo que Michel Foucault plantea como tesis general respecto a la relación entre sociedad y cuerpo: la existencia de una "economía política" del cuerpo en la cual se sitúan los sistemas punitivos. El cuerpo, inmerso como está en el campo político, es la presa inmediata de las relaciones de poder (Foucault 32). La metaforización del hospital se completa y se expresa a través de la presencia de ese cuerpo que va a ser dominado. El cuerpo es el objeto del deseo de los factores de poder, y sobre él estos factores ejercerán sus atribuciones a discreción: observarán, palparán, inyectarán, tomarán la temperatura, auscultarán, encerrarán, todo con la fruición de quien ha encontrado el más valioso de los rehenes, para finalmente apropiarse de él sin apelación posible.

La conciencia del cuerpo como manifestación de vida abre la novela y se reitera con intención evidente de constituirse en una isotopía vertebradora. Para indicar la sorpresa de la visitante desconocida al no encontrar a quien espera ver en la habitación del Paciente, éste dice: "En su horror, se olvida de su cuerpo. Los dedos de su mano derecha, abandonados, se aflojan" (9), para señalar más adelante: "Poco a poco va recobrando el control de su cuerpo" (10). De la observación de un cuerpo ajeno, el narrador pasará a experimentar su cuerpo como objeto de manipulación por otros. La revisación médica a la que es sometido por el equipo liderado por la doctora Sánchez Ortiz, desarrollada casi como un ritual de corte sado-masoquista, coloca al cuerpo en situación protagónica, que asume, renovada, en cada acto médico sucesivo, para culminar en el momento previo a la operación: "Mi cerebro se esforzaba en desasirse del pesado abrazo del sedante cuando llegó la camilla. Sentía la lengua torpe y los brazos y piernas me respondían sin ganas, como en los últimos tramos de una borrachera. Mi propio yo, lúcido y aterrorizado, se agazapaba en las profundidades de mi cuerpo, que ya no obedecía a sus controles" (65).

Lo crucial de esta secuencia se vincula con la segmentación explícita de cuerpo y conciencia, apareciendo la violación (en un sentido amplio, no sexual) del cuerpo como la violación de la integridad del individuo, la agresión capaz de separar psiquis y soma a través del miedo como ejercicio supremo del poder sobre otro. En los últimos tramos de la narración las cosas no han cambiado mucho:

> Desde la semana pasada se está haciendo un examen exhaustivo de cada una de las partes de mi cuerpo, empezando por los dos extremos, la cabeza y las extremidades inferiores. A la altura del esternón, los resultados deberían coincidir en un diagnóstico definitivo. Ayer, por ejemplo, me hicieron un nuevo electroencefalograma y me tomaron muestras de los hongos que tengo entre los dedos de los pies. (104)

A partir de allí, la desintegración deja de percibirse como tal. La resistencia activa a tal tratamiento sería simbólica de rebelión y protesta, pero tal reacción no se manifiesta en el Paciente, lo cual constituye un sema de fundamental importancia. La ausencia de rebeldía y la gradual aceptación de la violación de la integridad somática implican una falta de resistencia que sólo puede comprenderse en términos de la caracterización del personaje. La construcción del protagonista como narrador ingenuo, señalada más arriba, es vital para la efectividad del discurso irónico. D.C. Muecke nos dice al respecto: "the ironist, instead of presenting *himself* as a simpleton, puts forward in his place a simpleton or *ingènu* who is to be regarded as distinct from the ironist (the *ingènu* may ask questions or make comments the full import of which he does not realize)" (57-58).

Shua elabora al narrador con marcas que delatan una falla en su capacidad para leer los datos de la realidad de manera completa y eficaz, aún para sus propios intereses. En la mejor tradición del Mark Twain de *Huckleberry Finn*, sus comentarios a menudo establecen un código entre autor y lector que escapa a la imaginaria comprensión del narrador. La información que nos llega sobre la vida pasada del Paciente lo muestra como oficinista gris, lector del James Bond de Ian Fleming, de *Selecciones* y de *Popular Mechanics*, más bien solitario, con una inofensiva pero fuerte manía por el orden y la limpieza. Son sus observaciones las que van definiendo su bondadosa, mansa naturaleza, así como su incapacidad para detectar segundas intenciones en las actitudes del prójimo: "La Pochi, una prima que me saqué en la lotería" (41), nos dice.

La relación del Paciente con cada uno de los demás personajes da pie a Shua para caracterizarlo como lo que Northrop Frye considera el *héroe típico del modo irónico*, esto es, "inferior in power or intelligence to ourselves, so that when we have the sense of looking down on a scene of bondage, frustration or absurdity" (34). Estamos ante un héroe cuyas potencialidades para la vida son inferiores a las del común de los mortales, lo que lo hacen apto para su papel de víctima inocente. Por otra parte, su falta de contacto con la realidad exterior sugiere una atmósfera un tanto onírica, lo que enfatiza la relevancia del tema de la alienación. La narración esta concebida, entonces, en un tono irónico sostenido por la brecha entre lo dicho y lo que se quiere decir, entre el narrador *ingènu* y la realidad ficcional que describe.

La visión arquetípica

Hospital, casa de salud, donde el enfermo busca alivio, curación, solución a un problema. En términos arquetípicos, descenso al infierno, o más bien al purgatorio, en procura de la resurrección posterior: un lugar de purificación a través del sufrimiento. En términos deseables, sufrimiento temporario, soportado a cambio de la esperanza de librarse del mal. La presencia de un discurso humorístico tiende a disfrazar el hecho de que en la novela el hospital se transfigura en elemento demoníaco, volviéndose así trampa final, callejón de la muerte. No de la simple muerte clínica, sino de la muerte de la dignidad humana, la muerte de la persona individual con jerarquía trascendente.

La concepción irónica del protagonista, ya identificada más arriba, adquiere mayor sustento al ser considerada en términos arquetípicos. Este aspecto de la caracterización surge con rasgos nítidos cuando se advierte la inversión de términos que se produce cuando se compara la estructura de su odisea con las de figuras arquetípicas de sufrimiento pertenecientes a las culturas grecorromana y hebreo-cristiana que alimentan nuestro imaginario colectivo.

La pregunta del narrador, "Doctor Tracer, ¿por qué me has abandonado?" (119) asume importancia en este sentido al aludir a la figura arquetípica del sufrimiento por excelencia, esto es, Cristo. La referencialidad de la exclamación del Paciente se ironiza no sólo por la distancia que lo separa de Cristo como individuo significativo en un contexto metafísico y social, sino por el hecho de que, según la ortodoxia cristiana, el sufrimiento de Cristo tiene sentido, el de la redención, mientras que el del personaje que nos ocupa no tiene sentido alguno.

Otros grandes sufrientes de nuestra herencia cultural son Prometeo y Job. El primero sufre por haber sido castigado a causa de una acción noble para beneficiar a los humanos, el donarnos el fuego de los dioses, y el segundo, por haber sido puesto a prueba por Jehová, al parecer deseoso de comprobar si le era fiel. Prometeo preserva su espíritu de rebeldía, pero nada puede hacer a causa del poder omnímodo del tirano, Zeus. Por otra parte tenemos a Job, el gran paradigma de la paciencia, quien está totalmente consciente de su sufrimiento y elige no rebelarse, no por una falla en su carácter, sino por pura fidelidad a su Creador. La relación causa-efecto tiene validez y significado en estos tres ejemplos de sufrimiento arquetípico. Los sujetos están conscientes de lo que están atravesando y lo asumen como intransferible dolor. Nuestro Paciente, por el contrario, tiene breves episodios de conciencia sobre su situación, los que se van espaciando con el transcurrir del tiempo, hasta que llegan a desaparecer para dar lugar a la aceptación pasiva y hasta alegre de la nueva situación: "Esta pieza, que al principio me parecía tan incómoda, ya es mi casa. En el hospital tengo amigos y conocidos. Afuera, ¿quién se acuerda de mí?" (103), que es un eco de lo que el mismo personaje dijera al inicio de su internación: "En el hospital, ¿a quién le iba a importar de mí?" (17).

Y es mi opinión que la marca certera de la construcción irónica de un texto se detecta cuando, en un abordaje arquetípico según los postulados de Northrop Frye, hay una inversión importante en el desenlace con respecto de la figura arquetípica referencial. Tal inversión en la novela de Shua se evidencia en la no-conciencia de la pérdida de la libertad, siendo la libertad un valor considerado altamente positivo. Job y Cristo padecen, pero su sufrimiento es fructífero: la bendición celestial con la restitución multiplicada de los bienes perdidos y la salvación de la humanidad, respectivamente. Prometeo sufre, pero su sufrimiento ha sido interpretado como una ilustración de la sublimación, y su rescate final gracias a Hércules "expresses the efficacy of the process of sublimation, and its outcome" (Cirlot 266). El Paciente, en cambio, se adapta y la disfruta, lo cual ratifica la solidez de la ironía que Shua elige como tono de su texto.

El humor

Henri Bergson concibe lo cómico como una "distracción en la marcha de la vida," entendiendo por "distracción" una interrupción de carácter mecánico que "expresa cierta imperfección individual o colectiva que necesita corrección" (102, traducción mía). El empleo del humor en *Soy paciente* responde cabalmente a tal concepción. El toque aristotélico de las palabras de Bergson, al mencionar "imperfección [. . .] que necesita corrección," está incluido en el ejercicio del humor que Shua despliega en el texto, pero la sutileza con que lo hace descarta cualquier efecto didáctico o moralizante. En cuanto a la "necesidad de corrección," las instancias de humor situacional alusivas a circunstancias reconocibles de la realidad son por demás elocuentes: desde las falencias en el funcionamiento del hospital, hasta los fatales egocentrismos que rodean al protagonista. El único personaje que parece rescatable, la dulce monjita "Manzanita," permanece en el reducto de su inocencia y de su acento extranjero como un fragmento más del mundo alienante y alienado que rodea al protagonista.

Por supuesto, ella también está impregnada de efectos humorísticos, con su modo de pronunciar "usted" y sus caramelitos de limón.

Los ejemplos de humor son numerosos, pero hay una inteligente dosificación que asegura su efectividad. Como narrador *ingènu*, el Paciente no advierte la instancia humorística, lo cual es a menudo parte del efecto buscado. Es decir, aparece un humor directo en la narración de circunstancias directamente graciosas, como las "travesuras" de los compañeros de oficina durante su visita, y un humor verbal, cuyo efecto depende de la enunciación más que del enunciado, como cuando el Paciente comenta sobre la enfermera jefe: "Debe ser triste para una mujer tener el pecho tan chato. ¿Será por eso que nunca se ríe?" (39).

James Miller, Jr. habla de una tendencia en la ficción estadounidense a partir de la posguerra que se inclina a la combinación de circunstancias terribles con efectos cómicos: "The nightmare world, alienation and nausea, the quest for identity, and the comic doomsday vision— these are the four elements that characterize recent American Fiction" (399).

Puede hablarse de una influencia, pero también podría suponerse un desarrollo paralelo debido a la que por entonces era ya una verdadera globalización de la información y de la cultura euroamericana (después de todo, ya el romanticismo tuvo carácter transatlántico). Las características que Miller menciona pueden aplicarse sin esfuerzo a la literatura argentina, ya desde el medio siglo: el mundo de la pesadilla, la alienación y la náusea, la búsqueda de la identidad ante la amenaza de la masificación. Pensemos en Sábato, Denevi, Gudiño Kieffer.

La visión cómica del Día del Juicio, el humor negro, demoraría más en llegar a nuestra literatura, en la que no ha florecido con la intensidad creciente con que lo ha estado haciendo en la cultura anglosajona hasta el borde mismo de este fin de milenio. A modo de ejemplo: como para ilustrar algunos logros recientes del género, vayan tres nombres, tres textos: Quentin Tarantino, *Pulp Fiction*; Ben Elton, *Popcorn*; Alan Ayckroyd, *Henceforward*, película, novela y obra de teatro, respectivamente, de los '90. Algo se perfiló en Cortázar, pero sería Shua quien lo usaría de manera sostenida y con función estructural en una obra de ficción.

Miller identifica un quinto elemento característico, expresado con mayúsculas: "A Thin Frail Line of Hope" (399). ¿Hay esperanza en *Soy paciente*? El protagonista, al final de su periplo, es un paciente profesional. Jorgelina Corbatta nos dice de tal paciencia: "la paciencia, con todas sus variantes, termina siendo una estrategia de resistencia. Más aún: la paciencia se convierte en una empresa a perfeccionar día tras día. Constituye una ética que comporta una ascesis y una desposesión, a la vez voluntaria e impuesta" (374).

Es una posible lectura ante la que propongo otra, que no pretende anularla, sino crear un segundo espacio interpretativo que ratifica la densidad metafórica del texto. La respuesta a la pregunta sobre la existencia de esperanza en el planteo de Shua, a mi modo de ver, es tan irónica como el planteo central y como la trama toda. La esperanza, de ser idealmente un ansia de cambio hacia un Bien ideal, se ve reducida a ser el simple logro de la supervivencia, y la única forma de alcanzarla parece ser resignar la potencialidad creativa del intelecto, la tendencia vital al disfrute de la libertad, las demandas de la razón y del sentido de justicia. En términos darwinianos, la supervivencia de los más aptos en condiciones como las caricaturizadas por Shua, asegura la continuidad de una humanidad pasiva, no-pensante, no-creativa, ocupada en satisfacer sus necesidades físicas y disfrutar alguna diversión que espante el tedio.

Ante tales perspectivas, el humor resulta un medio más que eficaz para encarar el panorama. La seriedad puede volverse discursiva, la tragedia puede caer en la obviedad. La tendencia a tomar el humor como el atajo eficaz para apuntar en dirección al horror puede haber sido otra vuelta de tuerca del vacío existencial inaugurado tras la posguerra, una afirmación de la risa como signo de salud y de vitalidad para neutralizar el avance de las fuerzas tanáticas.

Conclusión

Soy paciente, texto inaugural de Shua como narradora, reviste al hospital de sentidos literarios que privilegian lo caótico y destructivo que se asocia con la enfermedad, no con la salud. De ser un *locus* de características universalmente reconocidas, el hospital estructurado por Shua escapa de tal denotación y entra en la connotación, permitiendo, al decir de Barthes, que el texto funcione "como un juego en el que un sistema remite al otro según las necesidades de una cierta *ilusión*" (6). La referencialidad recíproca entre connotación y denotación es justamente la que permite la creación del espacio apropiado para el desarrollo de la ironía, y por ende del humor. Completa Barthes la idea:

> este juego asegura ventajosamente al texto clásico una cierta inocencia: de los dos sistemas, denotativo y connotativo, uno se vuelve y se señala: el de la denotación, la denotación no es el primero de los sentidos, pero finge serlo; bajo esta ilusión no es finalmente sino la última de las connotaciones (la que parece a la vez fundar y clausurar la lectura) el mito superior gracias al cual el texto finge retornar a la naturaleza del lenguaje, al lenguaje como naturaleza: por muchos sentidos que libere una frase posteriormente a su enunciado, ¿no parece decirnos algo sencillo, literal, primitivo: algo verdadero con relación a lo cual todo lo demás (lo que viene después, encima) es literatura? (6)

Esto es una invitación para dar otra vuelta de tuerca a partir de la metaforización del hospital. Se nos invita a que olvidemos al hospital como metáfora y lo imaginemos como lo que es, un edificio dotado de ciertas características y destinado a ciertas funciones. Y cuando constatamos su "realidad" ficcional para desandar la distancia entre lo que es y lo que debe ser, la visión distópica surge sin atenuantes, a otro nivel pero con igual fuerza.

En 1997 Ana María Shua publica otra novela que toca ambientes hospitalarios, *La muerte como efecto secundario*, merecidamente recipendiaria del Premio Narrativa 1997. Allí, otra institución hospitalaria, la Casa de Recuperación, sucedánea de la prisión y evocadora de poderes represivos, ocupa un lugar importante en la trama, pero su posición dentro de la novela y las connotaciones que evoca en combinación con los otros ámbitos en los que transcurre el relato le dan una significación y una función diferentes a la del hospital de *Soy paciente*, y que requerirían —y merecerían—otro estudio.

Los perfiles de una realidad de la que no se puede hablar abiertamente encontraron su expresión estética en el hospital plasmado por Shua en *Soy paciente*. La metaforización no es absoluta, sino complementaria a otras posibles lecturas, lo cual la aleja de la simple fábula. La supervivencia del Paciente es un comentario sobre aquello de "bienaventurados los pobres de espíritu..." en tonalidad irónica y con la constante presencia de recursos humorísticos. El "país- jardín-de-infantes" del que hablaba María Elena Walsh en aquellos años había encontrado uno de sus mejores alumnos en el innominado sujeto que protagoniza esta narración.

NOTAS

1. El término "demoníaco" está usado en el sentido que Northrop Frye le da en *Anatomy of Criticism* como un topos opuesto a lo deseable en términos humanos, lo contrario de "apocalíptico" (en el sentido original de la palabra, "revelación"), que se refiere a aquello que el espíritu humano considera deseable, gratificante, digno de ser conseguido.

2. Como texto interesante y bien documentado sobre la literarura argentina en la época de la dictadura, *Ficción y política. La narrativa argentina durante el proceso militar* (Buenos Aires: Alianza, 1987) es, más que recomendable, necesario.

3. Sobre un corpus de 14 reseñas bibliográficas de *Soy paciente* de fechas inmediatamente posteriores a la publicación de la novela, 6 utilizan el adjetivo *kafkiano* o bien menciona a Kafka.

OBRAS CITADAS

Balderston, Daniel. "El significado latente en *Respiración artificial* de Ricardo Piglia y *En el corazón de junio* de Luis Gusmán." *Ficción y política, la narrativa argentina durante el proceso militar.* Buenos Aires: Alianza Editorial, 1987. 109-121.

Barthes, Roland. *S/Z.* Trad. Nicolás Rosa. México: Siglo XXI, 1992.

Bergson, Henri. *Le rire.* Paris: Libraaairie Félix Alcan, 1938.

Bioy Casares, Adolfo. *Dormir al sol.* Buenos Aires: Emecé, 1975.

Butler, Judith. *The Psychic Life of Power.* Stanford, California: Stanford UP, 1997.

Cirlot, J.E. *A Dictionary of Symbols.* Trad. Jack Sage. New York: Barnes and Noble, 1995.

Corbatta, Jorgelina. "Historia y ficción en la narrativa argentina después de 1970." *Romance Languages Annual* 15 (1993): 370-375.

Cortázar, Julio. "La Señorita Cora." *Todos los fuegos el fuego.* Buenos Aires: Sudamericana, 1975. 87-116.

Foucault, Michel. *Vigilar y castigar, nacimiento de la prisión.* Trad. Aurelio Garzón del Camino. México: Siglo XXI, 1998.

Frye, Northrop. *Anatomy of Criticism.* Princeton, N.J.: Princeton UP, 1957.

López Ocón, Mónica. La literatura del silencio: Ana María Shua, el humor y el eufemismo." *La Opinión Cultural* 15 de febrero de 1981: 1-5.

Miller, James E., Jr. "The Humor in the Horror". *Quests Surd and Absurd.* Chicago: U of Chicago P, 1968. Reprinted in *One Flew Over the Cuckoo's Nest. Text and Criticism.* Ed. John C. Pratt. New York:Viking P, 1976. 397-400.

Muecke, D.C. *Irony.* Fakenham, Norfolk: Methuen, 1970.

Shua, Ana María. *La muerte como efecto secundario.* Buenos Aires: Sudamericana, 1997.

———. *El sol y yo.* Buenos Aires: Ediciones Pro, 1967.

———. *Soy paciente.* Buenos Aires: Losada, 1980.

Twain, Mark. *Huckleberry Finn. Huckleberry Finn and His Critics.* Ed. Richard Lettis, Robert McDonnell and William Morris. New York: MacMillan, 1962. 1-258.

Walsh, María Elena. *Desventuras en el país-jardín-de-infantes.* Buenos Aires: Sudamericana, 1993.

CELEBRATING FEMALE SEXUALITY FROM ADOLESCENCE TO MATERNITY IN ANA MARÍA SHUA'S *LOS AMORES DE LAURITA*

*Laura J. Beard**

In *This Sex Which Is Not One*, Luce Irigaray affirms that "what remains the most completely prohibited to woman, of course, is that she should express something of her own sexual pleasure. [. . .] For in fact feminine pleasure signifies the greatest threat of all to masculine discourse, represents its most irreducible 'exteriority,' or 'exterritoriality'" (157). Perhaps even more than female sexuality in general, any sort of maternal sexuality traditionally has been marginalized, for as Hélène Cixous asserts, "if there's one thing that's been repressed, here's just the place to find it: in the taboo of the pregnant woman" (261). Ana María Shua breaks that taboo in her 1984 novel *Los amores de Laurita*, a narrative which serves as the literary representation of one woman's sexuality from adolescence to the final stages of pregnancy. Shua takes that which is exterior or exterritorial to masculine discourse—female sexual pleasure and maternal sexuality—and makes it central to her text. In this transgressive and subversive act of writing the pregnant female body, Shua proffers a fictional exploration of the relationship between female sexuality and female subjectivity.

In *The Mother/Daughter Plot: Narrative, Psychoanalysis, Feminism*, Marianne Hirsch uses the notion of the family romance to "treat both motherhood and daughterhood as *story*—as narrative representation of social and subjective reality and of literary convention" (10). In this article, I also focus on Shua's use of motherhood and daughterhood as *story*, looking particularly at the ways in which sexuality is imbricated into that narrative representation of social and subjective reality and of literary convention. My examination of the novel demonstrates how Laura's sexu-

---

* Laura Beard received her Ph.D. in Hispanic Literature from The Johns Hopkins University, and teaches classes in Spanish, Portuguese, Comparative Literature, Latin American and Iberian Studies, and Women's Studies at Texas Tech University. Her research and teaching interests include women writers of the Americas and contemporary critical theory, particularly narrative and feminist theories. She has published articles on narrative works by a number of Latin American authors, and is currently completing a book manuscript on identity, authority and sexuality in the fiction of Helena Parente Cunha, Nélida Piñón, Julieta Campos, and Luisa Futoransky.

ality and subjectivity are constructed both by social and subjective reality—realities often humorously depicted by Shua—and by literary conventions, a construction underlined by Shua in her depiction of a protagonist who both loves to read and sees herself in the role of various literary characters throughout the course of the novel. While Shua's novel in many ways affirms and makes central a woman's sexuality and subjectivity, analysis of the novel shows how that sexuality and subjectivity have been always already culturally constructed through prevailing discourses about female sexuality and maternity, prevailing discourses frequently passed on from mothers to daughters.

Until the last couple of decades, the mother has been studied mostly from "an Other's point of view," as E. Ann Kaplan points out on her work on motherhood and representation (3). Kaplan delineates three main types of discursive mothers in her study: the mother in her socially constructed, institutional role; the mother in the unconscious, first articulated by Freud as the split mother; and the mother in fictional texts, a mother who is produced by the tensions between the first two discursive spheres (6-7). In justifying her own study, Kaplan argues that no one has answered Julia Kristeva's question, "What is it about this representation (of the patriarchal or Christian Maternal) that fails to account of what woman might say or want of the Maternal. . .?" (101, qtd. in Kaplan 4). Kaplan further points out that the "lack of cultural discourses setting forth women's *subjective* pleasures in mothering (apart from such pleasures taking place under the auspices of the Father or the state)" still has not been adequately studied (4). Ana María Shua's *Los amores de Laurita* is a literary discourse that, in part, represents women's subjective pleasures in the maternal experience of pregnancy.

Shua composes the narrative text of two interwoven parts: one day in the married Laura's life in her ninth month of pregnancy interspersed with various episodes of the adolescent Laurita's life and love affairs. The chapters alternate: the two-to-three page sections dealing with Laura's day have no titles while the longer chapters on Laurita are numbered and titled in a style reminiscent of many eighteenth-and nineteenth-century narratives.

The duality inherent in the novel's structure emphasizes not only Laura's dual role as daughter and mother, but also the dual character often seen as part of the feminine condition. Irigaray argues that woman "*is neither one nor two. Rigorously speaking, she cannot be identified either as one person or as two. She resists all adequate definition*" (26). Other critics and theorists make similar arguments about the pregnant woman, emphasizing the perplexing intersubjectivity of pregnancy, the radical challenge to notions about identity and difference that Julia Kristeva sees as inherent in the maternal condition. As Mary Ann Doane explains:

> The maternal space is 'a place both double and foreign.' In its
> internalisation of heterogeneity, an otherness within the self,

> motherhood deconstructs certain conceptual boundaries. Kris-
> teva delineates the maternal through the assertion, 'In a body
> there is grafted, unmasterable, an other.' The confusion of iden-
> tities threatens to collapse a signifying system based on the
> paternal law of differentiation. It would seem that the concept of
> motherhood automatically throws into question ideas concer-
> ning the self, boundaries between self and other, and hence iden-
> tity. (170)

With the particular physical condition of maternity, where one becomes two or two are housed in one, questions of subjectivity are especially problematic. Shua's intermixing of the short sections on the pregnant Laura with the chapters on the adolescent Laurita highlights questions of the continuity of self and identity as well as concerns about the boundaries between self and other.

The novel begins with Laura in her doctor's office for a pre-natal checkup.[1] That the opening focalization is not through Laura, but through her male obstretrician ("Desde hace dos semanas ha resuelto abstenerse de fumar mientras sus pacientes estén en el consultorio" [9]) reflects what Tess Cosslett notes and critiques in prevailing medical discourses, the tendency of male medical practitioners to place themselves at the center of the discourse, to take control of the childbirth scene, of the birthing woman's body and emotions.[2] Having the original focalization be through the eyes of the doctor also means that the first presentation of Laura is one constructed through the male gaze, as a sexual object: "A pesar de su vientre voluminoso y de sus piernas levemente edematizadas, la señora Laura se mueve con agilidad" (9). Her husband also sees her as a sexual being, for he "se deja seducir por la engañosa dulzura de la cara de su mujer, esa suavidad fingida por la hinchazón de los labios, la falta de ángulos, el brillo de la piel y de los ojos" (10). "[L]a *engañosa* dulzura," "esa suavidad *fingida*"—the language implies that her sexuality is feigned, deceitful, perhaps a snare for the male, a reading that resonates with the short passages that introduce the novel, passages that set up woman as a spider who traps and eats males.[3]

In a conversation with her unnamed husband[4] that stresses the cyclical nature of women's lives and experiences, Laura places herself quite consciously into a line of mothers and daughters as she comments on the much more thorough medical care she is receiving in comparison to her mother, who saw a doctor infrequently toward the end of the pregnancy, and her grandmother, who did not see the midwife until the pains had begun. She recalls that her grandmother was sixteen when Laura's father was born.

The narrative breaks there to begin again on the next page as "I. DIECISEIS: *En que Laurita cumple por última vez dieciséis años*" (13).

As she awakens, her mother comes in with her birthday present, a black leather purse, and a lesson on what being a woman entails.

—Gracias mamá, pero sabés que yo no uso cartera. Me pongo todo en los bolsillos o llevo un bolso.

—Hacés mal —su madre fue tajante—. Una mujer tiene que usar cartera. Una linda cartera haciendo juego con los zapatos. Es lo mínimo que se puede pretender de una mujer: que sea elegante. (16)

Thus from the first of the Laurita chapters, we are presented with the prescriptive social discourse of what it means to be female, a lesson being passed forcefully on from mother to daughter. We see the lesson received ambiguously by the daughter, as she both dreads becoming like her mother and realizes she could never fulfill the prescriptive role as well as her mother does. Laurita simultaneously scorns her mother for focusing on the matching of shoes and purse rather than on the meaning of life and envies her mother for a natural elegance that Laurita knows she will never have. Nancy Chodorow might argue that the scene exemplifies her contention that daughters "experience themselves as overly attached, unindividuated and without boundaries" in regards to their mothers, an overattachment that often leads to overt criticism or rejection of the mother as well as to an immersion in "intense identification-idealization-object loves, trying to merge herself with anyone other than her mother" (137).[5]

In this first chapter, at sixteen, Laura has already begun this immersion into other intense identifications, having discovered a world of sexual pleasure with her steady boyfriend of two years:

Dos años de urgentes abrazos con el ascensor parado entre dos pisos, de agotadoras caricias en el sofá del living, de lentos placeres en los pajonales del Tigre, adonde salían a remar los domingos por la mañana y volvían al caer la tarde, horriblemente picados por los tábanos. (18)

The apt portrayal of teenaged relationships with physical encounters in odd places out of the sight of parents is pierced by the ironic authorial presence—revealed by the introduction of the horseflies—an authorial presence that in this novel frequently mixes the humorous with the erotic.

The same ironic humor is present in the description of Laurita's mixed emotions—part guilt, part fear, and part excitement—en route to her first orgy en "II. LA FESTICHOLA: *En que Laurita asiste por primera vez a una verdadera orgía*" (43). Katherine Dalsimer notes that during the transitional period that is female adolescence, "self-disparagement and grandiosity often coexist, or fluctuate rapidly, creating a strange Alice-in-Wonderland sense of confusion and discontinuity" (8). This rapid fluctuation and sense of discontinuity is apparent in Laurita's approach to the orgy. On a long, hot bus ride, Laurita cannot help studying the faces of the other passengers wondering "si algo en su actitud les estaba revelando que tenía puesto el diafragma, que le molestaba un poco porque seguramente (y cómo estar totalmente segura) se lo había colocado mal" (47). Upon approaching the unfamiliar, seemingly abandoned house, Laurita further worries that she might have gotten the address wrong and be about to

> encontrarse con un grupo de vagabundos envueltos en trapos, calentándose (pero el calor era terrible, sin embargo) junto a un fuego, un grupo de hombres hambrientos que sin duda la violarían y no era tan malo, después de todo, haber llevado el diafragma puesto. (48)

Laurita's teenaged imagination provides her with a stereotypical image of vagrants warming themselves by a fire, patently ridiculous in view of the sweltering summer heat. Yet the fantasy serves to incorporate both the bodily sensations of adolescence and the conflicted emotional states, with the thought of a potential rape helping to justify going to the party with her diaphragm in place.[6]

At the orgy she meets a number of anthropology students—"y Laura empezaba a preguntarse si no habría después de todo demasiados estudiantes de antropología para tan pocos indios en este desdichado país" (45)—is impressed by conversations about Cortázar, San Juan de la Cruz, Camus, Lewis Carroll, and others, gets drunk, throws up, and finally ends up on the couch with Sergio:

> y se amaron como los incas dibujados en las vasijas arqueológicas y como los japoneses de ciertos grabados antiguos y como los árabes de las Mil y Una Noches y como un caballero y una bruja medievales y sobre todo, aunque no les hubiera gustado tener que admitirlo, como un muchacho y una chica argentinos, universitarios, de clase media, en una casa vieja de la calle San Nicolás. (61-62)

Laurita here tries to construct her subjectivity and her sexuality according to inflated romantic ideals taken from literature, anthropology, and history, but we again see her inflated notions pierced by Shua's ironic humor.

The novel follows this split structure, with a short section about Laura, followed by a longer chapter on Laurita that takes its title and theme from a word, idea or image presented in the last paragraph of the previous section. Thus, although the novel jumps back and forth between different periods of the protagonist's life, the reader finds recurrent motifs, aspects of the protagonist's personality that can be traced throughout the sections. As teenager and as adult, Laura is a markedly sensual person, always aware of her body and all the sights, sounds, smells, tastes, and tactile sensations that surround her.[7] She take sensual pleasure in eating, particularly sweets, and many of the sexual encounters with males throughout the novel follow scenes in cafes or bakeries.

In "V. UN BUEN MUCHACHO DE BUENA FAMILIA: *En que Laurita conoce a un joven médico recibido, de muy buena posición*" (121), Laurita has been sent by her mother to spend a summer at Punta del Este, "donde había [. . .] tan buen ambiente" (122). Her mother has insisted on buying her new clothing, and packs it carefully for Laurita, "como un cazador experimentado que revisa, engrasa y dispone con cuidado las armas que su hijo deberá aprender a usar en la próxima partida: Punta del Este, privilegiado coto de caza" (123). Again, the social construction of femininity is being forcefully passed from mother to daughter as Laura finds herself being pushed by her mother to do what her culture considers desirable for women—this time not just carry a good purse that matches one's shoes, but marry a nice Jewish doctor. When at last Kalnicky Kamiansky, a young Jewish doctor soon-to-be cardiologist, invites Laurita out for a seafood dinner, she discovers her own "inesperada vocación de puta, un hombre iba a gastar dinero por el placer de su compañía y eso le gustaba, le gustaba enormemente" (129-30). Laurita again worries over the acceptability of her desires and her pleasures. As they kiss after dinner, Laurita experiences the splitting of identity, a separation of body and mind:

> y Laura había tenido otra vez la oportunidad de asombrarse de sí misma, de su cuerpo, siempre dispuesta a desear incluso a un hombre tan radicalmente indeseable como era, para una Laurita, un Kalnicky Kamiansky apoyándose, casi cardiólogo, sobre su pecho. Sólo la abstinencia, se decía Laurita, podría justificarle las ganas, esas ganas generales, mecánicas, que el azar centraba en ese instante en ese señor desagradable que la besaba con técnica deficiente y entusiasmo. (132-33)

Although Shua presents a protagonist who enjoys her sensuality, she also underlines Laura's continued compulsion to justify her desires, to compose a discourse that makes her sexuality acceptable. Irigaray argues that within patriarchal society, "woman's desire [. . .] may be recovered only in secret, in hiding, with anxiety and guilt" (30). Shua depicts Laurita's feelings of anxiety and guilt each time she recovers her own desire.

Anxiety and guilt are also evoked in the subtitle of "IV. CIRUGIA MENOR: *En que Laurita acepta y sufre las consequencias del pecado*," (131) a chapter which narrates Laurita's experience with an unwanted pregnancy. After having gone to an abortion clinic, paid, and entered the room where the procedure is to take place, Laurita changes her mind. The tale of her hurried exit from the clinic, the proceeding months, the pregnancy, the wedding plans, the eventual arrival at the hospital are covered in a few pages of narration leading up to a birth scene which the reader soon realizes is itself the abortion. In a chapter that echoes Julio

Cortázar's "La noche boca arriba" or Jorge Luis Borges' "El Sur," the earlier exit from the clinic and the months of pregnancy are discovered to have been but a flight of Laurita's consciousness.

In *Women Writing Childbirth: Modern Discourses of Motherhood*, Tess Cosslett looks at both medical and fictional discourses on childbirth and discusses how the consciousness of a birthing woman, whether taken from an autobiographical account or from the story of a fictional character,

> involves a process of *negotiation* with prevailing ideologies [...] whose aim is, I would argue, power: in terms of writing, the power to take over the story, in terms of childbirth, the power to control the experience; or, in both cases, the power to protest, or celebrate, lack of control. (3)

While in Shua's novel the fictional childbirth scene of Laurita turns out to be an abortion, both that scene and the narrative of Laura's later pregnancy are reflective of many of the concerns noted by Cosslett, as both Laurita and Laura struggle for power to take over the story, to control their experiences or, at times, to celebrate a lack of control in orgasmic experiences that threaten the discursive limits of the text.

In one of the most erotic (and for some readers, probably disturbing) chapters, Laurita exerts narrative power in order to control a final scene with Pablo, her unfaithful boyfriend of three years. When Pablo admits to a weekend spent with a girl in Córdoba, Laurita taunts him with the knowledge that she had slept with his friend Pancho that same weekend, something she says she had always wanted to do. Pablo insists on details, twisting her arm behind her back and accompanying each question with a punch in the face until:

> Laura, en un estallido de rabia, de dolor y deseo, inventando a partir del confuso recuerdo de una breve historia que había sucedido hacía casi un año, una historia cuyo único sentido había sido precisamente éste, la posibilidad de atesorarla, de convertirla en recuerdo y en relato, porque, aunque era cierto que le tenía ganas, por Pablo y para Pablo se había acostado Laura con Panchito, le contó con placer, Laura, cómo le había acariciado con la lengua, lentamente, primero las pelotas, y había subido después, desde la raíz hasta la cabeza, lentamente, con la lengua, antes de ponérselo todo en la boca. (157)

Laura uses her power as narrator to re-take control of a situation that had in many ways left her control, as the break-up with Pablo is not one that she desires. In this scene, she skillfully uses her *lengua* (language) to describe to Pablo how she had skillfully used her *lengua* (tongue) on Panchito. She meets the physical violence that Pablo inflicts on her with a sexual discourse that has its own violent impact on him. After a savage sexual encounter of their own, which leaves Laurita's face "manchada de sangre y semen y mocos y sudor, y negras lágrimas cargadas de pintura" (161), Laurita insists on the last word in their final goodbye. Just before she shuts the door, Laurita whispers in Pablo's ear, "Te olvidaste de preguntarme. También me la dio por el culo, Panchito" (161). The scene between Laurita and Pablo is exemplary in its highlighting of the imbrication of narrative and sexuality that prevades Shua's work.

Los amores de Laurita ends with a long chapter that seems to combine the two interwoven parts of the novel. The chapter is numbered and titled—"VIII. POR ORDEN DEL MEDICO: *En que Laurita acata fervorosamente las órdenes de su obstetra*" (167)—like the chapters on the adolescent Laurita, but deals with the pregnant Laura, who is referred to as Laurita in the title but as Laura in the text of the chapter. The last chapter stands out for its narrative style—a long interior monologue—and vivid portrayal of a woman's sexuality during pregnancy. Laura is at home, alone, thinking about the doctor's instructions to massage her breasts and nipples, "con jabón ahora desde el segundo mes, con los dedos, con una esponja suave a partir del quinto, al final con un cepillo, cepillito de bebé, que no lastime, cinco a diez minutos de cada lado, nada de alcohol" (167).

She thinks about all the weight she has gained, about the dessert she will make for her husband, and in the same sentence in which she is thinking through the steps of making the dessert, she jumps from thinking about whipping the cream to "quién quiere coger con una panza de ocho meses cumplidos, ya estoy en el noveno, treinta y ocho semanas es a término, soy una madre, las madres no cogen" (169). In this section, her own lived reality—the sexual desire she feels—goes against the culturally-constructed prevailing (and patriarchal) discourse—"las madres no cogen".

Noting that at thirty-eight weeks, her baby is full term, thus making her a mother already, Laura underscores Paula Treichler's point that childbirth not only produces a baby, but "simultaneously transforms the woman into a particular kind of social being, a mother" (117). Tess Cosslett similarly notes that "[a]s a process in time, motherhood puts into question a woman's sense of identity, as her body changes shape and splits apart, and a new social role is thrust upon her" (118). Pregnancy already has transformed Laura into a particular kind of social being, for as she has noted, "[d]esde que su estado se ha hecho evidente, [. . .] la gente la trata con una suerte de gentileza compasiva, como si encontrara en una situación de invalidez parcial" (138). While pregnancy and childbirth may turn the woman into a new kind of social being, the dual, alternating, structure of Shua's narrative allows both continuities and discontinuties between the self before pregnancy and the self during pregnancy to be stressed.

When Laura wonders if the doctors will shave her for the delivery, she remembers how difficult it was to see herself in the mirror when her pubic hairs were first growing in:

> de espaldas al espejo, agacharme, mirar con la cabeza para abajo por entre las piernas abiertas qué decepción siempre, qué fea y peluda era mi concha, qué verde era mi valle, qué rara mi cara al revés, el pelo colgando para abajo, ahora es imposible, hacer contorsiones con semejante panza [. . .] . (169-170)

This scene explains the cover of Shua's novel which shows the backs of two bare female legs, with a woman's face peeking out between the legs. The face is upside-down, lips pursed into a small o, with blonde hair hanging down from the scalp. It is a provocative picture that startles the viewer into trying to figure out how the body parts relate. A viewer who proceeds to read the novel arrives at this scene and recalls the cover photo.

The mirror imagery not only harkens back to early adolescence when Laurita wanted to see the changes in her body, but may also prefigure a scene not included in the novel, the childbirth scene. Some women ask for mirrors either during the birth process so that they may see the head emerging or after the birth so that they may look at any resultant stitches. Cosslett cites a home-birth advocate who opposes the use of mirrors during birth because they remove the birthing mother from being a participant to being an observer of the birth (Rothman 177-78, qtd. in Cosslett 134). That the mirror story is inserted in the narration at a moment when Laura is wondering whether she will be shaved for delivery would seem to support this prefiguring.

The mirror scene in the novel can also be read as evocative of the mirror stage in Jacques Lacan's psychoanalytic theories. In Lacan's theory, the infant sees her/himself in the mirror and in that mirror image finds a totalizing ideal that organizes and orients the self. With the mirror stage seen as a crucial turning point, it is interesting to note that in *Los amores de Laurita*, Laurita's turning point would be when she can see her pubic hairs, when she can see herself becoming an adult woman, a more fully sexualized subject. Lacan's discussion of the mirror phase as one that represents the transition from the pre-Oedipal stage into the phallic stage, as one that represents an early realization of subjectivity (a subjectivity that is a split subjectivity) thus brings up important concerns with subjectivity, the mother/child relationship, and the fusion/separation duality, all themes that resonate with my reading of *Los amores de Laurita*. Jane Gallop's observation that "the mirror stage itself is both an anticipation and a retro-action. . . . It produces the future through anticipation and the past through retroaction" (78, 80-81) also reflects the anticipatory and retroactive nature of this particular mirror scene in Shua's narrative.

Of course, in Lacan's theory, the concern is with the realization of the subjectivity of the child; the mother's subjectivity, like her desire, is of no

43

import. But in Shua's text, the mother's desire is paramount. The description of the mirror scene is interspersed into the steps of making the dessert, "batir la crema, fijarse si hay bastante azúcar impalpable" (170). The long run-on sentence, the paratactic structure that refuses to prioritize, valorize or even distinguish between sexual thoughts, memories, and fantasies and the steps of making the dessert, thus naturalizes female sexuality, makes it a part of everyday reality in the text. A woman's sexual pleasure is not exterior to her discourse nor does it disappear when she becomes (or is about to become) a mother. That sacred isolation in which mothers have frequently been placed is destroyed in Shua's text.

The long run-on sentence that mixes the making of the dessert with the sexual fantasies and thoughts of Laura not only naturalizes female sexuality but also exemplifies how, within discourse, "a disruptive excess is possible on the feminine side" (Irigaray 78). Laura's thoughts and fantasies disrupt linear discourse, erupt into excess and ecstasy, threaten the discursive limits of the text.

The novel ends with Laura, alone at home, undressed, reading erotic literature, examining her pregnant body in the mirror, wondering if the health of her unborn child will be affected by her sexual fantasies and her orgasms. This concern with the possible impact on the fetus of Laura's sexual activities again demonstrates Irigaray's claim that woman's desire can only be recovered with anxiety and guilt. For in the married Laura many traces of the teenaged Laurita remain. When she gives herself an orgasm with the stream of warm water from the bidet of the bathroom:

> Para justificarse, mientras gradúa contra uno de sus muslos la temperatura y la presión del chorro de agua antes de exponer a esa lluvia ascendente su delicada zona vulvar, se recuerda la importancia que todos los manuales adjudican a la higiene, a una correcta, diaria higiene de los genitales externos de la embarazada. (194-95)

Just as the adolescent Laurita justified wearing her diaphragm in case she was raped by vagrants en route to the party, Laura here rationalizes her orgasm as proper hygiene. Laura feels compelled to place her lived reality of sexual desire into an acceptable medicalized discourse of hygienic procedure.

On the last page of the novel, exhausted, Laura naps on her bed: "Pero en su vientre, enorme, dilatado, alguien ha vuelto a despertar. Es un feto de sexo femenino, bien formado, con un manojo de pelo oscuro en la cabeza, que pesa ya más de tres kilos y se chupa furiosamente su propio dedo pulgar, con ávido deleite" (196). This last image of the book, of the unborn baby girl sucking her thumb, takes the reader back to the beginning of the first Laurita chapter, which begins: "[v]io una forma gigantesca, borrosa, que no trató de identificar. Después reconoció un dedo, un dedo muy grande, rodeado de gruesos cables oscuros. Su propio dedo pulgar, el de su mano derecha" (13). Her thumb, surrounded by some of her hair, is the at-first-unrecognizable sight Laurita sees when she wakes up on her sixteenth birthday. That the novel ends with another female sucking her thumb creates a circular closure that ties the unborn child to the child her mother once was. That the baby is sucking furiously, with great delight, shows that this new daughter will be strong and sensual like her mother. The novel thus offers a continuum, as Laura goes from daughter to mother of a daughter.

For, in addition to being the literary representation of a woman's sexuality, *Los amores de Laurita* is a story that places mothers and daughters at the center of inquiry. In revealing the story of motherhood as the unspeakable plot of Western culture in *The Mother/Daughter Plot*, Hirsch asks, "where are the voices of mothers, where are their experiences with maternal pleasure and frustration, joy and anger?" (23). Hirsch points out how mothers and daughters have been ignored in literature and studies "the intersection of familial structures and structures of plotting, attempting to place at the center of inquiry mothers and daughters, the female figures neglected by psychoanalytic theories and submerged in traditional plot structures" (3). Her aim is "to reframe the familial structures basic to traditional narrative *and* the narrative structures basic to traditional conceptions of family, from the perspective of the feminine and, more controversially, the maternal" (3). Ana María Shua has structured her novel from the perspective of the feminine, placed mothers and daughters at the center of inquiry, and provided a space for the voices of mothers, a textual space for their experiences with maternal pleasure and frustration.[8] The difficulty Laurita had in seeing her sexual organs in the mirror as a teenager, and the almost impossible task that would be in her ninth month of pregnancy, can serve in metonymic relation to the difficulty women writers have had in writing about feminine sexual pleasure (especially of mothers) in the inherited masculine literary discourse. Women writers may have to contort themselves to affirm a feminine erotics which can continue throughout a woman's life, but some, like Ana María Shua, are agile enough to do so.

NOTES

1. Interestingly, the doctor's office is referred to as being "en el vientre de la ciudad" (9), relating the office even more to the womb and highlighting the pervasive nature of pregnancy in the narrative.

2. See, in particular, Chapter 2 on "Institutions, Machines and 'Male' Medicine" (47-76).

3. The preliminary passages stress the avarice, monstrous side of female sexuality seen as threatening in patriarchal society:

Como a toda mujer, se me acusa de ser también araña, se espera de mí esa segregación constante de hilos pegajosos que debo aprender a constituir en red para justificar la cobardía de los hombres, convencidos de mi avidez por sus líquidos vitales cuyo sabor repugnante y amargo ni siquiera imaginan, cuya vergonzosa escasez no se atreven siquiera a concebir (con decir que a veces necesito tres o cuatro para una sola comida).

[. . .] no es conveniente atrapar más hombres de los que se puede consumir en un invierno. La primavera los vuelve flacos y tornadizos, toman un fuerte sabor acidulado y su conservación resulta problemática. (7)

These passages are evoked throughout the novel, either through simple references to spider webs (16, 82), or when a group of Laurita's male friends "Iban a filmar a una mujer desnuda, con las piernas abiertas: de su vagina cubierta de telarañas escaparía una arana gigantesca que debía trepar al lente de la cámara" (80-81), or when Laura remembers earlier lovers and recalls telling a female friend: "hay que hacer acopio [. . .] en el verano hay que hacer acopio como las hormiguitas, el invierno es frío difícil, los hombres se meten en sus cuevitas, hacer acopio en el verano, llenar el granero" (186). This trope of hunting and capturing prime samples of the opposite sex is a recurrent motif in the novel.

4. Only in the last chapter, in Laura's long interior monologue, do references to Fede make that appear to be the name (or nickname) of the husband.

5. Another lesson being passed on from mother to daughter is revealed at the end of chapter one when Laura, getting ready to go to bed, handwashes her underwear: "y se preguntó por qué no podía poner la bombacha en el lavarropas, qué peculiar cualidad contaminante tenía esa prenda femenina, cuáles eran las oscuras razones de ese ritual que su madre le había transmitido, y a su madre la madre de su madre" (36-37). Laura follows the ritual of both her mother and grandmother, but questions it as well, showing a critical consciousness of the societal belief that a woman's genital region is dangerous and contaminating.

6. Laurita's adolescent Alice in Wonderland sense of discontinuity is already noticeable in the novel's fantasy scenes of an island where a young woman named Frangipani is the most graceful and beautiful of all the dancers. That the Frangipani scenes interrupt the narrative when Laurita is displeased with her lived reality and with the social expectations placed on her, shows her desire to escape those restrictive societal expectations. To cite a few examples, the first Frangipani scene comes when Laurita "tuvo miedo de que su vida fuera siempre así, sin cambios y sin fin" (14); another after she receives the unwanted birthday present and is envious of her mother's elegance (17); another when Laurita reflects on the "penosa ignorancia" of her boyfriend (21).

7. An excellent example is the first paragraph of chapter six, worth citing in full:

Laurita caminaba por la tarde de primavera, atenta a la peculiar consistencia del aire, a su olor, a los parches de sol que delimitaba la sombra de los edificios. Atenta, sobre todo, a su propio cuerpo, Laurita caminaba con placer, consciente del movimiento de sus piernas, que hacía flamear brevemente las anchísimas botamangas de sus pantalones rojos, consciente de su respiración, que hinchaba y deshinchaba su pecho recordándole lo muy ajustada que le quedaba la blusita blanca, de tela imitación encaje. (141)

Laurita is not only comfortable in her own body, but takes great pleasure in her bodily movements and sensations.

8. For an excellent example of a Shua short story that captures maternal frustration and anger, as well as the guilt incited by those emotions, see: "Como una buena madre" in *Viajando se conoce gente* (69-84).

WORKS CITED

Borges, Jorge Luis. *Ficciones*. Buenos Aires: Emecé, 1956.

Chodorow, Nancy. *The Reproduction of Motherhood: Psychoanalysis and the Sociology of Gender*. Berkeley: U California P, 1978.

Cixous, Hélene. "The Laugh of the Medusa." *New French Feminisms*. Eds. E. Marks and I. de Courtivron. Brighton: Harvester, 1981.

Cortázar, Julio. *Final del juego*. Buenos Aires: Sudamericana, 1970.

Cosslett, Tess. *Women Writing Childbirth: Modern Discourses of Motherhood*. Manchester: Manchester UP, 1994.

Dalsimer, Katherine. *Female Adolescence: Psychoanalytic Reflections on Literature*. New Haven, Yale UP, 1986.

Doane, Mary Ann. "Technophilia, Technology, Representation, and the Feminine." *Body/Politics, Women and the Discourses of Science*. Eds. M. Jacobus, E. Fox Keller, and S. Shuttleworth. New York: Routledge, 1990. 163-176.

Gallop, Jane. *Reading Lacan*. Ithaca: Cornell UP, 1985.

Hirsch, Marianne. *The Mother/Daughter Plot: Narrative, Psychoanalysis, Feminism*. Bloomington: Indiana UP, 1989.

Irigaray, Luce. *This Sex Which is Not One*. Trans. Catherine Porter. Ithaca: Cornell UP, 1985.

Kaplan, E. Ann. *Motherhood and Representation: The Mother in Popular Culture and Melodrama*. London: Routledge, 1992.

Kristeva, Julia. "Stabat Mater." *The Female Body in Western Culture: Contemporary Perspectives*. Trans. A. Goldhammer. Ed. Susuan R. Suleiman. Cambridge: Harvard UP, 1985.

Rothman, Barbara Katz. *In Labor: Women and Power in the Birthplace*. New York: Norton, 1982.

Shua, Ana María. *Los amores de Laurita*. Buenos Aires: Sudamericana, 1984.

——. *Viajando se conoce gente*. Buenos Aires: Sudamericana, 1988.

Treichler, Paula. "Feminism, Medicine, and the Meaning of Childbirth." *Body/Politics, Women and the Discourses of Science*. Eds. M. Jacobus, E. Fox Keller, and S. Shuttleworth. New York: Routledge, 1990. 113-38.

EROTISMO Y NARRACIÓN EN
LOS AMORES DE LAURITA

Graciela Gliemmo[*]

Los amores de Laurita de Ana María Shua, de manera evidente, establece un diálogo con la producción literaria conocida como *narrativa erótica*. Cuando el libro se publica en 1984, la novela erótica ya ha pautado en América Latina, después de su estallido en la década del 60, los elementos más importantes de lo que puede leerse como su canon: la representación casi exclusiva en torno al cuerpo y al placer, el derroche de los encuentros eróticos, el privilegio de situaciones y espacios privados, las problemáticas íntimas que ponen entre paréntesis el gran acontecer histórico, la reescritura de los grandes modelos europeos y norteamericanos (Sade, Bataille, Klossowski, Miller) y la apuesta a la construcción de un relato que impone un nuevo criterio de verosimilitud, ya que se coloca en el filo entre lo creíble y lo no creíble al construir situaciones y escenas que no buscan ni señalan un correlato con el mundo real. Dada la combinación de estos ingredientes, la narrativa erótica se muestra como artificio más que como reflejo y plantea, en más de un sentido, un mundo con situaciones y personajes utópicos que desafían los interdictos sociales e instalan un estado permanente de transgresión, imponiendo un nuevo orden: el de los sentidos, gobernado por el deseo que dicta el cuerpo.

En este sentido, Ana María Shua no escribe sobre un vacío, sino que elige un corpus altamente pautado, que produjo una fuerte ruptura literaria y condenas sociales en sus inicios, aunque ya canónico hacia la década del 80. Por otra parte, recoge los aportes de la escritura de mujeres, contribuye al trabajo que varias escritoras latinoamericanas y, en especial, argentinas han venido realizando durante dos conflictivas décadas y rea-

---

[*]   Graciela Gliemmo (Buenos Aires, 1957) es Profesora en Letras e investigadora en el área de la cultura, la literatura y la historia de América Latina. Es Profesora Titular en la cátedra de "Literatura Latinoamericana II" en la Facultad de Filosofía, Ciencias de la Educación y Humanidades de la Universidad de Morón. También es miembro del Consejo de Redacción de la Revista de la Facultad de Filosofía, de la Universidad de Morón e investigadora del Instituto de Literatura Hispanoamericana y colaboradora de la revista *Cuadernos de Marcha* (Montevideo), del suplemento *El País Cultural* (Montevideo), la revista *Feminaria* (Buenos Aires) y *La Jornada* (México). Ha publicado un libro de entrevistas a escritoras latinamericanas, *Las huellas de la memoria* y ha editado *La Venus de papel*, una antología de relatos eróticos realizada junto con Mempo Giardinelli. También ha publicado libros sobre Alfonso Reyes y Alfonsina Storni, entre otros autores.

liza transgresiones y reformulaciones a ese canon. En este impulso, la preceden un grupo de libros narrativos que conmueven las normas vigentes de entonces al desafiar el imaginario social y al ser publicados durante aquellos años feroces de la dictadura militar en Argentina. Me refiero a *El monte de Venus* (novela, 1976) de Reina Roffé, *La condesa sangrienta* (novela, 1976) de Alejandra Pizarnik, *Feiguele y otras mujeres* (cuentos, 1976) de Cecilia Absatz, *En breve cárcel* (novela, 1981) de Silvia Molloy, *Urdimbre* (novela, 1981) y *Ciudades* (cuentos, 1981) de Noemí Ulla y *Cambio de armas* (cuentos, 1983) de Luisa Valenzuela.[1]

Frente a las posibilidades que brinda este género tan reglado, estas novelas y estos cuentos incorporan y modifican viejos y nuevos fundamentos. En las novelas eróticas que iluminan el camino de estas escritoras, vistas ya como tradicionales, el cuerpo de una mujer es el centro del relato y del placer de uno o varios hombres y, como novedad, de otras mujeres; las protagonistas no son madres y rara vez están casadas; hay una actitud de sumisión, de aceptación en ellas del deseo del otro; no hay una fuerte presencia de acontecimientos históricos sino, más bien, una puesta entre paréntesis; los personajes no trabajan, gastan su tiempo y su energía cuestionando la organización de la sociedad burguesa; el derroche del erotismo reemplaza a la concepción de una sexualidad puesta al servicio de la reproducción de la especie; la oposición de un desorden de los sentidos, del cuerpo, desplaza todo tipo de norma o sistema ordenado de intercambio; se privatizan las escenas, que se desarrollan en espacios íntimos; largas descripciones con mínimas variantes son el soporte de las narraciones.

Con el impulso de cambiar un canon, estas escritoras argentinas se apropian de los modelos para desviar el sentido ideológico que la novela erótica ha señalado. El resultado está a la vista: se muestra un saber femenino en relación con el cuerpo y el erotismo; la protagonista es ahora sujeto y no objeto de los encuentros; el cuerpo masculino es centro de muchas descripciones y se enfoca desde la mirada de una mujer; se descentralizan las zonas erógenas y se cuestionan los supuestos modos de goce femenino; el erotismo parece ser el camino elegido para la búsqueda de una posible identidad genérica. De este modo, la ampliación es doble: se extienden los límites de un imaginario literario, muy cristalizado y cerrado, a la vez que se cuestiona un imaginario social que naturaliza las construcciones culturales. El erotismo pone en escena el cuerpo femenino y permite representarlo desde la mirada de la mujer.

Los amores de Laurita, aunque se produce hacia el final del sistema político represivo de la última Junta Militar, irrumpe en el comienzo del regreso a la democracia. Cercano a los relatos de *Cambio de armas*, no organiza como éste una representación del erotismo en el cruce con la represión y perversiones de los últimos años de la historia política argentina, sino que recoge el sistema de creencias, rituales y prácticas familiares, cotidianas, incrustadas por aquellos años en nuestra sociedad. En este sentido, ejerce sobre el canon una doble presión: lo amplía dando una visión femenina del erotismo, muchas veces paródica de las novelas consagradas y reconocidas en el sistema literario, tal como ocurre con la producción de las otras escritoras mencionadas, y despliega un imaginario que combina las claves de importantes costumbres sociales con los modelos literarios de la narrativa erótica.

Una actitud corrosiva, interrogadora de tantas verdades y argumentos incuestionables introduce fisuras, genera la duda ante relatos tajantes y unívocos. Para conseguir que los puntos claves de este doble imaginario caigan, esta novela se nutre de la vida y de la literatura, juega a la representación de la realidad, y recoge los elementos de una narrativa que para poder construirse la ha negado. En un gesto disidente, *Los amores de Laurita* no deja de exhibir página tras página una realidad social exageradamente pautada, condicionada, altamente reglada. Sólo la imaginación parece desanudar el conjunto de mandatos, creencias, rituales e interdictos en los que el personaje de Laura, joven y luego señora, aparece maniatada.

Creencias, rituales y transgresiones

A partir de los dos epígrafes que abren esta novela, su autora permite ingresar un conjunto de saberes, dados como seguros e irrefutables, que organizan la circulación de los cuerpos en la sociedad, pautan un sistema posible de intercambio, regulan las posibilidades del placer y establecen las diferencias fundamentales, imprescindibles entre las conductas *deseables* femeninas y masculinas.

Sobre los personajes femeninos, centralmente sobre Laura, pesan una fusión de creencias que se presentan en la transmisión generacional, de madres a hijas, naturalizadas por el discurso social. Lo que se espera de una mujer, lo que se le permite a una mujer, lo que una mujer puede o no hacer, desear, pensar aparece inscripto en la educación que una mujer recibe. Y desde esos mismos epígrafes, junto con el mandato que instala una creencia, Ana María Shua desarticula el lugar común con la propuesta de un nuevo ritual y parodiando el tono didáctico e instructivo de los manuales, término muy presente en toda la novela, por mención expresa o alusión:

> Como a toda mujer, se me acusa de ser también araña, se espera de mí esa segregación constante de hilos pegajosos que debo aprender a constituir en red para justificar la cobardía de los hombres, convencidos de mi avidez por sus líquidos vitales cuyo sabor repugnante y amargo ni siquiera imaginan, cuya vergonzosa escasez no se atreven siquiera a concebir (con decir que a veces necesito tres o cuatro para una sola comida).

> Para atraerlos, no hay como descubrir ocultando. Un poco de orégano por aquí y por allá y aros de cebolla en los lóbulos de las orejas para disimular los anzuelos. Cuando hay cardumen, mantenga la calma: no es conveniente atrapar a más hombres de los

que se puede consumir en un invierno. La primavera los vuelve flacos y tornadizos, toman un fuerte sabor acidulado y su conservación resulta problemática.[2]

Los dos epígrafes señalan muchas de las direcciones que tomará la historia de esta novela: la construcción de una protagonista que se cuestiona acerca de las acusaciones, mandatos y horizonte de expectativas que reciben y a los que deben responder *las mujeres*, el peso del ser mujer a la hora de elegir cómo vivir y qué hacer, la necesidad de argumentar sobre el desvío de las normas pautadas por consenso social, la obligación de aprender a ser mujer y a comportarse como mujer de manera unívoca e irrevocable, la reversión de lo consabido al atribuirle a la mujer un rol activo y al hombre un rol pasivo, los saberes cotidianos femeninos colocados al servicio del placer y el conocimiento femenino sobre el propio cuerpo y el del hombre.

A través de los cuestionamientos de la protagonista, la novela va desplegando y tirando abajo esas creencias que se han cristalizado en la sociedad como principios indudables. Este eje narrativo se sostiene a lo largo de toda la novela pero se intensifica a través de dos imágenes fundamentales: la del aborto y la del embarazo.

La escena del aborto, que aparece narrada en el capítulo IV "Cirugía menor," regresa en el recuerdo de Laura muchas veces como posible escena traumática. En ese momento, Laura está sola, pero guarda un secreto y comparte un riesgo junto con otras que, como ella, transitan por un escenario clandestino e ilegal, jugándose la vida. Esta idea da vueltas en la construcción de esta escena y en el pensamiento de Laura. El placer y la culpa: el castigo que debe pagar por transgredir un mandato y a la vez el grado de compromiso vital al que están expuestas todas esas mujeres que se suceden para abortar. Incluso, la escena se desdobla al presentar un posible arrepentimiento y abrir el conflicto de esa decisión. Cuando la situación parecía olvidada, reaparece en forma de miedo: miedo a no poder quedar embarazada, miedo a que el hijo que está por nacer pague la culpa de haber matado al anterior. Comprobar que esa creencia aprendida por boca de otras mujeres es cierta y se repetirá implacablemente con ella amenaza a Laura constantemente. El lector comprueba, sin embargo, junto con la protagonista, que el ritual de la transgresión, la elección del placer, una sexualidad libre y negarse a ser madre no conlleva el castigo firmemente anunciado. La creencia se evidencia como construcción cultural, como relativa y engañosa. Para la protagonista se desenmascara incluso como mentira.

Capítulo a capítulo el vientre de Laura va creciendo. La avidez por la comida, el sobrepeso, los antojos, la hipersensibilidad, la dificultad para moverse, la importancia de hacer gimnasia y preparar sus pezones responde a lo esperable y conforma una rutina. No hay efecto sorpresa ante la gula de Laura, ante la asistencia a las consultas médicas o al gimnasio, ante la costumbre de preocuparse por el ajuar del bebé. El discurso médico, la comercialización en torno al cuidado del cuerpo antes y después del parto, los manuales y revistas sobre el embarazo aseguran las zonas de lo permitido y lo prohibido. No así en lo que respecta al placer y a la sexualidad de una embarazada. La novela se cierra con la desarticulación de dos creencias: la imposibilidad de excitarse durante el embarazo, el privilegio del sentimiento maternal sobre el deseo femenino. La heredera de la señora Laura se lo agradece desde el vientre: Laura ha logrado romper un eslabón más de las cadenas con que su madre la había atado a la realidad. Ahora puede simultáneamente procrear sin perder su condición de mujer. Pero debe hacerlo sola: sin marido, sin madre, sin médico. Laura puede seguir disfrutando de su cuerpo, a escondidas en el baño, mientras lleva a cabo una rutina de higiene. El erotismo desplaza, suspende, revoca la economía del placer que la sociedad productiva impone. El erotismo le permite a Laura reinterpretar las reglas que hace circular el discurso médico.

La creación de una historia que tiene como protagonista a una embarazada es la transgresión más importante que Shúa realiza con respecto al canon de la novela erótica. Las protagonistas de *Justina o los infortunios de la virtud* del Marqués de Sade, *Historia del ojo* de Georges Bataille, *Roberte esta noche* de Pierre Klossowski, *Historia de O* de Pauline Réage o *Nueve semanas y media* de Elizabeth McNeill, por citar unas pocas novelas, no son madres. El erotismo aparece totalmente alejado del rol materno. Las madres, cuando aparecen, sirven para regular o para prostituir.

En *Los amores de Laurita*, la protagonista es la contrafigura de los modelos femeninos que ofrecen estas ficciones con tanto peso en la configuración del canon de la narrativa erótica. Ella va a establecer sus propios rituales, que parecen más definidos por la impronta del deseo personal que por las necesidades sociales de regular el erotismo y la sexualidad. Aunque su hija recibe por vía intrauterina una sensación más que un saber, el camino de Laura ha sido solitario, ha tenido que aprender a escuchar su propio deseo en medio de la interferencia producida por la educación que ha recibido y las creencias que circulan como moneda corriente. A pesar de esto, toda la novela va preparando el cambio, la ruptura con que estalla la historia de Laura en los últimos párrafos. La señora Laura, que ha obedecido muchas pautas sociales y rutinas que se le imponen a una mujer embarazada, ha sido fiel a su propia historia de transgresiones, se ha permitido el placer y no ha sufrido tampoco esta vez castigo alguno. La novela deja entrever que es posible que el placer con placer se pague:

> Los espasmódicos movimientos de su vagina han desencadenado como reacción una serie de contracciones bastantes fuertes del músculo uterino, que poco a poco van disminuyendo en intensidad y frecuencia. Tampoco esta vez se iniciará el trabajo de parto. Agotada, satisfecha, se acuesta vestida sobre la cama.

Laurita está profundamente dormida. Pero en su vientre, enorme, dilatado, alguien ha vuelto a despertar. Es un feto de sexo femenino, bien formado, con un manojo de pelo oscuro en la cabeza, que pesa ya más de tres kilos y se chupa furiosamente su propio dedo pulgar, con ávido deleite. (196)

Los amores de Laurita le hace jaque mate, a partir del erotismo, al sistema de creencias sociales que se basan en las prohibiciones, los miedos y el castigo. Propone, desde la construcción de la protagonista, un desplazamiento hacia los rituales personales, individuales. Frente a las grandes verdades y generalizaciones, que esta novela cuestiona, sólo parece posible la búsqueda del propio placer. No son los mandatos externos los que se imponen. Es aquello que el propio cuerpo pide.[3]

Por otra parte, un conjunto de prácticas y creencias han variado por el avance de saberes específicos. Sin embargo, a pesar del discurso legalizador que las sostiene, la resistencia ante ese cambio se hace sentir. Es el caso de las innovaciones que han tenido lugar en el cuidado de las embarazadas y que señala diferencias entre las tres generaciones que están en juego en la novela: abuela, madre, hija. Una diferencia se revela como fundamental en el imaginario que ofrece el texto: hay cambios que ya están asimilados, aún con resistencias presentes, que son tema de conversación, que son percibidos tanto por mujeres como por hombres, que no producen cuestionamientos del otro:

La señora Laura comenta que a su madre le resulta llamativa la frecuencia de sus visitas al médico obstetra, ya que ella misma habría comenzado las consultas (pocas, breves y espaciadas) hacia el final del embarazo.

—¿Tu mamá se extraña? Lo que será tu abuelita, entonces —dice el hombre.

—Uh, mi abuelita ni hablemos. Hace el cálculo de lo que pagamos cada visita, le suma los intereses y se vuelve loca. Imaginate ella: tantos hijos y a la partera no la veía hasta que no estaba con los dolores.

El pregunta, entonces, aunque conoce la respuesta, qué edad tenía la abuelita cuando nació su primogénito, el padre de la señora Laura. Desmintiendo el concepto popular de que los niños, en la actualidad, alcanzarían más rápidamente la madurez estimulados por los medios de comunicación, Laura recuerda que cuando nació su padre su abuelita tenía sólo dieciséis años. (10 - 11)

El último párrafo puede leerse como una puesta en abismo: *Los amores de Laurita* "desmiente" un conjunto de saberes y creencias tenidos por ciertos e indiscutibles.

Las transgresiones de Laurita y Frangipani

A medida que el embarazo de la señora Laura avanza, ella recuerda, rememora los encuentros eróticos con los hombres anteriores a su esposo. Regresan en cada capítulo las experiencias amorosas y sexuales con Jorge, Sergio, el Flaco Sivi, Gerardo, Kalnicky Kamiansky y Pablo, mezcladas con las fantasías de la protagonista. La novela reitera, en sintonía con los ensayos *La parte maldita, El erotismo* y *Las lágrimas de Eros* de Georges Bataille, que los interdictos provocan transgresiones y que la función de un interdicto no es sólo regular conductas sociales sino despertar el deseo de transgredirlos. La noción de la fiesta y del derroche como posibles modos de quiebre del orden burgués se ficcionalizan y parodian en las imágenes de la *festichola* del capítulo II, del gusto de Laura por las masas frente al asco de su esposo, en la posibilidad de gozar y excitarse mientras prepara su cuerpo para amamantar. Tanto la festichola, como los restos de dulces que quedan en el plato de la confitería y el placer de acariciarse los pezones, aunque con signo diferente, remiten a la inutilidad, a lo improductivo, al exceso, al puro gasto. Energías, comida y cuerpo que se asimilan y capitalizan en un placer que no recae ni sobre la sociedad ni sobre el otro. Mientras su esposo administra el tiempo en torno al trabajo, Laura destina parte del suyo a gozar, a experimentar las sensaciones que el embarazo inesperadamente le produce.[4]

Cada nueva experiencia de la protagonista permite revisar y poner en entredicho una creencia o un ritual transmitido por su abuela a su madre y por su madre a ella. Si el universo de creencias y rituales que Laura ha recibido se basa en la obediencia fiel a las normas, en su caso sólo queda romper con la sujeción para lograr desoír lo aprendido y para construir un nuevo sistema de saberes y prácticas femeninas. En este sentido, la novela muestra una crisis, un momento de fractura generacional, la caída de un orden, el tránsito caótico desde los dieciséis años a la adultez y la posibilidad de instaurar un nuevo sistema de valores. Siempre sola, porque un rasgo de la historia es que Laura no comparte estos cambios con amigas o hermanas. Y las *otras embarazadas* aparecen desde la mirada de quien narra desexualizadas. Otra parece ser la situación que heredará la niña que se chupa el pulgar en su vientre.

Estas experiencias se registran narrativamente en forma de anécdotas. La novela juega a ser un testimonio generacional, de época, a la vez que exalta la importancia de la literatura y de la imaginación como disparadores de transgresiones y cambios. Laura lee a Bataille, a Cortázar, a Miller, a Sade, a Celine. Con sus amigos y amantes hablan de Artaud, de Breton, discuten la teoría del potlach, representan escenas teatrales, recuerdan tanto a Berceo y a San Juan de la Cruz como a Miguel Hernández. Es la literatura la que le permite a Laura entrar en clímax y permitirse transgredir hacia el final el mandato más fuerte de la novela: *una madre no coge.* En cierto sentido, el libro reemplaza, sustituye al otro, al par que no está y aminora el estado de soledad en el que Laura se encuentra. Es la literatura la que ayuda a detonar la transgresión, a desplazar y a revocar los antiguos rituales y creencias.

Primero Laura repasa las imágenes que le han quedado de Miller, Mailer, Sade y otros textos eróticos, pero, contra lo previsible, no es el contenido del libro lo que se impone a la hora de elegir sino el formato, el libro como cuerpo: "Elige un libro cualquiera, de lomo ancho, que le resultará perfecto para apretar entre sus piernas mientras sigue, acostada en la cama, masajeándose enérgicamente los pezones" (189).

Laura fantasea desde la adolescencia con un nuevo orden, una naturaleza diferente, una sociedad donde sea posible otro ritmo de vida y haya lugar para el puro placer. De la zona de la utopía, presentada desde trozos de textos que tienen como escenario una isla, la narración se desliza hacia la concreción del placer como punto vital y heredable.

En esa isla, con la que Laura sueña al principio de la novela, todo es idílico: mar, corales, pájaros, flores y plantas, perfumes exóticos. En esa fuga de la pesada realidad que debe soportar Laura, la literatura le brinda un personaje femenino en el que compensar y reflejarse: Frangipani, una *joven isleña*. Esta muchacha, tan joven como Laura, también sigue los pasos de los rituales que su tribu ha transmitido de generación en generación, sólo que estos parecen sostener una sociedad utópica.

Frangipani no está sola, otras mujeres danzan como ella, comparten el ritmo de los movimientos, acompañan las ceremonias cruzadas por el golpe de los tambores. Aquí también se trata de rituales y Frangipani los sigue con más fidelidad que la que Laura emplea en seguir los suyos. Pero en este mundo paradisíaco, el placer, el cuerpo, el erotismo se distribuyen como bienes sociales, legendarios:

> *Las Grandes Danzas van a comenzar y Frangipani es la más grácil, la más alada de las bailarinas. Sus pies desnudos pueden convertirse en pájaros y en peces y la fuerza con que sus plantas se apoyan en el suelo es capaz de desviar a la tierra misma de su eje y sus pechos firmes se balancean apenas al ritmo de su cuerpo, ese ritmo que introducen los tambores en el centro de su vientre y que vuelve a derramarse desde allí en ondas vertiginosas que la estremecen hasta las puntas de los dedos. (22 - 23)*

> *Y mientras baila y se acerca maravillosamente al éxtasis impulsada por las miradas de los hombres, que se posan como insectos golosos sobre la dulzura de su piel, Frangipani tiene repentina conciencia de una mirada extraña, distinta de las demás, una mirada que en lugar de posarse sobre ella se le clava, la atraviesa. (27)*

Frangipani, a diferencia de Laurita, no necesita transgredir porque el erotismo no es interdicto en su cultura. Danza y goza con la aprobación de las otras mujeres, de los hombres de la tribu y de las ancianas, que son las encargadas de iniciar en el camino del placer y del conocimiento del propio cuerpo. Y, sin embargo, tampoco Frangipani es completamente feliz. Ella también se ha cansado de repetir rituales a los que, posiblemente, ya no le encuentre sentido. El cansancio le hace cuestionar hasta el significado de su nombre, es decir, su identidad. Parece ser que lo que la novela de Ana María Shua pone en crisis, a través de las aparentes contrafiguras de Laura y Frangipani, es la imposibilidad de salirse de los rituales colectivos, el privilegio de los ritmos sociales, altamente reglados, sobre el ritmo individual: *"Y Frangipani desea, y su deseo transgrede, se asoma a lo prohibido, Frangipani desea seguir la corriente de los arroyos, recorrer en canoa las costas de su isla, pescar esquivos, azarosos peces con pequeños arpones de hueso, como un hombre, la pequeña Frangipani"* (33).

Rituales más, rituales menos, rituales en la ciudad, rituales en una isla, rituales solitarios, rituales compartidos, rituales femeninos o masculinos, todos congelan. La novela reafirma que el deseo no puede ni regularse ni volverse un rito. El erotismo se da en el desorden. Es puro derroche y no acepta ningún tipo de contenciones. Tanto Laura como Frangipani, entonces, están solas. Éste se insinúa como el único camino posible para romper fórmulas, lograr transgredirlas, saltarlas sin correr el riesgo de crear nuevos rituales.

Todas las otras experiencias grupales de la novela se muestran como construcciones, impostaciones, simulaciones colectivas de transgresión. La festichola en casa de Sergio, la representación de los amigos del Flaco Sivi, la provocación desenfadada a Pablo y el posterior castigo físico responden a la obediencia ciega a nuevos modelos, que aseguran producir rupturas tajantes sin dejar, sin embargo, los preconceptos y abriendo no un estado de libertad ideal sino nuevos mandatos.

Así, las escenas de esta novela desmienten también algunas falsas e inseguras poses de los amigos de Laura. De esta manera, no quedan ya en pie las salidas o escapes transitorios, sino la búsqueda del propio deseo, ese punto de resistencia que para que no deje de ser contestatario no debe responder a regla alguna, no debe obedecer ni repetir experiencias ajenas. Tal como lo planteara Bataille, Shua sitúa al erotismo en el plano de una búsqueda interior aunque, por otra parte, a diferencia de toda la teoría desarrollada en *Las lágrimas de Eros*, lo desvincula de prácticas rituales y comunitarias. Shua historiza también el término pero para mostrar que la transgresión se da sólo a nivel individual, y apela al propio interior del individuo.[5]

Los rituales narrativos

Mientras la narración desmantela, corroe rituales y mandatos proponiendo la transgresión individual como el camino menos nocivo para resquebrajar la pacatería social, la novela crea sus propios rituales narrativos.

Cada nuevo capítulo se abre retomando algún elemento que ha servido de cierre al capítulo anterior: los dieciséis años, la festichola, la prisión, el embarazo y el aborto, la relación con Kalnicky Kamiansky, el café, la despedida, el saber médico. La narración alterna escenas del presente con fragmentos del pasado de la protagonista. La asociación de tiempos liga narrativamente todos los elementos dispersos, parece darle un sentido a la vida de Laura, y es el principio de la mirada de un narrador que focaliza a la protagonista para observar desde ella la historia y a los demás personajes. De esta manera, la historia de Laura significa: las transgresiones anteriores anuncian la posibilidad de la escena final de masturbación y autoerotismo.

Tal vez, podría pensarse que la novela reproduce en su movimiento de composición la cópula como forma, el acto de unir lo que parece tender a desunirse, a separarse, a oponerse, a confrontar, a disgregarse intensificando de esta manera la posibilidad de que sea la literatura, la narración, el acto mismo de narrar el espacio elegido no sólo para la puesta en escena de un conflicto sino de su resolución. Narrar la historia de Laurita, sus amores, sus conflictos, sus contradicciones ayudaría a situar y a explicar la transgresión del final de la novela.

Aunque la escena erótica es absolutamente gratuita y Laura desvía con su placer el sentido con el que el saber médico ha cargado el acto de masajearse los pezones, la narración muestra que cada escena tiene un valor en esa historia y que no hay tanto desorden ni tanto caos como parece insinuarse en algunas escenas. Es la narración la que imprime su ritmo y una organización a esta porción de vida. Los capítulos fingen terminar, cerrarse e inmediatamente los que los suceden desmienten la posibilidad de un cierre. El final potencia este ritmo de apertura en la imagen de una Laura que duerme mientras, en cambio, su hija se chupa el pulgar. Nada resulta del todo previsible, los puntos de fuga y de quiebre se multiplican narrativamente. La novela juega a establecer también su propio ritmo que parece basarse en la cópula de pares enfrentados: literatura y vida, realidad y utopía, sociedad e individuo, presente y pasado, cuerpo de madre y cuerpo de mujer, sexualidad y erotismo.

La preocupación por el devenir del tiempo se explicita a medida que la historia crece ante el lector. Narración, erotismo y personajes están atravesados por el tiempo. Así como se intenta escapar de lo pautado, de las normas establecidas, la narración muestra otras referencias textuales sobre las que descansa —especialmente la utopía del erotismo según Bataille— situándose dentro del patrimonio cultural de Occidente mientras que apuesta al final a una apertura hacia el futuro.

Shua recoge la tradición ya canónica de la novela erótica, ficcionaliza sobre la utopía de una sociedad basada en el puro placer, revisa los parámetros de nuestra sociedad hacia 1980, muestra el conflicto entre rituales y creencias, pone en tensión al individuo *mujer* en clave genérica y generacional y apuesta a que la literatura sea uno de los posibles espacios desde el cual desmentir todo tipo de pautas, desde las sociales hasta las literarias.

Si para la novela erótica europea, entonces, la mujer cumple un rol pasivo y sólo es objeto de deseo y la maternidad aparece absolutamente excluida de las características de las protagonistas —pensemos una vez más en las ficciones de Sade, Bataille o Klossowski— Shua compone precisamente una narración en la que el erotismo es el eje central en la constitución de su protagonista. Laura no es soltera, no es pasiva, no se prostituye: está embarazada, goza sola, desea y puede prescindir del hombre para obtener placer. *Los amores de Laurita* desmiente también un canon narrativo.

Sin caer en un discurso didáctico, más bien proponiendo la suspensión de toda certeza, Laura tira por la borda el saber de su madre, del médico, de los manuales, y de los libros eróticos que ha leído:

> Está descalza y el frío de los mosaicos en la planta de los pies le transmite una anticipada sensación de placer. Tal como el Bhagavard-Gita el divino cochero aconseja a Arjuna, que desfallece antes de la batalla en la que deberá combatir a sus propios parientes, Laura pretende convertir la ceremonia en un acto gratuito, desinteresado, un acto necesario al que su deseo o sus sentidos deberían permanecer indiferentes. Sin embargo, sus pezones se yerguen, ansiosos, mirando de costado, como dos tímidos ojitos, al jabón celeste que reposa en la jabonera. (181)

El cuerpo desoye todos los mandatos, se corre de la necesidad para permitirse experimentar el placer. La novela, que ha unido y puesto en crisis muchos saberes y rituales, se desata y olvida las comas, los puntos, las frases y se precipita hacia el orgasmo que la protagonista busca. Se descontiene y sigue el ritmo vertiginoso, caótico del cuerpo de la protagonista. Después del desorden que ha instalado el erotismo en esta narración, las últimas reglas caen y Laura se permite otro cambio. No hay lugar ya para más mandatos y, entonces, surge la posibilidad de formular para su hija no un interdicto sino un deseo: "patadita, pateá loquito, que me gusta, divertite, loco, pasala bien" (185).

La novela se cierra con un novedoso parto: Laura puede dejar nacer dentro de ella una madre distinta de la que la sociedad le ha propuesto como arquetipo. Laura puede desmentir un saber médico, familiar, cultural sobre el cuerpo femenino y su sexualidad. Laura puede, por fin, dar rienda suelta a su deseo.

NOTAS

1. Desarrollé con más detalle estas cuestiones en el posfacio de *La Venus de papel. Antología del cuento erótico argentino*, eds. Mempo Giardinelli y Graciela Gliemmo (Buenos Aires, Planeta, 1998) 217-228; y en "El erotismo en la narrativa de las escritoras argentinas (1970-1990). Apropiación, ampliación y reformulación de un canon," *Poéticas argentinas del siglo XX*, ed. Jorge Dubatti (Buenos Aires: Editorial de Belgrano, 1998) 137-159.

2. Ana María Shua, *Los amores de Laurita* (Buenos Aires: Sudamericana, 1984) 7. Todas las citas corresponden a esta edición y desde aquí en adelante se citarán dentro del ensayo.

3. Ana María Shua retoma elementos del imaginario popular, algunos de ellos ya cristalizados, y cuestiona los lugares comunes del lenguaje y la literatura en buena parte de su obra. Los saberes, creencias, frases y refranes, que circulan naturalizados por la herencia y la repetición, son la base de muchos de sus escritos. Puede pensarse, entre otros, en los artículos periodísticos que dan lugar a la posterior edición de *El marido argentino promedio* (1992) y en las compilaciones *Sabiduría popular judía* (1997) y *Cabras, mujeres y mulas. Antología del odio/miedo a la mujer en la literatura popular* (1998).

4. Afirma George Bataille en *El erotismo*:

> Tenemos fundamentos para pensar que, ya desde el origen, la libertad sexual tuvo que recibir un límite al que debemos dar el nombre de interdicto, sin poder decir nada de los casos en los que se aplicaba. Como máximo, podemos creer que inicialmente el tiempo del trabajo determinó este límite. La única verdadera razón que tenemos para admitir la existencia muy antigua de semejante interdicto es el hecho de que, en todo tiempo, como en todo lugar, en la medida en que estamos informados, el hombre está definido por una conducta sexual sometida a reglas, a restricciones definidas: el hombre es un animal que permanece "interdicto" ante la muerte, y ante la unión sexual. (72)

5. Bataille propone en *El erotismo*:

> El erotismo es uno de los aspectos de la vida interior del hombre. Nos equivocamos con él porque busca sin cesar *afuera* un objeto del deseo. Pero ese objeto responde a la *interioridad* del deseo. La elección de un objeto depende siempre de los gustos personales del sujeto: incluso si se dirige a la mujer que la mayoría hubiese elegido, lo que está en juego es a menudo un aspecto imperceptible, no una cualidad objetiva de esa mujer, que no tendría quizás, si no afectara en nosotros al ser interior, nada que forzara la preferencia. En una palabra, aunque conforme al de la mayoría, la elección humana difiere aún de la del animal: apela a esa movilidad interior, infinitamente compleja, que es lo propio del hombre. (45)

OBRAS CITADAS

Absatz, Cecilia. *Feiguele y otras mujeres*. Buenos Aires: Ediciones de la Flor, 1976.

Bataille, Georges. *La parte maldita*. Barcelona: Edhasa, 1974.

——. *El erotismo*. Barcelona: Tusquets, 1979.

——. *Las lágrimas de Eros*. Barcelona: Tusquets, 1981.

——. *Historia del ojo*. México: Premiá Editora, 1981.

Giardinelli, Mempo y Graciela Gliemmo, eds. *La Venus de papel*. Buenos Aires: Planeta, 1998.

Gliemmo, Graciela. "El erotismo en la narrativa de las escritoras argentinas (1970-1990). Apropiación, ampliación y reformulación de un canon." *Poéticas argentinas del siglo XX*. Ed. Jorge Dubatti. Buenos Aires: Editorial de Belgrano, 1998. 137-159.

Klossowski, Pierre. *Roberte esta noche*. México: Era, 1976.

McNeill, Elizabeth. *Nueve semanas y media*. Barcelona: Tusquets, 1986.

Molloy, Silvia. *En breve cárcel*. Barcelona: Seix Barral, 1981.

Pizarnik, Alejandra. *La condesa sangrienta*. 1971. Buenos Aires: López Crespo, 1976.

Réage, Pauline. *Historia de O*. Barcelona: Tusquets, 1983.

Roffé, Reina. *El monte de Venus*. Buenos Aires: Corregidor, 1976.

Sade, D.A.F. *Justina*. Madrid: Cátedra, 1985.

Shua, Ana María. *Los amores de Laurita*. Buenos Aires: Sudamericana, 1984.

——. *Cabras, mujeres y mulas: Antología del odio/miedo a la mujer en la literatura popular*. Buenos Aires: Sudamericana, 1998.

——. *El marido argentino promedio*. Buenos Aires: Sudamericana, 1992.

——. *Sabiduría popular judía*. Buenos Aires: Ameghino, 1997.

Ulla, Noemí. *Urdimbre*. Buenos Aires: Editorial de Belgrano, 1981.

——. *Ciudades*. Buenos Aires: Centro Editor de América Latina, 1983.

Valenzuela, Luisa. *Cambio de armas*. Hanover: Ediciones del Norte, 1983.

LA LECCIÓN DE ANATOMÍA:

NARRACION DE LOS CUERPOS EN LA OBRA DE ANA MARÍA SHUA

*Elsa Drucaroff**

El legado paterno

Igual que el maquillador de *La muerte como efecto secundario*, buena parte de la obra de Ana María Shua "trabaja sobre la carne" (*La muerte como efecto secundario* 36, 129). El cuerpo es un protagonista importantísimo en su narrativa; la pregunta es cuál es su función, qué preguntas sostiene, qué efectos de sentido genera. Partiremos de un cuento fundacional, "Los días de pesca," que da título al primer libro que escribió la autora (y que sólo pudo publicar luego de haber ganado el concurso Losada por la novela *Soy paciente*, en 1980), porque los cuerpos que allí están en juego articulan significaciones que reaparecen en el resto de su obra.

"Cuando yo era chica, en verano, iba siempre a pescar con mi papá" (163, 173). Así comienza y termina un relato donde el amoroso vínculo entre la niña y su padre tiene lugar en la pesca, esa actividad compleja, artesanal, tradicional espacio de secretos masculinos. "Yo me sentía muy orgullosa de los conocimientos que iba adquiriendo" (164), recuerda la mujer que narra *Los días de pesca*. Es que el padre no sólo permite el ingreso de su hijita a ese territorio sino que lo alienta, lo legitima, enseñando, dando explicaciones y autorizando un saber no "femenino," en el cual la niña, sin embargo, podrá reconocerse.[1]

Ahora bien, la actividad supone un ejercicio de poder inmenso del fuerte sobre los débiles: el padre blande su fálica caña ("el único que manejaba la caña [era mi papá] [. . .] Yo tenía una cañita pero nunca la llevaba" (163), diseñada para atrapar y dañar seres más pequeños, y elige a cuál devuelve al agua, a cuál mata, a cuál abre para observar sus entrañas.

* Elsa Drucaroff es docente, crítica literaria, periodista y narradora. Enseña en el Instituto Superior del Profesorado Joaquín V. González, e investiga en el Instituto de Literatura Hispanoamericana de la Universidad de Buenos Aires. Ha publicado numerosos artículos en revistas especializadas y en medios masivos, y dirigió el Volumen 11 de la *Historia Crítica de la Literatura Argentina*, bajo la dirección de Noé Jitrik. Actualmente es colaboradora de *Viva*, la revista del diario *Clarín*. Ha publicado *Mijail Bajtín, la guerra de las culturas* (Ed. Amagesto), *Arlt, profeta del miedo* (Ed. Catálogos), y la novela *La patria de las mujeres* (Ed. Sudamericana).

Los cuerpitos pescados y su interioridad también son los protagonistas de un relato donde coexisten, como en buena parte de la obra de Shua, muerte, sadismo, ternura, aprendizaje, horror y una cruda fascinación por las vísceras del organismo. Los animalitos se abren y se examinan, se despanzurran y se averiguan sus secretos, ante la mirada de poder del padre y la hija. Se inaugura así una línea que continuará en Shua: los cuerpos, sus tripas, su dolor, constituyen un espectáculo cuya atrocidad permite, sin embargo, obtener conocimiento:

> Lo que más me gustaba era la parte de operar a los pescados. Papá los abría en canal con el cuchillo que guardaba en la caja verde [...] Les sacaba las tripas. Les abríamos los intestinos para ver qué habían comido. Mientras lo estábamos haciendo yo me imaginaba que iban a aparecer allí toda clase de maravillas, como anillos mágicos o pedacitos de vidrio. Sin embargo, *nunca me decepcionaba* porque papá, examinando el picadillo, *me daba una larga explicación* sobre lo que habían comido los pescados. Además a veces encontrábamos caracoles o cangrejitos. Una vez pescamos una corvina negra con las huevas hinchadas de huevitos. (169, el énfasis es mío)

No hay, en lo más hondo de la materialidad, un anillo mágico de donde sale un efrit (como el que halla un pescador en *Las mil y una noches*), pero lo que hay tampoco decepciona: palabras, saber, la posibilidad de entender el misterio de la vida, de *simbolizar* el abismo del cuerpo, de lo real. ¿Abismo del cuerpo? ¿Qué sino el cuerpo femenino es, culturalmente, *el* abismo por excelencia? La voz narradora es la de una mujer que se recuerda niña, cuerpo cuya interioridad genital no tiene significantes en una cultura patriarcal incapaz de concebir la diferencia.[2] Pero en "Los días de pesca," el abismo es explicado por papá. Hasta el misterio de la maternidad puede ser examinado desde las entrañas; el poder y el saber de la mirada que el padre descubre para la niña son inmensos. No obstante, esto no se inscribe en el relato (ni en el resto de la obra de Shua), como interés científico, como una mirada de bióloga, por ejemplo. No es el logos "masculino" el que triunfa, la lógica y la ciencia no son los instrumentos que se privilegian para transitar el camino en el que el padre inicia a su niña. Las descripciones corporales abundarán en los textos, siempre con componentes profundamente estéticos: lo fantástico, lo irracional, la justicia poética donde la vida imita el arte, la libertad imaginativa del surrealismo o del absurdo, la perversión y el erotismo signarán los cuerpos que narra Shua. Sin embargo, tanta potencia, tanto poder del padre sobre los cuerpecitos de otros encuentra su límite: él pesca peces; algo más poderoso lo pesca a él. El yo-mujer narra su estupor de yo-niña en el doloroso choque con la impotencia de alguien tan fuerte y admirado. "Y sin embargo, mi papá se murió. ¿No es increíble?" (164-165, 167), repite el cuento una y otra vez, pugnando por convencerse, por explicarse el sinsentido. Tal como sus víctimas, el padre también sintió los dolorosos tirones del anzuelo que lo atrapaba: "El primer tirón lo sintió en el espinazo, a la altura de la cintura" (165); "Los tirones los empezó a sentir después en la pierna derecha" (167). Y así, alternando la historia de una niña y su padre que atrapaban peces, se relata la historia de Otro más poderoso que atrapa, dolorosa, definitivamente, al padre. ¿Cuál es ese Otro? La fatalidad, el destino, la Fuerza Mayor, aunque también la institución médica, que con su autoridad indiscutible logra llevar a quien padece una hernia de disco hasta la embolia pulmonar, y se perfila así como el victimario concreto, una suerte de agente material del dolor y la muerte que amenazan a los humanos. Se inaugura acá también otra línea importante en la narrativa de Shúa: la medicina y su rol (tremendo) sobre los cuerpos.

"Cuando yo era chica, en verano, iba siempre a pescar con mi papá. Y sin embargo, mi papá se murió. ¿No es increíble? Lo pescaron"(173). Esta terrible "justicia poética" del "pescador pescado" puede perseguirse en otros relatos de la autora: las víctimas del dolor, la decadencia física o la muerte siempre hacen algo que permite leer su terrible pena como un castigo; punición excesivamente cruel, no justificable, pero producida también por acción u omisión de la víctima. El pasivo silencio del paciente que se deja mutilar en otro relato de *Los días de pesca*, "Una profesión como cualquier otra" responde, por un lado, a esa técnica de relato humorístico donde la voz desopilante de la bruta y sádica dentista es la única que habla, pero también a la intención de subrayar el sometimiento de quien se ofrece, mudo, al abuso del poder médico. Este hombre mutilado es el antecedente del protagonista de *Soy paciente*, novela donde el juego se lleva al paroxismo y un personaje, la Pochi, dice: "a nadie le hacen lo que no se deja hacer" (76). Pronunciada en un cierto contexto, la frase es de una negra potencia humorística; leída en un sentido más amplio y a la luz de la narración de los cuerpos en la obra de Shua, se transforma en una ley tremenda, una condena contra la pasiva complicidad de las víctimas.

También el hijo atrapado en la fascinante red de su padre, en *La muerte como efecto secundario*, se "deja hacer" hasta ser reducido literalmente a la esclavitud. En *Viajando se conoce gente* esta ley funciona en muchos cuentos: la turista rica del relato homónimo paga su superficialidad de snob turista sexual con la muerte (y con la risa que su muerte provoca en el lector), la esforzada mamá de "Como una buena madre" paga con lesiones graves su sometimiento a los discursos patriarcales y otra madre abnegada, la anciana de "El sentido de la vida," sufrirá consecuencias sangrientas por su entrega total. Esto para no hablar de los casos donde el castigo físico está claramente construido como un gozoso disfrute justiciero, por ejemplo en "Las mujeres son un asco."

Pero aunque feroz, la justicia poética contra el padre de "Los días de pesca" tiene una tragicidad que la diferencia. Podría llamarse una tragicidad fundante, constitutiva, que va a impregnar todos los cuerpos que se seguirán escribiendo: en ese amado cuerpo de pescador pescado se cruzan la potencia y la impotencia, el saber, el poder y el dolor de saber, sus consecuencias atroces, el amor, el deseo, la ternura y la muerte. Ninguno de estos elementos aparecerá ya completamente separado de todos los demás, es como si ése fuera el gran aprendizaje que el yo narrador realizó durante sus días de pesca.

La foto médica

Una cita del comienzo de *La muerte como efecto secundario*, cuarta novela de Ana María Shua, condensa sentidos constantes en su obra. Se trata de la descripción de una foto médica (radiografía, resonancia magnética u otra técnica más avanzada, dado que la novela transcurre en un futuro próximo) donde confluyen el cuerpo, la imagen, el espectáculo, el sexo femenino y la monstruosidad, en una malla compleja y muy rica en connotaciones:

> Era una foto obscena, de intención claramente pornográfica: ninguna insinuación, ningún intento de expresión artística, la máxima crudeza. Había sido tomada mediante una pequeña cámara al extremo de un tubo largo y flexible, en una rectoscopía. Mostraba una mucosa rosada y húmeda que parecía el interior deforme, impensable, de un sexo de mujer. El tumor era negro, con los bordes deshilachados. No había transición, no había un oscurecimiento progresivo que llevara a ese abrupto cambio de color. Al contrario, un reborde violentamente rojo, como el que podría haber hecho un chico con un marcador para separar claramente la figura del fondo, delineaba sus límites—se hacía necesario recordar que esa enérgica frontera no servía para detener su avance— y era el único elemento en la fotografía que hacía pensar en el dolor.

> Prendí el televisor para sumergirme en un mundo brillante que transformara la imagen fija en mi retina en un baile de luces y sombras. Ésa es la teoría: un clavo saca otro clavo, una imagen se borra con otra imagen, una mujer se olvida con otra mujer. (10)

Ésa es la teoría, y resulta, porque esa imagen inicial que abre la novela se transforma "en un baile de luces y sombras" que se proyectan sobre la totalidad del libro. Como los peces abiertos en "Los días de pesca," los cuerpos violados, penetrados por la tecnología, el espectáculo, el negocio médico, la violencia y el dolor, los cuerpos que intentan cubrir con maquillajes, disfraces y simulacros la obscenidad, el pornográfico espectáculo de su decadencia, protagonizan *La muerte como efecto secundario*. Su exhibición espectacular retoma la de otros cuerpos en otras obras de Shua. Podemos leer dos niveles diferentes de exhibición de los cuerpos: a) el nivel de la escritura y b) el nivel de los hechos representados, donde el espectáculo se produce desde ejes diferentes que sin embargo se entrecruzan todo el tiempo. Arriesgamos, en principio, tres ejes: el del deseo y el placer, el de la mercancía y el del sometimiento.

La ilusión de la pornografía

El nivel de la escritura, donde es evidente la obsesión por mostrar los cuerpos, describirlos detalladamente, acompañarlos en su devenir, violando tabúes mucho más fuertes que el de la genitalidad: se describen vísceras enfermas, cadáveres, se teoriza minuciosamente sobre el modo en que la vejez avanza en un rostro (por ejemplo, en el capítulo final de *El libro de los recuerdos*). Se trata, en suma, de registrar para entender lo incomprensible. Esta pulsión por comprender, por poner palabras donde la cultura sólo tiene silencio, obliga a exponer la carne humana y el misterio de sus comportamientos, con la imposible ilusión de lograr una cruda *pornografía* privada de cualquier mediación: cuerpos sin ropa ni apariencia, vueltos pura materia, desnudados, abiertos a un lector-observador, por obra de una escritura que descubre, que otorga plenas intenciones a ese "tejido vivo, un material capaz de tomar sus propias decisiones" (*La muerte como efecto secundario* 73).

Plenas intenciones: la materia que se observa y se "fotografía" minuciosamente tendría, en realidad, decisiones propias: la frontera del tumor es, por ejemplo, "enérgica," una voluntad la dibujó (algo como un niño con marcador rojo). Las entrañas se mueven por impulsos y propósitos, incluso tienen conductas punitivas, moralizantes:

> miren dice el médico obstetra obstétrico, cuchillero, tétrico, el tipo, el doctor, vengan todos, miren todos, todos miran la cáscara de la nuez vienen todos yo panza arriba, cortada sangre tirada, todo podrido por dentro, cómo se nota que abortadora madre, cogedora, todos miran, enfermeras ayudantes, otros, de todo el sanatorio vienen a ver, aborto, ab orto. (*Los amores de Laurita* 179)

La exhibición espectacular de lo corporal en el nivel de la escritura, planteada como un intento siempre insuficiente de tratar de comprender, se relaciona con dos lugares comunes de la subjetividad femenina: con el extrañamiento de las mujeres frente a su propios genitales (ese "impensable sexo de mujer" al que ya aludimos y que han teorizado primero el psicoanálisis y luego el feminismo de la diferencia), por un lado; y, por el otro, con la prohibición milenaria que la sociedad patriarcal les impone al negarles el derecho a utilizar autónomamente sus cuerpos y decidir sobre ellos. Pero en la literatura de Shua, donde observar y comprender los cuerpos ha sido legitimado y autorizado por el padre, la exhibición adquiere sentidos que trascienden (pero no eliminan) el género y apuntan a la condición humana en su conjunto, al hiato feroz que la humanidad ha erigido entre palabra y cosa, entre logos y realia, entre signo y materialidad o, mejor dicho (porque el signo tiene tanto peso y materialidad como las cosas), entre materialidad semiótica y materialidad no semiótica.

La filosofía y la semiótica feminista han explicado de un modo difícil de rebatir cómo la cultura patriarcal sufre el horror de este hiato entre "espíritu" y "materia," "razón" y "naturaleza," "palabra" y "cuerpo," e intenta tranquilizarse trasladando al cuerpo femenino el horror y también la fascinación de la pura realia, salvaje, caótica, siniestra y sin nombre posible, mientras otorga al varón la aliviante y superior posibilidad del signo y el logos.[3] Reservorios imaginarios de negatividad y "naturaleza desatada," las mujeres quedan del lado del cuerpo, aunque inmersas en una cultura que las construye pero, sin embargo, no es capaz de nombrarlas. El trabajo literario de Shua no se hace cargo de este rol, pero tampoco elude un lugar que su pertenencia al género femenino le permite percibir con especial sensibilidad: valiéndose del signo y del logos con una legitimidad y precisión que no se espera de una escritura "femenina," Shua encara el abismo siniestro que supone lo real y lo explora.

El resultado de esa exploración es tal vez similar al que señala Lacan, reinterpretando el sueño de Freud de "la inyección de Irma":

> lo que Freud ve al fondo [al inclinarse, en su sueño, sobre la boca abierta de Irma y revisarle la garganta], esos cornetes recubiertos por una membrana blancuzca, es un espectáculo horroroso. Esta boca muestra todas las significaciones de equivalencia, todas las condensaciones que ustedes puedan imaginar. Todo se mezcla y asocia en esa imagen, desde la boca hasta el órgano sexual femenino, pasando por la nariz [. . .] Es un descubrimiento horrible: la carne que jamás se ve, el fondo de las cosas, el revés de la cara, del rostro, los secretatos por excelencia, la carne de la que todo sale, en lo más profundo del misterio, la carne sufriente, informe, cuya forma por sí misma provoca angustia. Visión de angustia, identificación de angustia, última revelación del *eres esto: Eres esto, que es lo más lejano de ti, lo más informe*. A esta revelación [. . .] llega Freud en la cumbre de su necesidad de ver, de saber [. . .] normalmente, un sueño que desemboca en algo así debe provocar el despertar. ¿Por qué no despierta Freud? Porque tiene agallas. (235-236)[4]

Estas "agallas" que Lacan (citando a Erikson) utiliza para explicar por qué Freud sigue soñando tienen que ver con el querer mirar, querer saber, esa pulsión que lleva a preferir la angustia a la ignorancia. Desde ella se observa en Shua el interior del cuerpo humano; sin embargo, hay diferencias importantes, si no con el sueño mismo (que en el relato de Freud y en las asociaciones que él mismo hace para explicárselo, no parece tan tremendo como Lacan necesita que parezca), sí con el señalamiento lacaniano, en la medida en que el psicoanalista francés (y la filosofía no materialista, en general) encuentra en ese asomarse al abismo de la carne el efecto de lo siniestro, porque atisbar aunque sea lo que Lacan llama el registro de lo Real sólo puede ser espeluznante. Leído por él, Freud no despierta de su sueño, pero tampoco puebla de palabras un abismo que sólo produce horror. En la obra de Shua, en cambio, el cuerpo y su interioridad pueden poblarse de lógicas; su materia (atroz, intolerable, dolorosa), es posible de nombrarse, de simbolizarse, de constituir relato, incluso desde el misterio de sus decisiones o de su creación. Es una materia que no se renuncia a comprender, aunque todo pugne por demostrarla incomprensible, porque esa condición doble de la autora, al estar—como ser simbólico—exiliada de ella, pero encarnar—como mujer—la experiencia innombrable de "ser esto" (como dice Lacan), permite a la escritura otros movimientos.

Vamos ahora al *nivel de los hechos representados*, donde, como dijimos, identificamos, en principio, tres ejes: el del deseo y el placer, el de la mercancía y el del sometimiento.

Autónoma, absurda, inabarcable

El eje del deseo y el placer, por ejemplo, rige los espectáculos montados en el prostíbulo surrealista de *Casa de geishas*; o las fantasías circenses de Laura embarazada, quien se imagina como una domadora que abandona su látigo fálico para tenderse relajada en la jaula de los leones, mientras ellos lamen dulcemente el azúcar que desparramó en su vulva; o la puesta en escena de una cópula caótica, extrema y total entre los vlotis de tres sexos, a la que Marga y su compañero extraterrestre asisten en el planeta de Mieres ("Viajando se conoce gente"), o la preparación para "dormir cómoda" de esa mujer que, en el Texto 223 de *La soñera*, desmembra todo su cuerpo por la habitación hasta dejar entre las sábanas sólo su sexo, "que nunca duerme" (90).

Se trata de un deseo excesivo, un placer desbordante, múltiplemente determinado y de múltiples, absurdas, innúmeras consecuencias, encuentros donde la vida y la muerte, la violencia y el amor, la ternura y la guerra, la unidad y la disolución se ponen en juego y entonces el sexo es, de acuerdo con la línea que venimos desarrollando, un modo privilegiado de conocimiento.

Protagonista casi constante del eje del placer es el cuerpo femenino, múltiple y contradictorio, imprevisible en sus fantasías, que se alejan bastante de las que los varones imaginan en las mujeres. Extremadamente originales, por lo menos para la literatura, de la cual en general estuvieron ausentes, las fantasías sexuales femeninas incluyen predominantemente el espectáculo (continuando la línea de la mirada que aparece ya en "Los días de pesca") y se despliegan, en la obra de Shua, con notable libertad. El cuerpo de mujer, incomprensible y extraño (pero no solamente siniestro o terrorífico, como querría Lacan, sino más bien divertido y juguetón), juega con su propio extrañamiento, por ejemplo, en "Gimnasia" (*Casa de geishas* 54); los insectos, esas formas de vida repudiadas y perseguidas, se vuelven protagonistas sabios del más refinado erotismo en "Caricia perfecta,"(*Casa de geishas* 13) y la intensa excitación de Laurita embarazada, concentrada en masajear sus pezones por orden del médico, se describe así: "Una miríada de animales pequeños, de muchas patas, han iniciado ya su migración: trepan desde sus pechos hacia abajo, caminan apresuradamente en busca de su sexo." (*Los amores de Laurita* 181-82).

Lo plural, lo no localizado y direccionado al mismo tiempo genera sus propias imágenes, busca un lenguaje diferente. Por eso a la hora de escribir el placer, lo zoológico, lo absurdo y lo irracional confluyen y ayudan a liberar el deseo de la usual obsesión femenina: parecer lo que a los hombres les gusta. Tal vez por eso las escenas eróticas de Shua, cuando están narradas desde la perspectiva de una mujer, tienen una autonomía subversiva. Contradiciendo todas las definiciones culturales del patriarcado sobre la sexualidad femenina, hablan de un deseo en sí, capaz de la autosatisfacción, no de un deseo alienado en el objeto que ocasionalmente lo satisface. Remiten más a la descripción de las sensaciones internas femeninas que a los atractivos carnales del *partenaire*. No hay casi mirada de mujer sobre el cuerpo masculino, hay sobretodo mirada de mujer sobre el suyo, voluntaria, gozosamente abierto (a diferencia de los peces) a la serena observación ajena o propia, a sus sensaciones con el cuerpo masculino o con lo que le dé placer. Encuentro con el otro, sí, pero desde la empecinada observación de la propia interioridad. El relato sexual cambia bastante cuando está contado desde el hombre, por ejemplo, en "Bichi Bicharraco", de *Viajando se conoce gente*, donde la otra, sus pechos, su aspecto, sus piernas, su técnica, su carne—eso que el varón ha obtenido y mide su potencia—, son el objeto privilegiado del discurso.

Cuerpo fetiche

El eje de la mercancía: las relaciones económicas de producción del capitalismo inhumano y alienante atraviesan los cuerpos, que se vuelven mercancías, fetiches ofrecidos al consumo para una sociedad feroz. En esta línea pueden leerse los textos donde el cuerpo (ya gozante, ya sufriente y lacerado) es ofrecido por comerciantes o medios de comunicación, empresas o instituciones, como espectáculo de consumo o de seducción para compradores.

En "Tomarle el gusto" (*Casa de geishas* 162-63), una cámara televisiva registra ávida las mutilaciones que el tren produce sobre la gente que es arrojada a las vías; en la sociedad que anticipa *La muerte como efecto secundario* hay un canal de suicidas que transmite las 24 horas, los hospitales tienen camarógrafos que surgen de cualquier escondite para tomar "imágenes-verdad" de una agonía.

Pero si el espectáculo del cuerpo en tanto fascinante organismo entregado al misterio del placer o del dolor puede adquirir valor de cambio y transformarse en mercancía, es porque—siguiendo la más rigurosa teoría marxista—tiene un valor de uso sobre el cual se edifica la demanda del mercado. Es que el cuerpo es un espectáculo si cada ser humano lo siente, como Lacan, "lo más lejano de él mismo, lo más informe"; si la humanidad permanece sumergida en un orden simbólico en el que la metáfora y la abstracción son consideradas la única posibilidad de producir sentidos; si la propia materialidad es relegada como territorio de locura y horror.⁵ En este contexto, los cuerpos, sus entrañas, sus enfermedades, sus conmociones, aterran y fascinan a la vez. Esa misma pulsión que lleva a la escritura de Shua, en un primer nivel, a describir y registrar para tratar de entender y simbolizar, produce en el mundo capitalista sociedades de consumidores desenfrenados y morbosos que no se cansan nunca de mirar cuerpos en crisis y para los cuales una maquinaria comercial fabrica incluso simulacros, engaños diversos. Así, la viajera intergaláctica de "Viajando se conoce gente" está harta de que la estafen con espectáculos sexuales supuestamente extraordinarios y el narrador de *La muerte como efecto secundario* descubre que la introvideoscopía a la cual someten a su padre ante ávidos espectadores, en el hospital, no es más que un simulacro con fines burdamente económicos, "una grabación que se estaba repitiendo una y otra vez y que seguramente volvía a empezar cada vez que se prendía el aparato" (56).

En la misma novela, la tendencia llega a una hiperbolización extrema: las Madres de Plaza de Mayo ya han muerto, entonces un conjunto de extras realiza el simulacro de su tradicional ronda de los jueves, para consumo turístico. Ya no es el espectáculo de cuerpos torturados y mutilados, ahora son aquellos cuerpos maternales y ancianos que tuvieron el coraje de denunciar la tortura y la mutilación de sus seres queridos, los que han sido sometidos a la lógica de la mercancía. Fetichizados ellos también, nombran lo que nunca hubieran querido nombrar: la fatalidad de volverse un espectáculo más del sistema, de poder ser consumidos como un *souvenir*. Antes, era la dolorosa marca de la ausencia de cuerpos que el poder aniquiló; ahora, esa misma capacidad deíctica los transforma en mercancía para consumidores morbosos.

Tragarse el anzuelo

El eje del poder. Desde el relato fundacional "Los días de pesca," los cuerpos en Shua ejercen o sufren el poder. Pero aunque los efectos físicos de ese poder tienen un espacio importante en las tramas (por ejemplo, en *Soy paciente*, donde la institución médica usa el cuerpo como territorio posible de la violencia, la humillación y hasta la mutilación), los personajes más poderosos y sádicos que ha construido (el abuelo Rimetka de *El libro de los recuerdos*, el padre de *La muerte como efecto secundario*) no se manejan especialmente con la fuerza de sus músculos. Tienen, no obstante, corpachones inmensos, potentes, pantagruélicos, rabelaisianos, con inagotable capacidad para comer, copular, gozar, aguantar el dolor; son gigantes que, a diferencia de los de Rabelais, ponen todo su deseo en someter y torturar a los otros. Convencen a los demás de ser inmortales o incluso lo son, como el padre de *La muerte como efecto secundario*, que se recupera contra cualquier pronóstico médico y parece no ser capaz de morir hasta el último instante de la novela, la cual no casualmente elige callar antes que narrar su muerte.

Pero el poder que ejercen estos cuerpos es infinitamente sutil y su terreno de acción es lo afectivo: avezados psicópatas, manejan el deseo de quienes los rodean con un anzuelo sutil, más que con una caña amenazante. Por eso, para analizar a estos personajes no alcanza la obviedad psicoanalítica de que expresan la fantasía del cuerpo completo del padre de la horda, el de la ley dictatorial. La posesión del falo es más bien un atributo que sirve en su construcción, como sirven el cetro o la corona en el vestuario de un rey: nombran el poder, no definen su esencia. No es la caña la clave, no es la necesidad de imaginar completo al Otro, es la lucidez de saber que lo que atrapa y domina es el anzuelo sanguinario y exacto, un anzuelo nada fálico, nada completo sino en falta, hambriento y ansioso, pequeñito, subrepticio y traidor, que sabe por qué lugar se engancha a cada una de sus víctimas y tira con la justeza precisa para convertir sus vidas en una larga agonía. Una vez más, en las relaciones de poder de Shua no hay indefensos en falta enfrentados a poderosos completos, hay víctimas pasivas que tragan los anzuelos y una capacidad notable de trabajar simultáneamente en dos territorios: el del humillador y el del humillado, el del victimario y el de la víctima, con la misma tensión que construyó "Los días de pesca" y que late en este breve, exacto texto de *La sueñera*: "Con un placer que es también horror que es también placer saco muchas veces la lanza del cuerpo de mi enemigo, vivo, y muchas veces la vuelvo a introducir, haciendo girar la hoja afilada dentro de la carne, como un hombre yo, la dueña de la lanza, ensangrentada yo, retorciéndome de dolor sobre ese cuerpo que es también el mío, yo" (Texto 159, 67).

En el punto donde aparece la pasiva aceptación del sometido ante su sometedor, aparece el humor negro, (verdadera especialidad de la autora), cumpliendo con la antigua función punitiva que ya señalara Bergson para la risa: castigo social, juicio compartido contra los que no actúan como deben.[6] Ya hemos señalado una función justiciera para el dolor físico, la extendemos ahora al humor. Es imposible leer *Soy paciente*, "Como una buena madre" o incluso una obra tan poco cómica como *La muerte como efecto secundario*, sin reírse de lo ridículo, lo excesivo de la posición que adopta la víctima frente al poder, incluso si ella también inspira en la lectura temor y compasión, como la más trágica y clásica de las criaturas literarias.

Pero el poder no solamente somete por el dolor. El placer también puede ser una forma de sometimiento: trabajando con los aspectos más oscuros del deseo, el capítulo de *Los amores de Laurita* titulado "La despedida" reflexiona sobre el amor y el poder en la lucha de los géneros: un hombre que deja y una mujer que es dejada se despiden con una relación sexual tan verdadera, intensa y amorosa como sadomasoquista y humillante (151-161). Este texto—tierno y celebratorio, a su extraña manera— integra el *eje del placer* que hemos analizado más arriba, pero también el terrible *eje del poder* del que nos estamos ocupando. Se borran y erotizan las fronteras entre la celebración y la denuncia de la violencia ancestral de los varones sobre los cuerpos femeninos, y con su conmoción contradictoria, el cuerpo de mujer desde el cual se narra accede a un saber nuevo: el amor y el poder, ahora lo comprende, se entrelazan con una ambigüedad demasiado compleja. ¿Quién tiene el poder en "La despedida"? ¿El hombre que se va y deja? ¿O Laurita, que es todo el tiempo *la que sabe*, la que lo maneja, lo cela para excitarlo, lo enoja para tenerlo y se hace dar infinito placer, aunque el placer incluya un poco de sangre en la boca? ¿El hombre que la hace arrodillar y exhibirse en cuatro patas o Laurita, que puede *narrar*, inventar, improvisar como una juglaresa textos eróticos ficcionales que sabe que van a excitarlo y que el otro toma por confesiones arrancadas a golpes? ¿Él o Laurita, que puede reservarse la información exacta y, por fin, ganarle siempre al scrabel, triunfar sobre el varón con el cerebro, en ese universo del logos y del símbolo que la cultura pretende vedar a las que son como ella? Subrayemos qué poco "políticamente correctas" son estas preguntas y *Los amores de Laurita* en general, y saludemos la libertad creativa de una escritora más preocupada por plantear interrogantes sobre la relación entre varones y mujeres que por dar respuestas certeras, políticas o ideológicas.

Dentro del *eje del poder*, otra línea, particularmente inquietante, puede rastrearse en la obra de Shua: la que investiga las relaciones entre el cuerpo materno y el cuerpito del hijo o la hija al que la madre da vida. Desde aquel pescado con las huevas llenas de huevitos que la niña examina con fascinación en "Los días de pesca," se recorre un camino en el que ya se es madre, pero el extrañamiento permanece: como señala Adriana Fernández, la ciencia ficción y lo fantástico sirven a Shua para "moverse en la otredad, sobre todo en la ciencia ficción, que le permite imaginar a los más diferentes," realizar una "exploración híperextrañada de los cuerpos de los otros" que suele darse en contactos sexuales con seres extraplanetarios pero también, en la misma línea de investigación erótica y en el mismo verosímil de la ciencia ficción, en la percepción femenina del hijo como alteridad amenazante, y así nace "Octavio, el invasor" de *Viajando se conoce gente*.[7]

De todos modos, esta percepción no siempre tiene la tierna, humorística expresión de "Octavio, el invasor". Es la obsesión de muchos textos en los que los hijos son como un *alien*: peligrosos, atroces, se aman terriblemente y fascinan, y son, por eso, capaces de matar y devorar a las madres que los adoran. En esta versión del poder de un cuerpo sobre otro no hay fuerza rutilante como la del abuelo Rimetka. Al contrario, es el más pequeño, el angelical querubín, el más débil, el capaz del más atroz sadismo. Poderosos e imparables, estos niños pueden dañar o ejercer sus poderes malignos: las larvas que trae en su interior Marga, la turista sexual de "Viajando se conoce gente," la devoran desde adentro; el "bebé voraz" de *Casa de geishas* no es más que un vampiro que reemplazó la arteria yugular por el pezón; la niña de "Fiestita con animación" en *Viajando se conoce gente* realiza, ante la estúpida sonrisa de sus padres, su mejor truco de magia: hace desaparecer definitivamente a la hermanita. Como siempre que está en juego el cuerpo en su sufrimiento, agotamiento o mutilación, el humor negro aparece para castigar las miradas ingenuas, simplificadoras y archiestereotipadas del amor maternal y para subrayar el misterio de un cuerpo que crea y expulsa a otro cuerpecito, desvalido en tanto depende durante mucho tiempo del Gran Otro, para sobrevivir, todopoderoso en tanto se apropia de esa carne para siempre, con el arma más efectiva e invencible: el amor absoluto, apasionado, incondicional que despierta en quien le ha dado vida.

El humor cuestiona la "verdad" obligatoria, la idealización patriarcal: la maternidad no tiene por qué hacer a la mujer dichosa, la maternidad es una experiencia demasiado inabarcable, potente y definitiva como para ser atrapada por los discursos idealizantes que crearon y legitimaron los hombres.

Espacios del exceso: El circo

Para finalizar estas reflexiones, habría que preguntarse por qué el circo es una fuente recurrente de imágenes corporales en la obra de Shua. Aparece como lugar para el absurdo y la fiesta, para las fantasías en el goce (por ejemplo, en la inolvidable masturbación en el bidet, al final de *Los amores de Laurita* 181-196). En *Casa de geishas* se identifica muchas veces con el burdel, es un lugar delirante donde las categorías se deshacen, toda clasificación se vuelve absurda (por ejemplo en "Los números artísticos" 26), se producen todos los "imposibles encuentros" de los que habla el surrealismo. Allí están los cuerpos que no pueden preverse: la cucaracha puede ser sensual, la mujer tener el cerebro de una computadora.

Se diría que el circo, un arte que tiene a los cuerpos como los grandes protagonistas, permite jugar con un mundo donde la lógica se trastoca porque esos cuerpos, precisamente, están allí en función de su rareza, su carácter extraordinario o inclusive su monstruosidad, y por eso se muestran. "El arte circense de hoy es el arte de la destreza corporal exhibida para los espectadores, el espectáculo más antiguo del mundo, que puede rastrearse desde tiempos remotos en los rituales de los cinco continentes" (9), define Beatriz Seibel en su *Historia del circo*. Refiriéndose a su surgimiento en Occidente, en la Grecia antigua, agrega: "Los cómicos trashumantes también existen desde las más lejanas épocas; son los artistas que no acceden al teatro oficial. [. . .] Las mujeres, que no pueden actuar en el teatro clásico griego, en cambio son volatineras, danzarinas, equilibristas, malabaristas, flautistas, mimas, cómicas ambulantes" (10). El circo nace entonces como un glorioso rejunte de excluidos. Enanos, deformes, mujeres barbudas y forzudas, seres de apariencia armónica pero de posibilidades nunca vistas en otros humanos, dotados para caminar por donde ningún otro camina, para no quemarse vivos en medio de la hoguera o no caer allí donde cualquiera cae. Todo lo no-normal coexiste en el circo, bello o monstruoso, y tal vez allí esté la clave del miedo o incluso la tristeza que suele causar en muchos niños. No es casual, entonces, que en la Edad Media los adiestradores de animales feroces o los que exhiben animales exóticos en las ferias de la plaza pública se integren al circo. Lo zoológico tiene espacio en él de un modo similar al que tiene en las fantasías de Shua: como expresión de la conciencia de ser diferente, de no pertenecer a esa especie humana que se define como "el hombre" y se dibuja en cualquier manual, diccionario o libro de anatomía como un cuerpo de varón de piel blanca. Al compartir su vida trashumante con los animales, al dormir dignamente en carromatos junto a ellos, los artistas del circo parecen expresar su carácter de integrantes "monstruosos", especiales de nuestra especie. Exiliados en el circo pero atravesados, sin embargo, por la misma cultura que los exilia, estos diferentes pueden muy bien oscilar entre el amor por el circo y el horror por lo que, en definitiva, es una suerte de prisión elegida. No es sólo un idílico espacio romántico de resistencia, rebeldía y libertad, como aparece a veces representado en tantas obras de arte, también contiene la infinita crueldad de no ofrecer, fuera de él, lugar adonde acudir. Por eso Shua puede jugar en *Casa de geishas* con la etimología y corregir a Dante; eran "circos", no "círculos":[8] "y si la tradición menciona círculos es quizás por error de algún copista: en ocho circos (un solo director con su tridente) seremos castigados" ("Copista equivocado" 182).

¿Hay mejor lugar que el Infierno para ambientar una fantasía sexual? El absurdo y el juego circense tiñen la loca fantasía de Laurita, con su excitación sexual de embarazada, tan explicable en un sentido (lo avalan saberes sobre el funcionamiento hormonal, teorías psicoanalíticas, la fisiología de los genitales turgentes) y sin embargo tan negado por una cultura que hace todo lo posible por olvidar que el único modo de ser madre es tener actividad sexual. El deseo de Laurita tampoco tiene lugar "oficial" en el mundo en el que vive, su culpa, su intento de resistirlo, su miedo a que tanta excitación dañe al bebé, su constante estupor al registrar que no puede manejarla, insisten en subrayar que lo que le ocurre es por lo menos extraño, por qué no monstruoso, y desde allí la fantasía se apropia del espacio del circo, ese lugar donde las mujeres monstruosas pueden vivir dignamente de ser monstruos, donde el control del propio cuerpo, lo que más se prohíbe afuera a una mujer, es aplaudido y hasta admirado por los mismos que lo condenan cuando sale del "círculo". El circo, como el sueño en *La sueñera*, es el espacio del cuerpo absurdo y del cuerpo libre, con todo lo lúdico, lo festivo y lo terrorífico que eso implica (más volcado el circo hacia la fiesta, más el sueño hacia lo siniestro).

Al observar el circo, los grandes asisten serios, pero las niñas se excitan: "nenitas con las piernas estiradas duritas apretadas, no te toques hijita la colita de adelante te podés enfermar, no me toco más mamita acabo sin tocarme entre las piernas aprieto fuerte la conchita, se pajean aplauden, en primera fila muy serios papá mamá la abuelita" (*Los amores de Laurita* 194). La que va a ser madre convoca, en sus fantasías, a la niña que ella fue y promete llevar al hijo o la hija que tenga al circo, como la llevaron a ella pero probablemente de un modo diferente: cómplice, no "serio." No en vano *Los amores de Laurita* elige un final utópico en el que se lega a la generación que sigue la posibilidad de acceder a la infinita sabiduría que enseña el cuerpo. Agotada luego de su orgasmo, Laurita duerme profundamente la siesta y la novela finaliza: "Pero en su vientre, enorme, dilatado, alguien ha vuelto a despertar. Es un feto de sexo femenino, bien formado, con un manojo de pelo oscuro en la cabeza, que pesa ya más de tres kilos y se chupa furiosamente su propio dedo pulgar, con ávido deleite" (196).

Un nuevo cuerpo femenino llega a este mundo; maternal, la escritura le otorga el don que ella misma posee: la avidez por el placer (que para ella es siempre avidez por el conocimiento). *Los amores de Laurita* dibujan la utopía de un legado textual-filial, de madre a hija. Si en "Los días de pesca," un cuento atravesado por la muerte, el padre permite que el logos penetre y dé sentidos al cuerpo condenado a no tenerlo, en *Los amores de Laurita*, una novela atravesada por la vida, la madre entrega los juegos, los excesos. Como todo artista de circo, transmite a su descendencia; como todo artista de circo, entrega la tradición de su arte.

NOTAS

1. En este sentido, "Los días de pesca" permite leer una característica particular de la obra de Shua que hemos señalado en otra parte: su sólido manejo de las tradicones y técnicas de la literatura occidental es el de una mujer que se instala con legitimidad y serenidad en la cultura masculina, alguien que puede "disfrazarse" de varón y ser eficiente en ese rol, sin olvidar que es mujer, tal como la "Teóloga" de *Casa de geishas* (190). En "Los días de pesca" esta capacidad diseñaría su propia leyenda de origen: un padre otorga a su niña el permiso para manejar con orgullosa precisión saberes no femeninos. Ver: Elsa Drucaroff, "Pasos nuevos en espacios diferentes," *La narración gana la partida. Historia Crítica de la literatura argentina*, eds. Noé Jitrik y Elsa Drucaroff, vol. 11 (Buenos Aires: Emecé, 2000) 461-491.

2. Ver: Luce Irigaray, *Speculum de la otra mujer*, trad. Baralides Alberdi Alonso (Madrid: Saltés, 1978).

3. Ver: Luce Irigaray, *Speculum de la otra mujer* y también: Luisa Muraro, *Maglia o uncineto. Racconto linguistico politico sulla inimicizia tra metafora e metonimia* (Roma: Manifesto Libri, 1998).

4. Ver también "El método de la interpretación onírica. Ejemplo del análisis de un sueño," el segundo capítulo de: Sigmund Freud, "La interpretación de los sueños," *Obras completas*, trad. Luis López-Ballesteros, vol. 2 (Madrid: Biblioteca Nueva, 1970) 406-421.

5. Ver: *Maglia o uncineto* de Luisa Muraro. Retomando a Roman Jakobson, y sometiendo el orden simbólico del patriarcado y teorías filosóficas y psicoanalíticas imperantes a una crítica radical, Muraro propone una cultura donde el trabajo semiótico de la metonimia rehaga los lazos entre los cuerpos o las cosas y los signos.

6. Ver: Henri Bergson, *La risa* (Buenos Aires: Tor, 1942).

7. Adriana Fernández, "Ana María Shua: ciencia ficción y alteridad," (trabajo en preparación).

8. En 1770, el inglés Philip Astley diseñó en Inglaterra la pista circular rodeada por tribunas de madera que terminó de definir el circo tal como llegó hasta nuestros días, justificando además el nombre que lo hizo famoso: *circus*. Ver: Beatriz Seibel, *Historia del circo* (Buenos Aires: Ediciones del Sol, 1993) 12.

OBRAS CITADAS

Bergson, Henri. *La risa*. Buenos Aires: Tor, 1942.

Drucaroff, Elsa. "Pasos nuevos en espacios diferentes". *La narración gana la partida. Historia Crítica de la literatura argentina*. Eds. Noé Jitrik y Elsa Drucaroff. Vol. 11. Buenos Aires: Emecé, 2000. 461-491.

Fernández, Adriana. "Ana María Shua: Ciencia ficción y alteridad". Trabajo en preparación.

Freud, Sigmund. "La interpretación de los sueños," *Obras completas*. Trad. Luis López-Ballesteros. Vol. 2. Madrid: Biblioteca Nueva, 1970.

Irigaray, Luce. *Speculum de la otra mujer*. Trad. Baralides Alberdi Alonso. Madrid: Saltés, 1978.

Lacan, Jacques. *El Seminario 2. El yo en la teoría de Freud y en la técnica psicoanalítica*. Trad. Irene Agoff. Buenos Aires: Paidós, 1995.

Muraro, Luisa. *Maglia o uncineto. Racconto linguistico politico sulla inimicizia tra metafora e metonimia*. Roma: Manifesto Libri, 1998.

Seibel, Beatriz. *Historia del circo*. Buenos Aires: Ediciones del Sol, 1993.

Shua, Ana María. *Los amores de Laurita*. Buenos Aires: Sudamericana, 1984.

——. *Casa de geishas*. Buenos Aires: Sudamericana, 1992.

——. *Los días de pesca*. Buenos Aires: Corregidor, 1981.

——. *La muerte como efecto secundario*. Buenos Aires: Sudamericana, 1997.

——. *El libro de los recuerdos*. Buenos Aires: Sudamericana, 1994.

——. *Soy paciente*. 1980. Buenos Aires: Sudamericana, 1996.

——. *La sueñera*. 1984. Buenos Aires: Alfaguara, 1996.

——. *Viajando se conoce gente*. Buenos Aires: Sudamericana, 1988.

ANA MARÍA SHUA:
MEMORY AND MYTH[1]

*Ilan Stavans**

History might not be a Jewish invention, but memory surely is and so is forgetfulness. To remember is to be selective with the past, to forget what is judged unnecessary. Jews are by nature retellers: their existence is testified by the act of remembrance of events protagonized by God, and that act links Jews to the chain of generations that come before and after. The recollections Jews invoke are beyond history, for History, as Thucydides foresaw centuries ago, ought to be systematic, carefully interwoven—in a word, scientific. But Judaism, in spite of Leopold Zunz's *Wissenschaft des Judentums* ("scriptural exegesis and talmudic legalism ought to be treated with rigor," Zunz once said), is anything but scientific: events are not recalled with precision by using historiographic instruments; neither are they approached as quantifiable data to be placed in a specific space and time. Instead, these events unfold in a mythological sphere, embellished by a multitude of voices past and present that retell them again and again, always adding a twist, an anecdote, a side effect.

If History, with a capital H, is the brainchild of Greek civilization, memory—a memory not only cerebral but emerging from the heart—is a rabbinical creation, the product of what has come to be known as the exilic, post-biblical age. After the destruction of the Second Temple, the homelessness of the Jews has pushed them to turn the matters of memory into a homeland, and they are commanded to cherish them with all their heart. "You shall love thy God with all your heart, with all your soul and with all your might," the "Va-a-hafta" announces in the Siddur. Love is thus synonymous with remembrance: "Let these matters, which I commend you today, be upon your heart. Teach them thoroughly to your children and speak of them while you sit in your home, while you walk on the

---

* Ilan Stavans teaches at Amherst College in Massachusetts. His books include *The Hispanic Condition* (1995), *Art and Anger* (1996), *The Riddle of Cantinflas* (1997), *The Oxford Book of Jewish Stories* (1998), and *Latino U.S.A.: A Cartoon History* (2000, with Lalo Alcaraz). He is editor-in-chief of *Hopscotch: A Cultural Review* and general editor of the "Jewish Latin America" series of the University of New Mexico Press. Routledge has brought out *The Essential Ilán Stavans*. He has been nominated to the National Book Critics Circle Award and is the recipient of a Guggenheim Fellowship and the Latino Literature Prize, among other honors.

way, when you retire and when you arise. Bind them as a sign upon your arm and between your eyes. And write them on the doorsteps of your house and upon your gates."

This maxim—remembrance as a command, remembrance as a home-land—is beautifully conveyed in *El libro de los recuerdos* (Buenos Aires: Sudamericana, 1994), a novel by Ana María Shua about anamnesis in Argentina; a nation, it is no secret, where memory in and of itself is a most tarnished institution. Novels are not by definition Jewish or Christian or Muslim; their authors are. But the temptation to call this one "a Jewish book" is too big, if anything because of the way its plot is delivered. At its heart are the Rimetkas, a clan not unlike Shua's own: Yiddish-speaking immigrants from Eastern Europe whose fortune in the New World, their rebellions, their mental illness, their miscegenation and illicit affairs, their advancement and setbacks present a distopian picture of Argentina. The country, Shua assures us, is not the ethnic monolith we have been taught to recognize, made by descendants of Iberians and Italians living side by side with the "blackened" population (the so-called *cabecitas negras*), with Catholicism at their core, filled with whores and corrupt politicians. Instead, it is a religiously diverse, racially promiscuous habitat where Jews happen to have arrived accidentally, and accidentally, too, is how they rule their lives.

Grandfather Gedalia, the Rimetka patriarch, an astute money-lender married to La Babuela, is a center of gravity in the *Casa Vieja*, the family headquarters in Buenos Aires. But for as much as he is loved and repudi-ated by his entourage, his private life and inner motives remain a mystery to his successors. One by one, his children—Silvestre, Clara, Judith and Pinche[2] (his daughter Gloria dies an early death of diphtheria)—abandon Yiddish to embrace Spanish. In doing so, they *apparently* take root on native Argentine soil, building a genealogy filled with Trotskyites, psy-chologists, stingy businessmen, and fortune-tellers: Silvestre marries For-tunée, alias "La Turca Bruta"; Clara is wedded to Yaco, Judith to Ramón, and Pinche to Marita . . . and each is blessed and cursed with more descen-dants. But appearances are mischievous: the roots never solidify and by the end the reader is fully aware of how complex and ambivalent—not to say lightweighted—is the Rimetka's love for Argentina. Their last name was concocted by an immigration official when Grandfather Gedalia first entered the country (who in fact wanted to settle in the true promised Land: North America), but the memory of the entire clan has a similar pre-fabricated taste: they are baffled and disoriented, navigating without an overall goal.

Such disjointed characters are typical of Jewish fiction in Latin Amer-ica, but *El libro de los recuerdos* is unique in the way it pays tribute to a recognizable device in Jewish letters. More specifically, in Yiddish litera-ture: the unfolding of the story while two guys talk. Indeed, novels like *Fishke the Lame* by Mendele Mokher Sforim and *Teyve the Dairyman* by

Sholem Aleichem, as well as stories like "My Quarrel with Hersh Rassey-ner" by Chaim Grade and "The Cafeteria" by Isaac Bashevis Singer, to name only a few, are built by having unlikely interlocutors in dialogue. This device opens all sorts of possibilities: Jewish life is approached as a debate, a clash of opinions, an encounter. Fiction in the Hispanic world seldom takes this route; it is too concerned with exposing the baroque contradictions in the environment, too obsessed by inner monologues of isolated, unstable creatures. Shua's novel is an exception, though. Its plot unfolds willy-nilly as a couple of anonymous descendants in the clan—granddaughters? distant relatives? perhaps even the Rimetka broth-ers and sisters themselves?—browse through the old family book known, expectedly, as The Book of Memories.

And what sort of book is this? An ethereal item: malleable, intangible, ghostlike, a reversal of *The Book of Memories* the reader holds in hand. A book within a book, a tale within a tale. The strategy is surely as ancient as Scheherazade and *Don Quixote*. (I myself played upon it in my novella *Talia in Heaven*.) But Shua adapts it so as to reflect on the limitations of History and the power of memory. The anonymous voices whose inquisi-tiveness allows the plot to unravel are puzzled by how selective "The Book of Memories" is: it never delves into the emotional realm of its char-acters; nor does it place them in actual history. And sure enough, the whole Rimetka odyssey is mapped out in ahistorical terms. In what year precisely did Grandfather Gedalia arrive in Argentina? When does the rest of the action take place? This is not to say that the novel is free of actual references. Mention is made, for instance, to President Hipólito Yrigoyen, after whom one of Grandfather Rimetka's scions is partially named; and Juan Domingo Perón, an ubiquitous specter in the country from 1945 to 1984 (the Rimetkas call him, in Spanish, *el Diablo Coludo*), keeps on resurfacing. In fact, the love and hatred for Perón becomes a family sport of sorts, and thus a leitmotif in their aggregated journey: Grandfather Gedalia's four children are all anti-Peronists; Aunt Judith and her husband even participate in 1955 in the Revolución Libertadora, a coup d'etat that brings about Perón's "second coming," as his return to power is com-monly known. In contrast, the next Rimetka generation, in its left-wing pose, not only endorses Peronism but embraces militancy during the *época del miedo*, that is, the dictatorship of 1976-83. And yet, all these references are camouflaged and any attempt at concreteness is deliber-ately evaded, as if the Rimetkas were fugitives of history, inhabitants of a time outside Time. The resulting feeling is one of dislocation: the Rimet-kas tell us less about the country they are part of than about diasporic Jew-ish existence: they live in limbo, loving and mating in a place called Any-where. What we know about them is what the family—collectively—has chosen to remember. And that amounts to pure myth.

Myth . . . a genealogy of myth. Ana María Shua is a veteran in the art of retelling. In her novels, stories, children books, cookbooks, and anthologies of Jewish humor, she is adept at rewriting biblical, talmudic, and folkloric tales. She reappropriates Jewish tradition by recycling it, retelling the tale of the Golem of Prague, Hershel Ostropolier, or the wise men of Chelm in a style of her own. And *The Book of Memories*, originally published in 1994, is a vintage example in this art of reiterating by reinterpreting. It illustrates that famous epigraph by French philosopher Emmanuel Levinas: "The Jews are strangers to history. Their world is an abstraction."

NOTES

1. This essay first appeared as the prologue to the English translation of *El libro de los recuerdos*: Ilan Stavans, "Introduction." *The Book of Memories*, trans. Dick Gerdes (Albuquerque: U New Mexico P, 1998) ix-xiii. It is republished here with some minor changes with the permission of the publisher.

2. The name Pinche appears as Pucho in the English translation.

ANA MARÍA SHUA:

YIDDISH AND CULTURAL MEMORY[1]

*David William Foster**

The bibliography of cultural production relative to Jewish migration in Argentina is vast, indeed, and representations of diverse aspects such as the difficulties Jews experienced in establishing themselves in the New World, conflicts over religions, language, and the social customs (including legal institutions), the drama of preserving cultural and religious identity versus assimilation, Jewish agricultural settlements and urban ghettos, anti-Semitism (including the particularly problematic status of Jews under recent neofascist military dictatorships), and the pertinence of certain themes of Jewish identity to shifting social issues in Argentina can all be found to have been treated with some detail in the cultural record.

The Jewish community in Argentina at the end of the twentieth century has attained a considerable level of acceptance and, for many, notable prosperity. Despite the abidingly horrendous face of anti-Semitism as evidenced in the bombing of the Israeli embassy in 1992 and of the AMIA (mutual aid society) in 1994, Jews have played prominent roles in government and allied institutions in the process of redemocratization since the return to constitutionality in 1983, and it is safe to say that the general climate of personal freedoms, the respect for individual differences, and the criterion of privacy that have emerged in the last decade have all contributed to significant advances for the Jewish community as a whole.

* David William Foster (Ph.D., University of Washington, 1964) is Chair of the Department of Languages and Literatures and Regents' Professor of Spanish, Humanities and Women's Studies at Arizona State University. His research interests focus on urban culture in Latin America, with emphasis on issues of gender construction and sexual identity, as well as Jewish culture. He has written extensively on Argentine narrative and theater, and has held Fulbright teaching appointments in Argentina, Brazil, and Uruguay. His most recent publications include *Violence in Argentine Literature; Cultural Responses to Tyranny* (U of Missouri P, 1995); *Cultural Diversity in Latin American Literature* (U of New Mexico P, 1995); *Contemporary Argentine Cinema* (U of Missouri P, 1992); and *Gay and Lesbian Themes in Latin American Writing* (U of Texas P, 1991). He is also the editor of a number of books and has translated novels by Enrique Medina, Aristeo Brito, Miguel Méndez-M., and Ana María Shua. In 1989, Foster was named the Graduate College's Outstanding Graduate Mentor, and in 1994 he was named the Researcher of the Year by the Alumni Association.

As a consequence of the social mobility and distributed institutional presence of Jews in contemporary Argentina (which, as always, means predominantly in contemporary Buenos Aires), the one theme of Jewish writers that must necessarily have prominence is that of assimilation, not just of the importance of the participation of Jews in Argentine society as a whole—few would have reasonable reservations about this—or the difficulty of maintaining difference in a society that has been historically homogeneous and in which neoliberalism has imposed an overlay of consumerist uniformity. Rather, what is of concern is the inevitability of the loss of important dimensions of Jewishness, whether it be the nostalgic icon of Yiddish or the crucial defining component of religious observance. Yiddish has no more chance of survival in Argentina than it does in the United States, especially as both countries share enormous ties with an Israel for which Hebrew is the language of Jewishness and Yiddish the linguistic correlative of the shame of the Diaspora. And as for a religion, if American Jews have the option of Reform Judaism, the lack of strong Reformist tradition in Argentina has meant, for most Jews, that the turn away from the orthodox Judaism leaves only a secular, nonobservant, "cultural" Jewishness.

It is this context into which Ana María Shua's *El libro de los recuerdos* (*The Book of Memories*, Buenos Aires: Sudamericana, 1994) may be inserted. Shua is not principally a Jewish writer in the sense of making Jewishness a problematic central issue in her works. The bulk of her fiction is characterized by an urbane sophistication concerning the day-to-day difficulties of surviving as a human being, the profound vagaries of interpersonal relationships, and the general ineptness of individuals to negotiate the murky waters of social and institutional life (Arango-Keeth). But in *El libro de los recuerdos*, a book whose narrative fluidity and comfortable implied first-person narration may permit one an untroubled assumption that it is essentially autobiographical (or where whether it is strictly autobiographical or not does not really matter), the conventional format of a mosaic of the various generations of personalities of an immigrant family allows for the really very witty exploration of the signs of cultural conflict.

The organizing axis of Shua's novel, as the title directly states, is memory, and "book" is used here first of all in the metaphorical sense of collective memory as constituting a log of shifting entries: material is lost in the transmission from one generation to another or from one member of a generation to another, while new material is added as events take place and history becomes more pertinent. Not everything that gets remembered is momentous, and not everything that happens gets recorded in that shifting log, and part of the interest in an analysis of the book of memory is a determination of what the bases of inclusion and exclusion might be.

Concomitantly, "book" here refers to the novel itself as a narrative less of particular events than of memory itself as a process of human identity and subjectivity. As is widely accepted, life moves forth on the basis of narrative. Not only do we understand the social text and our interactions with it in terms of narrative, but the majority of our interactions with others is on the basis of narratives we tell each other, no matter how fragmentary and incoherent our telling, and interpreting, practices may be. Fiction is only a socioculturally privileged form of narrative, in which the author maximizes both the centrality of narratives in human life and the resources we have evolved for engaging in narrative constructions.

The way in which Shua's text is not a bildungsroman, not a family saga, is important not only to the way in which her writing means to convey the spirit of everyday narratives (rather than the novel as a privileged art form) but also to her interest in modeling the very partial way in which individual/family/collective/societal memory is maintained and communicated. Indeed, *El libro de los recuerdos* is not a novel in the sense of availing itself of the sort of controlling character-based semiotic structure that we associate with a text that tells a particular story in depth and in detail. Such novels have been written about Jewish life in Argentina by José Rabinovich, Bernardo Verbitsky, David Viñas, Gerardo Mario Goloboff, Mario Szichman, and Ricardo Feierstein, for example, and Shua is not interested in duplicating their efforts.

Rather, her work focuses on what one might call metonymic aspects of Jewish life in Argentina that, in somewhat of a fuguelike way, are elaborated around often grotesque individuals and outrageous incidents that are strikingly singular in delineating aspects of Jewish life and identity. The novel centers on the four Rimetka siblings and their respective families. Narrative events concern the usual struggles for survival and for dominance and influence within the group. But what is particularly striking about Shua's handling of this material is how she relates it to sociohistoric events. This is done no longer in the Lukácsian sense of making novelistic characters the embodiments of historical processes but rather in describing the system of impingements whereby personal stories exercise an antiphonic relationship with the swirling social events in which they are immersed. For example, one section deals with how one of the uncles, impressively overweight and lamentably impotent, begins to take diet pills prescribed by a dietician named Dr. Gdansk. Described as "bombs," these pills provoke in him a case of amnesia, and he disappears. The pills may have been a pretext for some time out from the family and the pressures of his business activities, or it really may have been a medical reaction. Whatever the real cause, this disappearance provokes a family crisis, which in turn brings to the fore a whole range of conflicts of existence. However, Shua moves this event outside the direct realm of high-tension interfamily conflict by adding in a footnote (hardly a conventional novelistic device) that at a later date, in the Época del Miedo, the period of fear (i.e. the so-called Dirty War, ca. 1976-1979, waged by the military dictatorship against armed subversion), the verb *desaparecer*, to disappear, will assume a completely different meaning—indeed, as Shua does note, it will cease to be strictly an intransitive verb and become a transitive one whose subject is an obligatory agent of state terror.

Language is a recruiting motif of *El libro de los recuerdos*, as well it should be, since our interpersonal communication and the records of our lives are inscribed in language. Language conflict is an abiding feature of the immigrant experience, and it is often an eloquent marker of the difficulties of accommodation, the nature of assimilation, and the negotiation undertaken between different cultural establishments. The family is presided over by Babuela, a clever melding of the respective words for grandmother in Spanish and Yiddish, *abuela* and *bobe*. The narrator attributes to Babuela the rhetorical question "¿Pero acaso se pueden decir cosas de verdad en este idioma?" (But can you say real things in this language? [165]), which implies that, of course, you cannot. The proposition that Spanish is not a "real language," at least from one individual's perspective, is an outrageous proposition in terms of the society that the individual inhabits, and this is even more apparent because Shua is relating the grandmother's attitude toward the Spanish language in text written in Spanish: "Castellano, bah: qué clase de idioma es ése?" (Spanish, phooey: what kind of language is that? [165]).

To be sure, what is at issue here is the way in which anyone has difficulty relating to a foreign language. Nevertheless, the question for Shua is not strictly a psycholinguistic one, but rather it relates to the relationship to language and cultural politics. Yiddish has an undeniable subaltern relationship to Spanish in Argentina. In addition to being a language that is structurally very different from Spanish, unlike the Italian of the other major immigrant groups in Argentina, with virtually no incidence of cognate words, Yiddish is primarily a spoken language and a medium of domestic communication. While Yiddish does, of course, have a rich literary and oral cultural tradition, it is only minimally a written language among immigrants, and those who speak it are enveloped by the overwhelming presence of Spanish as, in addition to its spoken representations, a written language as it appears in all the trappings of modern urban existence, completely the opposite of Yiddish as a premodern language of the isolated ghetto and rural *shtetl* life. But the Yiddish-Spanish divide also marks the boundaries of assimilation, and the fact that Babuela cannot envision real life taking place within the structures of Spanish also refers to the impossibility of meaningful life existing in the full domain of Spanish in which cultural and religious oblivion, the unlearning of the native tongue and the native culture, has taken place. In this way, language is underscored as the quintessential locus of memory.

NOTES

1. This essay first appeared in print as: David William Foster, "Ana María Shua," *Pasión, identidad y memoria*, ed. Marjorie Agosín (Albuquerque: U of New Mexico P, 1999) 40-45. It is republished here with some minor changes with the permission of the publisher.

WORKS CITED

Arango-Keeth, Fanny. "Ana María Shua." *Jewish Writers of Latin America: A Dictionary*. Ed. Darrell B. Lockhart. New York: Garland, 1997. 483-89.

Shua, Ana María. *El libro de los recuerdos*. Buenos Aires: Sudamericana, 1994.

TRADICIÓN Y REESCRITURA:

LA CONSTRUCCIÓN DE UNA IDENTIDAD JUDÍA EN ALGUNOS TEXTOS DE ANA MARÍA SHUA

Mariano Siskind[*]

Uno es un tejido de historias. A veces propias, a veces ajenas.
—Ricardo Piglia

No respetas lo suficiente el escrito y cambias la historia.
—Franz Kafka

¿Quién es yo?

La reflexión sobre uno mismo, la búsqueda de lo que esconde el primero de los pronombres personales, la clave para la comprensión del mundo de los otros: *¿quién es yo?* La única respuesta posible para esta pregunta es la construcción de una identidad propia: *yo soy...* Antes que cualquier rasgo físico, de personalidad, de procedencia, de ocupación, de creencia, de convicción, la identidad tiene estatuto discursivo. *Yo soy...* En el instante de la respuesta, cada sujeto *inventa* el predicado que sigue al verbo copulativo. La identidad es siempre, necesariamente, un *invento*, una compleja operación constructiva, incluso cuando se acepta (críticamente o no) la identidad heredada. En este sentido, me propongo analizar el proceso de construcción de una identidad judía particular en el interior de algunos textos de Ana María Shua.

[*] Mariano Siskind, Licienciado en Letras de la Universidad de Buenos Aires, en la actualidad desarrolla el proyecto de investigación "Imágenes imperiales: América Latina en los textos de Joseph Conrad." Es miembro fundador del "Centro de Documentación" del Instituto de Literatura Hispanoamericana dirigido por Noé Jitrik, de la Facultad de Filosofía y Letras de la Universidad de Buenos Aires. Al margen de las publicaciones académicas, se desempeña como editor en la editorial Perfil, donde dirige la colección "Ficciones/Clásicos." Ha recibido tres premios por relatos de ficción que fueron publicados en diferentes antologías.

Lo primero que se desprende de una rápida recorrida por la lista de libros publicados por Shua es que la suya es una obra descentrada; o mejor, una obra con muchos centros temáticos y genéricos. Quiero decir, de ninguna manera se puede afirmar que la construcción de una cierta concepción de judaísmo sea un elemento programático en esta textualidad; sin embargo, me parece que el peso que tiene allí *lo judío* (por llamar de alguna manera a este núcleo de sentidos, que no es solamente un objeto representado) es innegable. En este sentido, este trabajo no pretende recortar una definición para la literatura judía o desarrollar la lista de cualidades que determinan el carácter judío de un texto o de una literatura. Sobre este punto existe una extensísima bibliografía que no logra ponerse de acuerdo sobre si lo que define el *estatuto judío* de un cuento o novela es la identidad judía del autor, los temas judíos tratados o una mirada específicamente judía sobre el mundo.[1] Tengo la certeza, en cambio, de que la obra de Ana María Shua, como pocas otras configuraciones textuales en la literatura argentina contemporánea,[2] construye, a través de una serie de complejas operaciones, una identidad judía particular, un modo alternativo e interesante de apropiarse de un rasgo heredado. No se trata de analizar el proceso de constitución de la identidad judía de Ana María Shua, sino el proceso de construcción de una identidad judía *en* los textos de Ana María Shua.

En la historia de la literatura argentina, *lo judío* ingresa como objeto de representación, en términos de capital étnico-cultural capaz de integrarse al espacio criollo local (Alberto Gerchunoff y César Tiempo), como núcleo de tensión generacional y respecto del medio (Germán Ronzemacher) o, en el extremo opuesto desde una perspectiva antisemita, como la otredad indeseable (Julián Martel, Manuel Gálvez y Hugo Wast). Sólo a partir de la década del 70, a través de los caminos insinuados por los poemas de César Tiempo y los cuentos y obras de teatro de Germán Rozenmacher, comenzaron a publicarse libros en los que *lo judío* hace su aparición de manera más compleja y elaborada, en el nivel de la enunciación, como intentos de reelaboración de materiales propios de la cultura judía, desde una experiencia literaria y vital eminentemente argentina. En este sentido me interesa leer en la obra de Shua la construcción de una identidad judía particular operada a partir del concepto de *reescritura*. En efecto, en los textos de Ana María Shua lo judío—diferentes niveles y articulaciones de la tradición judía— solamente irrumpe de manera mediatizada, es decir como una construcción de segundo grado. El resultado es una identidad que se inscribe en el interior de *lo judío* apropiándose, reescribiendo tres espacios tradicionales seleccionados como significativos para la definición de esta construcción: el nombre propio, la cotidianeidad textualizada de dos momentos históricos diferentes de la vida judía y, por último, ciertas reelaboraciones literarias de la tradición cabalística.

No me interesa el uso habitual del concepto de *reescritura*. Convencionalmente, la rescritura—a diferencia de la reescritura—supone volver a escribir aquello que ya está escrito (suponga o no una corrección o desviación respecto del original o no). Es decir que la rescritura supondría siempre una segunda instancia, subsidiaria de esa escritura primera, sin peso propio, a partir de esto dos reflexiones. En primer lugar, la estilización, la densidad y el espesor de la reescritura en la textualidad Shua, le otorgan autonomía respecto del texto fuente, la convierten en un artefacto que, en su *originalidad*, en sus desviaciones, al mismo tiempo rompe y acentúa los lazos que la vinculan con la primera escritura. Por otro lado, la idea de reescritura acentúa el carácter de *constructo* de la identidad, ya que ésta es solamente el resultado de una operación particular de selección, recorte y reelaboración, respecto del corpus monolítico de la Tradición Judía. La identidad es en Shua la modalidad y articulación específica de la reescritura de esa materia tradicional seleccionada.

Por último, muchos críticos como Darrell B. Lockhart, leen la aparición de *lo judío* en estos y otros textos de la literatura latinoamericana contemporánea como una reacción defensiva, ante la perspectiva de una pérdida de identidad y como una intervención política tendiente a poder incorporarse al canon cotinental desde su doble condición de judíos-latinoamericanos:

> With the realization that as Jews they are granted at best second-class citizenship within Luso- and Hispano-Catholic societies, these writers [second-generation immigrant writers] no longer are concerned with not offending those in power. Instead, they boldly assert their alterity and they challenge hegemonic versions of Latin American cultural identity. Third—and fourth—generation writers, almost exclusively secular and completely assimilated, often seek a return to and recovery of Jewish identity by salvaging the remnants of their ethnoreligious heritage through literature. Many write texts based on family genealogy and history in an attempt to preserve and/or restore cultural memory. (xxi-xxii)

Aunque acertado en la descripción de la relación de estos escritores con la religión y la cultura judía, la idea de una escritura cuya función social sea meramente la de "preservar" y "restaurar" la identidad, y "salvar los restos de su herencia étnico-religiosa" del olvido resulta insuficiente para abordar este tema. En todo caso, creo que sería más productivo leer el trabajo sobre núcleos culturales judíos y laicos de escritores como Shua, en términos de un posicionamiento más agresivo, digo, una actitud menos defensiva y conservadora de la que les atribuye Lockhart. Creo que, justamente, el concepto de *reescritura* permite leer las operaciones interiores a estos textos como agresivos intentos por construir una identidad propia, es decir, un abordaje crítico a esa "herencia étnico-religiosa," con el objetivo de responder la omnipresente pregunta *¿quién es yo?*

Lo que se cifra en el nombre

El primer rasgo de identidad de un sujeto es su nombre. El nombre es un escudo de armas, una huella digital o una cicatriz. El nombre, el apellido, el apodo elegido, el apodo infligido, las extirpaciones acometidas, los subrayados, los desplazamientos, las iniciales intermedias, todos los cambios y continuidades en el interior de un nombre propio son la cáscara, la epidermis de la identidad.

El abuelo Gedalia, el punto de partida del relato genealógico que es *El libro de los recuerdos*, decide—se ve obligado a decidir—la reescritura de su nombre para poder emigrar a América, utilizando los documentos de otro: "Murió Gedalia Rimetka, medianamente joven, de bigotes. Con su documento fue el abuelo al consulado de América, la verdadera, la del Norte, y le dijeron que no. No lo bastante joven murió Gedalia, no lo bastante joven como para pasar por el abuelo" (11). En el capítulo titulado "El apellido Rimetka" se explica el origen del nombre de la familia:

> El Gedalia original, el que murió en Polonia [. . .] nunca se llamó exactamente Rimetka.
>
> El apellido Rimetka fue el producto de una combinación de fineza auditiva y la arbitrariedad ortográfica de cierto empleado, sumadas a su particular forma de interpretar un documento escrito en una lengua desconocida, más su concepto personal sobre el apellido que debía llevar en el país un extranjero proveniente de Polonia. [. . .]
>
> Los Rimetka tuvieron, así, un apellido intensamente nacional, un producto aborigen, mucho más auténticamente argentino que un apellido español correctamente deletreado, un apellido, Rimetka, que jamás existió en el idioma o en el lugar de origen del abuelo, que jamás existió en otro país ni en otro tiempo. (15-16)

Reescribir el nombre propio: *El libro de los recuerdos* pone en escena la más precisa y central metáfora de la construcción identitaria; una metáfora adámica. Gedalia Rimetka es el primer hombre de una familia, de un nombre; el primero de una serie; nadie existe antes que él, ni en la novela, ni en el universo porque él inventó—en co-autoría con anónimos funcionario estatales— su propio nombre.[3]

La novela opera dos borramientos: el del nombre original de Gedalia, el de su identidad anterior, europea (reduplicado al interior del texto por el abuelo para el resto de la familia, borramiento que a su vez es reflejado en el Libro de los Recuerdos, donde no aparecen rastros de ese primer nombre), y el del apellido original, transmutado en Rimetka tras el ingreso al puerto de Buenos Aires. Al sentar las bases del relato de la historia familiar en estos enredos y reescrituras nominales, la novela explicita la material base (Argentina, inmigración judía, principios del siglo XX) de la construcción identitaria que pone en escena. Lo que me interesa, sin embargo, no es la relación que la novela establece con la experiencia histórica de los inmigrantes judíos en Argentina, sino el significativo lugar inicial que ocupa la invención de la identidad, invención escritural cuyos trazos, podría pensarse, no son otros que la novela familiar que sigue a ese gesto fundacional. El acto de autoconstrucción que lleva a cabo el abuelo Gedalia—olvidar su nombre, apropiarse de uno nuevo—es una de las dos condiciones de posibilidad de la saga, de toda la novela, que, en definitiva, no es otra cosa que el relato generacional del modo en que el nombre Rimetka es reescrito con la letra manuscrita de cada uno de los cuatro hijos de Gedalia y la Babuela. Se sabe que la experiencia vital, la vida, es la suma de los lugares en los cuales dejamos inscripto nuestro nombre.

La otra condición de posibilidad de la novela familiar es el Libro de los Recuerdos, como señalan las siguientes pasajes de la novela: "hay cosas que no se deben contar, que no se pueden pensar. Si no está en el Libro de los Recuerdos, por algo será: será que no es algo para recordar" (71). Y: "[El Libro de los Recuerdos] nunca dice todo, nunca dice ni siquiera lo suficiente" (109). Enigmático y contradictorio en sus recortes y exclusiones, el Libro de los Recuerdos—al igual que *El libro de los recuerdos*—oculta la historia del nombre original del abuelo, lo que permite que los Ritmeka puedan *ser*. Ser Rimetkas. Ser novela.[4]

Historias de la vida real

La obra de Ana María Shua tiene muchos centros temáticos y genéricos: cuentos, novelas, cuentos brevísimos, literatura infantil, antologías, recetas de cocina narradas, humor, artículos, intervenciones públicas varias, entre otros. La operación constructiva de la identidad judía sobre la que gira este trabajo puede rastrearse en varias zonas de esta obra heterogénea, en libros de muy diferente estatuto textual. Creo que en *Los amores de Laurita* y en el cuento "La vida y los malvones" del libro *Viajando se conoce gente*, así como en las diferentes antologías en las que Shua reescribe y transcribe (esto último es una obviedad: Menard y Borges nos enseñaron que cualquier transcripción aparentemente literal es una cabal reescritura[5]) materiales de la tradición folklórica judía— *El pueblo de los tontos, Cuentos judíos con fantasmas y demonios* y *Sabiduría popular judía*[6]—se construye un tipo de cotidianeidad judía y no-religiosa constitutiva de la identidad que se desprende de ella: asertiva pero no grandilocuente, una identidad judía de uso diario. Quiero decir, mientras que en la novela y los cuentos mencionados se representa el día a día de la experiencia moderna urbana desde una perspectiva judía laica, en las antologías folklóricas se subraya el carácter cotidiano de los materiales propios de la cultura popular judía y se los despoja de su valor religioso, para dejar en primer plano su condición de núcleos y series narrativas capaces de dar cuenta de la vida cotidiana judía desde la tardía Edad Media hasta el siglo XIX.

Las fuentes folklóricas que la textualidad de Shua reescribe tuvieron durante mucho tiempo una función religiosa hegemónica, y una condición narrativa sólo subsidiaria. Desde una perspectiva laica y eminentemente lúdico-narrativa, la reescritura de este corpus judaico tradicional (consejos prácticos, parábolas, refranes, proverbios, leyendas y cuentos populares) borra todo rastro de religión y lleva adelante una operación de minorización de textos originalmente concebidos para ayudar y enseñar al judío a vivir de acuerdo al mandato de la Torah. Podría pensarse que estas reescrituras establecen una relación con la literatura popular judía equivalente a la que el Talmud mantiene con la Torah: una suerte de *cotidianización* de lo elevado, de lo que, a priori, tiene un estatuto *superior*. De alguna manera, la utilidad del compendio de consejos, proverbios, parábolas, de, *sabiduría popular judía* que es el Talmud tiene una importancia mucho mayor a la de la propia Torah para la construcción de una identidad judía laica y de uso diario; un judaísmo cotidiano y menor, frente a la mayoría de la Torah, como explica Shua en su antología *Sabiduría popular judía*: "No se encontrarán en este libro pensamientos o reflexiones de muchos *grandes* hombres del judaísmo. La sabiduría *popular* es anónima" (9, el destacado es mío).[7]

La reescritura de la literatura folklórica permite la transformación del corpus religioso tradicional en un judaísmo cotidiano y laico. Esta operación textual es justamente la que posibilita el establecimiento de un vínculo con esa *sabiduría*, para, acto seguido, poder incorporarla a una identidad judía secular, urbana, propia, como la que funciona en *Los amores de Laurita* y "La vida y los malvones." En estos textos, *lo judío* no es el objeto construido, sino la perspectiva seleccionada para narrar la vida cotidiana. La identidad judía funciona aquí como una matriz desde la que se puede reescribir el mundo, o más precisamente, la experiencia urbana moderna.

La articulación de la identidad judía como una parte constitutiva de la cotidianeidad urbana moderna es central en *Los amores de Laurita*. Para Laurita, su condición judía es un dato más de su identidad, un dato insoslayable, obvio y evidente, pero que no tiene de ninguna manera más peso que otros rasgos, como por ejemplo, su condición femenina. El texto mismo subraya esta obviedad y evidencia: "una colectividad a la que se sentía pertenecer tan inevitablemente que no creía necesario participar en ella, en sus instituciones o grupos" (128). Pero *Los amores de Laurita* suma a esto un elemento que aparece por primera vez en la obra de Shua: el rechazo de la posibilidad de la institucionalización de esta identidad judía laica y cotidiana. En el capítulo titulado "Un buen muchacho de buena familia," León Kalnicky Kamiansky le pregunta a Laurita: "¿Vos sabés quién era en la colectividad León Kamiansky?" (127). Aparentemente no lo sabe, como indica el siguiente pasaje de la novela: "Laurita, lamentablemente, no tenía idea de quién había sido León Kamiansky, y mucho menos en la colectividad, un ente que se le aparecía a ella un poco vago y siempre amenazador, exigente, con el que nunca había mantenido relaciones" (128).

En efecto, para Laurita, su pertenencia respecto de *lo judío* resulta obvia, evidente e inevitable, pero al mismo tiempo, el texto presenta a la comunidad judía [argentina] como espacio "amenazador", "exigente" y con el que "nunca había tenido relaciones." La puesta en evidencia del conflicto en este fragmento debe ser leído, me parece, como una tensión institucional. En un doble movimiento, la cita afirma la identidad e instala una tensión respecto de la posible institucionalización de esa identidad, a través de esa entidad aparentemente vaga, "la comunidad," pero que tiene fuertes resonancias, justamente, institucionales en el contexto de la vida judía en Argentina. Para Laurita, el judaísmo es un dato más de su identidad, una condición propia, privada, que en ningún caso adquiere un carácter político, para volverse intervención pública u objeto de la militancia. Más allá de lo que podríamos llamar el *incidente Kalnicky Kamiansky*, no hay más reflexiones omniscientes sobre la identidad judía de Laurita en la novela, y todo queda reducido a menciones superficiales que funcionan metonímicamente respecto de esa identidad: por ejemplo, el hecho de usar la pileta de Hebraica (144).[8]

Con la condición judía de la masajista de "La vida y los malvones," que cuenta la historia fantástica y vampírica de la relación entre su madre y una hermosa planta de malvones, pasa lo mismo. Distintos índices de la identidad judía de la narradora aparecen a lo largo de todo el cuento de manera asistemática y definitivamente poco conflictiva. Su relato desviado y desentendido de la muerte de su familia en los campos de exterminio nazis, por ejemplo, da cuenta de la absoluta falta de conflicto que la narradora siente respecto de *lo judío*:

> De la última carta de mi tía, la hermana de mi papá, me acuerdo como hoy: en nuestra casa están los alemanes, nos contaba. Imaginate si sería una buena casa, linda, una residencia de las mejores, y en qué zona, que allí se fueron a instalar los oficiales alemanes. Las mujeres estamos todas en la casa de mi hermana, decía esa tía, los hombres ya sabés. Quería decir que estaban en la guerra, los hombres. Mamá mandó a llamar a dos sobrinos para que los dejen entrar en la Argentina pero ya era tarde, no volvimos a tener noticias de ninguno. (91)

La situación límite que supone la desaparición física de los judíos europeos—no ya problemas de orden simbólico como la pérdida de identidad—es prácticamente igualado por la masajista, de manera trivial, al comentario de la belleza de la casa familiar de Varsovia. Lo que el texto logra con esto—y con la incrustación de términos en idisch en un discurso en castellano lingüísticamente impecable—es poner en primer plano la

95

mirada judía de la protagonista-narradora. Como en el caso de Laurita, la identidad judía es un dato muy importante de la subjetividad de los personajes, pero de ninguna manera este rasgo sobresale respecto de otros, sino que se integra a otros igualmente indelebles: la nacionalidad, el género y las características de personalidad, que conforman la vida de diaria de estos personajes.

Justamente lo que vuelve defintivamente interesante a la textualidad Shua en relación a todos estos temas es el hecho de que se hace cargo del judaísmo, la identidad judía, la Gran Tradición Judía, los grandes textos del judaísmo como religión, es decir, todo aquello que *a priori* forma parte del imaginario del lector como asuntos, escrituras, discusiones elevados y los reescribe en clave menor, en clave lúdico-narrativa, en clave íntima y privada, en clave enunciativo-matricial. Y así, manipulados, reescritos, los convierte en materiales maleables para la construcción de una identidad judía terrestre, *utilizable*, cotidiana.

Si (como el griego afirma en el cratilo)[9]

Muchos críticos y escritores (Marshall Berman y Marcelo Birmajer, por ejemplo[10]) postulan que buena parte de la identidad judía reside en el hábito recurrente de contar historias. Generalmente formulado de manera vaga e imprecisa, este enunciado tiene, sin embargo, una fuerte carga de verdad. Pensemos, por ejemplo, en una escena judía que contenga los núcleos significativos narración e identidad: el séder de Pésaj. Pésaj concentra dos sentidos muy fuertes de la identidad judía. Por un lado, se trata de la festividad en la que se recuerda el pasaje del pueblo judío de la esclavitud hacia la libertad, transición en medio de la cual recibirá de manos de Dios y de Moisés, sucesivamente, las Tablas de la Ley, es decir, aquello que le va a otorgar identidad, diferencia, respecto del resto de los pueblos y supondrá el nacimiento de lo que hoy conocemos como "Civilización Occidental" (aunque los judíos nos enteraremos de esto mucho tiempo después de terminada la orgía alrededor del becerro de oro). Por otro lado, este núcleo identitario es recordado generación tras generación en la primera parte del seder, cuando los adultos le cuentan a los chicos (o viceversa, según las costumbres particulares de cada familia) la historia de la huida de Egipto. He aquí, entonces, una escena tradicional de narración oral, con los cambios y adaptaciones que el paso del tiempo incorpora. En el placer y el regodeo que los adultos experimentan con este despliegue narrativo (sólo para los más chicos entre los chicos, el relato de la odisea de Moisés tiene carácter informativo: una función utilitaria y pragmática), que de manera significativa se repite año tras año, efectivamente reside una parte importante de la identidad judía (tanto como en las *bedtime stories* que los padres cuentan a sus hijos, está el germen de la identidad literaria de un sujeto lector). Este placer intergeneracional, autonomizado por su espesor y densidad respecto de las narraciones y los sujetos, resulta fundamental en relación a los cuentos brevísimos de Shua. El placer por contar historias (disciplina que tiene sus reglas, modalidades y tradición particulares) es el principio constructivo de los relatos brevísimos de *Casa de geishas*.

Pero esto no alcanzaría para leer allí la construcción de una identidad judía. Y en este sentido, *Casa de geishas* refuerza esta operación identitaria a través del trabajo sobre un relato tradicional: la leyenda del Golem. En realidad, el capítulo completo del libro en el que están incluidas las reescrituras *golémicas* está dedicado a la práctica de la reescritura (como lo indica su título: "Versiones") de relatos culturalmente cristalizados para darles una nueva forma (brevísima) e imprimir sobre su curso conocido desviaciones narrativas.

La elección de la leyenda del Golem no es casual. Se trata de un relato significativo tanto en el contexto de la literatura—fue retomado por Mary Shelley, Meyrink, Kafka y Borges, entre muchos otros—como en el interior del judaísmo: la creación de un Golem es, para la Cábala, la prueba de que La Torah cifra a Dios y su capacidad creadora.[11] Pero por sobre todas las cosas, el relato del Golem es la más perfecta metáfora de la construcción verbal, de la literatura como ingeniería del lenguaje, porque después de todo, el Golem, el homúnculo hecho con tierra y agua, no es más que un texto construido por un muy buen lector (el Rabino, el cabalista) de otro texto (la Torah). Y es un texto porque solamente ante la inscripción de la letra, del Verbo (tal como es concebido por la Cábala), la tierra cobra vida, trasciende el ser barro para transformarse en algo más, tal como el sonido, el fonema o la inscripción, la mera marca, se transforman en lenguaje, en escritura y en literatura, y porque el Golem cobra vida cuando el rabino escribe sobre la frente del muñeco de barro la palabra *emet* (verdad); y muere cuando el rabino borra la primera letra aleph y queda la palabra *met* (muerto).[12]

Luego de los "halagos y alabanzas" que recibió *La sueñera*, según nos informa el prólogo de *Casa de geishas*, el nombre de Ana María Shua quedó indisolublemente ligado al cuento brevísimo. "Versiones" es la zona del burdel donde el género reafirma su identidad, donde cita a sus precursores o donde los inventa, donde se pone en evidencia la matriz productiva de la narrativa oral, como, por ejemplo, la importancia del ritmo y la musicalidad. Casi todos los relatos aquí reescritos proceden del relato oral de diferentes folklores y mitologías. En definitiva, el cuento brevísimo de Shua se autoafirma, refuerza su autonomía y explicita su tradición. Entonces, me parece evidente que la reescritura que supone la serie golémica, dentro de la sección titulada "Versiones," debe ser leída, no ya como el procedimiento que constituye una identidad particular, sino como una muy importante parte de la identidad genérica brevísima, como el componente judío de esa identidad intraliteraria, autónoma.

Reescrituras, versiones, variaciones, en el sentido musical del término que son derivaciones, desviaciones de un tema principal, nuclear, en este caso la leyenda del Golem. Reescritura reduplicada, "Golem y Rabino III" pone en escena la operación que constituye a la serie: "(esta historia sucedió, con variantes, muchas veces)" (83). Variaciones, en "Golem y Rabino I," sobre la creación del homúnculo como metáfora de la creación de Dios, que literaliza la "semejanza" prohibida para generar enredos de naturaleza *picaresca*, como si se tratara de una comedia de Neil Simon:

> Se cuenta la historia de un Golem rebelde a quien cierto rabino modeló a su propia imagen y semejanza y que, aprovechando el notable parecido de sus rasgos, tomó el lugar de su Creador. Esta verídica historia es absolutamente desconocida porque nadie notó la diferencia, excepto la feliz esposa del rabino, que optó por no comentarlo. (81)[13]

Variaciones, en "Golem y Rabino III," sobre el núcleo narrativo de la sumisión del Golem a su amo, en términos de inversión paródica: es el rabino el que se rebela a seguir siendo amo "Y el Golem se vio forzado a realizar la más difícil de las tareas: ser amo de sí mismo" (83). O, sobre el mismo núcleo narrativo, "Golem y Rabino IV" revela la paradoja de la sumisión llevada a sus últimas consecuencias: "¡No me obedezcas!—ordenó su Amo al perplejo Golem que, ansioso por cumplir su orden, la desobedeció al instante, mostrándose aún más servil que de costumbre" (84). Variaciones, finalmente en "Golem y Rabino V" sobre las instrucciones del Sefer Yetzirah para la construcción del Golem que ponen en escena las dificultades y sufrimientos de la construcción golémica-textual: "veintisiete errores acechan en las sombras, repiten a coro los salmos para confundir al rabino, qué difícil inscribir así en la arcilla blanda, oh señor ayúdame, la fórmula cromosómica completa" (85). Brevísimas reescrituras, variaciones sobre el monstruoso ser de barro judío que es, entre otras cosas, un texto y una identidad posible.

Sin conclusiones

Shua afirma en uno de los prólogos a *Cuentos judíos con fantasmas y demonios*: "Nada es tan importante para nuestro pueblo como el conocimiento de su tradición y su historia: lo único que ha logrado mantener nuestra identidad a lo largo de tantos siglos de exilio" (28). Esta cita condensa, de algún modo, la idea central de este artículo. En efecto, la reescritura de la tradición y la historia (categorías que incluyen los diferentes elementos trabajados hasta aquí) es una forma de conocimiento, de autoconocimiento. Sin embargo, el carácter textual de la identidad judía operada por la manipulación y reelaboración de materiales cotidianas y tradicionales supone un objeto difícil de aprehender. Está claro que intentar responder a la pregunta *¿quién es yo?* de manera acabada, definitiva, conclusiva, ya además, honesta, es una tarea ridícula o ilusoria. No es posible entonces concluir este capítulo, quiero decir, extraer conclusiones: el concepto de identidad que intenté delinear aquí es, en cualquier caso, una entidad dinámica, siempre en proceso de construcción, tal como se puede ver en las obras de Ana María Shua que he analizado en este ensayo.

NOTAS

1. La propia Ana María Shua tomó posición en relación con este debate: "Es necesario hacer *pletzalej* para ser panadero judío? Yo pienso que el judaísmo no se elige. No se puede salir ni se puede entrar. Está ahí desde que uno nace y uno trata de llevarlo de la mejor manera que puede. Y entonces, si uno es judío y panadero, va a ser un panadero judío haga o no haga *pletzalej*" ("Debate abierto" 224).

2. Si bien son muchos los escritores judíos y la temática judía en la literatura argentina producida desde la década del 70, podría decirse que además de Ana María Shua, hay muchos escritores en cuyos textos puede leerse la preocupación por la constitución de una identidad judía particular. Algunos de ellos son Santiago Kovadloff, Eliahu Toker, Mario Szichman, Manuela Fingueret y Marcelo Birmajer, entre muchos otros.

3. Dos textos que trabajan de manera muy productiva la relación entre nombre, continuidad familiar e identidad judía son: "Reflexiones acerca de la identidad judía" de Moisés Kijac, y "Starting with the Self: Jewish Identity and its Representation" de Linda Nochlin.

4. Hasta la publicación de *Soy paciente* en 1980, Ana María Shua fue Ana Maria Schoua, nombre con el que a los 16 años había firmado su primer libro *El sol y yo*, un poemario publicado en 1967. La reescritura del apellido supone el nacimiento de la narradora y el punto final de la poeta. Podría pensarse que a través del cuento brevísimo, de *La sueñera* (1984) particularmente, Shua, la narradora, reescribe a Schoua, la poeta. Más allá del acontecimiento biográfico, que carece como tal de todo interés para este análisis, la transición nominal Schoua-Shua refuerza el principio ordenador de *El libro de los recuerdos*: la saga familiar, la narración, tiene su punto de partida en la afirmación identitaria que supone la reescritura del nombre propio.

5. El prólogo de *Cuentos judíos con fantasmas y demonios* (1994) subraya la sinonimia entre escritura y reescritura: "buscando en bibliotecas y leyendo mucho (sobre todo en inglés, porque en castellano es poco lo que hay publicado y lamentablemente no sé hebreo) conseguí escribir (o reescribir) finalmente estos ocho cuentos que son como yo los quería" (30).

6. Sería necesario agregar a esta lista de libros que recopilan diferentes zonas del folklore judío el libro de cocina y humor, *Risas y emociones de la cocina judía* (1993), pero creo que la gran importancia de la comida en la cultura y la identidad judías, así como el particular estatuto de este libro, merecen un análisis específico que excede las pretensiones de este artículo.

7. En *El pueblo de los tontos. Humor tradicional judío* (1995), la reescritura es muy diferente—los cuentos sobre los habitantes de Jélem son originalmente narrativos y menores—porque lo que se subraya en ellos, lo que se elige focalizar es la vida cotidiana de un shtel de Europa Oriental detenido en su temporalidad pre-moderna. La decisión de narrar la vida cotidiana, la tonta felicidad de los tontos de Jélem, cobra particular interés cuando se toma nota un dato escalofriante: el prólogo nos informa que quince mil judíos de Jélem fueron deportados y muertos en las cámaras de gas del campo de exterminio nazi de Sobibor. Sólo sobrevivieron quince personas.

Resulta difícil leer el libro al margen de esta información con la que culmina inteligentemente el prólogo, y más difícil es considerarlo un libro de humor. En todo caso, me parece que *El pueblo de los tontos* se inserta en la serie de nuevas perspectivas sobre el Holocausto de libros como *Maus* de Art Spiegelman, y películas como "La vita e bella" de Roberto Begnini, y de manera mucho más lograda, "La train de la vie" de Radu Mihaileanu. Justamente en relación a esta última, mientras leía los cuentos de los tontos de Jélem, no pude evitar preguntarme si estos cuentos no pudieron haber sido las historias, las ficciones que los judíos de Jélem alcanzaron a contarse para darse ánimo entre sí en Sobibor, inmediatamente antes de ser gaseados.

8. Es David William Foster quien utiliza de manera muy productiva el concepto de "representación metonímica de diferentes aspectos de la vida judía en Argentina" en su ensayo "Recent Argentine Women Writers of Jewish Descent" (43).

9. El subtítulo de esta sección corresponde al primer verso del poema "El Golem" de Borges: "Si (como dice el griego en el cratilo)/el nombre es arquetipo de la cosa,/en las letras de rosa está la rosa/y todo el Nilo en la palabra Nilo" (885-886).

10. En el artículo, "'A Little Child Shall Lead Them': The Jewish Family Romance," Marshall Berman desarrolla la hipótesis de que buena parte de la identidad judía reside en la narración de historias y relatos:

> One of the ways Jews stay together is by telling stories. The Bible is the world's most spectacular treasury of stories. Our seasonal rituals are pegged to the activities of telling, hearing, and interpreting stories. Our Talmudic tradition is a body of metastories, stories about stories. Our great modern intellectuals—Spinoza, Marx, Durkheim, Simmel, Freud, Einstein, Kafka, Proust, Wittgenstein, and more—have blessed and cursed the world with more grand stories and metastories. (253)

Marcelo Birmajer formula de manera un poco más imprecisa la misma hipótesis en "Estado civil: Escritor. Entrevista con Marcelo Birmajer."

11. La construcción de un Golem tiene un sentido muy claro en la historia de la Cábala: se llevaba adelante como conclusión del proceso de estudio del *Sefer Yetzirah* (Libro de Creación):

> In none of the early sources is there any mention of any practical benefit to be derived from a Golem. In the opinion of the Mystics, the creation of the Golem had not a real, but symbolic meaning. Those who took part in the act of creation of the Golem took earth from virgin soil and made the Golem out of it and walked around the Golem as in a dance, combining the alphabetical letters and the secret name of God in accordance with detailed sets of instructions. As a result of this act combination, the Golem arose and lived, and when they walked in the opposite direction and said the same combination of letters backwards, the vitality of the Golem was nullified. (Scholem, "Golem" 754-755)

Evidentemente, la finalización de la formación cabalística era coronada con la creación de un "hombre" (un "homúnculo," tal como es definido en las traducciones de la literatura rabínica), que acercara aún más al místico a Dios, ya que el Golem establecía una relación metonímica respeto de la creación del primer hombre, Adán, y del universo. La analogía entre la creación del Golem y la creación divina era muy rigurosa y precisa; por ejemplo, según otras corrientes cabalísticas de las que Scholem da cuenta en otro texto (*La cábala y su simbolismo*), el Golem cobraba vida cuando se escribía en su frente la palabra *emet* (verdad) "como el nombre que El pronunció sobre lo creado al concluir su obra" (*Cábala* 195).

12. La del Golem no es la única ni la más importante metáfora del proceso de construcción textual en *Casa de geishas*. Como lo destaca Rhonda Dahl Buchanan, el burdel sirve como metáfora del proceso creativo, como se puede ver en "El reclutamiento," el texto que abre la primera sección del libro, "Casa de geishas" (Buchanan 182).

13. "Golem y Rabino I" también tematiza el tópico del doble, que en su articulación de doble sinestro resulta central en el cuento "Otro otro" de *Los días de pesca* (1981).

OBRAS CITADAS

Berman, Marshall. "'A Little Child Shall Lead Them': The Jewish Family Romance". *The Jew in the Text. Modernity and the Construction of Identity*. Eds. Linda Nochlin and Tamar Garb. London: Thames and Hudson, 1995. 253-275.

Borges, Jorge Luis. "El Golem." *Obras completas*. Buenos Aires: Emecé, 1987. 885-886.

Buchanan, Rhonda Dahl. "Literature's Rebellious Genre: The Short Short Story in Ana María Shua's *Casa de geishas*." *Revista Interamericana de Bibliografía* 46.1-4 (1996): 179-192.

Costa, Flavia. "Estado civil: Escritor. Entrevista con Marcelo Birmajer." *Clarín* 2 de enero de 2000: 5-6.

"Debate abierto." *Pluralismo e identidad. Lo judío en la literatura latinoamericana*. Buenos Aires: Milá, 1986.

Foster, David Wiilliam. "Recent Argentine Women Writers of Jewish Descent." *Passion, Memory and Identity: Twentieth-Century Latin American Jewish Women Writers*. Ed. Marjorie Agosín. Albuquerque: U of New Mexico P, 1999. 35-58.

Kijac, Moisés. "Reflexiones acerca de la identidad judía." *Plural* [Buenos Aires] 51 (junio 1982): 21-23.

Lockhart, Darrell B. Introduction. *Jewish Writers of Latin America. A Dictionary*. New York: Garland, 1997. xi-xxxiii.

Nochlin, Linda. Introduction. "Starting with the Self: Jewish Identity and its Representation." *The Jew in the Text. Modernity and the Construction of Identity*. Eds. Linda Nochlin and Tamar Garb. London: Thames and Hudson, 1995. 7-19.

Scholem, Gershom. *La cábala y su simbolismo*. México: Siglo Veintiuno, 1995.

———. "Golem." *Encyclopedia Judaica*. Vol. 7. Jerusalem: Keter Publishing House, 1982. 754-755.

Schoua, Ana María. *El sol y yo*. Buenos Aires: Ediciones Pro, 1967.

Shua, Ana María. *Los amores de Laurita*. Buenos Aires: Sudamericana, 1984.

———. *Casa de geishas*. Buenos Aires: Sudamericana, 1992.

———. *Cuentos judíos con fantasmas y demonios*. Buenos Aires: Shalom, 1994.

——. *Los días de pesca*. Buenos Aires: Corregidor, 1981.

——. *El libro de los recuerdos*. Buenos Aires: Sudamericana, 1994.

——. *El pueblo de los tontos. Humor tradicional judío*. Buenos Aires: Alfaguara, 1995.

——. *Risas y emociones de la cocina judía*. Buenos Aires: Grupo Editorial Shalom, 1993.

——. *Sabiduría popular judía*. Buenos Aires: Ameghino, 1997.

——. *Soy paciente*. Buenos Aires: Losada, 1980.

——. *La sueñera*. Buenos Aires: Minotauro, 1984.

——. *Viajando se conoce gente*. Buenos Aires: Sudamericana, 1988.

Spiegelman, Art. *Maus. A Survivor's Tale*. New York: Pantheon Books, 1992.

IS THERE A TEXT IN THIS GEFILTE FISH? READING AND EATING WITH ANA MARÍA SHUA

*Darrell B. Lockhart**

A few years ago while engaged in one of my favorite activities in Buenos Aires—book hunting on Avenida Corrientes—a certain title caught my eye as I looked through the window of a bookshop. It was Ana María Shua's *Risas y emociones de la cocina judía*. The book itself is rather *llamativo* with its hot pink cover and drawing of a woman smiling from ear to ear who is offering a plate of food (a photograph of an actual prepared dish) to passersby. I was intrigued by the prospects such a book might have to offer so I ventured in to have a closer look. I wanted to know if this was a book about Jewish food, which could prove to be entertaining and informative reading, or if it was a cookbook, which would provide a sampling of traditional Jewish dishes as they have been preserved by the *colectividad argentina*. To my delight, it turned out to be both, and much more.

I have this book now in my home where it travels back and forth between the kitchen and its place next to Shua's other titles in my personal library. I've never been sure where exactly is the most appropriate place for it. It's a slippery volume to try to catalog since it's not exactly literary, that is, it doesn't conform to any given literary genre, and it's not only a cookbook. Given my interest in literature, in cooking, and in Jewish culture—particularly that of Latin America—I find Shua's book to be an engaging cultural document that lends itself to critical inquiry. My purpose in this essay will be to explore the nature of *Risas y emociones* within the context of popular culture, Argentine Jewish identity, and culinary discourse.

Food holds a special place within culture. It is in fact an integral part of culture. It is not merely the nourishment that we need to grow, remain healthy, and sustain life. Food, in many ways, represents who we are as human beings. It defines and marks us in social, ethnic, religious, and even ideological terms. As such, food and food preparation is charged

* Darrell B. Lockhart is an Assistant Professor of Spanish at the University of Nevada-Reno. He is a specialist in Southern Cone literature and Latin American Jewish literature. He is the editor of *Jewish Writers of Latin America: A Dictionary* (1977), as well as the author of several articles on the same subject. Other projects include science fiction and detective fiction writing.

with semiotic meaning. In essence, food narrates many aspects of our lives and tells the story of our identity. The familiar adage "you are what you eat" is much more than a clever reference to what we take into our bodies and how it affects us physically and healthwise. We are literally what we eat, but also socially, politically, symbolically, and spiritually as Deane W. Curtin has shown in her essay on the philosophy of food. Likewise, Anne Goldman keenly demonstrated how food and cooking is a natural metonym for culture as well as a political artifact. While the foods we consume tell us much about who we are, what we do not eat is equally as telling.

During the past decade or so the study of the culture(s) of food has burgeoned into a field of serious academic inquiry within the social sciences. Food as a science is no longer the exclusive domain of dieticians and nutritionists. The ever-increasing bibliography on food and its significance within culture and society ranges from economics, to sociology and anthropology, to literature and cultural studies. Food has gained the attention of these sciences for the way in which it creates community, preserves memory, establishes both difference and sameness, regulates our lives, shapes our attitudes, and affects our health and well-being on a day-to-day basis. Roland Barthes has effectively demonstrated how food is a "system of communication" and how it "constitutes an information; it signifies" (21). Furthermore, Barthes argues for the existence of what he calls the "spirit" of food, which he links to language:

> By this I mean that a coherent set of food traits and habits can constitute a complex but homogeneous dominant feature useful for defining a general system of tastes and habits. This "spirit" brings together different units (such as flavor and substance), forming a composite unit with a single signification, somewhat analogous to the suprasegmental prosodic units of language. (23)

If food and all the rituals of preparation that accompany it within a given social environment constitute a system of communication with its own set of codified signifiers, as Barthes contends, then food can be read as a cultural narrative. The question is: How do we go about interpreting the language and message of food? Furthermore, what does a book like Shua's tell us about Jewish culture in Argentina?

The history of the link between the culinary arts and literature in Argentina dates back to the late nineteenth century when Juana Manuela Gorriti published her *Cocina ecléctica* (1890), a collection of recipes and anecdotes gathered from among some of Argentina's and South America's most illustrious women. The book was popular in its day and since has enjoyed several reprintings (the latest in 1999) and received a good amount of critical attention. More recently, several authors have taken an anecdotal approach to writing cookbooks. One can cite, for example,

Alicia Steimberg's *El mundo no es de polenta* (1991)—designed to teach adolescents to cook—and Luis Landriscina's *El humor y la cocina: cuentos para reír y recetas criollas para saborear* (1996). More literary approaches to culinary writing include Silvia Plager's *Como papas para varenikes* (1994), an ingenious parody of Laura Esquivel's phenomenally popular novel *Como agua para chocolate* (1989) and Ana Pomar's *Sabores de la memoria: historias con recetas* (1994). All these books clearly show a link between culture and cooking. Landriscina's and Steimberg's volumes focus mainly on *criollo* (homegrown Argentine) recipes, although Steimberg does include Jewish foods as well (plainly one could argue that Jewish cooking is "typically Argentine" just as is Italian cuisine). Plager focuses on Jewish food and culture to weave a narrative that is highly entertaining, and revealing in terms of social commentary, while Pomar centers her story and recipes into a cohesive narrative chiefly about Anglo-Argentine culture. Shua's *Risas y emociones de la cocina judía* and a similar book edited by Patricia Finzi and also published by Editorial Shalom, *Sabores y misterios de la cocina sefaradí* (1993), join ranks within this realm of gastronomic popular culture, specifically Jewish in content, that together lend their voices to create the type of system of communication proposed by Barthes.

Within the context of culture, food is key to many aspects of Judaic tradition and holds a place of particular significance that is both symbolic and substantive. Moreover, food plays an important role in the construction of identity inasmuch as it is central both to religious rites and celebrations as well as characterizing regional Jewish identities. For example, the food items prepared for the Passover Seder represent, indeed narrate, the enslavement of the Jews and the exodus from Egypt. The dietary laws or *kashrut* dictate in literal ways what food is fit to eat (*kosher*) or that which is not (*terefah*). On a more secular, and regional or ethnic level, distinct Jewish communities have developed dietary practices that reflect the unique socio-cultural history of the group (i.e. in very general terms the difference between Sephardic and Ashkenazic dishes, for example). As Jean Soler has established, the semiotic analysis of the discourse about food in the Torah provides for a deeper understanding of the relationship between the Jews and a meaningful way of being in the world, that "[t]here is a link between a people's dietary habits and its perception of the world" (55). Food, like the Word, plays an integral role from the beginning—Genesis. In fact, food is mentioned in the first chapter of Genesis and from that point on is central to the "plot development" of the Torah. A detailed and complex code—a body of law—regarding behavior is established for the Hebrews that revolves in large part around food and food preparation so that it becomes ingrained as an integral part of identity.

While dietary laws and ritual food preparation are central to many aspects of Jewish life, of concern for the present essay on Shua's secular and popular (in its latinate meaning "of the people" [popularis]) *Risas y emociones* is how such a book serves to build community and preserve memory. Food serves as a vinculum to our past, a way of holding onto family history as well as a shared cultural identity. Preparing *blintzes* using the recipe left by *la bobe* is one way of keeping her memory alive but it is also a method of maintaining tradition and heritage. In other words, and again going back to Barthes, food is "commemorative" (24). In the same way that Barthes affirms that French food "permits a person to partake in the national past" and is a "repository of a whole experience, of the accumulated wisdom of our ancestors" (24), it is easy to make a similar kind of assertion with respect to Jewish food. Even though there is no concrete national past for diaspora Jews, certainly there is a cultural and/or ethno-religious past of which food speaks quite powerfully and even can be considered the (or at least a) glue that binds many Jews of the galut together as a group. For example, *knishes*, *gefilte fish*, or *varenikes* are all the same dishes, with slight variations, in the United States, Argentina, or Israel. As such, they share the same ancestry and cultural meaning even though they exist today in countries as dissimilar as those mentioned above.

The way that food and the meanings attached to it function to sustain both life and culture is evinced in an eloquent and remarkable way in the book *In Memory's Kitchen: A Legacy from the Women of Terezín* (1996). It consists of a compilation of recipes collected by Mina Pächter who was held in the Nazi concentration camp of Terezín (also known as Theresienstadt) and who died there. The recipes are those of Mina and other women that were written on scraps of paper and miraculously preserved. Together they form a system of communication and impart the "spirit" of food to which Barthes refers. The recipes acted to provide spiritual sustenance in the absence of physical nourishment and exist today as a testament to the will to survive and the power of memory—in this case intimately linked to food and what it signifies.

In Argentina, Jewish food clings to the past while at the same time adapting itself to the conditions of the present. At least this is how Shua presents the situation throughout much of her book. Jewish food, like Jewish culture, is no stranger to the Argentine—more specifically to the Buenos Aires—cultural milieu. Since Buenos Aires is home to the fifth-largest (by some counts fourth-largest) Jewish community in the world it is obvious that Jewish culture has made an impact on the dominant culture, similar in many ways to how this is evident in a city like New York. There is a strong Jewish presence in Buenos Aires that is readily apparent in the theater district and the entertainment industry in general, the many restaurants, the synagogues and Jewish institutions that dot the city, and many businesses. This is not to say that being Jewish in Argentina is by any means unproblematic. The history of Jewish immigration to and life in Argentina has been well documented (Avni; Mirelman; Feierstein).

Recent history has only served to demonstrate that Jews are still unwelcome by certain sectors of Argentine society. The military dictatorship of 1976-1983 was ideologically informed, at least partially, by nazism (Rock). During the Proceso de Reorganización Nacional (the name given to the military's "dirty war" against the citizenry), being Jewish was in fact a real peril (Senkman). Not only were the writings of Marx, Freud and Einstein banned, even Jewish cookbooks were considered to be enough of a danger to not be worth the risk of having around the house. In regard to this period of fascist military rule the writer Diana Raznovich has stated, "I remember going through my books, and burning even my Jewish cookbook, for fear it might be considered subversive" (quoted in Taylor, 12). As recently as 1994 with the terrorist attack on the AMIA (Asociación Mutual Israelita Argentina) that completely destroyed the building that housed it and killed close to 100 people, Argentine Jews have been made aware that antisemitism is alive and well in Argentina. Even so, Jewish culture continues to thrive, perhaps as never before. This is most evident in literature.

Ana María Shua's anecdotal cookbook arose in the early 1990s, the postdictatorship period of relatively open democracy and economic and social freedom. The book contributes to a body of works that can be described as fostering the creation of a viable and visible Jewish popular culture in Buenos Aires. It joins volumes like *Las idishe mames son un pueblo aparte* (1993) edited by Eliahu Toker, *Del Edén al diván: humor judío* (1992) edited by Toker, et al, *Al mal sexo buena cara* (1994) by Silvia Plager, and Shua's own *Cuentos judíos con fantasmas y demonios* (1994) and *El pueblo de los tontos: humor tradicional judío* (1995). These volumes all have aided in the promotion of Jewish popular culture in Buenos Aires. They present Jewishness as an alternate identity to the dominant Hispano-Catholic culture in Argentina in humorous, informative, and non-threatening ways. As a result, a kind of generalized—even superficial— popular knowledge of Jewish (mostly secular) culture is available to the common public. It is difficult to ascertain whether these books are read mostly by members of the Jewish community, or if they have also found a following among the non-Jewish populace. In any case, Jewish culture is more conspicuous in Buenos Aires than in previous decades and events such as the AMIA tragedy have also helped to form a solidarity between the Jewish community and some sectors of society that seek a more pluralistic future for the country. As concerns the *colectividad judía* of Buenos Aires, *Risas y emociones* participates in a community-building effort along with its companion popular culture volumes that give a sense of pride and unity to a group of citizens that used to be (and by some still are) considered second-class.

Shua's book is divided into two main parts: the "risas y emociones" or anecdotal part, and the recipes themselves. The first part is further divided into categories: " Para leer antes de leer," "Tradición y futuro de algunos platos", "Sobre ciertas cuestiones generales," and "La comida judía en la literatura judía." The first section ("Para leer...") consists of a type of extended disclaimer in which Shua implores the reader to be patient, understanding, forgiving, and even participatory (inviting the reader to write the publisher with comments, opinions, etc).

One of the most appealing aspects of the book (por lo menos a nuestro parecer) is that the author consistently addresses her prospective reader(s) as "señora lectora, señor lector" or some variation thereof. In literary studies the kitchen, and consequently food and its preparation, is almost exclusively spoken of in terms of "women's territory" or "feminine space." While Shua obviously is conscious of the fact that the "domain of the kitchen" traditionally pertains more to women, she is also willing to allow that it need not exclude men. The kitchen as a lived space and locus of cultural conception is one where both sexes, if unequally, have opportunity to participate in the system of communication that food becomes within Jewish culture. Similarly, it is interesting to note that the masculine presence in the kitchen is central to Plager's novel *Como papas para varenikes*.

Shua is careful to establish from the beginning that this is a book of recipes that are Eastern European in origin and that it does not contain either anecdotes or dishes from the Sephardic or Middle Eastern traditions. Since the book is composed with a great deal of tongue-in-cheek humor, the author makes it clear that the recipes are to be taken seriously and that each is meant to reproduce as closely as possible the original flavor. Although, she also quips: "Las recetas actualizadas están adaptadas a la realidad de lo que se consigue en el supermercado, la falta de personal doméstico y los avances de la liberación femenina con el doble trabajo consiguiente" (11). Furthermore, Shua declares in large, bold typeface: **"Yo no soy cocinera"** (12), by which she means that she is not a professional chef. She explains that she is a "cocinera de entrecasa" and by way of establishing her credibility as a cook she simply states to the reader: "Soy cocinera como usted. Es decir, tan cocinera como cualquier señora y como algunos señores también. No exactamente profesional pero sí algo más que aficionada, ya que cocinar es una parte de mis tareas de todos los días" (12).

One of the last disclaimers that Shua makes regarding the contents of the book has to do with what she calls the "dudoso y vacilante idish que se incluye en este libro" (14). She goes on to explain that the Yiddish expressions and their spellings come from her personal (family) experience and that she recognizes that there are numerous variations. There is a glossary of Yiddish terms at the end of the book to aid the uninformed reader. Popular terminology is interspersed throughout the volume, like a textual spice that seasons the narrative with an unmistakably Jewish flavor. With the characteristic humor that sets the ludic tone for the entire book, Shua explains, using a joke involving Albert Einstein and the theory of relativity, that in matters of (Jewish) food all things are relative:

> Lector, lectora, a cuya buena voluntad entrego este libro: con la cocina judía tradicional y actualizada pasa algo muy parecido. Todo se puede hacer muchísimo más fácil y más rápido de lo que lo hacía la bobe en tiempos en que no existían la procesadora, el microondas, el supermercado. Pero naturalmente usted tiene derecho a preguntarse si va a tener el mismo gusto.
>
> Tranquilícese. La respuesta es un rotundo ¡NO! No va a tener el mismo gusto en absoluto. En todo caso tendrá un vago parecido y, lo que es más importante, puede ser bastante rico de todos modos. (16-17)

The subsequent section of the book contains a variety of amusing *relatos* that revolve around the preparation of different dishes that Shua gathers under the subheading "Tradición y futuro de algunos platos típicos." A summary reading of a few titles provides a glimpse into what is contained in this section: "Berejenas reventadas al microondas," "Dudas metafísicas sobre la consistencia de los kneidalaj," "Cuando todo se podía curar con goggle moggle," and, "El cierre perfecto de los varenikes de papa." After reading the anecdote about a certain dish one can then turn to the recipe and learn how to prepare it. The vignette that is the most developed and interesting with regard to what this essay proposes concerning the relationship between food and culture is "Guefilte fish, sabor de la nostalgia." This is so because not only does it speak to the particularity of gefilte fish within Eastern European Jewish culture, but in addition it blends that history with the contemporary reality of Buenos Aires. As the title indicates and the narrative makes clear, there is perhaps no dish so entirely imbued with meaning as is gefilte fish. It is typically Jewish and brimming with nostalgia for what used to be. In Barthes's semiotic terminology, gefilte fish signifies. It is much more than food. It communicates. It transmits a message. It speaks to the eater, just as a text speaks to its reader. This is true for much of the food and recipes that are contained in Shua's cookbook. Shua dedicates more space to the telling of the story of gefilte fish than any other food item. For this reason, since I first happened upon this peculiar book, I have been contemplating the text in the gefilte fish, which in reality can be conceived as synecdoche for other Jewish dishes as well.

Is there a text? La respuesta es un rotundo ¡Sí!, to paraphrase Shua. Moreover, just as there is no one message to the text of a short story, novel, poem, or play, there is no single text in gefilte fish. Like literary texts, it may contain its own sub- and/or metatexts. It communicates, even narrates, a different story for as many families as prepare it. Toying with reader response theory, it is not difficult to see that one could feasibly—even if not unproblematically—apply a sort of "eater response theory" to food. A given dish (culinary text) has the potential to convey multiple meanings. In other words, what it signifies depends on to whom it signifies. Concomitantly, the "language" of gefilte fish is obviously more symbolic or abstract than a linguistic system governed by established laws of syntax. What it communicates as a text can be expressed orally in Spanish, Portuguese, English or any other language and it can remind one of forgotten languages (Yiddish, Polish, etc). However, the cultural signification of gefilte fish is transmitted by connotative semantic devices or signifiers that rely on metonymy and/or other tropes that constitute information. Therefore, gefilte fish can mean any number of things and range from individual to collective memory. It is possible to read the (sub)text of gefilte fish, as Shua perceives it, by simply reading her own interpretation of it. She clearly relates how gefilte fish is much more of a nostalgic memory than a reality and that it is always unique to the individual. Therefore, she explains, it is impossible to reproduce the dish as it is remembered by different people since it will always be lacking in some way, somehow different (not as good) as *la bobe* used to make. Her solution is to not try and satisfy generations of adults by attempting to recreate the mythical gefilte fish that exists in its embellished remembered form, but to focus on the younger generations who will remember their mother's own special way of preparing it. She relates cooking gefilte fish to textual production.

> Para ellos [los niños] la *mame* (o la bobe) es usted, no tienen recuerdos con los que comparar la realidad que les pone en el plato, y en sus mentes todavía blandas, arcillosas (en este caso la teoría de la "tábula rasa" funciona perfectamente, por suerte el paladar no se transmite a través de los genes) se grabará para siempre, profundamente, la huella del maravilloso sabor de *su guefilte fish*. ¡Y ningún otro! Ficción eres, y a la ficción volverás. *Cocina guefilte fish y serás leyenda.* (23, emphasis in original)

In addition to relating the characteristically Jewish aspects of gefilte fish (that it's typically served during Pessach, that it conjures up a variety of culturally specific memories), Shua details the problems and inconsistencies one has to deal with in Buenos Aires in order to prepare (semi)authentic gefilte fish. This has mostly to do with the type of fish one can obtain and getting the *pescadero* to properly prepare it with the minced onions. Shua consistently, and with humor, tends toward practicality while working to achieve a balance between preserving tradition and saving time and energy.

A typical example of the drollery that circumscribes the volume and makes it such a superb example of a popular culture artifact is the brief anecdote "Ulnik o algo así." It incorporates elements of personal experience, humor, and what Shua referred to as the "questionable Yiddish" used in the book. But more importantly, it signals the troubles that arise from the use of Yiddish as a cultural remnant and food as a physical link to the past, while simultaneously playing into the popular (stereotypical) image of the Jewish mother:

> Un día vino mi marido y me dijo: *quiero ulnik*. Bien. Si el hombre quiere *ulnik*, por algo será. Y es mejor que tenga *ulnik* en casa. No se trata de que tenga que andar buscándose su *ulnik* por ahí. Bien. ¿Qué corno será *ulnik*?
>
> *Ulnik*, me dijo mi marido, es una cosa de papa muy rica que hacía mi mamá cuando era yo chico.
>
> Ah.
>
> En este punto es necesario recordar todas las ventajas que tiene un buen marido judío: no se emborracha, no juega, no le pega a su mujer. A cambio, suele traer un pequeño defecto de fábrica: un buen marido judío suele ser hijo de una idishe mame. (44)

The anecdote revolves around the author's search to discover what *ulnik* is and, in the process, it reveals a good deal about the class and ethnic divisions that exist within the Jewish community. Even though all is told in good humor and with no ill intent, it does demonstrate that one should be mindful of thinking Jewish identity in terms of homogeneity. As with other dishes, Shua compares *ulnik* to another Jewish food and also to a common Argentine food in order to make it biculturally clear just what it is: "[...] resultó ser algo así como un *latke* al horno. Si usted no sabe lo que es un *latke*, piense en una fainá de papa, pero más gordita" (46).

The next thematic division of the book, "Sobre ciertas cuestiones generales," moves away from anecdotes that deal with specific foods to focus on the kinds of issues that affect food preparation traditionally and in modern times. For example, the first three segments deal specifically with Mosaic Law concerning dietary regulations. The narration also changes from an anecdotal format to a more descriptive or explanatory one. There is no tale or personal experience recounted like a story, rather Shua writes about different matters that are relevant to the preparation of Jewish food in a way that is informative yet entertaining. Again, one must take such information as folkloric in nature instead of accepting it as authoritative religious or even pseudo-religious doctrine. What the author accomplishes is a lighthearted look at popular Jewish belief and customs with a cursory examination of the scriptures from which the laws of *kashrut* are derived. Shua points out that because the dietary laws are religious in origin, taken from the Torah, food is intricately woven into the fabric of Jewish culture and have become central to many aspects of Jewish life that still hold true even among many non-religious Jews:

> Estas reglas incluyen la participación de la comida en el ritual religioso. Es a partir de ellas que la comida y el acto de comer

resultan extrañamente entrelazados con la vida espiritual. Así, la cuestión de la comida está siempre presente en la conciencia judía. (76)

The following segments regarding other matters that are not only of concern to Jewish food, but do seem to be particularly relevant. The author discusses, with acerbic wit, issues of health that have to do with the cholesterol and sugar levels in Jewish food, commenting that "el *leitmotiv* de la cocina judía es obtener la máxima cantidad de calorías en la más pequeña de las porciones. Es una comida de la pobreza y el hambre" (84). Other more humorous approaches to the realities of Jewish food in the late twentieth century have to do with modern conveniences, such as the freezer and the microwave oven. Particularly noteworthy is the segment titled "El creador del microondas: ¿tzadik o dibuk?" in which Shua rather ingeniously gives a modern twist to Jewish folklore. Likewise is the following piece, "Consejos de la bobe Tzeitl para el uso del microondas," which consists of a series of recommendations for when and when not to use the microwave when preparing Jewish food. Some of the other issues in this section center on customs, etiquette, and a discussion of Jewish food in the United States.

The most telling piece in this section in terms of how food relates and adapts to culture is "Cocina judía all'uso nostro." Shua astutely illustrates how Jewish food has tailored itself to Argentine reality and has been influenced not only by *la comida criolla,* but by other immigrant groups as well (principally Italian). As most people are probably aware, the Argentine diet consists of two main components: beef and Italian cuisine. This is logical given the fact that since the early nineteenth century Argentina has cultivated an entire culture around the beef industry and that roughly forty percent of all Argentines are of Italian descent. That Shua incorporates this socio-gastronomic actuality into her description of Jewish food speaks to the social make-up of her Buenos Aires environment as well providing an important detail regarding the characteristics of Argentine-Jewish food, and on a wider scale, culture. In regard to beef Shua states:

> Mi teoría personal es que el bife con ensalada es la quintaesencia de la comida judía, el sueño que las madres simplemente no podían cumplir en la mísera realidad del *shteitl*. [...]

> Pero volviendo a las modificaciones locales de la tradicional cocina judía europea, no es muy distinto de lo que sucede con el idish: ¿en qué otra lengua, en qué otro idish del mundo se puede decir que hoy vamos a *morfarn a churrasque mit ensalada*? (91-92)

In like fashion, the author enumerates a number of ways that Italian food has pervaded Jewish cooking and even describes it as "nuestra comida nacional" (92):

* *Latkes* de *matze meil* con ajo y perejil.
* Abundante queso rallado en los *varenikes*, en los *kreplaj*, en todas las sopas y caldos y, en general, donde se ponga.
* Uso del *matze meil* para hacer milanesas.
* *Farfalej* al tuco y pesto.
* Orégano para condimentar todos los guisos, hasta los *tzimes*. (93)

This type of description allows the reader—in particular the foreign reader—to comprehend the uniqueness of the Jewish-Argentine position in relation to other Jewish communities throughout the diaspora. It also allows one to recognize how the Jewish community of Argentina has embraced the national culture while cleaving to tradition. This, in effect, has led to the formation of a singular identity, which is reflected in ordinary ways such as food preparation and dietary habits, and the intrinsic language associated with them. When sociocultural elements combine to permit such phrases as "vamos a morfarn a churrasque mit ensalada" and "farfalej al tuco y pesto," then it is easy to see how the spirit of food is engendered and is transformed into a cultural product.

The final section of the narrative half of the book is about the presence of Jewish food in literature. For Shua the frequency of food as a literary topic among Jewish writers has less to do with the key role of food in Jewish culture and more to do with the permanence of hunger among Eastern European Jews. The segments in this part consist of a brief introduction followed by excerpts from the texts of famous authors. Shua finds examples among the Yiddish masters (Isaac Babel, Sholem Aleichem, Isaac Bashevis Singer), women authors as diverse as Anne Frank, Golda Meir, and Mimi Sheraton (the food critic for the *New York Times*), and North American authors like Michael Gold and Philip Roth. Curiously she includes only one Argentine author; Alberto Gerchunoff, the cornerstone of Argentine Jewish literature, is represented with an excerpt from his novel *Los gauchos judíos* (1910).

One could say that the major portion of the book—the reason behind its existence—is the second half where the recipes are found (in alphabetical order). There are a total of eighty recipes for dishes that range from "Arenque marinado con crema y cebolla" to "Yorkoie (guiso de carne y papas)."

Recipes, like any other discourse, have a distinctive style and set of characteristics that when analyzed can tell us much more than merely how to prepare the given dish. In fact, recipe writing can be considered a genre of prose. Recipes contain a message, and are often directed toward specific audiences. For example, a commercial cookbook will tend to be much more direct and concise when structuring the recipe, while a community cookbook will often employ chatty prose, humor, and imply a certain familiarity with the reader. In her structural analysis Cotter breaks down the typical recipe into different components: "Recipes share a certain distinctiveness in their syntactic forms (the way sentences are structured) and their semantic realizations (what they mean), as well as in their formal discourse features" (55). Furthermore, Cotter claims that the "recipe narrative not only transmits culture-based meaning, as do more traditional narratives, it can also be viewed as sharing many aspects of the formal structure of basic narratives" (58). In her structural analysis of the recipe Cotter breaks down the typical into different components (title, list of ingredients, actions, etc). Shua's *Risas y emociones de la cocina judía* is closely related to the community type cookbook, destined for an audience of peers (as she made patently clear from the outset), and meant to be read as a cultural document, as well as to be used pragmatically as a cookbook. The author includes two recipes for gefilte fish in the volume, "Guefilte fish fácil y económico" and "Guelfilte fish al horno o frito," which are accompanied—like all the recipes—by a brief proverb about the food. The proverbs in this case are the already mentioned "Cocina guefilte fish, y serás leyenda" and "Sólo el guefilte fish tiene el sabor de la infancia perdida." Both proverbs can be read as subtexts of the dish. Shua's recipes all follow the same format: title, proverb, ingredients, preparation, variations, and (in some cases) observations. Since Shua adheres more closely to the discourse mode of a community cookbook, she includes a generous amount of what Cotter designates as "evaluation clauses," that is, phrases that provide commentary outside of, or in addition to, the imperative instructions. In the following example from the recipe, the imperatives are underlined while the italicized portions reveal an evaluative purpose:

- *Cuando compre el pescado, lleve dos cebollas peladas y hágalas moler junto con el pescado.*

- *Cocine* en *horno moderado durante 1 hora o hasta que se dore.*

- *Para freír, en lugar de hacer un pan, forme bolitas con las manos húmedas y fría en abundante aceite caliente.* (166)

The lists of variations at the end of each recipe are all evaluative in nature. For example, *"Para hacer la preparación más liviana, puede separar las yemas de las claras y batir las claras a nieve antes de mezclarlas con el pescado"* (167). Evaluation clauses are important in a recipe because

> [t]hey differ syntactically and semantically from instructional actions and offer a means by which to compare and interpret the recipe in its social and historic contexts, especially when we compare the same dish from different sources. [...] Because of the subjective nature of evaluation clauses, the reader's own background knowledge or shared or divergent assumptions potently mingle with the narrative evaluation, allowing uncon-

scious judgements to be formed—about herself, her community, and her place in the world. (Cotter 63)

As a community cookbook (in the sense that it contains recipes common to the *colectividad judía*), Shua's volume becomes part of popular Jewish culture. Given the structure of the recipes, it enters into dialogue with potential readers, and in so doing, builds a sense of community. The evaluation components of the recipes allow for this kind of interaction between the reader and the composer of the recipe. The recipes transcend the mechanized actions that will lead to the end result and become symbols of the culture from which they originate. So one can truly say that gefilte fish is not merely a dish prepared with fish and onions, but it is *el sabor de la infancia perdida*.

As a whole, with its anecdotes, information, and recipes, *Risas y emociones de la cocina judía* is a book that combines culture and cooking in an innovative way. Ana María Shua has produced an estimable book for measuring the boundaries and borders of culture and a practical cookbook able to delight the epicure in us all. In addition, she provides a valuable lesson in reading the unseen text in gefilte fish and other *platos judíos*. One cannot resist inviting the enthusiast of literature and/or the gourmet to read and eat with Shua and enjoy the pleasant company of her *risas y emociones*.

WORKS CITED

Avni, Haim. *Argentina y la historia de la inmigración judía, 1810-1950*. Buenos Aires: Editorial Universitaria Magnes, Universidad Hebrea de Jerusalén, AMIA (Comunidad Judía de Buenos Aires), 1983.

Barthes, Roland. "Toward a Psychosociology of Contemporary Food Consumption." *Food and Culture: A Reader*. Eds. Carole Counihan and Penny Van Esterik. New York: Routledge, 1997. 20-27.

Cotter, Colleen. "Claiming a Piece of the Pie: How the Language of Recipes Defines a Community." *Recipes for Reading: Community Cookbooks, Stories, Histories*. Amherst: U of Massachusetts P, 1997. 51-71.

Curtin, Deane W. "Food/Body/Person." *Cooking, Eating, Thinking: Transformative Philosophies of Food*. Eds. Deane W. Curtin and Lisa M. Heldke. Bloomington: Indiana UP, 1992. 3-22.

De Silva, Cara, ed. *In Memory's Kitchen: A Legacy from the Women of Terezín*. Foreward. By Michael Berenbaum. Trans. Bianca Steiner Brown. Northvale, NJ: Jason Aronson Inc., 1996.

Esquivel, Laura. *Como agua para chocolate*. México, D.F.: Planeta, 1989.

Feierstein, Ricardo. *Historia de los judíos argentinos*. Buenos Aires: Ameghino, 1999.

Finzi, Patricia, ed. *Sabores y misterios de la cocina sefaradí*. Buenos Aires: Grupo Editorial Shalom, 1993.

Goldman, Anne. "I Yam What I Yam": Cooking, Culture, and Colonialism." *Decolonizing the Subject: The Politics of Gender in Women's Autobiography*. Eds. Sidonie Smith and Julia Watson. Minneapolis: U of Minnesota P, 1992. 169-95.

Gorriti, Juana Manuela. *Cocina ecléctica*. 1890. Buenos Aires: Librería Sarmiento, 1977. Buenos Aires: Aguilar Argentina, 1999.

Landriscina, Luis. *El humor y la cocina: cuentos para reír y recetas criollas para saborear*. Buenos Aires: Imaginador, 1996.

Mirelman, Víctor A. *En búsqueda de una identidad: los inmigrantes judíos en Buenos Aires 1890-1930*. Buenos Aires: Milá, 1988.

Plager, Silvia. *Al mal sexo buena cara*. Buenos Aires: Planeta, 1994.

———. *Como papas para varenikes*. Buenos Aires: Beas Ediciones, 1994.

Pomar, Ana. *Sabores de la memoria: historias con recetas*. Buenos Aires: Emecé, 1994.

Rock, David. *Authoritarian Argentina: The Nationalist Movement, Its History and Impact*. Berkeley: U of California P, 1992.

Senkman, Leonardo, comp. *El antisemitismo en la Argentina*. 2da ed. Buenos Aires: Centro Editor de América Latina, 1989.

Shua, Ana María. *Cuentos judíos con fantasmas y demonios*. Buenos Aires: Shalom, 1994.

———. *El pueblo de los tontos: humor tradicional judío*. Buenos Aires: Alfaguara, 1995.

———. *Risas y emociones de la cocina judía*. Buenos Aires: Shalom, 1993.

Soler, Jean. "The Semiotics of Food in the Bible." *Food and Culture: A Reader*. Eds. Carole Counihan and Penny Van Esterik. New York: Routledge, 1997. 55-66.

Steimberg, Alicia. *El mundo no es de polenta*. Buenos Aires: Libros del Quirquincho, 1991.

Taylor, Diana. *Disappearing Acts: Spectacles of Gender and Nationalism in Argentina's "Dirty War"*. Durham: Duke UP, 1997.

Toker, Eliahu, ed. *Las idishe mames son un pueblo aparte*. Buenos Aires: Shalom, 1993.

Toker, Eliahu, Patricia Finzi y Moacyr Scliar, eds. *Del Edén al diván: humor judío*. Buenos Aires: Shalom, 1992.

SCRIBE OF TIME AND MEMORY:

[CON]TEXTUALIZING THE JEWISH EXPERIENCE IN ANA MARÍA SHUA

*Beth Pollack**

Within Argentine literature there is a cluster of works that reverberate with the Jewish immigration from Eastern Europe and the Mediterranean, with the stories of those who arrive speaking different languages and practice dissimilar customs or rituals from their old land. Many of these works tell of the immigrants' assimilation into the Argentine melting pot. At the same time, their contributions to the cultural pluralism of the dominant culture either are highlighted or glossed over, preferring to make it an implicit element in their writings. All immigrants, regardless of their country of origin, ethnicity or religion, have undertaken the same journey in all of the Americas since colonization.

The experience of immigration, adaptation, and acculturation is not unique to Jewish immigrants or to Argentina. It has been replicated numerous times, and, doubtless will continue to be repeated with new waves of immigrants in Argentina, the Americas and elsewhere. Within the context of Ana María Shua's writings, the immigration experience presents an interesting encounter and imbrication of cultures, and a literary thematic that emerges with great regularity. While she touches upon themes that are profoundly Jewish, as in *El pueblo de los tontos: Humor tradicional judío* (Buenos Aires: Alfaguara, 1995), and *Cuentos judíos con fantasmas y demonios* (Buenos Aires: Shalom, 1994), her inclusion of Judaism varies between an overt Jewish thrust and, at other times, simply implicit references. However, while Shua frequently incorporates the Argentine-Jewish experience into her writings, and we can contextualize these elements as I attempt to do here, the inclusion of Jewish characters and elements should not be the overriding basis for a critical examination

---

* Beth Pollack is a Professor of Spanish and Department Head of Languages and Linguistics at New Mexico State University in Las Cruces. The focus of her research is contemporary Argentine narrative and Latin American Jewish writers. She has published interviews with Argentine writers such as Ana María Shua and Manuela Fingueret, and the Mexican writer Gloria Gervitz. At present, she is translating Ricardo Aguilar Melantzón's latest book of personal essays, *A barlovento*.

of her works. It is one element in a multifaceted and ongoing evolving literary productivity composed of distinct and varied elements.

There is no denying that since the Spanish first encountered the Americas, it has been a melting pot of cultures, and an area of *mestizaje* and miscegenation. Jews and/or *conversos* were a small but significant presence in the Americas from the beginning as sources document that some of Columbus' crew members were Jewish, although Jewish immigration into the colonies officially was forbidden (Lindstrom, *Jewish Issues* 2). Marcos Aquinis in "Vigencia y transfiguración de ciertos conflictos" observes that Argentina:

> desde el siglo pasado, [. . .] abrió sus puertas a la inmigración masiva, a convertirse en crisol. A la inversa de los Estados Unidos, donde es posible observar una estructuración en mosaico y resulta cómodo y a veces conveniente mantener la vigencia de lejanas raíces, en la Argentina y demás países latinoamericanos receptores de inmigrantes, predomina el criterio de la homogenización, la búsqueda de una síntesis que—se cree—llegará más rápido cuanto antes se olviden los orígenes disonantes. (37)

A prime mandate of the conquest of the Americas was the eradication of any and all cultural and religious differences, a tradition founded in inquisitorial times where pluralism was vigorously combated. Contrary to this historically mandated ideology, cultural pluralism does exist, has always existed and will always exist in the Americas, in spite of massive attempts to eradicate it and to create an outwardly homogeneous population and culture through the concept of a melting pot.

Although it may seem that Latin American Jewish writings gather and attempt to revise a collective experience, it is not one experience but rather a plethora of varied and multifaceted experiences. As with the experience itself, the Jewish immigrant population is not homogeneous. There are Ashkenazim and Sephardim from numerous homelands. Shua's writings particularly highlight her own bifurcated heritage as she repeatedly refers in the texts of *El marido argentino promedio* to both her Polish (Ashkenazic) and Lebanese (Sephardic) ancestry, thus illustrating two of the various countries of origin of Jewish immigrants.

From a historical viewpoint, it would be difficult to cover the broad spectrum of authors and their representation of the Argentine-Jewish experience. The transcribing of this experience has been expressed by such authors of note as Gerchunoff, and continues with César Tiempo, Pecar, Tarnopolosky, Goloboff, Szickman, Verbitsky, Steimberg and Shua. All these authors, to varying degrees, offer accounts of historical issues, and also convey attitudes and strategies inherent in challenging the homogeneity of the dominant culture, albeit a predominantly transplanted European culture. For the most part, the Argentine-Jewish experience, as it is with all immigrant experiences in Spanish America, incorporates the formidable task of documenting resettlement, cultural assimilation, integration into a new homeland, culture shock, acquisition of Spanish, loss of the mother tongue, and the yearning for the land left behind, its religion and its traditions. In addition, there are the concerns of mixed marriages and the frequent reduction of Jewishness to a cultural entity oft times residing almost exclusively in cuisine and the maintenance of certain familial customs centered around the major Jewish holidays. It is not uncommon to see Jewish doctrine and religiosity reduced to a relic as part of the second-generation experience.

Given that the immigrants came from different countries, each with distinct cultures, national identity is often intertwined with an ethnic or religious identity. The hundreds of thousands of Jews who emigrated from Eastern Europe for economic reasons, or because of persecution, left behind shtetls and cities where they were marked by their cultural and religious heritage. In spite of, or maybe precisely because of their varied countries of origin, the Jewish newcomers held or maintained certain traditions based on religious practices, such as dietary restrictions, and more often than not—but not exclusively—Yiddish as a common base or *lengua franca*.

What distinguishes Shua's writings is the broad spectrum of ways in which she represents Argentine-Jewish identity and experience, infusing these experiences with her particular brand of humor and perspicacious social commentary. Shua belongs to a growing group of authors who depict Jewish identity without the need to legitimize inclusion of it. It is a component of her identity, and thus, naturally incorporated into her writing.

Recuperation of the past and its effects on the present are woven throughout many of Shua's texts forming a mosaic not unlike the Jewish experience itself. In the present work, I will limit myself to a discussion of resettlement or the immigration itself, assimilation into the dominant culture in the broadest sense, and linguistic assimilation through the loss of one language, Yiddish, which may be considered a heritage language, and acquisition of the dominant language, Spanish, as spoken in Argentina. Lindstrom notes that there is a tendency to associate Jewish identity with speaking Yiddish ("Escritoras" 291); however, Shua's Jewish immigrant characters speak Yiddish, Arabic, or neither of these two languages.

El marido argentino promedio (1991) is a compilation and re-edition of previously published cultural notes and commentaries, or modern chronicles of life, as I prefer to refer to them. The concluding section of this collection, "Pertenencias," contains the texts entitled "Los que vuelven y los que extrañan" and "El navío de los inmigrantes," which directly refer to the process of immigration, its reasons and its hardships. In these chronicles narrated in first person, Shua reflects on her grandparents' flight from Europe, comparing it with the journey of exile undertaken by her sister, cousins and friends during the dictatorship, a journey which may be seen as an immigration in reverse, an atemporal Diaspora.

The previous generations relocated to Argentina in order to escape economic hardship and persecution, whereas those who were exiled in the '70s left, for the most part, out of fear for their lives. In "Los que vuelven y los que extrañan," Shua illustrates a major distinguishing feature of the two immigrations:

> Registro, entonces, algunas diferencias. La de nuestros abuelos no fue una inmigración de clase media. Aunque trajeran un nivel cultural superior a las clases bajas de la Argentina, en su mayoría venían de Europa corridos por una pobreza atroz. Venían de sufrir persecuciones. Venían de partirse el lomo sobre suelos gastados y empobrecidos. Venían del hambre. (206)

These immigrants came from Europe bringing with them their extended family and even the waiter from the local café, and thus were able to replicate to a certain extent the life they left behind. Additionally, the Second World War destroyed their memories: "Muchas formas, muchas personas, muchos olores dejaron de existir para siempre" (206). Although their homelands were destroyed, they tried to reconstruct their lives in the the new land. However, those that left Argentina in the '70s were not able to reproduce the cultural and social milieu they left behind. Most importantly, Shua urges those Argentines who left the country to register their foreign born offspring as Argentine citizens. Maintenance and identification of one's original citizenry was a possibility that did not exist for their immigrant parents or grandparents because of political boundaries; in addition, they frequently lacked documentation of status as citizens in their country of origin.

Not all of the immigrants were from Europe, as noted in "El navío de los inmigrantes." This note originates with a description that could be "una cálida y precisa evocación de mi propio zeide. Pero no es. Como suele suceder con la ficción, es una combinación de recuerdos y de zeides ajenos" (209). The grandfather depicted at the beginning of the note presents one face of the Jewish immigration. In this note, Shua informs the reader that she contacted her Uncle Mauricio, a nephew of her Grandfather Musa, in order to obtain more information about her family: "Puse en mi cartera una libretita para anotar y llamé a mi tío Mauricio, que tiene 85 años, es sobrino de mi abuelo Musa y vino de Beirut. Yo tuve un abuelo Musa y un zeide Meishe y me llevó muchos años darme cuenta de que los dos se llamaban Moisés" (210). Their reasons for immigrating are different, one out of fear of conscription in the army, and the other for the lure of adventure. Her Uncle Mauricio insists that he did not arrive in Argentina as a immigrant: "El no vino como mis abuelos polacos, que venían así, de a miles, todos juntos y amontonados en la bodega. El vino en segunda, en un vapor inglés que tomó en Cherburgo" (210). Another comparison between the two Diaspora is given with the remark that all the Jewish immigrants who arrived at the beginning of the century were, for the most part, tailors, while the émigrés of the '70s were mainly "psico-analistas" (214).

Escape from a repressive society and his imminent induction into the army are the reasons that the Grandfather Gedalia Rimetka, the patriarch of Shua's fourth novel *El libro de los recuerdos*, left Poland. His immigration, adjustment to life in Argentina and family's trials and tribulations are chronicled in the novel. *El libro de los recuerdos* traces the integration of three generations of the Rimetka family into the fabric of Argentine society. Family history is retold and, thus rewritten, from the present retrospectively through the notes and memories transcribed in the book, and through oral family legends reconstructed by the anonymous narrators, unidentified members of the third generation of the Rimetka family. Likewise, the novel traces and parallels Argentine history replicating historical periods corresponding to the three generations since their immigration and their integration into the fabric of Argentine society.

Grandfather Gedalia, not unlike thousands of other immigrants, shares two significant experiences upon arriving in Argentina. The first is the change in the family name due to a misspelling or lack of attention on the part of a careless immigration officer. Thus, the surname Rimetka is "un apellido intensamente nacional, un producto aborigen, mucho más auténticamente argentino que un apellido español correctamente deletreado, un apellido, Rimetka, que jamás existió en el idioma o en el lugar de origen del abuelo, que jamás existió en otro país ni en otro tiempo" (15-16). The second experience Gedalia shares with other new arrivals is the time spent in a rural setting, such as the Jewish colonies Moisés Ville or Domínguez. Grandfather Gedalia was supposed to become a farmer in the colonies, but his experience as a tailor was of no use to him when it came time to milk cows or harvest the crops; nevertheless, he did learn "enseguida a comer asado" (13), thus initiating the process of argentinización.

In the chapter entitled "La Época del Miedo," Shua blurs the line between fiction and reality in an imbedded text, which refers to the period of terror during the years of the dictatorship of 1976-1983, and the years leading up to it. The anonymous author of the text, supposedly a member of the Rimetka family, describes the document in the following way:

> ese original es finalmente literatura de ficción y no una investigación periodística o un testimonio sobre la época. La relación con los hechos es indirecta, así se diría que el autor los usa a su antojo, mezclándolos con invenciones y con ciertos trucos literarios bastante convencionales. Nada parecido a un texto de historia. (Aunque es cierto que a veces un cuento o una novela ayudan a entender o a imaginarse mejor una época que un libro con

muchos nombres y fechas que terminan por hacer olvidar o confundir lo que de verdad les pasó a las personas). (110)

In *El libro de los recuerdos* Shua intertwines the history of the Rimetka family with that of the nation. The Rimetkas, not unlike hundreds of thousands of immigrant families (Jewish, Italian, Spanish and Lebanese, just to mention a few), left their native lands for economic and political reasons. Early in the novel, the narrators insist on making the distinction that unlike other poor immigrant women, Grandmother Gedalia never had to work as a prostitute: "Aquí, a las mujeres, las ponían a trabajar de putas. Pero la abuela no trabajó de puta sino de vainillera" (9).

Grandmother Gedalia (la Babuela) recalls life in the old country as being filled with hardship, cold and hunger: "Hubo una vez cuando era chica que ya me estaban lavando para ponerme en el cajón y con el agua me desperté: desmayada del hambre nada más estaba, allá en Lituania. En Polonia. En Europa. Allá" (166). Thus, the immigration experience and remembrance of the old country may be categorized within the same boundaries of an unofficial established record; history becomes a mutable force, a fiction. Whether the Exodus is from Egypt, Europe or Lebanon, it has come to represent a cyclical occurrence within the Jewish community and, furthermore within Argentine history.

Shua's narrations are contextualized within a realistic and viable cultural framework of time and place. They are constructions of one facet of reality but at the same time represent symbolic acts. Danny J. Anderson, drawing on Steven Mailloux's *Rhetorical Power*, uses the metaphor of a conversation "to emphasize that culture consists of a variety of positions or voices, often in great conflict, just as the different speakers of a debate; moreover, the metaphor places in the foreground the text's characteristics as an active response to other positions" (15). Furthermore, in reference to the Mexican narrative, Anderson contends that "[t]hrough its specific thematics and practices of representation, it strives to establish its place in a tradition. This place in the cultural conversation, moreover, stands in relation to the other possible positions held by other texts, both past and present" (15). Shua's works, in general, and those examined here specifically, proffer a representation of a social context as partial and incomplete as "all constructions of reality are necessarily partial and imply acts of selecting and privileging certain aspects in order to gain rhetorical power in the cultural conversation" (Anderson 16).

The cultural conversation constitutes the focal point in the majority of Shua's writings, from her chronicles in *El marido argentino promedio*, to the representation of the Rimetkas in *El libro de los recuerdos*. Particularly, in the latter, the representative group is an Argentine-Jewish family of several generations encompassing the immigrant grandparents and their acculturated, integrated grandchildren. The locus of action, for the most part, takes place in the family residence, referred to as *La Casa Vieja*, the Old House.

The fragmented retrospective narrations present threads of remembrances as an integral characteristic of human nature and personality. The documented testimony of the Rimetka family is El Libro de los Recuerdos: "es nuestra única fuente absolutamente confiable. Por eso es tan fácil enojarse con él. Porque lo que dice es cierto, pero nunca dice todo, nunca dice ni siguiera lo suficiente" (109). Interspersed with the memories, appearing to come from the present, is an exchange of comments by succeeding generations of offspring who interpret, and thus, transcribe the family history.

The three generations remember and record for posterity their lives through notes found in El Libro de los Recuerdos and photographs, none of which provide faithful recollections of events through documentation. The younger generation script the family history through the reading of these memories as they interject the disparate versions of events as told to them and recorded in the book. This produces a mélange of different and often contradictory stories. It reaffirms the orality of the family's history and destroys the notion of one official history, whether familial or national. Shua's novel narrates through the fragmented prism of time and memory, recreating historically real and feasible events, although glossing over certain details so as to present the events in the best light. An example of this is the story of Uncle Pinche's coronary, which took place in the Old House after it had been sold off and converted into a massage parlor known as the Tajmajal de Flores, one of many lives it was to have over the years.

Another element of cultural assimilation is the use of the supposed *lengua franca* of the disparate groups of European Jewish immigrants as represented by Yiddish, although I hasten to reiterate Lindstrom's comment regarding a tendency to associate Jewish identity with Yiddish as not always being indicative of Jewishness. Shua's paternal family come from Beirut and according to her Uncle Mauricio: "Arabe y francés hablaba su gente, y no idish y polaco como otros que andan por ahí" (*MAP* 211). The use of Yiddish is a candid acknowledgment of difference or separation from the norm. In general, Yiddish was spoken in societies where the Jewish population did not have equal rights. When they migrated to countries where they did have equal rights, it was common for only the first generation to speak Yiddish. As narrated in *El libro de los recuerdos*, one day upon returning home from school, the eldest Rimetka son Silvestre exhorts that "en esa casa no se iba a hablar nunca más el Otro Idioma, el que sus padres habían traído con ellos del otro lado del mar" (25). Thus, Yiddish in fact becomes the forbidden language: "El Otro Idioma, el íntimo, el propio, el verdadero, el único, el Idioma que no era de ningún país, el Idioma del que tantos se burlaban, al que muchos llamaban jerga, el Idioma que nadie, salvo ellos y los que eran como ellos, respetaban y querían. El idoma que estaba condenado a morir con su generación" (25). Of interest is the fact that Silvestre's teacher had mandated that only *castellano* be spoken at home. His mother complies because she believed that the teacher was "casi un funcionario de control fronterizo, alguien destacado por las autoridades de inmigración para vigilar desde adentro a las familias inmigrantes y asegurarse de que se fundieran, se disgregaran, se derritieran correctamente hasta desaparecer en el crisol de razas" (26).

The use of Yiddish is a candid acknowledgment of difference. As stated above, Yiddish was spoken in societies where the Jewish population did not have equal rights. The disappearance of Yiddish, the language that creates a stereotyped unity among the European Jewish immigrant community, is lamented and at the same time praised in *Risas y emociones de la cocina judía* (1993), a non-fictional work. The explanation proffered here is that Yiddish is disappearing because "[l]os descendientes de esos judíos [los inmigrantes], nacidos en países donde se los aceptó como ciudadanos plenos, donde pudieron integrarse a la comunidad sin renunciar a su diferencia, ya no necesitan hablar idish" (14). They have been integrated both culturally and linguistically and there is little need to carry external signs of their differences.

Nevertheless, the grandmother in *El libro de los recuerdos* laments the loss of her mother tongue because Spanish lacks a linguistic charge, a connotative base upon which she is able to express herself: "¿Pero acaso se pueden decir cosas de verdad en este idioma? Acaso se pueden decir cosas de verdad, de las que salen de adentro, de las que viven en las tripas: ¿acaso hay palabras para eso en castellano?" (165). Language, in this instance, becomes symbolic of identification with otherness, and by invoking prohibitions against the language, it is further marginalized.

Conservation of Yiddish as an identity marker symbolizes difference and is (or, rather was) an integral element to group identity. The suppression of this linguistic marker and the imperfect mastery of Spanish by the grandmother oppose one of the established official versions of Argentine Jewish immigration and integration. This version was promulgated and promoted, for example, by Gerchunoff's *Los gauchos judíos* where the characters "are able to communicate in a Spanish that is not only standard but also often elevated and archaic" (Lindstrom, *Jewish Issues* 147). By highlighting this fundamental linguistic distinction, Shua elucidates the reality encountered by the immigrants and the discomfort and bewilderment they faced in a new land with a new language.

In a complete reversal of the loss of Yiddish as an identity marker, the narrator- protagonist of "La vida y los malvones," one of the stories from *Viajando se conoce gente*, has the opposite experience. In Poland, her family was more culturally assimilated into the dominant culture; consequently, her arrival in the New World entails an even greater adjustment as she discovers her double marginalization as immigrant and Jew:

> Porque nosotros estábamos muy bien en Varsovia, nadie me cree
> cuando cuento que yo nací en un piso. Nada de ghetto, bien lejos
> del ghetto estábamos, más allá del Vístula, imagínate que yo ni
> sabía hablar en idisch, polaco hablábamos, el idisch lo aprendí
> acá, en Villa Créplaj. Mis abuelos sí, ellos hablaban el idisch y
> nos querían enseñar a nosotros, para que no se pierda, decían,
> pero los nietos no le dábamos ni cinco de bolilla. (88)

Thus, testimony is given to both sides of the Argentine-Jewish experience. One sees the phenomenon of Jewish immigrants who are stereotyped when they conform to specific norms, such as speaking the Yiddish language which is reflective of their European-Jewish ancestry. On the other hand, the narrator of "La vida y los malvones" stands out precisely because of her variance from the norm. Although she was a member of the dominant culture in the Old Country, she became identified with a minority and marginalized culture in her new country, and thus, needed to learn both languages in order to belong. This is an atypical situation which serves to highlight the fact that the immigrant experience is multifaceted; there can be no one history written of it.

As an author first and foremost, Shua's literary concern is to weave a good story, an entertaining tale which holds the reader's attention. She accomplishes this by basing her texts on an authentic cultural conversation. When dealing with Jewish themes and characters, she proffers a candid portrayal of Argentine-Jewish life. The protagonist of her second novel, *Los amores de Laurita*, is Jewish, however, her Jewishness is not the focus of the action. Laurita reflects the assimilation inherent in the grandchildren of immigrants, whose generation melds into the dominant culture. Laurita is introduced to "un joven médico recibido, de muy buena posición" (121), who unknown to his family, is in love with a non-Jewish woman. Because of the respect and position his grandfather holds in the Jewish community, and the young doctor's high regard for his grandfather, he feels familial pressure to marry within his religion. It is obvious that for Laurita, being an Argentine-Jew is an accepted fact yet, not an all-encompassing issue of identity to her, as the following passage suggests:

> Pero Laurita, lamentablemente, no tenía idea de quién había sido
> León Kamiansky, y mucho menos en la colectividad, un ente que
> se le aparecía a ella un poco vago y siempre amenazador, exi-
> gente, con el que nunca había mantenido relaciones, una colec-
> tividad a la que se sentía pertenecer tan inevitablemente que no
> creía necesario participar en ella, en sus instituciones o grupos.
> (128)

For many members of the third generation of immigrant families, belonging to a Jewish community does not necessarily require active participation in its customs and rituals.

A characteristic of Shua's writing is the persistent emphasis on immigration as a replicated process. The immigration is not in one direction; the political and economic situation necessitates a repeated Diaspora to and from more than one country. Immigration is a pivotal event that causes change, a change of country, which brings about the need to acquire the language of the land. Preservation of language is one way the minority culture can confront the homogeneity of the dominant culture; unfortunately, as in the case of the Rimetka family, and many other immigrant families, the heritage language is lost with the first generation due to the intolerance of the educational system. Unfortunately, the demise of Yiddish is even more acute because it is not an official language of any country.

The evaluative question now is how does Ana María Shua [con]textualize the Argentine- Jewish experience? One possible response is that she possesses a legitimate voice to address the immigrant experience. Shua's voice is unique to herself and to her personal experiences, and does not attempt to represent all the Jewish immigrant experiences in their many facets, real or fictitious. As a member of the second generation of a Jewish immigrant family, her point of view is different from that of the first or third generation, but nonetheless valid.

The works examined here take up two important aspects of Argentine-Jewish culture, immigration and loss of Yiddish as a cultural marker and language. "El navío de los inmigrantes" (from *El marido argentino promedio*) ends with the following passage included as an epilogue to the translation of *El libro de los recuerdos*:

> Y quiero a mi país y educo a mis hijas en el amor a nuestro suelo y también en la conciencia, extraña y dual, de que por grande que sea ese amor, ninguno de nosotros puede estar seguro de que no tendrá que embarcarse otra vez, alguna vez en el navío de los inmigrantes.
>
> Por el barco que trajo a la Argentina a mis abuelos polacos, por el que trabjo a mi abuelo libanés, por el avión que se llevó a mi hermana a los Estados Unidos, por los navíos en los que quizás se embarcarán, otra vez errantes, mis hijas o los hijos de mis hijas, por mi argentinidad y mis contradicciones, por mantener la identidad en la diáspora, por el navío de los inmigrantes brindo. Como dice una antigua canción sefaradí:
>
> Perdimos a Toledo,
> Perdimos a Sión:
> No hay consolación. (215)

WORKS CITED

Anderson, Danny J. "Cultural Conversation and Construction of Theory: Mexican Narrative and Literary Theories after 1968." *Siglo XX/ 20th Century* 8.1-2 (1990-91): 11-30.

Aquinis, Marcos. "Vigencia y transfiguración de ciertos conflictos." *El Cono Sur: Dinámica y dimensiones de su literatura. A Symposium*. Rosa S. Minc, ed. Upper Monclair, NJ: Montclair State College, 1985.

Lindstrom, Naomi. *Jewish Issues in Argentine Literature: From Gerchunoff to Szichman*. Columbia: U Missouri P, 1989.

——. "Escritoras judías brasileñas e hispanoamericanas." *Revista Iberoamericana* 182-183 (1998): 287-297.

Shua, Ana María. *Los amores de Laurita*. Buenos Aires: Sudamericana, 1984.

——. *El libro de los recuerdos*. Buenos Aires: Sudamericana, 1994.

——. *El marido argentino promedio*. Buenos Aires: Sudamericana, 1991.

——. *Risas y emociones de la cocina judía*. Buenos Aires: Grupo Editorial Shalom, 1993.

——. *Viajando se conoce gente*. Buenos Aires: Sudamericana, 1988.

FANTASÍA Y MEMORIA
COMO FORMAS DE LA SUBVERSIÓN
EN LA OBRA DE ANA MARÍA SHUA

*Marjorie Agosín**

Fantasía y subversión

Ana María Shua ha escrito libros en muy diversos géneros: cuento, novela y microficciones. Su producción oscila entre el humor, el realismo, la memoria y la fantasía, pero su literatura fantástica, en particular en el cuento brevísimo, género atípico y muy latinoamericano, ejemplifica, precisamente, como lo fantástico no obedece las reglas de ningún género. En *La sueñera* (Buenos Aires: Minotauro, 1984), por ejemplo, el sueño parecería estar compuesto por inolvidables fragmentos de pesadillas, visiones y poemas. Su lectura produce una nueva comprensión de la realidad y de las zonas de lo imaginario. Así, su literatura fantástica ofrece territorios y espacios para la subversión, el desorden y la ilegalidad usando el único código posible: la imaginación y el lenguaje. Lo fantástico, en cualquier género, tiene la opción o mejor dicho, el deseo, de actuar a través de lo que ha sido culturalmente definido como prohibido y marginal. Es una forma de resistencia, una refutación tanto como una aceptación de aquello que es considerado real. También es parte de un mundo totalmente imaginario donde se puede hablar de lo prohibido, donde el significado se puede disfrazar, donde es posible romper con la estructura de la autoridad y el lenguaje resulta constantemente renovado.

Así, los textos de *La sueñera,* tanto como los de *Casa de geishas* (Buenos Aires: Sudamericana, 1992), tienen elementos de fantasía relacionados a la experiencia cotidiana de las mujeres, y al mismo tiempo visiones casi utópicas de nuevas realidades y componentes psicológicos inherentes a la ciencia ficción. Estos elementos forman una unidad de textos subversivos cuya gran magia e inspiración están fundadas en su capacidad de transgresión y en la forma en que evaden cualquier forma de cla-

---
* Marjorie Agosín es profesora de literatura hispanoamericana en Wellesley College en Massachusetts. Es poeta chilena, activista para los derechos humanos, crítica literaria y editora de varios libros dedicados especialmente a la obra de escritoras latinoamericanas. En 1995 ganó el premio de Literatura Latina del Instituto de Escritores Latinoamericanos y el premio de Letras de Oro por su poesía. Es la autora de unos veinte libros de poesía, crítica literaria y libros de "creative non-fiction." Entre sus publicaciones más recientes figuran *House of Memory: Jewish Women Writers of Latin America* y *The Alphabet in My Hand: A Memoir.*

sificación. A esas cualidades se agregan las de extrema innovación y calidad poética.

El peculiar sentido de lo fántastico que despliega Shua en sus textos brevísimos resulta una negación de todo lo que es estereotípico de América Latina. En el desorden característico de las máscaras de carnaval, sus misteriosas geishas (que no sólo no son japonesas sino que tal vez ni siquiera sean mujeres) desafían el género del realismo mágico, ese término acuñado por la crítica para definir el mundo mítico y mágico asociado con la presencia de lo maravilloso en el continente americano. Así se produce una subversión de códigos y estilos preestablecidos.

Subversión, identidad y memoria

La cuestión judía en la obra de Ana María Shua me permite comprender mejor la otredad y las formas en que la diáspora lleva al punto de origen. El judaísmo comparte con el tema del mestizaje la confluencia de múltiples idiomas y varias geografías en el territorio de América Latina. De hecho, es el nuevo mestizaje de los años noventa.

En la década de los '80 y a principios de los años '90 se produce un caso inusitado en la historia de la literatura hispanoamericana; se escucha la voz judía que hasta entonces estaba marginada. Es una voz que cobra una perspectiva amplia y multifacética: las mujeres escriben sobre su comunidad y su historia con distintos puntos de vista, ya sea desde la fábula, lo autobiográfico, o de ciertos aspectos centrales de la historia oficial. Sus narrativas incluyen los movimientos migratorios causados por la guerra y por la permanente diáspora.

El caso de las escritoras judías es fascinante y único hasta la fecha. Las historias poseen un carácter oral, casi ritualístico, donde lo sagrado adquiere un sentido mágico, como si las escenas de la Europa de pre y post Holocausto se trasladaran a los paisajes luminosos del trópico o al sur de América. Las autoras juegan con la palabra y con escenas que presentan el claroscuro de sus visiones históricas y literarias.

En su mayoría, estos textos son obras de escritoras que pertenecen a una elite privilegiada, la clase media, que intenta recuperar y hacer resonar la voz de las madres, tías, abuelas y bisabuelas; es decir, la experiencia de aquellas mujeres que viajaron a América en transbordadores de segunda clase, asumiendo plenamente su condición de emigrantes. Ellas dan vida al telar ancestral de las voces de las viajeras que escaparon de la persecución, para insertarse en el espacio de un recuerdo histórico-mítico que también confluye con el presente.

Ana María Shua es, sin duda, una de las más destacadas escritoras argentinas. En 1994 aparece la novela *El libro de los recuerdos* (Buenos Aires: Sudamericana, 1994). Antes había publicado otros dos libros relacionados con la cuestión de la identidad judía. *Los amores de Laurita*

(Buenos Aires: Sudamericana, 1984) es una novela cuya protagonista es el equivalente en Buenos Aires de una "princesa judía" neoyorquina. *Risas y emociones de la cocina judía* (Buenos Aires: Grupo Editorial Shalom, 1993) es una obra que reúne recetas y anécdotas de la cocina judía, contemplando su inserción y adaptación al contexto argentino, que habla del amor, humor, magia y poesía presentes en las tareas propias de lo culinario. En *El libro de los recuerdos*, Shua narra lo que significa pertenecer a una familia argentina, con abuelos inmigrantes que de alguna forma, luego de un largo errar por el mundo, llegaron a la América equivocada, a la América del Sur y no a la del norte, la deseada, la poderosa.

Shua presenta la armonía y el desamor, los grandes y pequeños escándalos de la vida, sus coloridos hombres y sus apasionadas mujeres. Lo que interesa y conmueve en esta obra es la constante interrogación acerca de cómo, cuándo y por qué se hacen los recuerdos y qué postura toma la autora frente a ellos. Esto lo logra con obsesionante preocupación por el recuerdo visto en la voz de los múltiples narradores. Así *El libro de los recuerdos* plantea la forma en que se articula la historia, lo que se escoge y lo que no se escoge incluir como experiencia válida. Esta obra se puede considerar como el correlato de la historia de las mujeres campesinas que también cuentan, recopilan y eligen ciertos códigos y mensajes para recordar. Las analfabetas escriben su palabra a través de la pluma de las escritoras y, por ellas, saben que la única frontera confiable es la literatura porque permite presentar lo hablado con toda la riqueza y pobreza de su carácter doméstico y cotidiano. Shua lo confirma diciendo en la novela: "El Libro de los Recuerdos es nuestra única fuente absolutamente confiable. Por eso es tan fácil enojarse con él. Porque lo que dice es cierto, pero nunca dice todo, nunca dice ni siquiera lo suficiente" (109).

Esta observación de Shua presenta aspectos centrales sobre los cuales reflexionar, ya que articula en forma poderosa la expresión de las formas sagradas y míticas, y los rituales de toda memoria. La literatura testimonial tratada en estos textos presenta esta dialéctica como el juego que se da entre mito, metáfora y transfiguración de las formas en que se articula la memoria, recuerdo, deseo y olvido, y las épocas históricas en que éstos se insertan.

Al final de su obra, Shua retrata "La Epoca del Miedo," del terror. La literatura, en cambio, es la cara luminosa de la sombra, a través de la palabra florecemos. Si toda la inmigración judía a Hispanoamérica está motivada y señalada por el miedo a entrar a espacios poco conocidos y muchas veces inusitados, a través de un texto que enfatiza la realidad a través de la parodia, Shua señala, con mayor intensidad el miedo en los años de la dictadura en Argentina, un sentimiento que tiene claras resonancias con el terror producido por el Holocausto:

> *Era justamente la falta de normas claras con respecto al señalamiento lo que provocaba esa clase de miedo tan especial. Unos insistían en que había que tomar solamente agua mineral y res-*

> *ponsabilizaban de la situación a los que preparaban la sopa o el café con agua de la canilla. Otros decían que no había que leer ciertos libros o escuchar cierto tipo de música. A un autor que publicaba su primer libro de cuentos, el editor le pidió que revisara el texto y sacara todas las malas palabras (113).*

Eliminar las palabras significaba no contar o negar la historia y Shua, a través de su novela, repudia la negación, para decir no al olvido.

Moviéndose hacia adelante y hacia atrás en el tiempo, unas voces anónimas cuentan la historia de la famila Rimetka, recreándola a cada momento y cuestionando constantemente lo que está escrito, lo que se recuerda, lo que se dice y lo que no se dice, la verdad y la mentira. Con este espíritu de transgresión, la memoria de los Rimetkas se reinventa a través de la reescritura de varias narradoras femeninas que pertenecen posiblemente a la tercera generación de la familia. La autora es audaz y subversiva en su revisión del recuerdo: en vez de mantenerse en el lugar asignado a la mujer que escucha y registra fielmente lo que se dice, es la mujer que inventa lo que se oye. En un acto de desafío feminista, desobedece la palabra de la antigua tradición patriarcal, que dice que una mujer no puede siquiera estudiar el Talmud. Shua se encarga de la tarea de cuestionar, subvertir y reescribir *El libro de los recuerdos* tal como lo conserva su familia.

¿Cómo se elabora y cómo se mantiene viva la memoria? Es precisamente en el proceso de escribir que se recupera y teje. La indígena reconstruye el recuerdo en su tela y al hacerlo arma y amarra su destino. La mujer víctima de la dictadura militar también arma la memoria por medio de telas hechas de despojos y palabras: los materiales de la pobreza. La memoria se convierte en la esencia de lo femenino; es red, hilo y tejido silencioso que narra las historias que permiten recuperar la identidad.

Como postula Tamara Kamenzain en *Texto silencioso: Tradición y vanguardia en América Latina* (México: UNAM, 1983), los textos de las mujeres han estado cercanos al silencio, al cuchicheo y a los cuartos de la servidumbre; son los ritos que hablan de las raíces y del reencuentro consigo mismo; historias que se mueven entre el amor y el desamor. Son cantos, vivencias y especulaciones sobre el pasado, pero también sobre los modos de habitarse en el presente; porque la escritura de las mujeres es en sí misma una crónica de la memoria y de la imaginación. Son tejidos y urdimbres de exilios y regresos, palabras de mujeres que siempre vuelven en el maíz, en el viento, en una cruz o en una estrella.

UNA NOVELA SOBRE LA MUERTE[1]

*José Miguel Oviedo**

Fuera de Argentina, pocos conocen la obra narrativa de Ana María Shua (Buenos Aires, 1951). Tuve la suerte de descubrir, gracias a una colega de la Universidad de Louisville, primero sus libros y luego de conocerla personalmente en su país. Leí con curiosidad y placer sus volúmenes de relatos y textos brevísimos, *La sueñera* (1984) y *Casa de geishas* (1992), género que cultiva con agudeza verbal, perspicacia imaginativa e ironía crítica. También leí una de sus novelas, *El libro de los recuerdos* (1994), especie de ficticia memoria familiar en la que recobra sus raíces étnicas (de origen judío-libanés) y su inserción como grupo inmigrante en la sociedad argentina. Pero su última novela, *La muerte como efecto secundario* (Buenos Aires: Sudamericana, 1997), supera —por su hondura y su desgarrado dramatismo— todo lo que hasta ahora Shua había publicado y la coloca en la primera línea de la nueva narrativa argentina. Su tema no puede ser más trágico y trascendente: la muerte; o, mejor, el doloroso proceso de morir, la larga agonía que los seres humanos enfrentan sobre todo ahora, debido a los avances de la ciencia y a las cuestiones éticas que eso plantea en un mundo que sólo tiene soluciones genéricas al hecho más privado de todos.

La historia es simple y terrible: un padre, ya viejo y enfermo, se aproxima al final de sus días y este triste espectáculo es registrado por el hijo, un hombre frustrado que ya ha "cruzado la línea de la mitad de la vida" (33), en una especie de larga carta que le escribe a su ex-amante, una mujer casada que nunca aparece en escena pero que es fundamental en el relato. Desde la primera página se hace evidente que la relación entre padre e hijo es de profundo resentimiento, desconfianza y quizá del más puro odio. El padre es una figura dominante y abusiva, que ha usado su poder para aplastar al hijo incluso cuando lo ayuda con dinero, el bien que el viejo más atesora. Aun con su presente debilidad física, el padre se le

* José Miguel Oviedo es crítico, ensayista, narrador, y Profesor Emeritus del Departamento de Lenguas Romances de la University of Pennsylvania en Philadelphia. Ha publicado trabajos sobre la obra de Martí, Vargas Llosa, García Márquez, Fuentes, Paz, Cardenal, Cabrera Infante, Mutis, Borges, Cortázar y Ferré, entre muchos otros autores latinoamericanos. Entre sus muchos artículos y libros, sus publicaciones más recientes incluyen: *Antología crítica del cuento hispanoamericano del siglo XIX* (Madrid: Alianza, 1989), *Antología crítica del cuento hispanoamericano del siglo XX* (Madrid: Alianza, 1992, en dos volúmenes), y *Historia de la literatura hispanoamericana* (Madrid: Alianza), cuyos dos primeros volúmenes fueron publicados en 1995 y 1997 y los dos últimos en 2000.

aparece como más alto, más corpulento, más atractivo que él, siempre avergonzado de sus piernas flacas y su calvicie. En todo, el padre no ha hecho sino humillarlo y su amor paternal ha sido el mejor modo de lograrlo. El hijo escribe: "Nadie puede humillarte como tus padres. Nadie más en el mundo tiene ese gigantesco poder: el mismo que tenemos sobre nuestros hijos" (27). Asistir al ocaso del padre es, para él, una morbosa venganza; goza con "[l]a idea de que ahora va a sufrir, la idea de que, enteramente maniatado, incapacitado para defenderse, esta vez las va a pagar por todas. Mi torturador atado al potro" (57).

A través de su testimonio vamos ingresando al oscuro mundo del hijo, sus relaciones familiares y eróticas: nos enteramos de modo algo indirecto que se llama Ernesto Kollody y que tiene hijos, de los que apenas habla; que su madre, también de edad avanzada, está volviéndose loca; que tiene el raro oficio de maquillar muertos, tarea de la cual está bastante orgulloso y que combina con la de guionista en una absurda película que un amigo rico jamás terminará; que su única hermana Cora es un ser emocionalmente inmaduro, casi incapacitado por la enorme presión que el padre ha ejercido sobre ella; que él tiene otra amante, una mujer llamada Margot, que aunque le es infiel de una manera casual, es quizá el único personaje simpático de la novela, etc. Pocos detalles sabemos sobre su relación con la ex-amante, que es ahora su corresponsal, porque los mezcla con su angustiosa situación presente y les otorga un matiz dudoso. Hacia el final, del modo más ambiguo, como si no quisiera aceptarlo del todo, llega a mencionar algo del padre en relación con ella que no conviene revelar a los que no han leído la novela, porque juega un papel decisivo en su conclusión.

De toda esta opresiva historia de amores y odios feroces y devastadores lo que emerge es la confesión del fracaso de un hombre que, ya muy tarde, sigue buscando un sentido a su vida en un mundo de emociones, realidades y expectativas que tampoco lo tienen. En su desesperación llegará a pensar—muy freudianamente—que sólo lo alcanzará si mata a su padre. Admite que la muerte natural no le parece suficiente: "Mi padre habrá muerto más feliz de lo que se merece. Y otra vez, como siempre, mi vida no tendrá sentido" (175). Este drama personal se agrava porque la situación que la rodea es amenazante y sórdida: la acción ocurre en una Buenos Aires que parece una siniestra proyección fantástica de la realidad presente, pues sus males se han agudizado. Es una ciudad peligrosa, donde sólo circulan taxis blindados; ha sido dividida en barrios tomados, cerrados y tierra de nadie; hay un clima de violencia generalizada y uno de los mejores negocios estatales son las Casas de Recuperación donde los ancianos van a morir.

Describir así la novela tal vez no le haga justicia porque sugiere que es estridente, sobrecargada, melodramática. La clave de su valor artístico está en el modo preciso como la forma narrativa vierte ese material. Por un lado, el tono está admirablemente sostenido a lo largo de toda la novela (o de casi toda ella, porque hay una transición en el último tramo), un tono traspasado por la elegíaca tristeza del fracaso, el olor de la muerte y la decadencia de todo. Hay un notable control emocional de un asunto que se presta al desborde; así, la frustración y el rencor contenidos suenan todavía más perturbadores que si explotasen del todo. La vida del narrador consiste en tramar ardides y distracciones que le permitan sobrellevarla sabiendo que el peso que carga es excesivo. Aquí y allá aparecen incluso unos leves toques de humor helado, que temporalmente lo alivian: Ernesto observa que "los cadáveres no necesitan que la dentadura les quede cómoda" (87) y comenta que Cora quería "vivir en el campo: pero el campo de sus sueños se parecía curiosamente a una cancha de golf" (112). Por otro lado, el recurso de que lo que leemos esté destinado a otra persona y que todo el mundo novelístico esté exclusivamente filtrado por una conciencia tiene el resultado decisivo de hacerlo parcial, interesado, quizá sospechoso y teñido de irrealidad en un grado que no podemos determinar. ¿Es en verdad tan terrible el padre como él dice? ¿Está su propia vida tan arruinada como él cree? No lo sabemos y eso crea un juego inquietante entre el nivel ficticio y un testimonio que, por ser autobiográfico, pretende estar ligado a la realidad. El mismo le dice a su destinataria: "no me importa ahora ser arbitrario, digresivo, tironear del fino hilo del relato hasta abusar de su resistencia, de la tuya" (19). Y en otra parte: "¿Tengo que seguir fingiendo que te escribo? ¿Tengo que seguir mintiéndome que alguna vez vas a leer esto?" (34). Como el relato es el único modo de recobrar el dominio sobre su propia vida, ordenándola o desordenándola a su antojo, ¿qué es lo que realmente estamos leyendo sino una *novela*, una ficción construida a partir de vidas imaginadas? Hay un pasaje clave en el que, después de hablar de su relación con Margot y de la infidelidad de ésta, concluye que su acto "no fue más que un intento de probarme su existencia, cuya realidad en mi conciencia sentía amenazada. Creo que fracasó. Margot no existe" (83). En otro momento llega a pensar que lo más importante en su vida, lo único real es una fiesta de disfraces en la que va a lucir su habilidad de maquillador. Así como un novelista inventa sus personajes, así él bien puede haber inventado esa relación con el padre y todas las otras para justificarse ante sí mismo y ante la mujer que ama. Dentro del relato se deslizan además citas o ecos de obras literarias: la "torpeza graciosa" (48) de Margot se parece a la "graciosa torpeza" de Beatriz Viterbo en *El Aleph*; el símil "como agua del manantial" (106) proviene del *Martín Fierro*, etc.

La estructura de la novela consigue algo muy difícil: renovar el interés del lector en las vueltas y enredos que teje cada capítulo, al mismo tiempo que la línea central se mantiene nítida como elemento organizador; no hay un solo momento en el que tengamos la sensación de estar ante material prescindible. La tensión es constante pero variada y llena de sorpresas. El proceso se acelera al final, las acciones se precipitan y adquieren, en el último capítulo, un matiz del todo delirante. Sólo un capítulo (el 21, que narra el secuestro del padre alojado en una Casa de Recuperación) parece menos convincente que el resto, quizá porque está narrado de modo indirecto. Así, esta novela presenta elementos que encontramos en diversos subgéneros (la novela existencial, la psicológica, la de anticipación fantástica, la policial, etc.) y los fusiona con una rara habilidad para hacerlos todos verosímiles y necesarios. Y algo más, que es ahora casi una novedad: la autora adopta una voz masculina de cuyos argumentos y reflexiones podría decirse lo mismo que él dice de sus opiniones sobre la contradictoria situación de la mujer en el presente: "mi razonamiento no tenían intersticios" (120).

NOTAS

1. Con el permiso del autor, publicamos este ensayo que apareció primero en: *Cuadernos hispanoamericanos* 571 (1998): 153-57.

EL DISCURSO FINISECULAR EN
LA MUERTE COMO EFECTO SECUNDARIO
DE ANA MARÍA SHUA

*Guillermo García-Corales**

*And Darkness and Decay and the Red Death
held illimitable domination over all.*

–Edgar Allan Poe

La trama de *La muerte como efecto secundario* (1997), cuarta novela de Ana María Shua, se dinamiza a partir de una clave ideológica aparecida en la conclusión de su novela anterior, *El libro de los recuerdos*, que se señala de la siguiente manera: "Porque, para quien no cree en otro mundo, la vejez es el infierno" (200).[1] Esta expresión sintetiza los sentidos de precariedad, deterioro y desencanto reconfigurados luego en *La muerte como efecto secundario*. Así, es factible inscribir este último texto en una vertiente narrativa que opera dentro de los parámetros del discurso finisecular sesgado hacia una visión postmoderna de apocalipsis.

Analizaremos aquí algunas instancias en que los planteamientos estéticos e ideológicos de *La muerte como efecto secundario* se intersectan con ese discurso finisecular que recoge y problematiza principalmente imágenes alusivas, según diría Nietzsche, al "irreflexivo y enloquecido quebrantamiento y desmantelamiento de todos los fundamentos".[2] En consecuencia, estas imágenes evocan también la dislocación de las relaciones individuales y sociales, la confusión entre la realidad y la apariencia, la decepción, la incertidumbre con respecto al presente y el temor al futuro. Además, la ponderación y síntesis de estas expresiones ideológicas conduce a una visión caótica de un mundo urbano desacralizado, contaminado, y esquilmado. Por lo tanto, nos referimos a un discurso en que abierta o subrepticiamente se incorporan las sospechas de apocalipsis que impregnan nuestro clima cultural y nuestra imaginación.[3]

---

* Guillermo García-Corales (Chile, 1954) hizo sus estudios de Educación y Literatura en la University of Notre Dame (M.A. 1988) y en la University of Colorado (Ph.D. 1992). Ha publicado un libro titulado *Relaciones de poder y carnavalización en la novela chilena contemporánea*, además de varios artículos sobre literatura latinoamericana. Actualmente, es Profesor Asociado en la Baylor University en Waco, Texas.

En todo caso, Ana María Shua toma distancia con respecto a la visión de un fin cataclísmico rotundo y colectivo, de rupturas netas y "nuevos tiempos" definitivos, que corresponde al imaginario apocalíptico tradicional. Como es de esperar en la actualidad de gestos postmodernos, los temas, las figuras y los motivos apocalípticos se incorporan en la novela mediante derivaciones minimalistas y degradadas del discurso apocalíptico "original," que Janet Pérez explica en los siguientes términos:

> El significado original del vocablo griego *apokalipsis* era revelar, sea una revelación del futuro o de mundos desconocidos, celestiales o infernales, de acuerdo con su uso en el Nuevo Testamento. La fuente principal de motivos apocalípticos la constituyen las alegorías del "Libro de Revelaciones," con su gran batalla definitiva entre las fuerzas del Bien y del Mal, los monstruos y bestias sobrenaturales, el papel de profetas y visionarios, el significado del mágico número 7, el motivo del viaje celestial, y una estructura temporal basada en milenios. Dicho conflicto entre el Bien y el Mal acontece entre sucesos percibidos como "últimos" y signos maravillosos: catástrofes, portentos astrológicos, y desastres políticos (invasiones, guerras, persecución), percepciones de muerte inminente, y una creencia generalizada que se avecina el final de todo, cuando la gran batalla cósmica dejará paso al Juicio Final y una Nueva Edad de carácter trascendente (41).

Por su parte, Ana María Shua indaga en las señas de una pérdida personal y pública desarrollada de manera gradual, compleja y paradójica. La autora argentina ficcionaliza una desintegración moral, ideológica y material que cruza la cotidianidad metropolitana finisecular de gestos postmodernos. Esa cotidianidad se ubica en "una Argentina posible, en donde todo lo que podía ir mal, fue mal: es decir, un anticipo cruel de lo que está pasando aquí y ahora" (contraportada). Para expresar en términos figurativos esta forma minimalista de reciclaje contemporáneo del imaginario apocalíptico, se podría afirmar, con palabras de JoAnn James, que Ana María Shua elabora un discurso narrativo en que el "golpeteo de los cascos de los caballos de los Cuatro Jinetes del Apocalipsis no sólo truena a través de África, la India y las naciones del Medio Oriente, sino también en nuestros dormitorios, 'entre el deseo y el espasmo'" (2, traducción mía). En consecuencia, es plausible sostener que los personajes principales de *La muerte como efecto secundario* comparten la sensación de ultimidad acechante, pero también morosa y cotidiana. Coinciden, entonces, en la experiencia de conspicua resonancia apocalíptica de estar al final del camino, es decir, de sentirse acosados por el caos ambiental y las limitaciones físicas además de estar enredados en relaciones de poder obsesivas y paradojales, entre las cuales se vislumbran sólo precarios fragmentos de un impulso de reintegración y renovación o "nuevos tiempos," que conforman otro aspecto propio del imaginario apocalíptico.

Más específicamente, la mirada apocalíptica postmoderna en esta novela se dinamiza, en especial, a partir de la configuración con rasgos de antihéroe finisecular a ultranza del protagonista llamado Ernesto Kollody. En el plano de la caracterización directa y de la anécdota central del presente narrativo correspondiente a unos pocos meses de un futuro cercano a nuestra época, Ernesto encarna a un argentino cincuentón, separado, con hijos en el extranjero, pusilánime, confuso, con una "incapacidad para la acción" (148) y enamorado de una mujer casada que lo ha abandonado. El rasgo existencial más significativo de este personaje antiépico consiste en que ha sobrellevado la mayor parte de su vida a la sombra de un padre autoritario, despiadado y manipulador, "dispuesto a controlar incluso nuestros sueños" (196), según afirma Ernesto refiriéndose a sí mismo, a su madre que "se había vuelto loca en silencio" (41) y a su hermana Cora, "víctima y parásito" del padre (29), además de solterona de media edad, cuyo "atractivo físico está dejando de acompañarla" (112).

El texto se estructura precisamente en base a un discurso epistolar, correspondiente a misivas escritas por Ernesto y dirigidas a su ex amante. Por lo general, ese discurso alude a la interacción traumática del protagonista con su padre, que se intensifica en su perfil tóxico cuando se engarza con un clima sociocultural en crisis endémica. La estrategia discursiva en cuestión permite que el presente inicuo y desolador se vaya entrelazando y contrastando efectivamente con los recuerdos intermitentes de la relación clandestina pretérita del protagonista y su ex amante. Esa relación conforma una de las pocas experiencias que Ernesto evoca con tonalidad utópica si se compara con la visualización de la yerma cotidianidad del presente novelesco. Segmentos narrativos como el siguiente ilustran esta observación: "Después soñé muchas veces que alguna vez podríamos estar juntos, vos y yo, en un lugar así: tu cuerpo desnudo hendiendo el agua de la pileta en un crowl perfecto, colmado de esa gracia poderosa que exhiben los atletas, deslizándose sin esfuezo. Las gotas, después, sobre tus pechos, concentrándose primero y evaporándose lentamente al sol" (219). Este contrapunto temporal y situacional permite la entrada al texto de una perspectiva lateral para ponderar el sentido de ultimidad mencionado. En este caso, tal sentido de ultimidad cataliza la noción del deseo fatalmente incumplido y la imposibilidad de estabilidad del sujeto.

El corpus de cartas que escribe Ernesto puede percibirse (en jerga apocalíptica) como un "Juicio Final" individualizado que aquél entabla en contra del viejo Kollody. Representaría un ajuste de cuentas que arrastra con una desconcertante e insidiosa revelación, sugerida casi al final del texto narrativo. Ésta consiste en una rivalidad entre padre e hijo que incluye una suerte de triángulo amoroso. En otras palabras, al parecer existía una preferencia por parte de la amante del protagonista con respecto al anciano. Por lo tanto, como es de esperarse, el entendimiento de esta situación agrava y complica los desencuentros y las contradicciones entre padre e hijo. El redactor de cartas se refiere a sus sentimientos al respecto con un lenguaje apocalíptico como podemos apreciar a continuación:

> Muchas veces pensé que quería matar a mi padre. Matarlo sin dolor. Cortar en pedazos su cadáver, quemarlo, destruirlo, hacerlo desaparecer de este mundo.
>
> Cuando decidiste irte, por ejemplo, para no tener que elegir entre él y yo. [. . .] quiero matarlo porque alguna vez lo deseaste, quiero matarlo porque se me da la gana" (229).

Digamos de paso que dicha revelación deja al lector con una complicación interpretativa adicional con respecto al texto narrativo en su conjunto; lo cual quizás aportaría a ese motivo de la inestabilidad y la incertidumbre a que en distintas dimensiones alude la novela.

Con tal enjuiciamiento, Ernesto juega el papel de condenador en lugar de condenado. Busca denigrar a su padre junto con descalificar furtivamente la supuesta inclinación de la mujer por el más anciano de los Kollody. En fin, Ernesto intenta conseguir dicho objetivo para imponer un orden tanto en su fuero interno como frente a su ex amante; lo cual de paso facilita la entrada de una perspectiva autorreflexiva en torno al mismo acto de escribir:

> Pero hay tantas horas de mi vida de las que nunca pude hablarte, que no me importa ahora ser arbitrario, digresivo, tironear del fino hilo del relato hasta abusar de su resistencia, de la tuya. Durante muchos años viví para contarte lo que vivía y cada acción o pensamiento se iba transformando, en el momento mismo en que sucedía, en las palabras con que te lo iba a describir, como si incluirte así, aunque fuera como oyente, en mi historia, hiciera de todo azar y confusión un orden coherente, le diera un sentido al caos de la realidad. (19-20)[4]

Paradójicamente, este acto escritural que busca construir y ordenar significados desde el caos, aparece motivado por el espíritu utópico de viejos tiempos como si una fuerza extraña y vital del personaje viniera de aquello que se le ha negado. Acudiendo de nuevo a un lenguaje apocalíptico (y autorreflexivo), nuestro antihéroe de fin de siglo plantea al respecto:

> Ahora, por primera vez, desde el último lugar sobre la tierra, te estoy escribiendo una carta.
>
> No sé cómo es tu vida, no sé qué voy a encontrar cuando te vea, pero sé que te voy a buscar para algo que no me vas a negar: para que tanto escribir tenga sentido. Para que me leas.
>
> ¿Dije que quería matar a mi padre? Te mentí. Lo único que pretendo es dejar de compartir con él este universo.

> Por eso voy a crear un mundo nuevo. [. . .] y mis palabras de
> aquí en adelante serán la prueba de que ese mundo que imagino
> es posible. (234-35)

En términos conceptuales, podemos acotar que el discurso epistolar de Ernesto se enfoca en el conflicto factible de designar con el binarismo entre condena y redención. En primera instancia, este conflicto se cataliza particularmente en los personajes principales (Ernesto y su padre) de manera alterna, contradictoria y, en cierto, modo enigmática. El impulso inicial de esta oposición binaria que implica dos conceptos esenciales del imaginario apocalíptico, surge de la excesiva e imprecatoria preponderancia que logra la figura paterna en la vida del protagonista. Esto se ilustra, por ejemplo, en el siguiente comentario del narrador protagonista al referirse de nuevo a su propia escritura: "Estoy dando vueltas, tomo todas las curvas posibles y no hago más que seguir una espiral plana que siempre me conduce —¿nos conduce?— hasta el único centro posible. Mi padre" (38-39). Y de este "centro" fluye la condena hacia el personaje principal en la forma, por ejemplo, de la humillación personal. Ésta se trasluce sumariamente en la acotación de mayor alcance retrospectivo de Ernesto: "Con una carcajada eterna [mi padre] se reía de mi pequeñez, de mi inocencia, de mis dudas, de mis piernas flaquitas, de mis esfuerzos por desarrollar los músculos andando día y noche en bicicleta. Como siempre, se reía de mí" (201).

De este modo, el protagonista narrador ofrece varias señales que conforman la isotopía de la condena (asociada al padre), que en múltiples direcciones repercute en los personajes. Una presentación figurativa clave de dicha condena surge de la descripción del intestino obstruido por un tumor que afecta al viejo. La enfática mención de este factor al comienzo del texto constituye un indicio de la preponderante significación que adquiere en la trama en general. El narrador presenta de la siguiente manera esta situación, que de acuerdo a nuestro análisis podría considerarse una expresión minimalista de apocalipsis individual: "Así, como un efecto óptico, como una mancha de sol en la retina que baila, brillante y molesta, delante de los ojos, veía yo, constantemente, en colores que cambiaban del negativo al positivo, la foto en colores del tumor que obstruía el intestino de mi padre" (9). Irónicamente, la figura patriarcal como generadora de condena (hacia otros) se diagrama a partir de una horrenda precariedad.

El narrador enfatiza la complicada dependencia que experimenta con respecto a su progenitor detallando la desastrosa condición física del padre al mismo tiempo que destaca la testarudez y el sesgo dictatorial de éste: "Mi padre huele a mierda. [. . .] Un tajo horrendo, carnicero, le une el vientre con el ano, ahora inútil. [. . .] —Esta vez te creíste que sonaba—me dijo con increíble alegría. Pálido, despeinado, con cara de cadáver y una voz de campanas al viento. — ¡Falta para que te libres del viejito!" (42). En fin, en este perfil de la condena se incorpora de manera relevante la "ley del padre" y se refuerza con acotaciones como las siguientes: "hasta en el momento de desdicha quiso siempre ganar mi padre, exactamente igual que en todo lo demás" (15).

Esta "ley del padre" se dibuja en el texto mediante un paralelismo con la figura del Anticristo, que, como es sabido, resulta crucial en el imaginario apocalíptico. Sin embargo, de acuerdo al estilo postmoderno desacralizador, el discurso narrativo analizado en la figura del padre, es decir, el viejo Kollody, se refleja un Anticristo criollo, deslavado, decrépito, con audífonos y dentadura postiza, cuya "sonrisa con montura de plástico imitación carey" (96) o, si se quiere, cuya "sonrisa de acrílico extrañamente joven, absurdamente blanca" (180), conforma un *leitmotiv* de la narración, *leitmotiv* que evoca, entre otras cosas, una constante combinación de falsedad y decadencia. Como se puede apreciar, en el mundo acotado no hay mucha escapatoria para quienes lo componen, ni siquiera para los que pretenden adjudicarse mayores dosis de poder. En este predicamento, la figura patriarcal (de potencial alegórico) moviliza la ira y la destrucción para los demás, pero también materializa los signos del descontento y el deterioro vueltos hacia sí mismo. A saber, el sentido apocalíptico de ultimidad (parafraseando nuestro epígrafe) mantiene ilimitado dominio sobre todos, aunque sea de forma lenta y desdramatizada.

El intestino obstruido del viejo constituye una metáfora del *impasse* existencial del protagonista. El desplazamiento dual de los efectos de dicha anomalía corporal del viejo consiste en que por un lado ésta obviamente perturba al padre mientras que, por otro, transforma la vida del hijo en una constante pesadilla. Instiga en éste la percepción de que "la vida es una herida absurda" (101). Aún más, como se deja de manifiesto en forma explícita en el texto, ese intestino obstruido tiene un paralelo con condenas que afectan al contexto en que se mueven los personajes principales. Así lo expresa de manera directa el narrador:

> jóvenes y viejos destruyen su propio entorno, se destruyen sistemáticamente a sí mismos y sin embargo, en lugar de desaparecer a fuerza de canibalismo, se reproducen y crecen como una mancha sucia de bordes deshilachados, uno de los tumores que invade la ciudad como aquel bulto negruzco, que brillaba en la foto del intestino de mi padre. (165-66)

La otra faceta del conflicto relacionada con la redención o la posibilidad del individuo de restituirse, se resuelve también de manera contradictoria y ambivalente en dos vertientes del discurso narrativo. Una vertiente corresponde a la anécdota misma, y la otra, al acto de la enunciación narrativa (a que nos referimos ya en parte). Si extrapolamos, es factible concluir que la anécdota dramatiza esencialmente la caída del sujeto finisecular, aunque a su vez da cuenta de los intentos (ambigüos) de su recuperación, especialmente cuando el protagonista va más allá de los deseos de matar a su padre. En efecto, se propone ayudarlo a escapar de los tormentos que sufría en un siniestro geriátrico obligatorio entre muchos que abundan en la ficcionalizada capital de Buenos Aires. Me refiero a los geriátricos llamados eufemísticamente "Casas de Recuperación," cuyos pacientes aparecen siempre con "la mirada perdida y atormentada," aislados, sin "ningún interés en comunicarse entre sí" y en la mayoría de los casos con serios problemas mentales (122). Se trata de recintos donde por obligación deben ingresar los más viejos bajo contrato de entregar todos sus bienes para solventar los gastos en que allí incurran. En la Casa de Recuperación en que internan al viejo Kollody, por ganancias financieras intentan prolongarle sin piedad la agonía al punto que paradojalmente la misma muerte para él comienza a visualizarse sólo como "efecto secundario," digámoslo así para optar por una de las posibles correlaciones significativas del mismo título del texto en análisis.

Entonces, en el presente del relato, el padre de Ernesto aparece sometido con saña "a la más penosa de las humillaciones: la enfermedad y la vejez" (178), descritas en tono apocalíptico como implacables anuncios del infierno. En efecto, poco después de una terrible operación de cáncer intestinal, el viejo es internado en un geriátrico de Buenos Aires, donde se sigue "hundiéndose en un pantano que se negaba a asfixiarlo del todo" (126). Tal como lo había prometido, Ernesto consigue sacar a su padre de ese lugar pesadillesco para ayudarlo a morir en paz. En todo caso, y a pesar del impulso casi irracional del protagonista por redimir de algún modo al viejo, las penurias de éste repercuten también como siniestro "efecto secundario" en la vida de Ernesto, haciéndola cada vez más complicada y mortificante. De este modo, el protagonista experimenta sentimientos encontrados que fluyen a veces hacia intensos deseos de matar al padre, los cuales se expanden con los celos del hijo. Este Otelo argentino se adentra de tal modo en esa condición apocalíptica que, en terminología nietzscheana, podría graficarse como la viscosidad sin fondo de la catástrofe.

Si retomamos el hilo de la proyección simbólica de la novela, es factible agregar que la caracterización del personaje principal dialoga con la noción apocalíptica nietzscheana ya anotada del quebrantamiento y desmantelamiento de todos los fundamentos. Esta situación se correlaciona con el clima cultural postmoderno donde se restringe el espacio para las pretenciones totalizantes de la razón y las grandes ideologías, y en su lugar proliferan los sentidos de fragmentación e inestabilidad. Además, en ese clima cultural la identidad individual y colectiva es percibida como un juego de máscaras, un intercambio de simulacros. Se trata, en otras, palabras, de una época "vuelta exclusivamente hacia afuera" en que el sujeto "se desdibuja, se superficializa" (Roa 78, 80) y se desdibuja la división ontológica entre original y copia. Toda esta condición un tanto fantasmática confluye en el agotamiento y la deshumanización radical de las relaciones personales.

Un rasgo evocativo de dicho quebrantamiento de los fundamentos, consiste en las activivades profesionales del protagonista y las relaciones que se desprenden de ellas. En efecto, después de una descolorida "experiencia como escritor profesional," consistente en la "redacción de prospectos medicinales," Ernesto recibe un ofrecimiento de trabajo como guionista cinematográfico de parte de Goransky, un excéntrico millonario y supuesto "gran director" (21). Así, el protagonista forma parte de un proyecto de película sobre la Antártida, cuyo guión se había reelaborado varias veces y en el presente novelesco se continúa rehaciendo, ahora con su aporte, sin llegar nunca a una conclusión. El narrador expone de la siguiente forma una interconexión pragmática del proyecto cinematográfico con la noción de la falta de fundamentos que hemos aludido:

> Cuando empezamos los protagonistas eran una pareja de chicos jóvenes, casi adolescentes, que llegaban a la Antártida formando parte de un equipo de investigación. A la semana siguiente se habían convertido en un padre y su hija y poco después en una mujer embarazada. Cada vez que estábamos a punto de completar la construcción—o, mejor dicho, el enunciado—de una historia coherente, Goransky sacaba un ladrillo de abajo y el edificio se caía. Me llamaba a las tres de la mañana. (25)

Como lo insinúa este segmento narrativo, el guión en sí mismo adquiere la textura de un juego de simulaciones o un ejercicio virtual, fantasmático, que niega la posibilidad de organizar y fijar las ideas en una historia verosímil, fundamentada, si extrapolamos, en alguno de esos "grandes relatos" de la modernidad que contemplan un proyecto utópico unificador y consolador, según diría Jean-François Lyotard (37-38).

Esta ficción sobre la ficción de Goransky, que insinúa al lector la idea del desmantelamiento de los fundamentos, alcanza su clímax en la espectacular y, en última instancia, apocalíptica fiesta de disfraces alusivos al continente Antártico que, como se dijo, resulta ser el tema del supuesto trabajo fílmico. Haciendo gala de su solvencia económica y su capacidad de manipulación de la empresa cultural y sus representantes, Goransky ofrece una suntuosa fiesta a los medios de comunicación y a la gente del *jet-set* criollo para celebrar la pronta filmación de la película, cuyo guión final hasta ese momento estaba sólo en su mente proclive a las disociaciones. La vertiente narrativa que recoge estas escenas (de cariz metaficticio en la trama misma) dispone al lector a ponderar la interconexión de ellas con ese clima altamente artificial e incierto de la cotidianidad finisecular transformada en un caótico mercado de símbolos. En este referente contextual relativo a nuestras formas culturales postmodernas de perfil apocalíptico, diría José Joaquín Brünner, la velocidad de los signos, su producción en masa de su consumo instantáneo, refuerzan el sentimiento de inestabilidad, de falta de fijeza y profundidad (15) y, según Martín

Hopenhayn, tienden a una maximación del despliegue de las bellas apariencias, a una hiperproductividad de la forma (113).

Para reiterar el concepto de la falta de fijeza y profundidad o, en otras palabras, el desfondamiento de los grandes sentidos que asociamos al protagonista (y a través de él, en clave de sinécdoque, a su contorno social), cabe mencionar que esta fiesta de disfraces corresponde al acto más público e intenso que se registra en el quehacer de Ernesto durante la trama central de *La muerte como efecto secundario*. Es decir, el lector se familiariza con un personaje que incursiona en lo social principalmente de una manera tangencial y velada por la impostura, como sucede con su participación en la fiesta misma que en su forma y propósito pondera lo ficticio con alcance público. Con ese evento se intersecta el dilema privado entre Ernesto y su padre que se sintetiza en la reafirmación del protagonista de no vivir más que para "desmentir o conquistar a su propio padre" (228). El viejo Kollody se infiltra en esa celebración después de escapar de la Casa de Recuperación con ayuda de su hijo:

> Allí, en lo alto de la improvisada escalinata por la que tenían que pasar y eran anunciados todos los invitados, con heraldos y fanfarria, junto a Goransky que lo sostenía tomándole el brazo, estaba mi padre. Sin disfraz. Sin maquillaje. Avanzaba lentamente, apoyado en el bastón, con su paso de viejo fuerte, el pelo largo y la barba blanquísima. Magnífico en su espléndida vejez (211).

El narrador describe otros detalles de este episodio en un tono apocalíptico. Para hablar de su padre, Ernesto se apoya en un juego intertextual que como tal trae ecos de otros textos que, a su vez, contienen fragmentos de apocalipsis. Éste es el caso del cuento de Poe, "The Masque of Red Death," cuyas señas apocalípticas se integran en este segmento narrativo de *La muerte como efecto secundario*:

> Había muchos viejos en la Fiesta, diversamente simulados o exagerados, pero ningún auténtico Viejo dispuesto a lucirse a cara limpia, en su majestad plena. Era la Máscara de la Muerte Roja sembrando el terror, trayendo la peste, el dolor y la muerte a los desaprensivos convidados del príncipe. Sólo que su cara no parecía una máscara (era la única que no lo parecía) y nadie intentaría arrancársela sólo para descubrir que abajo había más que el vacío. Era la Muerte Roja Misua paseándose en todo su esplendor. (212-13)

De esta manera (intertextual) se pulsa también la nota del juego de permutaciones que, por extensión, alude también a ciertas características del trabajo en torno al guión de la película, cuya supuesta filmación se celebra.[5]

La participación del viejo en este evento funciona como un extemporáneo "rito de formación" para él, al mismo tiempo que este personaje se reinscribe en el campo semántico de la condena. Queda insinuado que para alcanzar los "nuevos tiempos," el anciano Kollody necesita confrontar el intercambio caótico de ambivalencias, ambigüedad y yuxtaposiciones (como el que toma lugar en la fiesta), aunque lo haga con signos paradojales que aportan a los síntomas de ese mismo caos representado en la fiesta. En efecto, en dicho contexto festivo y travieso, su propia figura discordante, sin máscara ni maquillaje, incorpora un retazo crudo de realidad. Asimismo, induce el paroxismo carnavalesco que incluso se exacerba con la brutal intervención de algunos esbirros de las Casas de Recuperación; los cuales, a punta de pistola y ante el pavor generalizado de los invitados, intentan llevar de vuelta al viejo a una de esas instituciones. Pero éste consigue escapar hacia supuestos "nuevos tiempos" que consisten en una convivencia con los Viejos Cimarrones; quienes han logrado librarse de las Casas de Recuperación y habitan en villas autosuficientes, semiclandestinas, lejos de la metrópolis. Finalmente, el viejo y Ernesto se instalan en una de estas "zonas tomadas" después de una serie de peripecias pesadillescas para llevar a efecto dicho escape. Sin embargo, esta supuesta liberación tiene su contrapartida ya que tal comunidad se delata vulnerable a los signos del infierno provenientes del caos urbano. Esos signos se anuncian mediante el comportamiento de los mismos Viejos Cimarrones: "Son ávidos, suspicaces, se odian unos a otros y están en una permanente, silenciosa lucha por el poder" (227). Este es el contexto espacio-temporal específico en que el otrora guionista cinematográfico emplea su talento de escritor para elaborar las cartas a que nos hemos referido.

Otro oficio que desempeña el protagonista (desde mucho antes de unirse a los Viejos Cimarrones), además de ser guionista, es el de maquillador de cadáveres y de participantes en fiestas o eventos artísticos. Las dos profesiones de Ernesto se entroncan también con la supuesta filmación de la película y la fiesta de Goransky. Al tener éste la impresión de que las ideas del argumento cinematográfico no se organizaban, culpa a Ernesto y lo destituye de su puesto de principal guionista. Luego, para aprovechar una larga experiencia del protagonista en el rubro del maquillaje, lo ocupa como maquillador del elenco de actores, y como preámbulo de esto le encarga el maquillaje y los disfraces de los invitados a la fiesta. El protagonista narrador comenta de la siguiente forma algunos detalles de su labor como maquillador pagado ahora por Goransky:

> Habría Focas, Morsas, Ballenas, Caribús, Petreles, Huskies, Renos, atrevidas jóvenes Pingüinas y recatados Osos de cierta edad. Los originales de siempre se vestirían de Iglú, de Trineo, de Témpano y hasta de Tormenta de nieve. [...] Iba a tener que estudiar ciertos efectos, el brillo de la grasa con que se untaban los esquimales por ejemplo, y averiguar si se pintaban la cara para las ceremonias guerreras o religiosas. (108-09)

Como se refleja en esta acotación, resulta diáfana también aquí la función metafórica de esa labor de maquillador con respecto a una condición sociocultural desmantelada de fundamentos, en que todo es aparentemente intercambiable y nada mantiene un valor intrínseco.

El efecto acumulativo de este tipo de relaciones ubica de nuevo al lector frente a la proyección ideológica del simulacro. Pues, con ellas se dinamiza una proyección sociocultural que "supera la división entre lo auténtico y lo artificial y, como tendencia escéptica, entre lo verdadero y lo falso" (Shöllhammer 33). Hacia esa proyección confluyen las mismas palabras de Ernesto cuando se declara a sí mismo como un experto en el "trabajo sobre la superficie exterior" (21); trabajo que, por ejemplo, hace imposible detectar hasta dónde llega la realidad de la vejez de un cuerpo o un rostro y "dónde empieza el artificio" (149). Irónicamente, una de las pocas "convicciones profundas" del protagonista gira en torno a esta profesión de la superficie y el artificio: "Por algo elegí o fui elegido por este extraño oficio de maquillador, al que quiero mucho [. . .] Yo soy, me siento maquillador. Necesito trabajar sobre la carne, sobre la piel" (36).

Esta ironía situacional vigoriza la imagen de la falta de fundamentos, distante de las esencias, que, parafraseando a Armando Roa, también incide en el sentimiento de ansiedad (predominante en la actualidad de gestos postmodernos) que atañe a la vivida fugacidad del tiempo y al existir preocupado—y a veces desesperado—por encontrarse el sujeto siempre alerta para no perderse el acontecer que se avecina (77). En *La muerte como efecto secundario* dicho sentimiento de ansiedad deriva en sórdido desencanto. En este derrotero, Ernesto con frecuencia formula declaraciones de este tono: "Y otra vez, como siempre, mi vida no tendrá sentido" (175), y reconoce ser acechado constantemente por un "sentimiento de sórdida tristeza" (147).

El sentimiento de ansiedad y desencanto, traducido también en incertidumbre y miedo al futuro, entronca con la circunstancia tangible e inmediata del personaje. En ésta despunta el deterioro material del espacio urbano como anuncio apocalíptico de ultimidad que acosa por varios flancos. Me refiero a la ciudad de Buenos Aires con pretenciones de megápolis dominada por un capitalismo exhausto, libre mercadista. Este sistema es caricaturizado mediante la figura del viejo Kollody, cuando en los momentos de mayor vulnerabilidad éste no deja de manipular e irritar a su hijo con ofrecimientos de préstamos de dinero en base a altos intereses a pagar antes de que Ernesto comience a usarlo. Con todo esto, la capital aparece cruzada por la alienación, las paradojas y los desequilibrios de connotación apocalíptica que se asocian a los lastres postmodernos de este fin de milenio. La novela de Shua, señala Fernando Reati, nos muestra una imagen perturbadora del futuro a través de la exageración de ciertos rasgos presentes en el modelo neoliberal (145).[6] Más específicamente, agregamos nosotros, la novela construye un escenario de la paradojal precariedad de lo ultra moderno, del desgaste del progreso postmoral que

surte efectos negativos generalizados.[7] En este escenario el alarde tecnológico (correo electrónico, realidad virtual) cohabita con locutorios y apa-
ratos telefónicos destrozados en las calles, "cuyos restos persisten todavía
como ruinas de otras eras" (179); barrios exclusivos cerrados con caminódromos particulares colindan peligrosamente con las villas miserias y sus
"casillas de cartón" (165); grandes empresas que mantienen sus propios
ejércitos de seguridad privados y las cámaras de vigilancia que están en
todas partes se disputan el espacio urbano con sectores de la población
que generan ataques vandálicos, robos profesionales y tráfico de drogas;
los medios de comunicación y entretención al parecer no ayudan a dismi-
nuir la proliferación de más y más pandillas idiotizadas "por el odio, o por
el aburrimiento y la frustración" (165); y Casas de Recuperación que acu-
mulan "cuerpos repugnantes y moribundos" (172), con "caras monstruosas en el terror del delirio"(173), que sólo piensan en "escapar, en salir
hacia la libertad" (172).

En un plano político e ideológico más obvio, la novela constata la
degradación apocalíptica implacable, aunque morosa, de las instituciones,
agrupaciones y discursos solemnes, consoladores y, por ende, de gran tensión utópica. En efecto, en la imagen del país acotado en *La muerte como
efecto secundario*, el Estado resalta como un organismo prácticamente
nulo, aunque sí se le atribuye la deleznable labor de contubernio con las
Casas de Recuperación. Con esto, el Estado puede usufructuar de algunos
bienes de los ancianos pacientes. Asimismo, los representantes del
Estado, es decir, el presidente, pasando por su gabinete y los miembros
del partido oficialista, no logran la atención de los ciudadanos ni siquiera
"combinando periodismo inteligente con números musicales y habilidades de comediantes" (11). Por otro lado, la emblemática agrupación por la
defensa de los derechos humanos denominada las Madres de la Plaza de
Mayo, en el presente de la narración queda reducida a una atracción turística en el corazón de Buenos Aires (102). Dicho de otro modo, esa agrupación militante se perfila como una expresión de la política como "evento."
Queda minimizada a un punto de entretención para olvidar los problemas
de la cotidianidad, como podría ser uno de los cientos de canales de televisión en el cual nuestro antihéroe quiere "sintonizarse" con la mirada de su
ex amante, ya que él tiene la certeza que los ojos de la mujer (ahora distante) van a pasar tarde o temprano por el mismo lugar en que están enfo-
cados los de aquél (12).

Para resumir, digamos que Ana María Shua rediagrama literariamente
la erosión del espacio urbano finisecular en cuanto al orden de las cosas
materiales y de las matrices ideológicas. Realiza este cometido insinuando
un paralelo de ese espacio con la noción de apocalipsis en el sentido de
que éste no es más que una utopía negativa que se refleja en la cotidianidad acosada por un sistema socioeconómico despiadado. En esta perspectiva, en *La muerte como efecto secundario* la escritura constituye el vehículo mediante el cual se evoca la tensión entre la historia en crisis que nos

condena y el rechazo a los mecanismos de aquella condena. Pero, la ficcionalización de ese enfrentamiento formulado con el binarismo apocalíptico de condena y redención no presenta en el texto una resolución definitiva ni mucho menos consoladora. En cambio, mediante una prosa certera, depurada y de ritmo sostenido, Ana María Shua sugiere una indagación en la compleja y paradojal cultura de este fin de milenio y, en particular, en el expansivo abatimiento postmoderno que nos instala (tal como le sucede a nuestro antihéroe al final de su historia) en un vacío entre la orfandad y la perplejidad.

NOTAS

1. Con *La muerte como efecto secundario*, Ana María Shua, nacida en Buenos Aires en 1951, confirma su relevante lugar en el escenario de la narrativa latinoamericana de los años noventa. Posición que la autora ha conquistado a través de una sustancial y constante labor literaria en que también se destacan tres textos novelísticos anteriores: *Soy paciente* (1980), *Los amores de Laurita* (1984) y *El libro de los recuerdos* (1994). Las dos primeras novelas fueron llevadas al cine: *Los amores de Laurita*, dirigida por Antonio Ottone, y *Soy paciente*, realizada por Rodolfo Corral.

2. Esta afirmación nietzscheana la cita Brünner (19). Al respecto considérese también el comentario de Hopenhayn cuando entronca algunas ideas de Nietzsche con la condición postmoderna:

> Este juicio negativo que la artillería nietzscheana permite formular sobre la plasticidad postmoderna, no viene dado de una teoría humanista sino desde una filosofía del devenir que se asume como postmoral. Quiere mostrar que el escenario actual de caída de los muros, el desfondamiento de los grandes sentidos no logra traducirse en una *convicción* en el pensamiento del devenir, sino en una *huida* respecto a la evidencia des-fondada del devenir. (117-18)

3. Una versión preliminar y, desde luego, abreviada de algunos lineamientos de este estudio, la presenté en una reseña sobre *La muerte como efecto secundario* publicada en *Hispania*.

4. Este recurso de la autorreflexión escritural es característico en la narrativa de Shua. Refiriéndose a la tercera novela de esta autora, Rhonda Dahl Buchanan señala al respecto: "*El libro de los recuerdos* reflects many of the characteristics of 'historiographic metafiction,' a self-reflexive narrative which thematically and formally challenges basic assumptions regarding historical discourse'" (85).

5. El recurso de la intertextualidad permea la novela que nos incumbe y aporta significativamente a su isotopía apocalíptica. Junto con el caso indicado referente a Poe, aparecen distintas alusiones a obras de otros escritores que han incursionado en el discurso de apocalipsis. Por ejemplo, se alude a Dante en una referencia a "ciertos círculos del infierno" (176); a Borges cuando se habla de un "jardín de los senderos que se bifurcan" (38) y a Onetti cuando se recuerda "un infierno poco temible" (68). Del mismo modo, la intertextualidad se extiende a discursos culturales más populares, pero tam-

bién de ciertos rasgos apocalípticos, como es, por ejemplo, el engarce que se establece con la película *El Mago de Oz* (14).

6. En su ensayo "Reforma neoliberal e imaginación apocalíptica en la novela argentina del siglo XX," Reati dedica un par de párrafos al texto narrativo que nos incumbe en el presente estudio. Sus observaciones son muy pertinentes y validan implícitamente nuestro enfoque y desarrollo analítico.

7. Esta mirada desacrilizadora del mundo acotado se distancia de la estética de la precariedad de las novelas latinoamericanas de algunas décadas atrás (las de José Donoso, por ejemplo), que se centraban en la decadencia de ciertos grupos de la alta burguesía aristocrática y, como metáfora de esto, ficcionalizaban el deterioro de vetustas casas patronales.

OBRAS CITADAS

Brünner, José Joaquín. *Globalización cultural y posmodernidad*. México: Fondo de Cultura Económica, 1998.

Buchanan, Rhonda Dahl. "Narrating Argentina's 'Epoca del Miedo' in Ana María Shua's *El libro de los recuerdos*." *Confluencia* 13.2 (1998): 84-91.

García-Corales, Guillermo. Reseña de *La muerte como efecto secundario*, por Ana María Shua. *Hispania* 83.2 (1999): 275-277.

Hopenhayn, Martín. *Después del nihilismo. De Nietzsche a Foucault*. Santiago de Chile: Andrés Bello, 1997.

James, JoAnn, William J. Cloonan, eds. *Apocalyptic Visions Past and Present*. Gainesville: UP of Florida, 1988.

Lyotard, Jean-François. *The Postmodern Condition: A Report on Knowledge*. Minneapolis: U of Minnesota P, 1984.

Pérez, Janet. "Apocalipsis y milenio, cuentos de hadas y caballerías en las últimas obras de Ana María Matute." *Monographic Review* 14 (1998): 39-58.

Reati, Fernando. "Reforma neoliberal e imaginación apocalíptica en la novela argentina del siglo XX." *Monographic Review* 14 (1998): 135-49.

Roa, Armando. *Modernidad y posmodernidad. Coincidencias y diferencias fundamentales*. Santiago de Chile: Andrés Bello, 1995.

Shua, Ana María. *La muerte como efecto secundario*. Buenos Aires: Sudamericana, 1997.

——. *El libro de los recuerdos*. Buenos Aires: Sudamericana, 1994.

Shöllhammer, Karl Erik. "Mundos posibles e imposibles. Lo fantástico: crisis de interpretación." *Texto crítico* 1 (1995): 25-34.

FAMILIA Y NACIÓN DE FIN DE SIGLO:

UNA LECTURA DE
LA MUERTE COMO EFECTO SECUNDARIO
DE ANA MARÍA SHUA

*Mónica Flori**

La muerte como efecto secundario de Ana María Shua[1] se inscribe dentro de una corriente presente en la ficción argentina contemporánea que intenta desentrañar el contexto político, social y económico de la realidad de su país. Con este fin se usa la alegoría para desenterrar las pequeñas historias que palpitan por debajo de la historia oficial. Según Marta Morello-Frosh, se da "autoridad enunciativa a un actor o narrador derrotado o ignorado en el discurso oficial, remantizando así el relato de los sucesos y ubicando el centro de la narración precisamente en el espacio de 'los otros'." La crítica destaca la importancia de narrar lo cotidiano y de "establecer una perspectiva escéptica" de lo que sucedió (299).[2] Este tipo de narrativa tiene como objetivo rescatar una versión acallada de lo acontecido y abrir posibilidades a una multitud de voces que establecen un proceso abierto y dialógico como enunciado de la realidad.

La presente lectura de *La muerte como efecto secundario* enfoca una "pequeña historia": el sentido de la búsqueda de las señas de identidad de su protagonista, Ernesto Kollody, periplo marcado por la violencia proveniente de su entorno familiar y social ya que, en la novela, lo privado y familiar se entrelaza con lo público y lo sociopolítico. Los interrogantes sobre la identidad del protagonista se perfilan como sintomáticas del destino colectivo de su sociedad y el texto que las mediatiza se estudia en cuanto escritura que interroga la realidad argentina mediante una narra-

---

* Mónica Flori es Profesora de lengua española y literatura hispanoamericana en Lewis & Clark College en Portland, Oregon. Se recibió el Licenciado en Filosofía de la Universidad de la República del Uruguay. Obtuvo la maestría en literaturas hispánicas de la University of Hawaii y el doctorado en Lenguas y Literaturas Románticas de la University of Oregon. Ha publicado el libro, *Streams of Silver. Six Contemporary Women Writers from Argentina* (Bucknell UP, 1995; 1997), y también numerosos artículos sobre las obras de escritores hispanoamericanos, entre ellos: Alina Diaconú, Cecilia Absatz, Teresa Porzecanski, Marta Lynch, Elena Poniatowska, Juan Carlos Onetti, Mario Benedetti, José Donoso y Mario Szichman.

ción múltiple, ambigua y abierta, cuya voz narrativa evoca una pluralidad de discursos.

El enlace entre los dos ámbitos, el personal y el social, se pone en evidencia en la trama desarrollada en un Buenos Aires proyectado hacia un futuro próximo, signado por la violencia económica y la estratificación social. El medio ciudadano es caracterizado por homicidios, secuestros y robos, donde sólo circulan coches blindados en una ciudad dividida en barrios tomados o cerrados. Resalta un retrato social con raíces en un pasado de guerra sucia y punto final cuyo resultante—enmarcado en el desenfreno del capitalismo neoliberal—es la impunidad social y económica.

Sobre este trasfondo, se desarrolla la narración de una historia de amor y de venganza en forma de carta del protagonista a su ex amante, una mujer casada, innominada y ausente, de la que sigue enamorado a pesar de que ella lo ha dejado por otro, cuya identidad se revela al final del texto: se trata del padre de Ernesto. A nivel del asunto, el objetivo de la carta es la dilucidación de la relación conflictiva del personaje central con ambos, la distante amante infiel y el padre traicionero y tiránico, a la vez que la justificación del protagonista ante sí mismo y su amada en cuanto al papel que desempeñó hasta ese entonces.

En el contexto de la historia de su pasión clandestina, Ernesto se presenta como víctima de una relación en que él (pero no ella) hubiera querido algo más profundo y estable. Ernesto expresa remordimiento por su actitud pusilánime ya que ni siquiera intentó sortear el abismo de incomunicación que los separaba y así retener a su amada. La carta es ahora un medio para explicarse y un intento de volver a conquistarla. El análisis de dicha relación amorosa va entrelazado con las reflexiones sobre su vida familiar pasada y presente desarrolladas bajo el control de un padre terrible cuyo poder marcó a Ernesto y a los suyos: "Nadie puede humillarte como tus padres. Nadie más en el mundo tiene ese gigantesco poder" (27); "Papá usó todos sus recursos para ejercer control y poder sobre nosotros: nos atormentaba con la culpa, nos penalizaba con el castigo, usaba el poder de su fuerza física cuando éramos chicos y el de su dinero cuando fuimos grandes" (44).

El cuadro familiar, evocado por Ernesto en la carta, refleja esta situación: la madre anciana manifiesta demencia senil, y Cora, la hermana de Ernesto, vive bajo una total dependencia de los padres pues "nunca pudo desprenderse de ese gancho que la tenía sujeta desde su nacimiento" (44). En cuanto a Ernesto, jamás pudo desarrollar una identidad adulta e independiente, ni establecer relaciones emocionales normales. Los resultados inciden en el balance que el protagonista efectúa de su vida signada por un divorcio, dos hijos a quienes casi no ve, el abandono de su amante y una relación presente con una mujer que lo quiere y que le resulta indiferente a Ernesto. En el ámbito profesional combina el oficio de maquillador con el de guionista de una película, financiada por un millonario, que ambos saben jamás se filmará, lo cual es para Ernesto la confirmación pública de su fracaso. Mas como lo que leemos es el texto/versión de Ernesto de esta historia familiar, sujeto a su criterio en cuanto a la manipulación y presentación de los hechos, cabe preguntarse sobre la veracidad de su versión. O sea, se plantea la duda sobre si el texto es fidedigno y las desgracias descritas son efectivamente una resultante de los abusos paternos o si esta adjudicación de culpas le conviene al protagonista en su situación presente frente a la mujer amada y, a nosotros, los lectores. Desde una perspectiva crítica, es de destacar el uso, ni casual ni fortuito, de una forma "menor" de escritura, la carta, para elucidar un pasado de manipulación, violencia y traición. El contenido subjetivo de la carta pone en tela de juicio el discurso historiográfico simbólico centrado en el relato de Ernesto, en su conducta y la de su progenitor.

El acontecimiento central que desencadena la trama y las evocaciones de Ernesto, es un tumor intestinal maligno contraído por el padre. Debido a esta circunstancia, Ernesto se propone tomar un papel decisivo en la vida de su progenitor, pues necesita ganarse su aprobación antes de que éste se muera y liberarse de su dominio. La enfermedad del padre impulsa a Ernesto a retomar el control de su vida y soñar sobre una posible identidad en libertad luego de la muerte de su padre.

Los pensamientos de Ernesto en torno a su vida, las principales relaciones contraídas y su identidad perdida están hábilmente reconstruídos al tratar de mostrarse bajo la mejor luz posible. Sus reflexiones actúan como trasfondo entrelazado a una serie de peripecias que van de la estadía de los padres en un geriátrico, destino obligado de los viejos en esta sociedad del futuro, a la organización por Ernesto de un simulacro de secuestro para cumplir con el deseo de su padre de escaparse del geriátrico a una comunidad de Viejos Cimarrones. El protagonista espera que su participación en esta escapatoria lo transforme de "hijo eterno, monótono, que no vivió más que para desmentir o conquistar a su propio padre" (228), en un hombre de acción admirable a los ojos de su padre. Este cambio aparente, que parecería transformar los términos de la relación de dependencia entre padre e hijo, es engañoso pues Ernesto subestima la verdadera situación y el carácter traicionero paterno. Cabe preguntarse si el objetivo de Ernesto es de veras liberarse del control paterno y asumir una existencia libre. Los hechos parecen desmentirlo pues Ernesto termina esclavizado por su padre en la comunidad cimarrona. Como venganza, Ernesto decide matar a su padre golpeándolo en la cabeza con el azadón, su instrumento de trabajo, simbólico de su esclavitud, un acto sin sentido ya que el padre está anciano y ya se ha tenido que enfrentar a un cáncer y sus consecuencias. En la escena final, Ernesto acecha a su padre para crear "un mundo en el que sólo estaré yo o sólo estará él" (235), con lo cual se propone una resolución ambigua y carente de un desenlace explícito que refleja la propia ambigüedad del protagonista frente a la situación. Si leemos la trama de la novela como alegoría de la nación, el cuerpo maltratado, incapacitado, encarcelado y desaparecido alude a las estrategias represivas militares. Asimismo la falta de resolución en la ficción alude a este hecho en el ámbito social, a la vez que el cuerpo esclavizado por el trabajo y la generación del padre representan las prácticas de explotación capitalista del actual régimen neoliberal.

A través de estos hechos, se plantea el problema central de la relación del hijo con un padre real y uno simbólico. Si bien la figura del padre detenta para Ernesto la clave de su (falta de) identidad y libertad, es obvio que el parricidio proyectado para empezar "por fin, huérfano y liviano como el aire, mi verdadera vida" (235), falla en cuanto a su cometido de abrir una nueva opción y demuestra que, en cuanto lectores, hemos sido manipulados por el narrador. No hay indicios en el texto de que la vida de Ernesto vaya a cambiar con la muerte de su padre, ni de qué va a hacer con la nueva libertad que ansía conquistar. Además, la comunidad que lo ha esclavizado se vengará si mata a uno de los suyos y, si no lo hace, la alternativa es que la sociedad lo condene a la cárcel. También queda la posibilidad de que sea el padre el que mate a Ernesto. Por lo tanto, lo que Ernesto sueña como libertad se transforma en su aniquilación, lo cual se ve corroborado por dos sueños que tiene hacia el final de la obra. Los sueños confirman que el desenlace del enfrentamiento entre padre e hijo significa la muerte (física o mental) de Ernesto.

En el primero, mientras que los espectadores reunidos por su padre juegan al póker, Ernesto fracasa en su intento de volar: "Yo corría y saltaba tratando de elevarme pero mis saltos eran sólo eso: enormes saltos de veinte o treinta metros de largo que me elevaban considerablemente sobre el suelo. [. . .] En el sueño eran solamente una muestra de que no podía volar" (177). En el segundo sueño, Ernesto es un gallo de pelea quien muere en una lucha en la cual su padre es su contrincante, a la vez que su progenitor forma parte del público espectador que apuesta en su contra al rival ganador: "La sangre me corría por las venas como si estuviera buscando una salida, el corazón fuerte y veloz, el corazón bombeando un líquido denso, negro, viscoso" (230). El sueño sigue así: "Nos abalanzamos, creí que la lucha sería breve. Subí la apuesta, tenía que ganar, aplaudí aplaudimos. Con un terrible golpe de espolón me arrancó la mitad de la cresta y un ojo, estaba bien, estaba bien así. Yo sabía que mi padre tenía razón, sabía que me lo merecía" (231).

Como se ve ambos sueños tratan de una apuesta en que Ernesto es el perdedor. Los sueños confirman que sea cual sea el desenlace del enfrentamiento entre padre e hijo, éste significa la muerte (física o mental) de Ernesto. El padre apuesta contra Ernesto y lo humilla públicamente, lo cual alude a la situación de enemigos que se da en la vida real y que culminará en una lucha a muerte entre padre e hijo. En dicha lucha los sueños indican una posible victoria del padre, el "titiritero" que mueve los hilos que atan a su hijo. Esto se confirmaría por el hecho de que la lucha y su resultado no figuran en el relato, lo cual significa que Ernesto murió y por eso dejó de escribir el texto que leemos. En el caso contrario e hipotético del parricidio, éste significaría la destrucción espiritual de Ernesto en cuanto sujeto actuante. Ernesto necesita a su padre para sobrevivir pues éste es el destinatario y móvil de sus actos. Como consecuencia, la muerte del padre (más simbólica que real) no significa la obtención de la libertad, otro autoengaño de Ernesto, sino su propia muerte espiritual la cual culmina en su refugio en el mundo de la locura.

La posibilidad de eliminar su lado activo encarnado en la figura del padre, lo volverá un verdadero esclavo de su pasividad y pusilanimidad. El parricidio (real o imaginado) lo condenará al encierro físico en la comunidad, la cárcel o el manicomio (extensión de todos los ámbitos cerrados: apartamentos, casas, geriátricos que marcan el pasaje de la infancia a la vejez en la novela), así como al confinamiento espiritual en una mente alienada. La posibilidad de mediatización del texto a través del punto de vista de la locura presenta la posibilidad de una narración desde la alteridad y que abre diferentes interpretaciones de lo narrado. Esta posibilidad constituye una nueva inversión paródico-carnavalesca que se une a la técnica de inclusión de maquillajes, disfraces, escenarios exóticos y fantásticos, que subvierten los modelos oficiales de cordura. Es una forma de transgredir las expectativas de conducta de buen hijo y ciudadano a nivel de la sociedad real y ficticia de la comunidad de los Viejos Cimarrones. Como lo expresa el crítico José Oviedo: "el recurso de que lo que leemos esté destinado a otra persona y que todo el mundo novelístico esté exclusivamente filtrado por una conciencia tiene el resultado decisivo de hacerlo parcial, interesado, quizá sospechoso y teñido de irrealidad en un grado que no podemos determinar" (5).

Si bien, el hijo pudo haber inventado su relato para justificarse ante sí mismo y tratar de recuperar a la mujer amada, su lógica y conducta son sintomáticas de que ha traspasado los parámetros de la cordura y que el ansiado encuentro con la identidad en libertad se ha vuelto locura aprisionada, dimensión kafkiana plausible en el contexto general de alienación que presenta el texto. Es así que Shua nos presenta la posibilidad de otra vuelta de tuerca, la de reconsiderar el relato como producto de la locura, en la cual los hechos del pasado devoran las posibilidades del presente y los hijos pagan por los pecados de los padres.

La narración que culmina en la locura, el encierro y la muerte como resultante de relaciones marcadas por la violencia, apunta a la dimensión simbólica de la figura del padre y del relato, lo que entrelaza la temática personal y la sociopolítica. El patriarca que impone su control psicológico y económico se ha comportado como el poder despótico que marcó la historia del país primero bajo la Doctrina de la Seguridad Nacional y el cual, en democracia, sometió a la población a la política del neoliberalismo.[3] Ambas se ven expresadas en la figura del padre que todavía somete al Ernesto adulto al terror psicológico y a la dependencia económica. El padre lo trata como un fracasado, que se halla excluído de la cosmovisión paterna neoliberal, ya que "[p]ara los que somos acreedores, la vida vale la pena. Yo todavía tengo mucho que cobrar" (33). Esta visión triunfalista que postula es característica de la nueva sociedad creada a partir del neoliberalismo estatal, según el cual toda motivación humana se dirige hacia el logro económico y la creación de una sociedad de consumo. Su filosofía del éxito es desmentida por el retrato de una sociedad cuyas mayorías son excluídas de este proyecto pues:

> Idiotizados por la droga o por el odio, o por el aburrimiento y la frustración que provoca la falta de trabajo o vaya uno a saber por qué, jóvenes y viejos destruyen su propio entorno, se destruyen sistemáticamente a sí mismos y sin embargo, en lugar de desaparecer a fuerza de canibalismo, se reproducen y crecen como una mancha sucia de bordes deshilachados. (165-66)

Esta visión, que en la obra caracteriza un futuro cercano, resulta una perspectiva no muy exagerada del presente, bajo un sistema económico despiadado que marginaliza a grandes sectores de la población en tugurios, donde para sobrevivir forman bandas homicidas que atacan residencias dejando cadáveres mutilados. Se destaca la polarización social, pues si bien el orden del día son los asaltos y la violencia, los ricos, beneficiarios de la economía de mercado, transitan en coches blindados y viven en barrios cerrados donde dan fiestas espectaculares. Es por un subtexto de violencia y enfermedad que se mediatiza la interpretación del imaginario social por medio de una escritura crítica y cuestionante. La violencia económica de un presente de desempleo y miseria se enlaza con la violencia del pasado autoritario expresada oblicuamente por referencias a la tortura y a las marchas de las Madres de Plaza de Mayo, que continúan en la visión futurístic pues si bien las Madres verdaderas ya han muerto, se las ha reemplazado con sustitutas que proveen las agencias de turismo.

La otra vertiente de cuestionamiento social radica en los cuerpos enfermos y mentes alienadas, en especial en la imagen del cuerpo enfermo del padre, motivo que mueve la trama y que es descrita en términos clínicos de forma recurrente (10, 42, 92). El cuerpo enfermo del despotismo estatal, encarnado en el patriarca autoritario, es simbólico de su sociedad y país. Como consecuencia, la novela adopta un enfoque que predomina en la narrativa argentina contemporánea en que lo político-social se expresa por medio del cuerpo, ya que según Dianna Niebylski, a propósito del tratamiento de los cuerpos en la obra de Luisa Valenzuela: "la 'poética del cuerpo' se entrelaza con el cuerpo-político y viceversa" (312). Es decir que, el relato de una dolorosa agonía, de la historia del proceso agónico de la familia Kollody lo es también de su sociedad, inscrita en el cuerpo paterno, donde lo personal deviene lo público y nacional. Esta analogía se hace explícita en la equiparación de "uno de los tumores que invade la ciudad como aquel bulto negruzco, que brillaba en el fondo del intestino de mi padre" (166). Dicha identificación entre cuerpo personal y social se halla apoyada en la caracterización de Michel Foucault de la enfermedad como una desviación interna de la vida, definida comúnmente como metáfora de la desintegración social (citado en Gimbernat González 289). Según Gimbernat González: "Hablar de males y dolencias físicas da acceso al enunciado del cuerpo a través de una retórica de la enfermedad, a cuyos códigos hay acceso sin restricciones, por la misma organización de poder que lo controla y encamina" (289).

La enfermedad y su retórica plantean el evidente vacío moral manifestado en las vidas de los personajes y su sociedad, en tanto que las continuas referencias a los cuerpos enfermos representan la violencia que el sistema ejerce sobre el individuo. Las Casas de Recuperación obligatorias y controladas por el Estado, que negocian con estos cuerpos enfermos, ponen en evidencia la existencia de un sistema represivo, impuesto por el Estado y sancionado por la sociedad. Según Julia Kristeva, el cuerpo social constriñe la forma en que se percibe el cuerpo físico, así como la experiencia física del cuerpo, modificada siempre por las categorías sociales a través de las cuales se percibe, nutre una visión particular de la sociedad.[4] El cuerpo enfermo se percibe en la novela como propiedad del Estado, lo cual alude a la época cuando el Estado efectivamente controlaba a los ciudadanos que cataloga de "enfermos" por medio de su capacidad de apoderarse de los cuerpos y disponer de éstos con impunidad. Las Casas, un sistema disfrazado de encarcelamiento y vejaciones, son el microcosmos donde se reproducen las situaciones que se manifiestan en el exterior y lo que sucede a los pacientes y sus cuerpos refleja lo que les sucede a los cuerpos en el mundo que los rodea. La función de los geriátricos cumple con la aseveración de Kristeva en cuanto que las sociedades preocupadas por el temor a la contaminación están obsesionadas por el control de los cuerpos y las personas "marginales," las cuales son vistas como una amenaza al cuerpo político. Es por eso que las Casas desempeñan un papel de ocultamiento de cuerpos, ya que lo enfermo y marginal debe ser eliminado. Se trata de una eliminación de lo "abominable," la función de abyección como la define Kristeva (92) quien califica a esta parte del ser arrojado fuera como aquélla que inspira horror.

En la novela, la acción de esconder los cuerpos enfermos se entrelaza al ocultamiento de las causas de la desintegración moral y social de la realidad presentada. A su vez, el cuerpo enfermo, que esta sociedad se niega a ver, es parte de un contexto más amplio de negación de la desintegración física por medio del maquillaje, las máscaras y los disfraces, y de la apertura del texto a la parodia, el desdoblamiento y la multiplicidad. Es decir que el cuerpo disfrazado y recreado forma parte del concepto bajtiniano de lo carnavalesco, ya que se descentran las relaciones cotidianas en un proceso de transformación y reconstrucción de la realidad.

Este aspecto toma un primer plano a raíz de la profesión del protagonista quien se dedica "a maquillar a viejos para las fiestas de familia, a maquillar muñecas para niñas ricas y para hombres solitarios, y de vez en cuando, a maquillar cadáveres para las casas mortuorias" (22). El maquillaje que deshumaniza al individuo caracteriza al sistema, como se pone de relieve en la imagen televisada del presidente "agotado debajo del maquillaje denso, con esa expresión extraña de los nuevos viejos a la que nos hemos habituado después de tantos años de cirugía" (11-12). Al maquillaje se le une el uso de máscaras y disfraces que culminan en una fiesta de fantasía sobre un motivo polar, parte de la labor del protagonista. El efecto es borrar las señas de identidad de una sociedad signada por la muerte y el dolor encarnados en el cuerpo social durante los años silenciados y en el presente de capitalismo salvaje. La proliferación de viejos enfermos y locos, de cadáveres, hospitales y casas mortuorias le otorgan un papel prominente a la enfermedad, la locura y la muerte formando un denso trasfondo que permea la narración y le da un aura claustrofóbica. Las coordenadas de lo interior y lo exterior se borran al tratarse de una ciudad tomada donde no se puede caminar, donde la crítica de la ciudad se extiende a la nación y al sistema en el cual se apoya.

Otro aspecto maquillado y disfrazado es el relato mismo, un texto que propone varias interrogantes: ¿Por qué se ha elegido este formato epistolar truncado? ¿Por qué se dirige el texto a una falsa receptora que no lo va a leer jamás? ¿Por qué se le da a este personaje una posición marginal en que se manifiesta como ausencia en relación al texto? Se destaca el diseño epistolar truncado ya que el texto/carta no desempeña su función básica, la de ser leída, lo que apunta a la artificialidad de este recurso de lo cual es consciente el protagonista quien expresa: "¿Tengo que seguir fingiendo que te escribo? ¿Tengo que seguir mintiéndome que alguna vez vas a leer esto?" (34). Lo que debiera ser un diálogo, como se destaca de este formato cuestionante y cuestionador, se convierte en un soliloquio disfrazado de monólogo, o sea en una propuesta incompleta. Además es de notar una posible alusión a la falta de diálogo en una sociedad donde únicamente se oye la voz de los que detentan el poder. Es inevitable asociar este texto/carta del protagonista narrador, relato de su vida y de la búsqueda de las señas de su identidad, dirigido a una destinataria que no lo leerá, al guión que escribe a sabiendas de que jamás se producirá la película. Ambos textos de los cuales Ernesto es el autor son textos a medias, ya que no desempeñan su función comunicativa básica. La manipulación que el narrador hace del formato y el contenido tiene como objetivo el escamoteo de la verdad sobre su persona para mostrarse como víctima. Asimismo, tiene como meta abrir el texto a una multiplicidad de significaciones y discursos, apoyándose en el uso de la carta, texto personal y menor para ampliar el enfoque e incorporar lo marginal. Al ser la carta la única visión propuesta, la cual además no es fidedigna, se pone en duda el valor de un texto central, abriéndose espacios e interrogantes sobre lo que está excluido, como la voz de la mujer destinataria del texto.

Dicha posición marginal de la mujer en el texto es también ambigua, pues es ella quien moldea la escritura a pesar de ser una paradojal presencia/ ausencia:

> Ahora, por momentos, me harto también de vos, de que estés siempre ahí, testigo desinteresado y forzoso de mi vida. Viéndome aunque no me mires, leyéndome aunque no me leas, convocada por mi escritura, ignorándome con la disimulada indiferencia de los espejos, que nos mienten fascinación mientras nos devuelven nuestra propia mirada. (34)

Si ella tiene la función de superficie reflejante, de espejo, lo que se efectúa es un travestismo del texto que apunta al ocultamiento, a una negación de lo que postula, a la vez que nos remite a su opuesto. El texto se revela como la escritura encubierta de una historia que no se dijo, como un intento de articular lo encubierto. Además, el travestismo surge al ser un relato basado en la mentira, lo que nos lleva a cuestionar la posición de los personajes con respecto a lo narrado como productos del disfraz del hábil maquillador (¿simulador?) o del loco. Es un texto que surge de lo que Fernando Reati llama "la transgresión de la identidad sexual autorial en la voz narrativa" (211). La narración que se emite desde una voz del sexo opuesto al de la autora, destaca según Reati, el discurso ventrílocuo que transgrede la base del discurso hegemónico falocéntrico. En este sentido, la narración dirigida al sujeto femenino colorea la voz masculina que emite el discurso. La destinataria hipotéticamente tiene la autoridad de interpretarlo y volver a contar la historia desde el ámbito de la mujer/espejo que se apropia del discurso y le da un nuevo significado. El silencio de la mujer podría interpretarse como un cuestionamiento del discurso masculino y constituir la verdadera voz de la mujer, como lo expresara Xavière Gauthier, en cuanto: "And then, blank pages, gaps, borders, spaces and silence, holes in discourse. [. . .] If the reader feels a bit disoriented in this new space, one which is obscure and silent, it proves, perhaps, that it is a woman's space" (164).

La escritura travestida de una voz narrativa masculina factible de ser reinterpretada por una narradora femenina invisible presenta un entrecruzamiento genérico, un acercamiento a lo andrógino, que interrelaciona los discursos varios, aspecto que se da también en otros planos de la obra. Así la identidad genérica del único personaje femenino fuerte de la obra es trastocada y disimulada. Se trata de Sandy Bell, un famoso travesti de la televisión, quien se menciona al pasar al inicio de la obra y luego desempeña un papel destacado. Sandy aloja a Ernesto y su padre luego del secuestro de la Casa y antes de que se encaminen hacia la comunidad cimarrona. Lo interesante del personaje es que primero se presenta como hombre vestido de mujer, pero hacia el final se le revela al protagonista como mujer que se hace pasar por hombre vestido de mujer: "Pero todos alcanzamos a verla sin disfraz: sin las hombreras, ya no tenía espaldas anchas. Sus pies descalzos eran pequeños y sus caderas bien formadas" (199).[5] Aunque el protagonista lo ve como mujer, su padre atribuye esta impresión a la cirugía lo que confunde y ridiculiza nuevamente a Ernesto: "Con una carcajada eterna se reía de mi pequeñez, de mi inocencia [. . .]. Como siempre se reía de mí" (201). La ambigüedad de género constituye una estrategia más para codificar la marginalización genérica en el texto y forma parte de la técnica de desdoblamiento en el espejo, de cajas chinas donde la historia aparente oculta otra más profunda y donde todos los niveles de la narración se tiñen de ambigüedad.

Un texto destinado al olvido y caracterizado por el silenciamiento de la verdad, por la falta de resolución y esperanza futura, por identidades genéricas travestidas y sin una voz autorial que se imponga, se abre a múltiples interpretaciones, pero también nos remite a una sociedad que se ampara detrás de la simulación y las apariencias, que evita a toda costa enfrentar una realidad dolorosa que se intenta borrar de la mente colectiva. La muerte es aquí solamente el efecto secundario, pues los personajes y la sociedad retratada en esta historia de una larga agonía simbólica destilan la simulación y mentira, el silencio y el olvido. A fin de cuentas, lo redimible es el discurso literario por medio de los intentos de apertura del texto, al tratar de orquestar las voces silenciadas que se elevan sobre los cuerpos sufrientes, las mentes alienadas y los personajes ausentes.

NOTAS

1. Ana María Shua ha publicado más de veinte libros, incluyendo poesía, cuentos y novelas, algunos de los cuales han sido premiados en la Argentina y en concursos internacionales. Entre las obras de ficción más conocidas de Shua (Buenos Aires, 1951) se destacan: *Soy paciente* (1980), *Los amores de Laurita* (1984), *Casa de geishas* (1992), *El libro de los recuerdos* (1994) y *La muerte como efecto secundario* (1997). Todas las citas provienen de esta edición de la Editorial Sudamericana.

2. Morello-Frosh estudia *Realidad nacional desde la cama* de Luisa Valenzuela y *El fin de la historia* de Liliana Heker en cuanto textos femeninos característicos de la narrativa histórica contemporánea.

3. Este esquema de José Joaquín Brunner, expuesto en *La cultura autoritaria en Chile* (Santiago de Chile: FLACSO, 1981), está basado en dos ejes ideológicos, la Doctrina de la Seguridad Nacional y la del mercado neoliberal y es aplicado por Josefina Muñoz como modelo de acuerdo al cual discurre la literatura chilena de la generación del ochenta. Dicho modelo resulta provechoso para estudiar las dimensiones simbólicas del texto de Shua.

4. Julia Kristeva desarrolla las ideas de la antropóloga Mary Douglas (80-82), expuestas en *De la souillure* (Paris: Maspero, 1971).

5. Según me explicó la autora en una carta personal escrita el 20 agosto de 1998: "Al fin no se sabe si Sandy Bell es varón o mujer. Yo misma no lo sé."

OBRAS CITADAS

Gauthier, Xavière. "Is There Such a Thing as Women's Writing?" *New French Feminisms*. Eds. Elaine Marks e Isabelle de Courtivron. New York: Schocken, 1981. 161-164.

Gimbernat González, Ester. *Aventuras del desacuerdo. Novelistas argentinas de los 80*. Buenos Aires: Danilo Albero Vergara, 1992.

Kristeva, Julia. *Pouvoirs de l'horreur: Essai sur l'abjection*. Paris: Editions Du Seuil, 1980.

Morello-Frosh, Marta. "En otras palabras: La ficción de la historia. Narradoras y actoras de la ficción histórica argentina." *Alba de América* 17 (1999): 299-310.

Muñoz, Josefina. "Reflexiones acerca de algunas huellas del poder en la narrativa de la generación del 80." *Escribir en los bordes. Congreso Internacional de Literatura Femenina Latinamericana (1987)*. Eds. Nelly Richard et al. Santiago de Chile: Editorial Cuarto Propio, 1990. 159-66.

Niebylski, Dianna. "Peligrando la salud pública: estrategias para cuestionar y subvertir el orden público en *Realidad nacional desde la cama*." *Alba de América* 17 (1999): 311-20.

Oviedo, José Miguel. "Una novela sobre la muerte." *Cuadernos americanos* 571 (1998): 153-57.

Reati, Fernando. *Nombrar lo innombrable. Violencia política y novela argentina: 1975-1985*. Buenos Aires: Legasa, 1992.

Shua, Ana María. *La muerte como efecto secundario*. Buenos Aires: Sudamericana, 1997.

VISIONES APOCALÍPTICAS
EN UNA NOVELA ARGENTINA:

LA MUERTE COMO EFECTO SECUNDARIO DE ANA MARÍA SHUA[1]

*Rhonda Dahl Buchanan**

> *Es difícil escribir un paraíso cuando todas las indicaciones*
> *superficiales hacen pensar que debe describirse un apocalipsis.*
>
> — Ezra Pound

"Para quien no cree en otro mundo, la vejez es el infierno." Con este duro aforismo concluye Ana María Shua su tercera novela *El libro de los recuerdos* (Buenos Aires: Sudamericana, 1994), sólo para volver a plantearlo en su más cruda realidad en su cuarta novela *La muerte como efecto secundario* (Buenos Aires: Sudamericana, 1997).[2] En esta novela Shua conjura a todos los demonios que le han perseguido a través de su larga carrera literaria que abarca más de veinte años y todos los géneros literarios: poesía, cuento, relato brevísimo, novela, ensayo, guión cinematográfico, teatro, y textos de humor y leyendas de horror rescatados de la tradición oral judía. Shua reúne en esta novela sus obsesiones de cabecera, ofreciéndonos reflexiones sobre el amor y el odio, el sexo y la locura, la

---

* Rhonda Dahl Buchanan se doctoró de la University of Colorado en 1982 y es Profesora Titular en la University of Louisville, donde ha enseñado clases de literatura hispanoamericana y lengua española desde 1984. En 1989 ganó el galardón del President's Young Investigator Award de la University of Louisville y en 2000 ganó el premio de Distinguished Teaching Professor Award de la University of Louisville. Ha publicado artículos sobre la obra de varios escritores colombianos, entre ellos, Gabriel García Márquez, Darío Jaramillo Agudelo, Alvaro Pineda Botero y José Cardona López; y sobre la ficción de escritores mexicanos como Carlos Fuentes, Alberto Ruy Sánchez y Cecilia Urbina. En los últimos años ha publicado estudios sobre la narrativa argentina contemporánea, en particular, sobre la obra de Julio Cortázar, Mempo Giardinelli, Ana María Shua, Héctor Tizón, Tununa Mercado y Alicia Kozameh. Sus ensayos críticos, traducciones y entrevistas con autores han sido publicados en revistas y antologías estadounidenses, argentinas, mexicanas, colombianas, cubanas y españolas. También es traductora y colaboradora con varias revistas literarias: *Puro Cuento* en la Argentina (1989-1991), *Torre de Papel* en los Estados Unidos y *El Cuento en Red* en México.

vejez y la muerte y la creación literaria en relación con la perenne búsqueda por la identidad y la libertad. La estructura de la novela se basa en una larga carta que Ernesto Kollody, el protagonista y narrador, le escribe a su ex-amante, una casada infiel que traicionó a él y a su propio marido con otro amante, para luego desaparecer, abandonando a los tres. Vamos a explorar en este estudio los principales elementos temáticos y discursivos que Shua emplea en *La muerte como efecto secundario* para construir un mundo utópico a pesar de todas las visiones apocalípticas que parecen desmentirlo. En particular, examinaremos las múltiples funciones de la carta como artificio en esta novela epistolar, considerando específicamente cómo el tiempo, la memoria y la escritura se reúnen para reconstruir el deseo, exorcizar los demonios y buscar la identidad, a la vez que reflexiona sobre el mismo acto de escribir como un ejercicio de futilidad y una forma de salvación.

En esta novela, como en sus novelas anteriores *Los amores de Laurita* (Buenos Aires: Sudamericana, 1984) y *El libro de los recuerdos*, vemos cómo los lazos familiares que unen supuestamente a padres e hijos, se convierten en un lazo corredizo de verdugo que termina por estrangular a los hijos, sofocándolos con nudos de odio, rencor y poder cuando éstos se rebelan y buscan independizarse fuera del círculo hogareño. En uno de los cuentos brevísimos de su antología *Casa de geishas* (Buenos Aires: Sudamericana, 1992), titulado simplemente "Ataduras," Shua capta de manera precisa e irónica la fuerza que ejerce la familia sobre el individuo:

> Muchos prefieren que se los ate y la calidad de las ataduras varía,
> como es natural, de acuerdo con el peculio de la gozosa víctima:
> desde lazos de seda hasta lazos de sangre. Y es que en el fondo
> nada ata tanto como la responsabilidad de una familia (cierta
> mente el más caro de los placeres-sufrimientos). (19)

Aunque el humor ha sido una de las armas predilectas de Shua, *La muerte como efecto secundario* provoca una mueca cínica en sus lectores en vez de las risas y carcajadas que normalmente acompañan la lectura de una obra suya. De hecho, hay poco de qué reírse de la historia morbosa de Ernesto Kollody, un maquillador profesional y guionista cinematográfico, divorciado y padre de dos hijos, quien se encuentra en el umbral entre la edad madura y la vejez, y sin embargo, todavía se siente dominado por su padre, una figura tiránica que sigue manipulando a sus hijos aún mientras sufre el agonizante proceso de morirse.

La novela se abre con un epígrafe que enumera las "reacciones adversas" que puede provocar la rifampicina, un antibiótico común recetado con frecuencia por los pediatras. La muerte aparece en la lista de posibles "efectos secundarios" al lado de otros de índole menos grave.[3] Este epígrafe de tono frío y científico sirve de advertencia para el lector que lo que va a leer a continuación también le puede provocar "reacciones adversas."

Tal como lo hizo en su primera novela *Soy paciente* (Buenos Aires: Losada, 1980), Shua adopta la voz masculina de su protagonista, empleando un tono íntimo, un lenguaje depurador y un ritmo vertiginoso para narrar en primera persona una historia de resentimiento familiar que, en manos de otro, podría haberse convertido en melodrama.[4] Este dominio narrativo no se les ha escapado a los críticos que han reseñado la novela; por ejemplo, José Miguel Oviedo observa que "hay un notable control emocional de un asunto que se presta al desborde; así, la frustración y el rencor contenidos suenan todavía más perturbadores que si explotasen del todo" (155).

La acción se sitúa en "un Buenos Aires futuro, cercano y peligrosamente real" (cita de la contratapa) donde la violencia es una fuerza omnipresente en la vida cotidiana y la muerte acecha a la vuelta de cada esquina. Es una ciudad asediada cuyo mapa metropolitano señala los barrios tomados, arriesgados para los que no andan en automóviles blindados, y los barrios cerrados, que ofrecen un simulacro de tranquilidad para los que pueden darse el lujo de casas protegidas por barrotes electrizados y ejércitos privados de seguridad. Todas estas precauciones son necesarias porque hay bandas de ladrones profesionales y aficionados de todas las edades que asaltan, roban y matan a la gente sin provocación alguna.

No es la primera vez que Shua sitúa un texto suyo en el futuro. En "Viajando se conoce gente," cuento que da título a su segundo volumen de relatos (Buenos Aires: Sudamericana, 1988), hay viajes turísticos por el hiperespacio al planeta Mieres para los que quieren enloquecerse con los Vlotis, unas criaturas extraterrestres que pueden comunicar "lo más ferviente del deseo" y evocar de la memoria "las más reprimidas imágenes" (131). Sin embargo, Shua insiste en que no hay nada de ciencia-ficción en su novela *La muerte como efecto secundario*. Ella explica en una entrevista que simplemente partió de la realidad actual, llevando las tendencias negativas de la sociedad a un extremo, "hasta las últimas consecuencias":

> Todo lo que hoy vemos que está funcionando mal, pero acentuado por el paso del tiempo. Un mundo insoportable. Si George Orwell en su novela *1984* quiso mostrar qué podía suceder en un mundo en el que el Estado fuera amo y señor de todo, en mi novela imagino el efecto contrario: qué puede pasar en un mundo donde reina la anarquía, donde el Estado existe pero no cuenta, donde rige una suerte de feudalismo en el que mandan las empresas que tienen a su disposición ejércitos privados. Muy parecido a nuestro presente. (Dubatti 3)

El dinero es lo que realmente reina en este mundo de desempleo, injusticia y desamparo, y, por lo tanto, por un precio, los con recursos económicos pueden crear para sí mismos una "realidad virtual" de aparente seguridad y bienestar. Por ejemplo, el narrador nos explica que hay caminódromos para los que desean dar un paseo sin temer por la vida:

> hay muchos caminódromos en la ciudad, lugares protegidos que fingen ser un barrio cualquiera y en los que por una entrada módica es posible caminar hasta hartarse, recorriendo paisajes infinitos—o limitados—casi reales. Casi. Como cualquiera de esos sustitutos sintéticos que reemplazan a los alimentos naturales. Buenos para quienes no conocieron otra cosa y, para ellos, mejores incluso que la Cosa Misma. (18)

Como sugiere este pasaje, nada es cómo parece ser en este mundo desintegrado, sino una ilusión o simulacro de lo que quiere ser. Los políticos no gobiernan, y aunque el presidente da discursos por televisión asegurándole al pueblo que todo está en orden, en realidad, predomina el caos. Todo se ha convertido en un *show* de espectáculos, hasta las Madres de la Plaza de Mayo han llegado a ser una atracción turística, con marchas día y noche, no solamente los jueves, sino todos los días. La misma muerte se ha transformado en un espectáculo macabro para la televisión y un gran negocio para los camarógrafos aficionados que rondan las calles como *paparazzi* tratando de captar en video homocidios sangrientos para vender a los noticiarios, o suicidios horribles para entregar al Canal de los Suicidas.

Entre los ejecutantes que hacen a la vez su estreno y actuación final en el Programa de los Suicidas, abundan los viejos, ya que ellos prefieren matarse a internarse en una Casa de Recuperación, nombre eufemístico para los geriátricos obligatorios de los cuales no hay salida. En esta tierra de nadie donde el lenguaje "políticamente correcto" encubre la realidad, el enfermarse y el envejecerse son peligros que los ciudadanos tratan de esquivar a través de la cirugía estética y otras operaciones clandestinas, la tintura de pelo, la dentadura postiza y el maquillaje. El hecho de que Ernesto Kollody gana la vida como maquillador profesional, mejorando el aspecto físico de vivos y muertos no es gratuito sino, como señala Graciela Scheines, "gran símbolo, en una sociedad donde todo es apariencia, cosmético. Hasta los cadáveres deben tener buen aspecto, aunque ya esté por comenzar la descomposición" (3). Mientras algunos viejos, incluso el mismo Presidente de la República, andan con caras que reflejan "esa expresión extraña de los nuevos viejos" (12), otros pagan a médicos secretos para cuidarlos y ayudarles a morir en su propia casa.

El padre del narrador es uno de esos viejos que utiliza el dinero para manipular a todos: a su médico secreto, a su abogado, a sus hijos Ernesto y Cora, y a su esposa que vive sumergida en la locura de su propio mundo interno. El narrador pinta a su padre como un hombre cruel, una especie de Saturno que devora a sus propios hijos.[5] Según Ernesto, su padre es un tipo autoritario y abusivo que siempre tiene que ganar en todo, en los negocios, en las relaciones personales y en el aspecto físico de su propio cuerpo. El narrador observa que "A partir de cierta edad, de cierto grado de impedimento físico, la verdadera cárcel es el cuerpo y todo otro encierro no es más que una consecuencia menor" (111). Sin embargo, su padre no acepta su propia mortalidad sino que se ríe a la muerte, y se rebela contra el sistema que quiere encarcelarlo en una Casa de Recuperación. Recurre a su arma favorita, el dinero, para apostar en contra del cuerpo que le ha traicionado con un tumor canceroso, y a favor de sus propias fuerzas vitales. Además cuenta con el poder que siempre ha regido sobre el hijo para involucrarlo en el plan de huir de la Casa de Recuperación e integrarse a la comunidad clandestina de los Viejos Cimarrones, establecida fuera de los límites de la capital por unos ancianos rebeldes que no quisieron morirse dentro de los geriátricos obligatorios.

Como toda buena obra literaria, *La muerte como efecto secundario* admite varias lecturas, como las que sugiere Oviedo: "esta novela presenta elementos que encontramos en diversos subgéneros (la novela existencial, la psicológica, la de anticipación fantástica, la policial, etc.) y los fusiona con una rara habilidad para hacerlos todos verosímiles y necesarios" (157). De hecho, el asunto anecdótico principal que narra Ernesto, es decir, la historia de cómo él le ayudó a su padre a escaparse de una Casa de Recuperación, incorpora muchos elementos del género negro, tales como la violencia, la muerte, los crímenes, las fugas, el sexo y la intriga, todo narrado con un ritmo accelerado, toques de humor negro y mucho suspenso. Los lectores aficionados a la novela policial encontrarán en su relato los ingredientes esenciales que les involucrarán desde la primera página, sosteniendo su interés por los treinta capítulos, sin soltarles del todo hasta la última línea de la novela.

Carta de desamor

> *La lettre, l'épître, qui n'est pas un genre*
> *mais tous les genres, la littérature même.*
>
> — Jacques Derrida

El lector deber recordar, no obstante, que en esta novela nada es lo que parece ser; de hecho, todo lo que nos cuenta Ernesto acerca de su padre y del mundo sórdido del cual tratan de escaparse los dos, sólo sirve como telón de fondo, o pre-texto, para el verdadero texto que él quiere transmitir: una historia de amor, y de su contraparte, el desamor. Aunque el asunto principal de la escritura parece ser la historia que gira en torno al padre, ésta constituye sólo las líneas horizontales de la trama, mientras que los hilos que llenan todos los intersticios y márgenes de la narración, o sea, la urdimbre del texto, consisten de los "fragmentos de un discurso amoroso," como los que define Roland Barthes en su libro del mismo título. Las palabras con las que abre Barthes su *Fragmentos de un dis-*

curso amoroso: "Es pues un enamorado el que habla y dice:" (19), podrían servir de epígrafe para *La muerte como efecto secundario* también ya que el narrador es un enamorado que le habla a su amada ausente y le dice de mil maneras que está pensando en ella.

Lo que dice Barthes de las distintas "figuras" que componen el discurso amoroso, puede ayudarnos a entender mejor lo que le motiva a Ernesto Kollody a escribirle a su ex-amante esa larga carta que es, en fin, la novela que el lector tiene entre sus manos. Según Barthes, la carta de amor transmite solamente un mensaje, aunque en infinitas variaciones: "pienso en usted" (51). La carta amorosa es un monólogo solitario que quisiera convertirse en diálogo compartido con el ser amado ausente, como nos explica Barthes en su texto "El ausente": "La ausencia amorosa va solamente en un sentido y no puede suponerse sino a partir de quien se queda—y no de quien parte—: *yo*, siempre presente, no se constituye más que ante *tú*, siempre ausente" (45, énfasis en el original).[6] Ernesto le habla directamente a su ex-amante, haciéndole preguntas como si estuviera presente: "¿Te interesa? ¿Sigo? Debería bastarme con tu silencio, con que no me interrumpas. Pero nunca es suficiente, cualquiera que haya pasado por esta forma agobiante del amor lo sabe" (38).

Barthes sugiere que históricamente ha sido la mujer quien ha mantenido el discurso amoroso de la ausencia (45). Tradicionalmente ha sido la mujer quien se queda sola, recordando y pasando el tiempo esperando, elaborando ficciones al son del telar o de la hiladora, mientras el hombre está ausente, ocupado con la guerra, la navegación o la caza. Por lo tanto cuando los papeles se invierten, y es el hombre quien espera y escribe el discurso amoroso, según Barthes, el enamorado es feminizado: "este hombre que espera y que sufre, está milagrosamente feminizado. Un hombre no está feminizado porque sea invertido, sino por estar enamorado. (Mito y utopía: el origen ha pertenecido, el porvenir pertenecerá a los sujetos *en quienes existe lo femenino*)" (46, énfasis en el original).

El autorretrato que Ernesto nos revela en su carta amorosa es la imagen de un hombre débil, tanto en su aspecto físico, como en su carácter personal. A pesar de ser padre de hijos adultos que ya va para viejo, Ernesto sigue siendo el hijo eterno, avergonzado por sus piernas flacas, su artrosis y su calvicie. Igual que su hermana Cora, una mujer madura que nunca ha dejado el hogar de sus padres, Ernesto siempre ha vivido atado a los deseos de su padre, y nunca ha podido independizarse de la familia. Se siente vulnerable e impotente ante los que saben dominar el dinero y el poder, como su padre y Goransky, el cineasta internacional con quien trabaja como guionista, como también ante la única mujer que realmente ha amado en su vida. Sin embargo, como sugiere Barthes, el futuro está en sus manos. Será a través de la escritura que Ernesto tendrá el poder de crear el mundo que quiera.

En su libro *La Carte postale*, Jacques Derrida propone que la carta no es simplemente un género literario, sino que abarca todos los géneros y hasta la literatura misma.[7] De hecho, se puede decir que toda la literatura, de una manera u otra, tiene algo en común con el género epistolar ya que un ser humano le transmite un mensaje a otro ser ausente e invisible, a veces a un narratario dentro de la obra y, a fin de cuentas, al lector quien lo lee. Eventualmente la figura de la ausencia se transforma en una de abandono, tal como reflejan las siguientes palabras de Ernesto a su ex-amante: "Me pregunto a veces si saberte muerta me dolería todavía más que esto, que tu deliberada ausencia, tu abandono. Creo que sí" (45). Por cierto el narrador preferiría tenerla ausente en vez de muerta porque mientras sigue escribiéndole, existe todavía la ilusión de una futura reunión. Barthes sugiere lo siguiente acerca de la relación entre la ausencia y el acto de escribir:

> La ausencia dura, me es necesario soportarla. Voy pues a *mani-pularla*: transformar la distorción del tiempo en vaivén, producir ritmo, abrir la escena del lenguaje [. . .] La ausencia se convierte en una práctica activa, en un *ajetreo* (que me impide hacer cualquier otra cosa); en él se crea una ficción de múltiples funciones (dudas, reproches, deseos, melancolías). (48, énfasis en el original)

En su libro *Discourses of Desire*, un estudio sobre la carta como género literario, Linda Kauffman incorpora estas teorías de Barthes al configurar un modelo para el discurso epistolar. Partiendo de un análisis de las cartas que escriben las quince heroínas del *Heroidas* de Ovidio, Kauffman sugiere que la carta amorosa cumple muchos papeles: es una confrontación, una exigencia, una súplica y un lamento (17). Ella explica que en cada carta la heroína abandonada recuerda los momentos de placer con el ser amado, lamenta la indiferencia de él que se fue, cuestiona su fidelidad, se arrebata contra las fuerzas que los han separado, habla del acto de escribir que le ha ocupado durante su ausencia y le incita al otro a leer su misiva. A veces ella considera el suicidio como una posible solución, pero a fin de cuentas evita una clausura definitiva, optando por nutrir la ilusión de la presencia del otro y su posible retorno a través de la escritura (17-18). Kauffman resume su discusión de las características de la carta amorosa diciendo que la estrategia que emplea la que escribe es subversiva: "Her epistle is simultaneously a love letter and a legal challenge, a revolt staged in writing" (18).

Las pautas que Kauffman reconoce en las cartas ovidianas se ven claramente en la carta que le escribe Ernesto a esa ex-amante que queda anónima para el lector. En el siguiente pasaje, por ejemplo, el narrador le revela a su amada la razón por la cual siempre acude a la palabra escrita aun cuando sabe que ella nunca va a leerla:

> Durante muchos años viví para contarte lo que vivía y cada acción o pensamiento se iba transformando, en el momento mismo en que sucedía, en las palabras con que te lo iba a descri-

bir, como si incluirte así, aunque fuera como oyente, en mi historia, hiciera de todo azar y confusión un orden coherente, le diera un sentido al caos de la realidad. Después, sin vos, durante años me entregué a ese caos, al fango de la historia, permití que se acumulara el material informe que constituye la vida o el recuerdo de la vida y que sólo el relato es capaz de organizar, eligiendo, ordenando, o introduciendo un desorden sabiamente cifrado cuyas claves se entregan al que escucha, al que lee. (19-20)

A veces el narrador se rebela contra su amada ausente, expresando la frustración que siente ante ese acto fútil de seguir escribiéndole:

¿Tengo que seguir fingiendo que te escribo? ¿Tengo que seguir mintiéndome que alguna vez vas a leer esto? [. . .] Ahora, por momentos, me hartó también de vos, de que estés siempre ahí, testigo desinteresado y forzoso de mi vida. Viéndome aunque no me mires, leyéndome aunque no me leas, convocada por mi escritura, ignorándome con la disimulada indiferencia de los espejos, que nos mienten fascinación mientras nos devuelven nuestra propia mirada. (34)

Aún cuando el narrador parece divagar para contarle a su ex-amante cosas de su vida que no tienen nada que ver con ella, eventualmente las digresiones vuelven a tocarle, tal como vemos en su descripción de la Casa de Recuperación: "El de las Casas es un mundo dentro del mundo, un sector de la vida que nadie conoce a fondo hasta que no le toca entrar en él, así como nosotros fuimos descubriendo juntos el breve universo de los amores secretos" (31). De hecho, las digresiones son calculadas y le ofrecen a Ernesto el control sobre la materia que no tenía en su relación con ella. Vemos en las siguientes palabras de Ernesto la "rebelión montada en la escritura" a la que se refiere Kauffman: "hay tantas horas de mi vida de las que nunca pude hablarte, que no me importa ahora ser arbitrario, digresivo, tironear del fino hilo del relato hasta abusar de su resistencia, de la tuya" (19). Ernesto le indica que él está en control de lo que se narra con comentarios como los siguientes: "Esta es una digresión anunciada" (20) y "no te voy a dejar elegir. Sin límites externos, mi relato elige sus propios laberintos" (72). No obstante, hay que recordar que en el fondo Ernesto no es escritor ni guionista de cine sino un maquillador profesional que prefiere trabajar sobre la carne y la piel. Aunque una vez logró publicar un cuento que tuviera lugar en la Antártida,[8] Ernesto admite: "No soy un buen arquitecto de la palabra, no sé cómo diseñar una estructura capaz de organizar el relato" (36). Ernesto crea con las palabras la ilusión de la presencia de ella, tal como pinta con el maquillaje la apariencia engañosa de vida en las caras de los cadáveres.

Detrás de lo que parece ser una narración espontánea y digresiva, el lector puede percibir cierto orden y coherencia en la estructura que se parece a un laberinto sin salida. A lo largo de su larga carta, el narrador suele arrancar su monólogo hablando de otros, por ejemplo, del director Goransky, de su novia Margot, de su vecino Alberto Romaris, del travesti Sandy Bell, pero con mucho más frecuencia, de su padre. Luego, el texto se vuelve especular mientras el narrador se mira a sí mismo y describe sus propios sentimientos y preocupaciones. Después la narración gira, inevitablemente, hacia su ex-amante y su relación con ella. Se establece esta secuencia, repetida una y otra vez en cada capítulo, desde la primera página de la novela. El primer capítulo se abre con la imagen del tumor canceroso que obstruye el intestino de su padre; el segundo párrafo revela el estado de ánimo del narrador: "Estaba cansado. Había dormido poco" (9) y, de pronto, el último párrafo de la primera página incluye a la amante ausente dentro del enunciado: "Si hubieras estado conmigo, te habría mostrado la foto" (9).

Ernesto recurre a la escritura para acercarse a su amada, para seducirla y amarla de nuevo, pero también para reprocharle el dominio total que ella mantenía sobre la relación, un control absoluto, tanto en la vida privada como en el reino público, que excluía la posibilidad de una unión incondicional:

> Quiero que sepas de mí tanto como yo mismo sé: entregarme en la escritura con la misma ilusión de absoluto que lograbas al darme tu cuerpo, y que se rompía, después, tan rápidamente: porque nunca supe en realidad por dónde andabas, adónde te escapabas en el momento mismo en que apagaba tu último gemido, en que terminaba tu último estremecimiento. Te ibas, entonces, sin dejar de estar al lado mío, tu mano de niña sobre mi pecho, y eso era quizás lo que más me fascinaba: que tantas veces estuve en vos y nunca te pude entera. (56)

Ernesto escribe para mitigar la distancia y matar el tiempo que le separan de ella, acudiendo a las palabras y los recuerdos para construir un puente entre los dos, aunque sabe que "las palabras imponen límites" (14). A pesar del tiempo y la distancia que les separa, y la rabia que siente por su abandono, ella sigue siendo para él la brújula que señala el derrotero de su vida. Convoca a su amada a través de las palabras, y recuerda con lujo de detalle todo lo que le fascinaba de ella: su mirada, sus manos de niña, cada centímetro de su cuerpo que tantas veces había recorrido como si fuera su única patria, como también recuerda todo lo que no le gustaba de ella, por ejemplo, cómo se reía de él cuando le preguntaba, "¿Me amás?," respondiéndole: "No se dice me amás, se dice me querés" (38), pero, sobre todo, recuerda cómo ella lloraba cuando le confesó que el otro amante había sido nadie menos que el padre de él, siempre su rival en todo. Ernesto no puede perdonarle a su padre esta máxima forma de humillación y traición, como tampoco puede olvidar el hecho de que ella dejó a los dos para no tener que elegir entre ellos.

171

La figura del padre parece apoderarse del narrador, aunque trata de olvidarlo y borrarlo de su manuscrito: "Estoy dando vueltas, tomo todas las curvas posibles y no hago más que seguir una espiral plana que siempre me conduce—¿nos conduce?—hasta el único centro posible. Mi padre" (38-39). Ernesto busca a su amada a través de las palabras, pero la imagen del padre se asoma detrás del recuerdo de ella como una sombra enorme en las tinieblas de su memoria. Para poder unirse con la mujer que tanto desea, Ernesto tiene que liberarse del padre, por lo tanto, el acto de escribir se convierte en un exorcismo del demonio que le ha atormentado toda la vida.

Al leer esta carta dirigida a la amada, llamándola "vos," el lector se transforma en cómplice involuntario y receptor de la "voz" del narrador. El lector escucha todos sus reproches, quejas y acusaciones, como también comparte sus deseos, la nostalgia y la melancolía que le ha consumido desde que ella se fue. Ernesto es un hombre "manchado de melancolía," para utilizar las palabras del escritor mexicano Alberto Ruy Sánchez, quien, en su libro *Con la literatura en el cuerpo*, nos recuerda que "la melancolía de la literatura es búsqueda, una trayectoria anhelante, ascenso desde las entrañas" (18). En el caso de Ernesto Kollody, el acto de escribirle esta carta a su ex-amante es una búsqueda motivada por el deseo de recuperarla, como también por la necesidad de recuperarse a sí mismo dado que desde que ella se fue, él no ha sido el mismo que antes.

Para poder ascender hacia ese mundo utópico donde pueda reunirse con su amada, Ernesto tiene que descender primero hasta las regiones más infernales de la anatomía humana. De hecho, esta novela gira en torno a lo que nos toca más de cerca, nuestro universo más íntimo y personal, aunque no siempre tan bien conocido: el cuerpo. La novela comienza con la imagen grotesca y obscena del tumor canceroso del padre, descrita en términos gráficos que sugieren al lector que lo que va a leer no es una historia de amor sino una crónica del deterioro físico. Al centro de la narración está el cuerpo como cárcel, que nos traiciona y nos condena, pero también el cuerpo como puro goce y dicha, pura felicidad y libertad, que nos permite entrar en otro, perdiéndonos y encontrándonos a la vez.

Desde la comunidad de los Viejos Cimarrones, que parece más un purgatorio distópico que el "mítico paraíso" de la libertad, Ernesto anuncia que quiere matar a su padre y dejar de ser hijo suyo para siempre, como si pronunciar estas palabras fuera una forma de asesinarlo.[9] La confrontacíon tendrá lugar en la huerta donde Ernesto trabaja como esclavo para los viejos, y la hora señalada del duelo será al mediodía, debajo del sol, como en los "westerns" de Hollywood, pero antes de intentar el parricidio, él le confiesa a ella en su carta: "¿Dije que quería matar a mi padre? Te mentí. Lo único que pretendo es dejar de compartir con él este universo" (235). Ernesto sigue explicándole que en este nuevo universo no habrá espacio para los dos: o morirá su padre o morirá él, pero de una manera u otra él aceptará su destino sin temer a la muerte porque a fin de cuentas en la búsqueda por ella la muerte será "apenas una consecuencia, nada más que una reacción adversa y no deseada, un simple efecto secundario" (235).

Como una última súplica y demanda, Ernesto le dice a su narratario que su búsqueda tiene un motivo, el de forzarla a leer todo lo que le ha escrito durante los años de su ausencia para que el juego solitario de cartas no haya sido en vano: "no sé qué voy a encontrar cuando te vea, pero sé que te voy a buscar para algo que no me vas a negar: para que tanto escribir tenga sentido. Para que me leas" (235). El acto de escribir se convierte en una forma de restitución y realización para Ernesto, como indican las palabras finales de la novela: "voy a escribirte muchas cartas, sólo cartas, y mis palabras de aquí en adelante serán la prueba de que ese mundo que imagino es posible y también la prueba de que sigo en él, de que empecé por fin, huérfano y liviano como el aire, mi verdadera vida" (235).

Barthes nos recuerda que el deseo de sentirse colmado y libre es lo que cuenta en la búsqueda por la utopía:

> En realidad, poco me importan mis oportunidades de ser *realmente* colmado (no veo inconveniente en que sean nulas). Sólo brilla, indestructible, la voluntad de saciedad. Por esta voluntad, me abandono: formo en mí la utopía de un sujeto sustraído al rechazo: soy *ya* ese sujeto (218, énfasis en el original).

Será a través de las palabras que Ernesto podrá encontrar su verdadera identidad, sentirse libre de toda represión y reunirse por fin con su amada, a condición de que nunca deje de escribirle esa carta abierta que se extiende indefinitivamente, aún más allá del desenlace, hacia un futuro utópico que sólo existe en el mundo de la ficción que él crea para los dos, y para nosotros.

NOTAS

1. Este ensayo se publica en este volumen con el generoso permiso de los editores de la *Revista Iberoamericana,* quienes lo publicaron primero en el tomo 66.192 (2000): 545-555.

2. *La muerte como efecto secundario* recibió el Premio Sigfrido Radaelli, un premio otorgado todos los años a la mejor obra narrativa del año anterior por el Club de los XIII, un grupo de trece escritores y críticos argentinos. Algunos de los integrantes de ese jurado son Vlady Kociancich, María Ester de Miguel, Fernando Sánchez Sorondo, Antonio Requeni, Eduardo Gudiño Kieffer, Victoria Puerreydón, Jorge Cruz y Alina Diaconú.

3. En una entrevista que le hicieron en *La Nación*, Shua explica que el título de la novela se basa en dos vivencias personales suyas:

> Hace muchos años le recetaron a mi hija un antibiótico. El prospecto que lo acompañaba advertía contra reacciones adversas y

efectos secundarios, como hemorragias cerebrales y muerte, si no se respetaba la hora preestablecida para cada toma. Y esa frase, *efecto secundario*, referida a la muerte, me impresionó mucho.[. . .] La segunda situación ocurrió hace cuatro o cinco años, cuando murió mi abuelo luego de una agonía larga y difícil. Pero los médicos insistían en que no se le podía dar medicación para calmar el dolor porque podía traer efectos secundarios: tenía noventa años y se estaba muriendo. (Vásquez 2)

4. Además de las limitaciones de perspectiva que informan una narración en primera persona, su primera novela *Soy paciente* se relaciona con *La muerte como efecto secundario* por la manera en que presenta al hospital como un mundo encerrado del cual no hay salida, una especie de microcosmos infernal que anticipa las Casas de Recuperación, o los geriátricos obligatorios, donde internarse es enterrarse.

5. El hombre tiránico que trata de ejercer control absoluto sobre la familia es un personaje que aparece a través de la obra de Shua, como por ejemplo, el Abuelo Gedalia en su novela *El libro de los recuerdos*. En un ensayo sobre los orígenes de *La muerte como efecto secundario*, Shua comenta sobre la presencia de esa figura persistente en la novela:

Podría contar, por ejemplo, que, a través de varios libros de ficción, me persigue un personaje. A veces pasa casi desapercibido, como una ráfaga, con un paso tan leve que el lector apenas lo nota. Pero yo sé que está allí. Otras veces forma parte de la escenografía. Su presencia constante, aunque nunca en primer plano, condiciona los movimientos de los actores. En algunos casos no está, pero puedo advinarlo a través de las acciones y los deseos de los demás personajes. Es un hombre terrible, malvado, atractivo, simpático, mujeriego, tiránico, feroz, divertido, seductor, sarcástico, despreciativo, mentiroso. La única manera de liberarme de él era darle un papel muy importante en mi próxima novela. (*Clarín* 6)

6. En "La Que No Está," un cuento breve que pertenece a su antología *Casa de geishas*, Shua capta de una manera concisa la fascinación que ejerce la mujer ausente para él que la desea, en este caso, el cliente que espera saciar sus anhelos en el prostíbulo:

Ninguna tiene tanto éxito como La Que No Está. Aunque todavía es joven, muchos años de práctica consciente la han perfeccionado en el sutilísimo arte de la ausencia. Los que preguntan por ella terminan por conformarse con otra cualquiera, a la que toman distraídos, tratando de imaginar que tienen entre sus brazos a la mejor, a la única, a La Que No Está. (31)

7. Derrida sugiere que en el principio la carta existía como una declaración de amor, con un destino sin dirección. Sus comentarios acerca de la carta y su destinatario captan bien la dinámica que existe entre Ernesto y la ex-amante, quien está fuera del alcance del remitente: "The condition for it to arrive is that it ends up and even that it begins by not arriving. This is how it is read, and written, the *carte* of the adestination. . . . The condition for me to renounce nothing and that my love comes back to me, and from me be it understood, is that you are there, over there, quite alive outside of me. Out of reach" (29).

8. Shua hace un guiño a los lectores que conocen su obra con el detalle de que "el primer y último cuento" de Ernesto se sitúa en la Antártida ya que ella misma publicó un

cuento infantil titulado "Mis aventuras en el Polo Sur," que se encuentra en el libro *Expedición al Amazonas.*

9. En su libro *Los demonios de la lengua*, Alberto Ruy Sánchez habla del exorcismo de los de los demonios, explicando: "'Nombrarlos es dominarlos', dice una de las reglas fundamentales que aprende cualquier inquisidor exorcista y, por eso, lo primero que debe intentar frente a un poseído es 'averiguar el nombre de los demonios que lo habitan y la jerarquía a la que pertenecen'" (24). En el caso del narrador de *La muerte como efecto secundario*, el nombre del demonio que le obsesiona es Gregorio Kollody. Al escribir las palabras "Quiero matarlo," (229) Ernesto expresa el deseo de liberarse de su padre de una vez por todas y para siempre.

OBRAS CITADAS

Barthes, Roland. *Fragmentos de un discurso amoroso.* Trans. Eduardo Molina. 12ª ed. México: Siglo Veintiuno, 1996.

Derrida, Jacques. *The Post Card: From Socrates to Freud and Beyond.* Trans. Alan Bass. Chicago: U of Chicago P, 1987. Trans. of *La Carte postal.* Paris: Flammarion, 1980.

Dubatti, Jorge. "Profecías sobre el destino de una Buenos Aires apocalíptica." *El Cronista Comercial* 6 ago. 1997, suplemento de "Cultura y Espectáculos": 3.

Kauffman, Linda S. *Discourses of Desire: Gender, Genre, and Epistolary Fictions.* Ithaca: Cornell UP, 1986.

Oviedo, José Miguel. "Una novela sobre la muerte." *Cuadernos hispanoamericanos* 571 (1998): 153-157.

Ruy Sánchez, Alberto. *Con la literatura en el cuerpo.* México: Taurus, 1995.

———. *Los demonios de la lengua.* 1987. 3ª ed. México: Joaquín Mortiz, 1994.

Scheines, Graciela. "Acerca del progresivo desamor." *La Gaceta de Tucumán* 19 oct. 1997, sección 4: 3.

Shua, Ana María. *Casa de geishas.* Buenos Aires: Sudamericana, 1992.

———. *Expedición al Amazonas.* Buenos Aires, Sudamericana, 1988.

———. *El libro de los recuerdos.* Buenos Aires: Sudamericana, 1994.

———. *La muerte como efecto secundario.* Buenos Aires: Sudamericana, 1997.

———. "Orígenes de una novela: El fuego imprevisible del oficio." *Clarín* 7 ago. 1997, sección Cultura y Nación: 6-7.

———. *Soy paciente.* Buenos Aires: Losada, 1980.

———. *Viajando se conoce gente.* Buenos Aires: Sudamericana, 1988.

Vásquez, María Esther. "Acerca de los efectos secundarios." *La Nación* [Buenos Aires] 17 ago. 1997, sección 6: 2.

ESTRATEGIAS LITERARIAS, HIBRIDACIÓN Y METAFICCIÓN EN *LA SUEÑERA* DE ANA MARÍA SHUA

*Lauro Zavala**

> *¿Y fue por este río de sueñera y de barro*
> *que las proas vinieron a fundarme la patria?*[1]

— Jorge Luis Borges

Un nuevo género literario: la serie fractal

La sueñera (1984), de la escritora argentina Ana María Shua, es una serie de 250 minificciones cuyas características formales son compartidas por varios otros textos de muy diversos autores en varias tradiciones literarias, cuya especificidad genérica requiere ser estudiada de manera sistemática.

En la tradición anglosajona las series de textos narrativos reunidos en el interior de un mismo volumen son conocidos como *short story cycles* (Ingram; Kennedy; Dunn y Morris). La pregunta central al estudiar estas series es lo que Wolfgang Iser llamaría un *campo referencial*, es decir, aquello que les da consistencia como serie. En su estudio de más de 250 libros de esta naturaleza en lengua inglesa, Dunn y Morris proponen la existencia de cinco posibles campos referenciales, que han surgido en orden cronológico desde el siglo XIX hasta nuestros días. Las formas *clásicas* de estos ciclos son los que ocurren en un mismo lugar, con un mismo protagonista individual o con una comunidad como protagonista. Las formas *modernas* de estas series son aquellas en las que el narrador pone en juego un grupo específico de estrategias narrativas similares o en las que

---

* Profesor investigador de la Universidad Autónoma Metropolitana (Xochimilco) de la Ciudad de México, Lauro Zavala es autor de varios libros sobre cine y posmodernidad, y editor de diez volúmenes de antologías y ensayos sobre cuento, incluyendo la serie en cinco tomos de *Teorías del cuento*, reeditados varias veces por la Universidad Nacional Autónoma de México. Director de la revista electrónica de estudios sobre cuento literario, *El Cuento en Red* (http://cuentoenred.org), cuyos primeros dos números (correspondientes a enero-junio y julio- diciembre de 2000) están dedicados a los estudios sobre minificción, y serán publicados también en la revista *Texto Crítico*. En 1998 organizó el Primer Encuentro Internacional de Minificción. Su publicación más reciente se titula *Relatos vertiginosos. 95 minificciones hispanoamericanas* (México: Alfaguara, 2000).

los textos son metaficcionales, es decir, que tratan sobre el acto de crear o de narrar (Dunn y Morris 1-19). En lengua española, Enrique Anderson Imbert ha propuesto llamar *cuentos enlazados* a las series de cuentos que tienen alguno de estos u otros elementos comunes (115-119).

Sin embargo, todos estos estudios tienen como objeto volúmenes formados por cuentos de extensión convencional, lo que lleva a pensar en la proximidad de muchos de ellos con la forma de la novela. En cambio, los volúmenes formados por textos de extensión mucho menor a la convencional tienen características muy distintas, y por ello requieren ser estudiados de manera independiente para así reconocer su especificidad literaria.

Aquí propongo llamar *series fractales* a los volúmenes integrados por minificciones que conservan similitudes formales entre sí, es decir, que pertenecen a las últimas dos categorías señaladas por Dunn y Morris, y cuya naturaleza fragmentaria, irónica e intertextual las inscribe en el contexto de la narrativa posmoderna.[2] Tomo el término *fractal* de la física contemporánea, donde es utilizado para referirse a series donde hay *simetrías recursivas* (Hawkins 103-106), es decir, series de elementos cuyas formas son las mismas a diferentes escalas y en las que existe "una autosemejanza que incluye singularidades y diferencias individuales" (Briggs y Peat 142).

Una *serie fractal*, en términos de minificción, es aquella en la que cada texto es literariamente autónomo, es decir, que no exige la lectura de otro fragmento de la serie para ser apreciado, pero que sin embargo conserva ciertos rasgos formales comunes con el resto. Lo que está en juego en esta estructura literaria es un problema de escala, pues en una extensión muy breve (generalmente de dos líneas a una página impresa) cada texto pone en juego un conjunto de elementos temáticos y formales que lo definen como indisociablemente ligado a la serie a la que pertenece, y cuya similitud haría pensar que entre todos ellos existe un *aire de familia*, como "algo que recorre la madeja entera, a saber, la superposición continua de las fibras" (Wittgenstein 89).

Al estudiar las series fractales se puede observar que existen al menos tres características compartidas por todas ellas: una propuesta temática y formal común a los textos de la serie (incluyendo una extensión específica); la presencia constante de humor e ironía, lo cual es una característica general de la minificción posmoderna (como ya ha sido señalado, entre otros, por Buchanan 188-190, Noguerol 61-63 y Zavala 215-216) y un alto gradiente de intertextualidad, generalmente explícito desde el título de cada texto, y que se expresa en diversas formas de parodia, hibridación genérica y metaficción.

Las estrategias literarias que distinguen a esta serie serán estudiadas con más detenimiento en el resto de este trabajo. Antes de examinar estas características, señalaremos algunos de los antecedentes literarios a cuya tradición pertenece este libro.

La sueñera integra elementos característicos de diversos tipos de series fractales. En primer lugar podemos mencionar las series de minificciones en las que se juega con alguna estructura verbal de carácter convencional, como las prácticas de redacción o los juegos populares. Éste es el caso, respectivamente, de títulos como *Ejercicios de estilo* de Raymond Queneau o *Adivinanzas* del peruano Manuel Mejía Valera, en las que hay una regla genérica a partir de la cual se propone un sistema de variantes. Se trata de una estructura familiar en la composición musical, que en el contexto de la escritura posmoderna adquiere un tono autoparódico.

En *La sueñera* hay juegos con géneros establecidos, como el horror y la tradición oral, en sus variantes surrealistas o absurdas. A su vez, en cada una de estas variantes se juega con las acepciones del término *soñar*, ya sea como el acto de desear aquello que no existe, imaginar universos subjuntivos o aludir al acto de dormir, tratar de dormir, despertar o tratar de despertar. Se trata de explorar las posibilidades lúdicas de lo ocurre en el interior y alrededor de los sueños, de tal manera que al leer esta serie recordamos que los sueños son la materia de la que están hechos nuestros textos literarios.[3]

Otra clase de series fractales a cuya tradición también pertenece *La sueñera* es aquella en la que se juega con géneros extraliterarios, como los manuales, las fábulas o los mitos. En este caso las series están formadas por parodias, pastiches o variantes irónicas del modelo original, cuya referencia generalmente es explícita desde el título de cada texto. Éste es el caso, entre muchos otros, de la serie de *Falsificaciones* de Marco Denevi, *La oveja negra y demás fábulas* de Augusto Monterroso o los brevísimos relatos seriados de *La musa y el garabato* de Felipe Garrido. En todos estos casos, la parodia posmoderna produce una especie de disolución de las fronteras entre modelo y copia, a la vez que también disuelve las fronteras entre alta cultura y cultura popular, al integrar elementos de esta última (como la tradición oral, las leyendas o los refranes) a formas complejas de expresión. En una palabra, de manera similar a lo que ocurre en algunas manifestaciones musicales, arquitectónicas y cinematográficas contemporáneas, se trata de un simulacro que termina siendo "una combinación de lo cómico y lo complejo" (Rose 246).

A continuación mostraré algunos ejemplos de las estrategias literarias de este proceso de fragmentación narrativa que se manifiesta en diversas formas de hibridación genérica y metaficción ocasional.

Una docena de estrategias literarias

En *La sueñera* se juega con la idea de soñar a través de la literalización de metáforas, la inversión del sentido común, el establecimiento de símiles, la animación de objetos inertes, la alteración de escalas naturales, la duplicación del narrador, la narrativización de frases comunes, las enumeraciones epifánicas, la disolución de oposiciones binarias, las sorpresas absurdas, las paradojas irresolubles y los juegos de palabras, entre otras estrategias literarias.

La literalización de metáforas suele producir un efecto humorístico.[4] Las metáforas con las que se juega en *La sueñera* incluyen la idea de un grito que entra por la ventana (2), sentarse al borde de un sueño (3), columpiarse en las oscilaciones del mercado (28) o doblegar militarmente a las manchas rebeldes (146). Así, por ejemplo, en el texto 22 se tiene el privilegio de lograr que ciertos peces tropicales se reproduzcan cómodamente en la cabeza de la narradora, pues ésta confiesa que la tiene caliente (expresión que metonímicamente significa estar distraído con ideas inútiles).

La inversión del sentido común da pie para la elaboración de pequeñas narraciones irónicas. Así se nos relata cómo la narradora no deja dormir al mosquito que cruza su recámara (7), por qué la cola de espera ante la ventanilla no avanza debido a que quienes están formados están dormidos y se equivocaron de sueño (en lugar de que sea quien está detrás de la ventanilla el que está dormido) (17) o, cómo al terminar la fiesta, una voz manda a la narradora a la cama a despertarse (72). En este contexto resulta natural una animada conversación entre plantas, en la que una de ellas recomienda dar atención, palmaditas y hablar suavemente a los humanos, mientras con orgullo dirige una tierna mirada a la narradora (67).

El establecimiento de símiles no es una tarea tan obvia como podría parecer a primera vista. En esta serie se establecen paralelismos inesperados, como entre el sueño y una muerte feliz, cuando la narradora se queda dormida con un cigarro encendido que provoca un incendio atroz (9). Otros paralelismos igualmente inesperados incluyen el ejercicio de atraer lombrices al tocar la flauta (44), la descripción del sueño como un espacio para llevar visitas que nunca desearán regresar (50) o como zona de acceso restringido a la que sin embargo se arroja a la narradora cada noche (49). O el señalamiento de algunas diferencias entre el sueño y el cine:

> En las películas los sueños se indican con columnitas de vapor, con oscurecimiento de la imagen, con vaselina en la lente o con la atenuación de los sonidos. En los sueños, las películas son mudas porque no son necesarios los sonidos para que conozcamos las palabras. En las películas es fácil distinguir del resto la secuencia de un sueño. Los sueños no se dividen en secuencias. A veces la primera actriz es sólo espectadora y las películas se resisten a permanecer en la pantalla, invaden la sala, se desbordan. (Texto 52, 32-33)

También en estas minificciones aparece un recurso literario de carácter surrealista tradicionalmente asociado a los sueños: la animación de objetos inertes, en particular los muebles de la recámara. Así vemos cómo una camisa colgada sobre la silla en la oscuridad termina clavándole los dientes a la narradora (16), cómo esa misma camisa arrugada parece una dinosaurio en celo (aunque tal vez se trate de un dinosaurio que recuerda a una camisa arrugada) (19), cómo una mesa es calumniada, a pesar de que siempre lleva a la narradora su desayuno a la cama (42), o cómo la narradora sabe que, si su sillón predilecto camina, se trata sólo de un sueño, pues el sillón sufre de insomnio (238).

En otros relatos se juega con un principio estrictamente fractal, que consiste en alterar la escala natural de las cosas, precisamente a la manera de algunos sueños. Así se pasa sin solución de continuidad de un problema con el grifo de agua a un problema con el Río de la Plata (31), se describe una sesión con la psicoanalista como un desbordado río de angustia (47), o se narran las pesadillas de tener que descender por la cuerda de un laúd (53), o de ser testigo de la decisión de quienes habitan sobre el cuerpo de la narradora de desalojar a una molesta familia (59).

Otro recurso irónico consiste en presentar un doble de la narradora, el cual, cuando se descubre espiándose a sí misma, se regaña por cometer un descuido involuntario (32), o bien señala que su cara en los sueños no coincide con su cara en el espejo, en fotografías o en movimiento (78), o se termina por dar evidentes muestras de rebeldía ante sí misma (81).

Narrativizar una frase común es un recurso que puede producir extrañas imágenes oníricas. La serie de *La sueñera* se inicia precisamente con un breve relato de las sorprendentes ocurrencias de la narradora al contar ovejitas para dormir (1), y poco después se narra cómo París es una ciudad difícil para inmigrantes pobres, que en realidad son soñantes de la ciudad (46).

Uno de los recursos más característicos en esta serie es la enumeración epifánica, es decir, una enumeración que concluye con una súbita revelación. Así, por ejemplo, se enumeran varios sueños que continúan al despertar, hasta que la soñadora decide quedar despierta después de un sueño que la satisface (15). O se narra la visita a una colección de términos producidos por asociación libre, a la manera de John Wilkins, el famoso personaje de Jorge Luis Borges:

> Es realmente una exposición muy amplia. Se exhiben, entre otras cosas, efectos personales, árboles enanos, lugares comunes, desodorantes, armónicas alemanas, tostadoras eléctricas, esperanzas de pobre, entelequias, fanegas, sinéresis y samovares. No se puede decir que la selección sea totalmente arbitraria: algunos árboles enanos son, por ejemplo, efectos personales, muchas sinéresis resultan armónicas. Todo me interesa. Me detengo a preguntar el precio de un tranvía pero no me lo quieren vender. De todos modos no traje vías para llevármelo. (Texto 18, 19)

La sorpresa es un recurso propio del cuento clásico, y en estas minificciones adquiere un tono absurdo. Por ejemplo, al despertar de una pesadilla la narradora pide a su esposo que para consolarla la abrace "con todos sus tentáculos" (Texto 56, 34). Más adelante, también al despertar, un hombre descubre que la mujer que deseó tan intensamente durante su sueño, para su decepción, ya es suya y duerme a su lado (92). Poco antes del final de la serie, el mensaje de la medium se inicia con voz estentórea diciendo: "Ésta es una comunicación grabada" (Texto 248, 108).

No podían faltar algunas curiosas paradojas de naturaleza irresoluble. Al encontrar en un sueño a su padre, la narradora no puede decirle que está muerto porque esa declaración hará que no regrese jamás (25). En otro momento, la narradora no puede despertar precisamente porque su interlocutor no deja de soñarla (69). En otro sueño, el lobo y el dentista están mutuamente aterrados (70).

Una de las minificciones más logradas de la serie es la que se basa en un juego con las palabras, y merece ser reproducida *in extenso*:

> ¡Arriad el foque!, ordena el capitán. ¡Arriad el foque!, repite el segundo. ¡Orzad a estribor!, grita el capitán. ¡Orzad a estribor!, repite el segundo. ¡Cuidado con el bauprés!, grita el capitán. ¡El bauprés!, repite el segundo. ¡Abatid el palo de mesana!, grita el capitán. ¡El palo de mesana!, repite el segundo. Entretanto, la tormenta arrecia y los marineros corremos de un lado a otro de la cubierta deconcertados. Si no encontramos pronto un diccionario, nos vamos a pique sin remedio. (Texto 117, 56-57)

Algunas de estas minificciones recuerdan de manera irónica el empirismo idealista de George Berkeley (Sahakian y Sahakian 135-137), para quien no existe ninguna garantía de que la realidad sigue existiendo cuando uno deja de experimentarla con sus sentidos. Pero ninguna lo hace de una manera tan poética como la contenida en esta frase casi aforística con la que se concluye uno de los textos de la serie: "Sólo el tiempo, el despertador y el olvido podrán obligarnos a disfrutar del sueño, de la nada" (Texto 178, 79).

Hibridación y alusión narrativa

Como gran parte de la minificción contemporánea, los textos de esta serie se fusionan con otros géneros literarios, y principalmente extraliterarios.

En la historia de la minificción hispanoamericana encontramos una magnífica tradición de instrucciones absurdas, que incluyen parodias de problemas matemáticos, recetas de cocina, preguntas filosóficas, ejercicios de redacción y análisis lingüísticos (Del Valle) a la manera humorística del "Manual de Instrucciones" de Julio Cortázar en sus *Historia de cronopios y de famas*. En *La sueñera* se continúa esta tradición, al ofrecerse instrucciones inesperadas para actividades comunes. Así, por ejemplo, la efectiva instrucción final que se propone para escapar de una persecución es, precisamente, despertar (55). En otro caso se ofrece a las lectoras un grupo de recomendaciones generales de carácter práctico: "No se debe regurgitar cometas en la mesa ni extraerse jamás los filodendros ante el hombre amado, no hablemos ya de obturar los conductos de un simposio en el que están presentes figuras oficiales. Queda muy bien, en cambio, servir el helado en copas de champán" (Texto 246, 107).

En otros casos, los mitos populares son invertidos e ironizados. Por ejemplo, cuando se requiere una doncella para liberar al héroe, la narradora señala con indignación que ella no es ninguna doncella (27) o al crear un aforismo apócrifo, como el que afirma que "Toda bruja tiene su escoba o la desea" (Texto 213, 93).

En esta serie también hay algunas alegorías de carácter filosófico (11) o psicoanalítico (24), siempre ligadas a la experiencia de lo siniestro. Y por supuesto, también hay horror, como forma arquetípica del relato oral. En algún caso, el animal que narra cómo despedaza a las mariposas, termina su relato con la cola clavada a un árbol (62). En otro caso, el miedo nos recuerda la estrategia con la que vence a sus víctimas: las acecha más allá del umbral (65). También la tradición oral es aludida, al invertir el consejo de guardar un diente debajo de la almohada y esperar a que llegue el ratón; en este caso, cuando a un ratón se le cae un diente, no duerme, por si acaso (79).

En otro momento se subvierte la leyenda del origen de *Las mil y una noches*. En esta nueva versión, más creíble que la tradicional, nos enteramos de que al escuchar las historias contadas por Sherezada, el rey se dormía de puro aburrimiento. En cambio, las historias que conocemos fueron escritas por Dunyasad, la hermana menor de Sherezada (85). También se nos cuenta cómo Sansón, al despertar de una pesadilla de calvicie, se sintió aliviado de que Dalila le cortara un mechón de su abundante cabellera (179). Y en un mélange mitológico se nos relata cómo se impidió que Newton descubriera la Ley de Gravedad, cuando Guillermo Tell partió la manzana en dos y Eva ofreció una mitad de esta manzana a Adán (250).

La fábula por antonomasia es la de Caperucita, que en esta versión tiene un giro muy moderno y malicioso: "Con petiverias, pervincas y espicanardos me entretengo en el bosque. Las petiverias son olorosas, las pervincas son azules, los espicanardos parecen valerianas. Pero pasan las horas y el lobo no viene. ¿Qué tendrá mi abuelita que a mí me falte?" (Texto 21, 20). Otra variante maliciosa de una fábula conocida nos relata cómo, mientras Aladino duerme, su esposa frota la lámpara (100), o cómo la liebre sueña que la tortuga le gana, y decide despertar y ganarle en tres saltos (105), sin faltar una versión hiperbólicamente lenta de la Bella Durmiente (176). Pero tal vez el momento más espectacular en relación con las fábulas clásicas es la revelación de que, en contra de todas las expectativas,

> Lo cierto es que las sirenas desafinan. Es posible tolerar el monótono chirrido de una de ellas, pero cuando cantan a coro el efecto es tan desagradable que los hombres se arrojan al agua para perecer ahogados con tal de no tener que soportar esa horrible discor-

dancia. Esto les sucede, sobre todo, a los amantes de la buena música. (Texto 214, 93-94)

También algunas frases famosas reciben este tratamiento lúdico. Por ejemplo, Shakespeare es aludido en un contexto insólito: "¿De qué materia están hechos los sueños? Desconozco los suyos, caballero. Los míos están hechos de queso Gruyere y son muy ricos, un poquito picantes. Eso sí: con los agujeros hay que tener cuidado" (Texto 12, 16). Un notable caso de auto-ficción es el epígrafe mismo de *La sueñera*, tomado de Max Brod, el cual es objeto de diversas variantes en el interior del libro (66, 67, 68). Pero sin duda la alusión más alegórica en relación con la tradición literaria hispanoamericana es la que se hace a "El guardagujas" de Juan José Arreola:

> Esperando la llegada del tren en la mitad del campo, vestidos de domingo, conversando, compartiendo el contenido de las cestas, sin preocuparse por la ausencia de terraplén, de durmientes, de vías, con la gozosa, silenciosa certeza de que ningún absurdo tren vendrá a quebrar las dulzuras de la espera. (Texto 212, 93)

Juegos de metaficción ocasional

Una escritura tan consciente de las convenciones de la propia escritura como la que caracteriza a *La sueñera*, de manera natural termina por experimentar con las posibilidades de la metaficción. Estas variantes metaficcionales establecen cierto paralelismo entre el acto de soñar y el acto de crear.

Así, al explorar las formas de lograr conciliar el sueño, la narradora termina aludiendo a su misma escritura:

> Consulto textos hindúes y textos universitarios, textos poéticos y textos medievales, textos pornográficos y textos encuadernados. Cotejo, elimino hojarasca, evito reiteraciones. Descubro, en total, 327 formas de combatir el insomnio. Imposible transmitirlas: su descripción es tan aburrida que nadie podría permanecer despierto más allá de la primera. (Texto 13, 16-17)

En otro momento, la soñadora descubre que se ha equivocado de sueño, y a pesar de una impertinente voz que le ordena que despierte, ella decide quedarse ahí (30). En esta serie, los sueños son considerados como una realidad autónoma, paralela e independiente de la realidad contingente, y que existe con sus propias reglas. Esta característica la convierte en una propuesta ontológica, y en esa medida, de clara filiación posmoderna (McHale xii). Por eso mismo, cuando el genio de la lámpara le anuncia a la soñadora que puede convertir sus sueños en realidad, ella piensa que dormiría muy tranquila si tan sólo pudiera convertir la realidad en un sueño (34).

En su trabajo sobre la pragmática del humor verbal, María Ángeles Torres señala que el empleo de metáforas es un elemento esencial del humor basado en la manipulación de formas lingüísticas, "a diferencia del humor basado en rasgos externos a la lengua (tales como los supuestos culturales, referencias a lo sexual, la política, estímulos vusuales, etc.)" (43). Esta metaforización de lo familiar para producir un efecto humorístico incluye las operaciones de extrañamiento, comparación y metáfora final. En *La sueñera* estas operaciones lingüísticas suelen estar al servicio de la reflexión sobre el acto de escribir. Así por ejemplo, la soñadora declara que no le teme a los calamares porque es casi uno de ellos, pues también sabe esconderse con nubes de tinta (48). O bien se revela que entre los recursos literarios que ella pone en práctica se encuentra reducir las redundancias a meras aliteraciones por el tradicional método de golpearlas con zapatos claveteados (193). Incluso, en algún profundo sueño, se llega a caer en "el hondo pozo oasis de una o" (Texto 135, 63).

En uno de los últimos sueños, uno de los disparos salidos de la pantalla de un cine ha alcanzado a un espectador que muere silencioso en su butaca (240). Con estas alegorías sobre los riesgos de la creación, apoyadas en la metalepsis o superposición de planos referenciales (Gennette 234), la ficción irrumpe en el mundo extra-textual.

Veamos cómo opera este mecanismo cuando se nos recuerda que estamos ante una narradora omnisciente:

> Hay quienes desconfían del narrador omnisciente. Yo desconfío de las palomas. Con una bolsa llena de migas de pan las reúno a mi alrededor y cuando están distraídas picoteando me acerco sigilosamente y desconfío de ellas con todas mis fuerzas. Algunas, las de carácter menos combativo, desaparecen en el acto. Pero otras me devuelven la desconfianza con tal fuerza que me veo obligada a morder la pantorrilla de una señora mayor (siempre las hay) para aferrarme a la existencia. Las dificultades surgen cuando la anciana y las palomas, que ya me conocen, se ponen de acuerdo antes de mi llegada y me denuncian al guardián de la plaza como narradora omnisciente. (Texto 221, 96-97)

Es por esta responsabilidad ante el acto de crear que la soñadora añora la inocencia del personaje (97). Sin embargo, todas estas alusiones al acto de escribir son otros tantos homenajes al acto de soñar e imaginar otros mundos. No es casual, entonces, que en un encuentro final con el genio de la lámpara, la narradora le exprese su deseo más profundo: seguir soñándolo siempre (87).

El fragmento como estrategia posmoderna

Las variantes de los juegos literarios propuestos en estos universos fragmentarios forman complejos laberintos caóticos, que sin embargo obedecen a una lógica propia. Las estrategias señaladas en este trabajo dan cuenta de los recursos que permiten la producción de un orden textual. En estos textos se pone en evidencia este orden, latente en el caos de la producción textual, en una dialéctica "donde el sueño y su imagen fragmentaria emerge del caos" (Stoicheff 90).

En la primera sección de estas notas se señaló la filiación de *La sueñera* con varias tradiciones de escritura serial. Pero tal vez la tradición a la que pertenece por derecho propio es la que consiste en proponer un género literario nuevo con sus propias reglas de juego. Ésta es la tradición de libros de minificción como *Centuria. Cien breves novelas-río* de Giorgio Manganelli y de los tres volúmenes de *Memorias del fuego* del uruguayo Eduardo Galeano, escritos casi al mismo tiempo que *La sueñera*. El impulso lúdico de estos proyectos es no solamente irónico sino además propositivo, pues en ellos la creencia de que sólo la novela puede dar cuenta de la totalidad de la Historia (y de cualquier historia particular) es sustituida por una fragmentación narrativa en la que hay lugar para múltiples miradas. En la minificción posmoderna, la estética del fragmento desplaza a la ideología de la totalidad, asumiendo los riesgos de que "globalización y fragmentación son parte del mismo proceso" (Currie 113).[5]

La lógica que atraviesa esta madeja es la idea de la unidad que subyace a universos sólo en apariencia alejados entre sí. Estos universos muestran sus conexiones subterráneas gracias a la mirada que los pone en evidencia. Resulta natural, entonces, concluir estas notas sobre la naturaleza fractal de *La sueñera* con una reflexión del químico Vicente Talanquer, quien comenta en estos términos su experiencia de estudiar el comportamiento de los fractales en fenómenos naturales de carácter caótico como las olas, los vientos o las nubes: "Era como aprender a concebir la realidad de otra forma; se multiplicaban los espejos, se generaban infinitos laberintos; era como la imaginación de Borges y Lewis Carroll; el Aleph y sus espejos. Era como soñar soñándose" (12).

NOTAS

1. En una entrevista con Rhonda Buchanan, la autora explica los orígenes del título *La sueñera*:

> Lo tomé del más famoso (al menos por aquí) de los poemas de Borges: "La fundación mitológica de Buenos Aires." El poema se pregunta literalmente: "¿Y fue por este río de sueñera y de barro/que las proas vinieron a fundarme la patria?". En un diccionario de argentinismos encontré el significado de "sueñera", que no todos los argentinos conocen. Tener "sueñera" es tener sueño, ganas de dormir. Lo curioso es que muchos (sobre todo en el extranjero) le dan a la palabra el significado incorrecto de "soñadora", o "mujer que sueña" (298).

2. Esta propuesta forma parte de una argumentación más extensa que desarrollo en un trabajo dedicado a las series de cuentos integrados (Pablo Brescia, ed., en preparación).

3. En cuanto a la extensión, en el caso de *La sueñera*, los textos oscilan entre las 8 y 142 palabras (textos 213 y 153, respectivamente).

4. A partir de aquí, todas las referencias se marcarán con el número del texto respectivo entre paréntesis. En el caso de textos citados, se indicarán también el número de la página de la primera edición del libro. Una segunda edición de *La sueñera* fue publicada en Buenos Aires por la Editorial Alfaguara en 1996.

5. La alusión simultánea a los contextos de economía política y producción simbólica es deliberada.

OBRAS CITADAS

Anderson Imbert, Enrique. "Cuentos enlazados." *Teoría y técnica del cuento*. Barcelona: Ariel, 1992. 115-119.

Borges, Jorge Luis. "Fundación mítica de Buenos Aires." *Obras completas. 1923-1972*. Buenos Aires: Emecé, 1974. 81-82.

——. "El idioma analítico de John Wilkins." *Obras completas, 1923-1972*. Buenos Aires: Emecé, 1974. 706-709.

Briggs, John y David F. Peat. "Observar el arte del mundo. Ley de los fractales y la razón." *Las siete leyes del caos. Las ventajas de una vida caótica*. Trad. Dimas Mas. Barcelona: Grijalbo, 1999. 137-169.

Buchanan, Rhonda Dahl. "Entrevista a Ana María Shua." Agregada a "Historiographic Metafiction in Ana María Shua's *El libro de los recuerdos*." *Revista Interamericana de Bibliografía* 48.2 (1998): 279-306.

——. "Literature's Rebellious Genre: The Short Short Story in Ana María Shua's *Casa de geishas*." *Revista Interamericana de Bibliografía* 46.1-4 (1996): 179-192.

Cortázar, Julio. *Historia de cronopios y de famas*. Buenos Aires: Sudamericana, 1962.

Currie, Mark. "Narratives Grand and Little." *Postmodern Narrative Theory*. New York: St. Martin's P, 1998. 106-113.

Del Valle, Concepción. "Las instrucciones como parte de la subordinación a modelos ultrabreves no literarios." *Como mínimo. Un acercamiento a la microficción hispanoamericana*. Diss. Universidad Complutense de Madrid, 1997. 277-295.

Denevi, Marco. *Falsificaciones*. Buenos Aires: Corregidor, 1996.

Dunn, Maggie y Ann Morris. *The Composite Novel. The Short Story Cycle in Transition*. New York: Twayne Publishers, 1995.

Galeano, Eduardo. *Memoria del fuego*. 3 vols. México: Siglo XXI, 1982-1986.

Garrido, Felipe. *La musa y el garabato*. México: Fondo de Cultura Económica, 1992.

Gennette, Gérard. "Metalepses." *Narrative Discourse. An Essay in Method.* Ithaca: Cornell University, 1980. 234-237.

Hawkins, Harriet. "Recursive Symmetries in Shakespeare and Modern Genres", *Strange Attractors. Literature, Culture, and Chaos Theory.* Hertfordshire: Prentice Hall, 1995. 103-106.

Ingram, Forrest L. *Representative Short Story Cycles of the Twentieth Century.* Amsterdam: Mouton de Gruyer, 1971.

Kennedy, J. Gerald, ed. *Modern American Short Story Sequences. Composite Fictions and Fictive Communities.* Cambridge: Cambridge UP, 1995.

Manganelli, Giorgio. *Centuria. Cien breves novelas-río.* 1979. Trans. Joaquin Jordá. Barcelona: Anagrama, 1982.

McHale, Brian. *Postmodernist Fiction.* London: Methuen, 1987.

Mejía Valera, Manuel. *Adivinanzas.* México: Universidad Nacional Autónoma de México, 1988.

Monterroso, Augusto. *La oveja negra y demás fábulas.* México: Joaquín Mortiz, 1969.

Noguerol, Francisca. "Micro-relato y posmodernidad: textos nuevos para un fin de milenio." *Revista Interamericana de Bibliografía* 46.1-4 (1996): 49-66.

Queneau, Raymond. *Ejercicios de estilo.* 1947. Versión al español y estudio preliminar de Antonio Fernández Ferrer. Madrid: Cátedra, 1987.

Rose, Margaret A. "Contemporary Late-Modern and Post-Modern Theories and Uses of Parody." *Parody: Ancient, Modern, and Postmodern.* Cambridge: Cambridge UP,1993. 195-274.

Sahakian, William S. and Mabel L. Sahakian. *Ideas of the Great Philosophers.* New York: Barnes and Noble, 1966.

Shua, Ana María. *La sueñera.* Buenos Aires: Minotauro, 1984.

Stoicheff, Peter. "The Chaos of Metafiction." *Chaos and Order. Complex Dynamics in Literature and Science.* Ed. Katherine N. Hayle Chicago: U of Chicago P, 1991. 85- 99.

Talanquer, Vicente. *Fractus, fracta, fractal. Fractales, de laberintos y espejos.* La Ciencia desde México 147. México: Fondo de Cultura Económica, 1996.

Torres Sánchez, María de los Ángeles. *Estudio pragmático del humor verbal.* Valencia: Universidad de Cádiz, 1999.

Wittgenstein, Ludwig. *Investigaciones filosóficas.* 1958. Trad. Alfonso García Suárez y Ulises Moulines. México: Universidad Nacional Autónoma de México, 1988.

Zavala, Lauro: "Disolución de fronteras (humor e ironía en el cuento ultracorto)." *Ni cuento que los aguante. (La ficción en México).* Ed. A. Pavón. Tlaxcala: Universidad Autónoma de Tlaxcala, 1997. 209-216.

SOÑAR EN CASA DE GEISHAS
(SOBRE OBRAS DE ANA MARÍA SHUA)

Mario Goloboff[*]

Al escribir para la columna "La mesa de luz," de la revista *Babel* y comentar mis lecturas del momento, yo aludía al libro de George Steiner, *Las Antígonas*, con estas palabras:

> Varios cientos de páginas que no agotan claro está todas sus repercusiones, pero que dan sólidas pautas para empezar a comprender a nuestras Madres, clamando por esos cuerpos fuera del tiempo y de la tierra, del territorio que a ellos les pertenece y al que deben todavía recuperar con la debida inhumación, la consustanciación en humus, la justicia. (n.pag.)

Y luego de formularme la pregunta de siempre ("¿Cómo entender, cómo entender ?"), y de intentar contestarla por diversas vías, concluía:

> Celebro también que, por diversos azares, se hayan concentrado últimamente libros escritos, en su mayoría, por mujeres. Trato de leerlos y de entenderlos en su casual conjunto, como si el ojo femenino, detenido en la ficción, fuese el único capaz de darme claves que en otro caso escaparían. *Canon de alcoba*, de Tununa Mercado (el eros cotidiano tratado con un lenguaje espléndido); *Ciudades*, de Noemí Ulla (viajes poco compulsivos por el difícil terreno de las formas); *Abisinia*, de Vlady Kociancich (misterioso relato en el cual el manejo de los pronombres y del procedimiento construye prácticamente 'el tema'); *La sueñera*, de Ana María Shua (juegos nada inocentes con la palabra, donde su soberanía lo confunde todo). (n.pag.)

Durante estos diez años han venido a sumarse tantos y tantos otros libros que siguen dibujando esa cartografía interior: los de poemas de Diana Bellesi, de Laura Klein, de María Negroni, de Cristina Piña, de

---

[*] Mario Goloboff fundó el Grupo Poesía La Plata, fundó y codirigió la Cooperativa Editorial Hoy en la Cultura, e integró la redacción de la revista *El escarabajo de Oro*. También fundó y codirigió la revista de ficción y pensamiento crítico *Nuevos Aires*. Enseñó durante muchos años literatura latinoamericana y argentina en universidades francesas (Toulouse, Paris X-Nanterre, Reims), y ahora dirige cursos seminarios y talleres en Argentina. Es el autor de varios libros de poesía y de ensayos, y cinco novelas: *Caballos por el fondo de los ojos* (1976), *Criador de palomas* (1984), *La luna que cae* (1988), *El soñador de Smith* (1989) y *Comuna Verdad* (1995).

Mónica Sifrim; numerosos relatos y novelas que van desde *Formas de la memoria*, de Rosalba Campra (Córdoba, Mundi, 1989) y *Trenzas*, de Susana Szwarc (Buenos Aires, Legasa, 1991), hasta *La madriguera* de Tununa Mercado (Buenos Aires, Tusquets, 1996).

Probablemente, en aquella nota, y aún ahora, haya omitido algunos nombres, pero este conjunto me parece suficientemente representativo de lo que sigo tratando de entender, que no es una antología literaria sino un proceso de vinculación muy íntima entre política y literatura, entre literatura, feminidad e historia. Cómo se conecta, por qué complejas vías, por qué ocultos caminos, la obra de Ana María Shua con esos campos, es lo que trataré de desentrañar en estas líneas, abordando especialmente *La sueñera* (Buenos Aires, Minotauro, 1984) y *Casa de geishas* (Buenos Aires, Sudamericana, 1992).

En *La sueñera*, estamos frente a doscientos cincuenta textos, que por lo general no trasponen las diez líneas. Parece obvio, pues, declarar que se trata de textos breves. Quizás lo sea menos deducir que "el comportamiento textual" elegido (para no hablar todavía de "forma", y menos aún de "género"), es de por sí auto limitativo, coercitivo, constrictivo y que, como todo encuadramiento más o menos rígido, orienta, sugiere, cuando no impone, determinada dirección, determinados contenidos.

"Para designar lo complejo de la existencia de un ser real, el alemán tiene la palabra *Gestalt* (forma). En esa palabra, la lengua alemana hace abstracción del aspecto de movilidad y admite que se ha constituido una conexión de partes, cerrada y fijada en su carácter" (Jolles 15). La definición es de Goethe, y sirve para comprender un sentido de forma muy cercano a estos textos, donde se configura un todo cerrado puramente espacial, y donde el tiempo parece estar ausente. Porque, en virtud de la escritura, se crea un espacio arbitrario, el del sueño, clausurado y sin límites, y un tiempo paralizado, sofocado, instantáneo y a la vez infinito, no humano, imaginario. Estas cualidades son también las que conforman o acercan los textos de Shua a la llamada literatura fantástica. Pero, más importante que esta vinculación, me parece aquella que puede establecerse con la poesía.

Ya al hablar del cuento en general, Julio Cortázar acercaba las dos prácticas: "ese género de tan difícil definición, tan huidizo en sus múltiples y antagónicos aspectos, y en última instancia tan secreto y replegado en sí mismo, caracol del lenguaje, hermano misterioso de la poesía en otra dimensión del tiempo literario" (135).

Mucho más pertinente parece entonces el contacto de estos textos de cuento breve con la poesía: la economía a que obligan, la exacta elección del signo, la polisemia de las palabras elegidas, los dobles juegos del lenguaje, la ironía, y tantas otras operaciones que los textos de Ana María Shua ejercen sobre la lengua, emparentan en un alto grado sus "sueños" con la poesía, y lo hacen en el mejor de los niveles a que podía aspirarse.

Otro aspecto que no pude ignorarse cuando se aborda este tema es el de la larga prosapia literaria del mismo: la *Biblia* y la *Odisea*, los sueños medievales, las interpretaciones de Rabelais, los sueños renacentistas, Shakespeare, Calderón, Quevedo, el romanticismo y, ya en nuestro siglo (si así se me permite todavía llamar al siglo XX), el surrealismo, Kafka, Borges..., inducen a algunos, un tanto elásticamente, a hablar de "un género".

"Género" me parece mucho decir, pero no puede negarse que buena parte de una buena literatura está hecha con ese inasible y empero rico material. Tanto como para que un analista muy íntimo de los fenómenos poéticos, como lo fue Gastón Bachelard, dedicara, entre otros valiosos trabajos, dos volúmenes a este tema: *El aire y los sueños* y *El agua y los sueños* (dos libros que nos acompañan desde siempre, y que condensan casi todo el saber moderno sobre la tan arcaica costumbre de los sueños). Este analista "del interior del alma," del que tantos psicoanalistas tendrían tanto que aprender (como de hecho adquieren, aunque a veces lo desperdicien, de la literatura, constantemente), nos enseña, a través de ejemplos literarios, que es el cuerpo del soñante el que se invierte allí, el que reposa, el que asciende, el que *se* sueña. Y que probablemente no haya otro sueño fuera de ese soñarse de la mente.

De tanto repetirnos que lo que soñamos es un sueño, tendemos fácilmente a olvidar que ese fenómeno, si en algún lugar se produce *realmente*, es en la cabeza. "En la cabeza de la víctima," podríamos agregar si quisiéramos ser algo apocalípticos. Pero, por no quererlo, reteniéndonos, solamente señalamos: en la cabeza de quien sueña. Y es que es aquí, dentro, aunque parezca un espacio infinito y sin bordes, donde se da la conjunción. No en una cabeza dividida, como la celda-cerebro de Tzinacán, el mago de la pirámide de Qaholom de "La escritura del dios," sino en una pobre y única cabeza, en un pobre y único ser, que soporta todo: los sueños y, lo que es peor, la realidad.

Mucho de esto sucede y evocan los fragmentos de *La sueñera*. Líneas donde el cuerpo es el receptáculo de todo, donde van y vienen los fantasmas, los insectos, los bichos, los objetos, los demonios, las fieras, los hombres:

> Hay neones y lebistes. Hay peces luchadores de Siam. Los neones se mueven en bandadas. A los lebistes les flamea la cola. Los peces luchadores de Siam se llaman betas y comen vibrátiles tubifex. Todos son tropicales. Las altas temperaturas los favorecen. En mi cabeza, se reproducen con facilidad. (Texto 22, 20-21)

Como nunca, aquí el soñador es el actor, el texto y el escenario en el que todo transcurre; donde no sólo su mente se compromete sino todo su cuerpo, ocultando con la broma y la sonrisa los terrores, los dolores de la vida diurna:

Me adelanto a una velocidad fulgurante, ya estoy en el área penal, desbordo a los defensores, el arquero sale a detenerme, me escapo por el costado, cruzo la línea de gol, me voy contra la red. El público grita enloquecido. Flor de golazo, comentan los aficionados. Flor de patada, pienso yo, dolorida, mientras me alzan para llevarme otra vez a la mitad del campo. (Texto 111, 54)

Menos sonrientes, a veces más dramáticos, adoptan tintes míticos y oscuros para revelarse: "Acosada, mordida, lastimada mi carne por los ácidos que segrega este maldito estómago de piedra, sólo me duele no haber encontrado todavía la respuesta al misterio, al Enigma del que yo misma formaré parte apenas termine la digestión de la Esfinge" (Texto 124, 59).

Pero, en todo caso, es siempre la soñante la presa: "Veo dos pies que se asoman debajo de la cortina. Veo dos ojos saltones que me espían y se vuelven a ocultar. Veo dos manos asombrosas extenderse hacia mi cuello. Y sin embargo, no preveo el ataque: dos individuos torpes, mutilados, arrojándose a los saltos sobre mí" (Texto 125, 59-60). O también: "Con un placer que es también horror que es también placer saco muchas veces la lanza del cuerpo de mi enemigo, vivo, y muchas veces la vuelvo a introducir, haciendo girar la hoja afilada dentro de la carne, como un hombre yo, la dueña de la lanza, ensangrentada yo, retorciéndome de dolor sobre ese cuerpo que es también el mío, yo" (Texto 159, 71-72).

No quiero exagerar con la abundancia de ejemplos, ni tampoco insistir de modo mecánico con las correspondencias entre ficción y realidad de la época, pero acudo a un último texto que me parece resume bien lo que he venido sugiriendo hasta aquí: "¡Qué moda esta! Imposible respirar con la ropa tan ajustada: el pañuelo sobre la boca, la corbata alrededor de las muñecas, el cinturón, sobre todo, apretándose tan ferozmente a mi cuello" (Texto 166, 74).

Supondría cierta simplificación decir abruptamente que del dolor del cuerpo y de la mente, del dolor de la realidad y del sueño (que tantas veces es pesadilla) de *La soñera*, se pasa al goce, al placer, al juego, y a la libertad del juego y el goce, en *Casa de geishas*. Y sin embargo algo de esa impresión se filtra en una lectura, que no pude ser sino cronológica, de este volumen, *Casa de geishas*, publicado ocho años después de aquel.

El propio libro convoca a una visión no solo temporal sino también integrada, ya que desde su primera página se advierte:

En 1984 publiqué *La soñera*, mi primer libro de cuentos brevísimos. Ese libro tuvo pocos lectores, pero muy calificados, y recibió de ellos halagos y alabanzas. El entusiasmo de esos lectores fue lo que me decidió a volver a intentar el género. No sin cierto temor a decepcionarlos (también en literatura lo que se gana en experiencia se pierde en espontaneidad), me decidí a escribir *Casa de geishas*, que doy a conocer con la siguiente salvedad:

Segundas partes nunca fueron buenas. Se abalanzaban cruelmente sobre las primeras, desgarrándolas en jirones, hasta obligarme a publicarlas también a ella. (7, énfasis en el original)

Se trata, pues, del segundo tablero del tríptico, cuya tercera parte es *Botánica del caos* (Buenos Aires: Sudamericana, 2000), su tercer libro de cuentos brevísimos. Segundo tablero que, en sus doscientos quince textos (divididos en tres partes: la inicial, sin título; una segunda, "Versiones"; una tercera, "Otras posibilidades"), ofrece las infinitas variedades de la imaginería a través de retazos de realidad y de leyenda sobre estas famosas casas. Aunque, estrictamente, a tales casas se refiere sobre todo la primera parte. La segunda es más bien una transición con elementos míticos y literarios (unicornios, princesas y ermitaños), y la tercera una elaboración y una libre digresión sobre temas que siempre por algún lado rozan a los primeros. Y que los potencian, ya que es en esta parte donde, luego de tan gran periplo, la escritura aparece preguntándose por sí misma.

En efecto, si hasta ahora el trabajo de escribir no aparecía, o solamente revestía una apariencia de neutralidad, en estas páginas finales reivindica cada vez más su lugar, consagra la soberanía de la lengua, de lo literario, del escribir, por sobre todas las otras actividades del cuerpo y de la mente, por sobre todas las otras fantasías del cuerpo y de la mente.

Ya el primer texto, "Dudosa prueba," juega a contracara con la célebre interrogación de Coleridge: "Si un hombre desciende en sueños al infierno y se le entrega como prueba un diabólico tridente y al despertar el tridente no está allí, ¿es esa suficiente prueba de que ha logrado salir del infierno?" (95). A partir de allí, estos fragmentos marcan insistentemente su relación con la literatura, con los espacios polvorientos de los ananqueles, con el gigante de la biblioteca, con la red de cultura y de escritura en que se mueven nuestros mínimos pasos actuales de escritores.

Desde "Pista falsa": "Seguir el reguero de manchas, ¿no será peligroso? ¿Cómo saber que conducen hasta el cadáver, y no hasta el asesino? (Pero las manchas son de tinta y llevan hasta la palabra *fin*.)" (101), hasta aquel sencillo y sabio fragmento titulado "Cuatro paredes": "Siempre encerrada entre estas cuatro paredes, inventándome mundos para no pensar en la rutina, en esta vida plana, unidimensional, limitada por el fatal rectángulo de la hoja" (152), pasando por "¡Huyamos!": "¡Huyamos, los cazadores de letras est´n aqu´!" (114), vemos que se multiplica la conciencia de lo escrito, del material con que se trabaja, de la densidad de la palabra, de sus opacidades y sus dificultades.

Luego, "Guión cinematográfico," "El respeto por los géneros," "Poesía eres tú," "Taller literario I" y "Taller literario II," "Antiguo cuento japonés," "Robinson desafortunado," "Los arduos alumnos de Pitagoras," "El autor y el lector," "Primeras letras", y tantos otros, revierten imágenes establecidas y fijadas por años o siglos de lectura, permiten asomarse a otra posibilidad, a reinterpretaciones.

Las dos alas del díptico parecen, pues, alejarse sólo en apariencia. Sueño y escritura las conforman, y si en una el miedo y el terror marcan su huella, aún por sobre la sonrisa, en la segunda, la libertad abre compuertas y permite la expansión de los sentidos.

La escritura se alza, entonces, soberana, consagrando su presencia, su materialidad, su vigor. Ya no es, si es que alguna vez lo fue, únicamente tiempo de desvariar para huir, sino de trabajar, de consagrar la presencia y, por qué no, las tareas humanas. Como en aquel texto que, una vez más, desbarata los significados establecidos, y que se titula "Las máquinas no se rebelan": "Tópico falso, por imposible, el de la rebelión de las máquinas. Las máquinas aceptan órdenes. Las máquinas se gastan, se rompen, se estropean, pero no se rebelan. Las que se rebelan son las órdenes" (230).

OBRAS CITADAS

Cortázar, Julio. "Algunos aspectos del cuento." *La casilla de los Morelli*. 3ra ed. Barcelona: Tusquets, 1981. 131-153.

Goloboff, Mario. "La mesa de luz." *Babel* oct. 1989: n. pag.

Jolles, André. *Formes simples*. Paris: Du Seuil, 1972.

Shua, Ana María. *Casa de geishas*. Buenos Aires: Sudamericana, 1992.

——. *La sueñera*. Buenos Aires: Minotauro, 1984.

PARA LEER CON LOS BRAZOS EN ALTO:

ANA MARÍA SHUA Y SUS "VERSIONES" DE LOS CUENTOS DE HADAS

Francisca Noguerol Jiménez[*]

Hay escritores que deben ser leídos con los brazos en alto. Sus palabras esconden una provocación en cada línea, una burla tras cada giro, un ataque a las convenciones en cada texto. Éste es el caso de Ana María Shua, polifacética argentina de apellido inventado, maestra de la parodia y del humor a cuyas invenciones de belleza mortífera dedico las siguientes páginas.[1]

Me interesa abordar un conjunto de textos que, en el libro de microrrelatos *Casa de geishas* (1992) y bajo el subtítulo "Versiones," revisan algunos conocidos cuentos de hadas para ofrecer una lectura lúdica, fresca y rebelde de los mismos.[2] El estudio de este corpus narrativo me permitirá ponerla en relación con la nueva tradición de reescritura de los relatos maravillosos llevada a cabo por destacadas escritoras contemporáneas, en la que se ofrecen nuevas lecturas de los mismos cercanas a los planteamientos ideológicos contemporáneos.

El cuento de hadas, más allá de las diferencias raciales y culturales, maneja un lenguaje universal que le permite emigrar sin problemas de una zona a otra del planeta. Este hecho, junto a su carácter arquetípico, explica su éxito en las culturas más diferentes. Ya en 1955, Mircea Eliade destacaba la importancia del pensamiento simbólico para la humanidad:

---

[*] Francisca Noguerol Jiménez es Profesora Titular de Literatura Hispanoamericana en la Facultad de Filología de la Universidad de Salamanca. Es doctorada con una tesis de la cual surgió su libro *La trampa en la sonrisa: Sátira en la narrativa de Augusto Monterroso* (Universidad de Sevilla, 1995, 2a ed. 2000), y aunque ha abordado otros temas de estudio (la figura del dictador, la imagen de la mujer en la Colonia, la ciudad en la literatura, el erotismo), centra sus investigaciones fundamentalmente en el análisis del micro-relato (al que ha dedicado siete artículos), el cuento (ha trabajado en la obra de Rafael Arévalo, Juan José Arreola, Augusto Monterroso, Cristina Peri Rossi, Jorge Edwards, Julio Ricci, Virgilio Piñera, Julio Cortázar, Jorge Luis Borges y Luisa Valenzuela) y la poesía (Oliverio Girondo, Pablo Antonio Cuadra y la última lírica femenina). Su más reciente publicación es una edición de la poesía de Mario Benedetti (Universidad de Salamanca, 1999).

El pensar simbólico [. . .] es consustancial al ser humano: pre-
cede al lenguaje y a la razón discursiva. El símbolo revela ciertos
aspectos de la realidad—los más profundos—que se niegan a
cualquier otro medio de conocimiento. Imágenes, símbolos,
mitos, no son creaciones irresponsables de la psique; responden
a una necesidad y llenan una función: dejar al desnudo las modalidades más secretas del ser. Por consiguiente, su estudio permitirá un mejor conocimiento del hombre. (19)

Los autores de micro-relatos recurren con frecuencia a los cuentos de
hadas para evocar, con gran economía verbal, una red de ideas que forman
parte del imaginario colectivo universal. Estas formas elípticas, que
comunican fundamentalmente a través de la connotación, desacralizan las
historias refrendadas por la tradición. Así se explica que las piezas del
argentino Marco Denevi reciban el título de "Falsificaciones," lo que
podría ser aplicado a Ana María Shua:

Narrador al fin, sabe que los personajes y situaciones con los que
se maneja en las 'falsificaciones' no son otra cosa que una versión probable—y siempre arbitraria—de una 'realidad' imagi-
nada alguna vez por un autor. No son más que arquetipos sacrali-
zados por el tiempo. Porque eso significa la palabra 'arque-tipo',
'modelo originario', 'tipo primitivo'. Por eso él, con similares
derechos a los que ostentó el autor primero, vuelve a contar las
cosas en versiones igualmente probables (Merlo 16).

El micro-relatista aplica su imaginación a lo que es patrimonio de la
cultura universal. Juega con la motivación del mito para ofrecer explicaciones inusuales del mismo. Como señala Enrique Anderson Imbert, "en
el acto de aprovechar antiguas ficciones siento la alegría de pellizcar una
masa tradicional y conseguir, con un nuevo movimiento del espíritu, una
figura sorprendente" (257).[3]

En *Fairy Tale as Myth/Myth as Fairy Tale*, Jack Zipes comenta la
razón por la que resulta tan frecuente la revisión de los cuentos de hadas
en los últimos años: "The purpose of producing a revised fairy tale is to
create something new that incorporates the critical and creative thinking
of the producer and corresponds to changed demands and tastes of audiences. As a result of transformed values, the revised classical fairy tale seeks
to alter the reader's views of traditional patterns, images and codes" (9).

Para Rhonda Dahl Buchanan, que analiza *Casa de geishas* en uno de
los pocos artículos dedicados a Shua hasta el momento, la microficción
resulta un molde especialmente adecuado para revisar las historias
maravillosas:

A natural affinity exists between the short short story and the
timeless tales which attempt to explain the nature of the world
and its inhabitants with an economy of expression, internal

rhythm and repetition destined to delight the ear of the listener. It is no coincidence that myths and fables serve as primary source material for contemporary writers of short short stories. (185)

Actualmente se han superado los enfoques canónicos para la investigación de los cuentos de hadas: el estructural, por el que el texto era diseccionado desde el punto de vista formal y estudiado a partir de funciones y actantes; el religioso, que buscaba el mensaje ético tras cada relato; el literal-histórico, que pretendía conocer el pasado a partir de las circunstancias que provocaron las diferentes historias; y el simbólico-psicológico, quizás el más difundido, que pretendía solucionar problemas a través de unos textos considerados "de formación" para niños y adolescentes. Sin embargo, Steven Jones destaca cómo en los últimos años se ha desarrollado lo que define como "an attempt to connect fairy tales to the value systems and cultural proclivities of the communities in which the tales circulate. From this perspective, the tales are seen as reflections of—as well as promulgators of—cultural norms" (133). Desde esta perspectiva, los cuentos de hadas son considerados como textos que crean problemas y no que los resuelven. Este hecho es especialmente evidente en el caso de las niñas, su público mayoritario. Frente a los protagonistas masculinos de la épica, las chicas se identifican con heroínas pasivas y sumisas, que triunfan gracias a su paciencia y belleza física y que reducen sus deseos de realización al ámbito privado del matrimonio. Así se explica el éxito de "La Cenicienta," el cuento más famoso y versionado de la historia, culpable del gran estereotipo del comportamiento femenino. Andrea Dworkin recalca esta idea en las siguientes líneas: "At some point, the Great Divide took place: they—the boys—dreamed of mounting the Great Steed and buying Snow-White from the dwarfs; we—the girls—aspired to become that object of every necrophiliac's lust, the innocent, *victimized* Sleeping Beauty, beauteous lump of ultimate good" (33).

Por su parte, Karen Rowe define los cuentos de hadas como "not just entertaining fantasies, but powerful transmitters of romantic myths which encourage women to internalize only aspirations deemed appropriate to our *real* sexual functions within a patriarchy" (211).[4]

El cine ha dado buena prueba del cambio de interpretación sufrido por estas historias maravillosas en los últimos años. El director Neil Jordan presentó una Caperucita audaz y seductora en *The Company of Wolves* (1984), y en *Ever After* (1998), Andy Tennant contrapuso la figura activa y progresista de su nueva Cenicienta a la de un príncipe acosado por las dudas. En la factoría Disney, las heroínas tradicionales y pasivas de sus tres primeros largometrajes de animación—Blancanieves, Cenicienta y La Bella Durmiente—han dado paso a protagonistas independientes y guerreras como Pocahontas o Mulan.

En el plano literario, las escritoras contemporáneas han desvelado el contenido sexista y patriarcal de los cuentos de hadas invirtiendo los papeles y yendo más allá del final feliz. El enfoque idealista ha dado paso a la revisión irónica, cruenta o humorística, a través de la que se reflejan las nefastas consecuencias que el arquetipo convencional ha acarreado a la mujer y, de manera más ocasional, al hombre. En la mayoría de los casos, los finales se presentan abiertos: no ofrecen alternativas a los modelos tradicionales, pero brindan sugerencias sobre cómo vivir al margen de las cuestiones de género. En los textos, quedan al descubierto los silencios seculares de la mujer, los aspectos animales de la sexualidad y los económicos del matrimonio.

En esta labor de revisión destacó muy tempranamente la británica Angela Carter, quien en *The Bloody Chamber* (1979), y siguiendo la más pura tradición gótica, reescribió los cuentos más conocidos para dar voz a las silenciadas. En su obra, Caperucita acepta al lobo por encontrarlo atractivo y la mujer de Barbazul, ayudada por su madre, escapa de su marido con el hombre que la enamora. Esta línea, seguida en el mundo anglosajón por autoras como Ellen Datlow y Anne Sexton, ha sido cultivada en el ámbito hispánico por figuras tan relevantes como Rosario Ferré, Lourdes Ortiz, Carmen Martín Gaite y, especialmente, por Luisa Valenzuela en "Cuentos de Hades," dentro del libro *Simetrías* (1993).

En cuanto a Ana María Shua, desarrolla esta vertiente en *Casa de geishas*, libro constituido por doscientos quince minitextos distribuidos en las secciones "Casa de geishas," "Versiones" y "Otras posibilidades." Los veintinueve micro-relatos reunidos en la segunda parte, la más breve del libro, revisan cuentos de hadas, figuras del bestiario, mitos clásicos y del folklore judío. Sus cuentos maravillosos recuperan los personajes de Cenicienta, Blancanieves, la princesa y el sapo o el héroe y el dragón. Entre ellos destacan "La princesa y el sapo," que conoce cinco versiones, y "La Cenicienta," con cuatro.

La reescritura de los cuentos es practicada por Shúa siguiendo criterios muy diferentes. Sin embargo, todas las técnicas contribuyen a desacralizar las historias. Como la misma autora reseñó en "Las plumas de las mujeres": "Nuestras princesas, decididamente, cagan" (5, citado en Buchanan 187).

En ocasiones, dos leyendas confluyen en un mismo texto. Es el caso de "Los enanos son mineros," micro-relato que va más allá del final feliz de Blancanieves, iniciado con una frase lapidaria: "La Reina Mala logró su propósito," y concluido con una desencantada visión de la vida en pareja:

> Blancanieves y el príncipe se refugian en la casita del bosque. La Reina mala está vieja y aburrida y de vez en cuando los visita: su hijastra es ahora una mujer de cierta edad y el espejo mágico le dice que las hay más bellas. (El espejo es malvado pero no miente.) Los enanos se separaron y escriben desde países lejanos y diversos.

El Príncipe se acuerda a veces de su primera esposa y se pregunta cómo habría sido su vida si no se hubiera separado de Cenicienta (79-80).

"Sapo y princesa II" nos intranquiliza con un final paradójico pero dentro de la lógica del cuento: "Ahora que conocemos el desarrollo de la historia, nos resulta fácil afirmar, admonitoriamente, que la excesiva princesa debió contentarse con el primer milagro. Pero, habiéndose transformado el sapo en un apuesto príncipe, cómo refrenar su natural impulso de besar al príncipe, que se convirtió nueva y definitivamente en sapo" (88).

Es frecuente la denuncia de que los seres maravillosos no tienen cabida en los prosaicos tiempos modernos, como vemos en "Sapo y princesa I": "Si una princesa besa a un sapo y el sapo no se transforma en príncipe, no nos apresuremos a descartar al sapo. Los príncipes encantados son raros, pero tampoco abundan las auténticas princesas" (87).

La sátira de nuestra época se extiende a "Doncella y Unicornio I," que adquiere calidades de poema en prosa: "Hay quienes suponen agotado el tema del unicornio y la doncella por extinción de ambas especies. Sin embargo el diario de hoy publica la fotografía de un caballo con un manchón sanguinolento sobre la frente. El animal asegura haber sido, hasta pocas horas antes de la toma, una auténtica doncella" (61).

En "El héroe a tiempo," la figura arquetípica aparece degradada por el poder:

> Un monstruo desalmado exige al reino el tributo de sus doncellas, a las que devora. Su apetito de mujeres es cada vez mayor. Ahora se las come sin siquiera constatar su doncellez. Se le imponen al pueblo más sacrificios. El héroe llega a tiempo, corta las tres cabezas de la serpiente y salva a las víctimas. Después, con periódica puntualidad, exige su premio. Se aguarda con esperanza el pronto arribo de otro héroe. (86)

En estas relecturas, el humor ocupa un papel fundamental, ya que despoja a la historia de solemnidad y contribuye al distanciamiento del lector. "Sapo y princesa III" y "Sapo y princesa IV" se basan en el efecto "bola de nieve," que lleva al final narcisista del primer micro-relato y al divertido desenlace del segundo:

> Envalentonada por su primer éxito con el sapo, la princesa dedica sus días a besar a los burros, a las arañas, a los buitres, a los gusanos, a los jabalíes, a las víboras, a los caracoles y a los palafreneros, obteniendo, hay que reconocerlo, alguna ocasional transformación (bajo la celosa mirada del príncipe): un jabalí convertido en víbora, algún buitre que pasa a ser caracol, y la siempre renovada esperanza de los palafreneros, que sueñan con transformarse en herederos del trono (90).[5]

En estas revisiones, los personajes reflejan frecuentemente su conocimiento de la historia que protagonizan. "Para princesa muy lectora," incluido en la sección "Casa de geishas," presenta un sapo dispuesto a satisfacer las necesidades de quien así lo requiera:

> A tal punto están previstos todos los deseos y provisto todo lo necesario para satisfacerlos, que se incluye entre el personal a un sapo bien alimentado para princesas que deseen experimentar ciertos trucos o intentar mutaciones. Después de veinte princesas se lo reemplaza por uno recién salido del estanque. De acuerdo con el resultado de las experiencias, al anterior se lo entierra o se le rinde pleitesía (56).

Las relaciones intertextuales se hacen especialmente evidentes en las variaciones de Cenicienta. En la primera relectura, la pasividad de la heroína—que tan buenos frutos le dio en el relato tradicional—se ve defraudada por los gustos fetichistas del príncipe: "A las doce en punto pierde en la escalinata del palacio su zapatito de cristal. Pasa la noche en inquieta duermevela y retoma por la mañana sus fatigosos quehaceres mientras espera a los enviados reales. (Príncipe fetichista, espera vana). (74)[6]

Los tiempos han cambiado y ya no hay lugar para los cuentos de hadas: "Desde la buena fortuna de aquella Cenicienta, después de cada fiesta la servidumbre se agota en las escalinatas barriendo una atroz cantidad de calzado femenino, y ni siquiera dos del mismo par para poder aprovecharlos" (75).

"Cenicienta III," quizás la más escéptica de las versiones, denuncia cómo el dinero acaba con los valores pretendidamente absolutos, modificando la belleza, comprando el amor y permitiendo la reescritura de la historia:

> Advertidas por sus lecturas, las hermanastras de Cenicienta logran modificar, mediante costosas intervenciones, el tamaño de sus pies, mucho antes de asistir al famoso baile. Habiendo tres mujeres a las que calza perfectamente el zapatito de cristal, el príncipe opta por desposar a la que ofrece más dote. La nueva princesa contrata escribas que consignan la historia de acuerdo con su dictado. (76)[7]

"Cenicienta IV" refleja la pasividad de la protagonista retomando el discurso psicoanalítico:

> El problema se genera en esa identificación que hace la joven esposa entre su marido y la figura dominante en su infancia y adolescencia. Nada fuera de lo común en esta dupla que terminan por conformar esposo y madre, confundiéndose en una sola entidad exigente, amenazante, superyoica (en este caso príncipe-madrastra), en la frágil psiquis de Cenicienta. (77)

Shua incide en la debilidad de la heroína a través de un adjetivo—"frágil"—que da cuenta de su incapacidad para decidir por sí misma.[8]

En bastantes ocasiones, el doble sentido carga el texto de connotaciones sexuales. Es el caso de "Doncella y unicornio III":

> Nunca se supo lo que pretendían los unicornios al prosternarse ante las doncellas, y esta duda ha llevado a numerosos y desagradables equívocos. En cambio, está perfectamente establecido lo que buscaban las doncellas: el reconocimiento público de una cualidad que sólo así podrían probar ante testigos sin riesgo de perderla en la misma prueba. (63)[9]

"Doncella y unicornio V" juega con expresiones hechas y frases coloquiales, poco adecuadas para tratar la materia legendaria:

> "Ni las doncellas tienen interés en cabalgar ni a los unicornios les gusta ser montados. Lo contrario, en cambio, a veces es posible. Sobre todo considerando que, si bien los unicornios no tienen inconvenientes en conservar su condición indefinidamente, ninguna anciana doncella se jactaría de haber conservado tan largamente su honra" (65).

En ocasiones, el cuento ideal se transforma en un relato de terror. Las dulces princesas de "Cisnes en el lago" se convierten en indignadas harpías cuando suponen que les han robado las vestiduras, dando lugar a un inquietante final: "Diez vociferantes doncellas desnudas se indignan a las orillas del lago. El atrevido mancebo trata de huir, pero ya es tarde" (67). Asimismo, "Sapo y princesa V" refleja los miedos neuróticos que aquejan a las embarazadas ante el nacimiento del hijo:

> Considerando la longitud y destreza de su lengua, la princesa se interroga sobre su esposo. ¿Fue en verdad príncipe antes de ser sapo? ¿O fue en verdad sapo, originalmente sapo, a quien hada o similar concediera el privilegio de cambiar por humana su batracia estirpe si obtuviera el principesco beso? En tales dudas se obsesiona su mente durante los sudores del parto, un poco antes de escuchar el raro llanto de su bebé renacuajo. (91)

En definitiva, las páginas precedentes nos han permitido apreciar cómo Ana María Shua se integra con pleno derecho en la corriente de escritoras que revisan los cuentos de hadas para demostrar las falacias que estos textos encierran. La convergencia y prolongación de las historias, el doble sentido, las alusiones intertextuales, el empleo de la paradoja, el humor y las notas líricas definen unas minificciones de gran originalidad, en los que se denuncia el prosaísmo del mundo contemporáneo y a la vez se ponen en tela de juicio las estructuras patriarcales que han dominado durante siglos las sociedades occidentales. No existe mejor conclusión a este trabajo que las palabras con las que Luisa Valenzuela definió el oficio de escribir en "La densidad de las palabras," y que se aplican sin empacho a la creación de Ana María Shua:

> Yo, en cambio, entre sapos y culebras, escribo. Con todas las letras escribo, con todas las palabras trato de narrar la otra cara de una historia de escisiones que a mí me difama.

> Escribo para pocos porque pocos son quienes se animan a mirarme de frente.

> Este aislamiento de alguna forma me enaltece. Soy dueña de mi espacio, de mis dudas—¿cuáles dudas?—y de mis contriciones. (147)

NOTAS

1. Nacida Ana María Schoua, la escritora varió su apellido para firmar sus creaciones. En su producción se incluyen novelas (eróticas, de ciencia ficción, memorias), libros de humor, poesía guiones para cine y televisión, artículos periodísticos, antologías de cuentos (infantiles y para adultos), y recopicilaciones de minificción.

2. En *Botánica del caos* (Buenos Aires: Sudamericana, 2000), su último conjunto de minificciones, Shua continúa la reescritura de cuentos. Se muestra especialmente interesada en la tradición de *Las mil y una noches* ("Alí Babá," "El ámbar gris," "Publicidad de genios encerrados en redomas," "El pájaro azul," "La confianza"), aunque también revisa algunos relatos populares muy conocidos ("El caballo volador," "El cuento de los tres deseos").

3. He investigado este hecho en relación a los mitos grecolatinos en mi artículo "Inversión de los mitos en el micro-relato hispanoamericano contemporáneo."

4. Así lo refleja también Mandonna Kolbenschlag en su libro *Adiós, Bella Durmiente: Crítica de los mitos femeninos.*

5. Luisa Valenzuela presenta un caso equivalente, abordando la figura de un príncipe con complejo de don Juan por su paradójico miedo a despertar en demasía a las doncellas:

> Entregado a la búsqueda, el príncipe de nuestra historia besa por acá y besa por allá sin prestar demasiada atención a los resultados. Besa y se va, apenas un poco inquieto. Los años no pasan para él mientras persiste en su búsqueda. [. . .] Sigue buscando tan sólo en apariencia, desinteresado por dichos resultados. [. . .] Y cuando por fin encuentra a la bella princesa durmiente, la misma que lo espera desde siempre para ser despertada por él, no la toca. [. . .] Al príncipe el beso que despierta se le seca en la boca, se le seca la boca, todo él se seca porque nunca ha logrado aprender cómo despertar lo suficiente sin despertar del todo.

"La respeto", les dice a quienes quieran escucharlo.

Y ellos lo aprueban. (136-137)

6. Montserrat Ordóñez refleja este fracaso describiendo una Cenicienta anoréxica y sin capacidad de acción:

> Baila y ayuna.
>
> Sus zapatillas de oro y cristal
> han recogido
> alquitrán y sangre
> trampas y odios
> pies amputados residuos tóxicos.
>
> Ahora calzada
> sorda y zurda
> ella es el sueño
> regalada vendida
> ya no se mueve en su estrecha piel
> su pie el destino de un rumbo falso.
> (citado en Rozo-Moorhouse 13)

Del mismo modo, la Cenicienta de María Negroni y su "Cuenta de hadas" no lucha por su destino, por lo que acaba en la total alienación: "Yo me quedo de este lado del foso, sola en el desván de la torre, resentida, orgullosa, rumiando el ilusorio embrión de un final. Soy una niña audaz, helada o terca como pena, una víctima en busca de su asesino. Pero no logro morir. Papá no toma partido" (76).

7. Así ocurre también con el codioso príncipe del cuento de Valenzuela "La densidad de las palabras": "Mi hermana, me lo recuerda el cuento, era bella, dulce, bondadosa. Y además se convirtió en fuente de riquezas. El hijo del rey no desaprovechó tamaña oportunidad y se casó con ella" (147).

8. Completamente opuestas resultan las figuras de las protagonistas de "Avatares," cuento en el que Luisa Valenzuela funde las figuras paradigmáticas de "Blancanieves" y "Cenicienta" y que termina con estas significativas palabras: "Somos Blancacienta y Ceninieves, un príncipe vendrá si quiere, el otro volverá si vuelve. Y si no, se la pierden. Nosotras igual vomitaremos el veneno, pisaremos esta tierra con paso bien calzado y seguro" (161).

9. Se trata de un chiste muy cercano a dos aforismos de Eduardo Torres recogidos por Augusto Monterroso en *Lo demás es silencio*: "VIRGINIDAD (1): Mientras más se usa menos se acaba" (179). En este caso, la virginidad es considerada un "bien no renovable" porque cuanto más se usa (cuanto mayor gala se hace de ella) menos se acaba (menor oportunidad hay de perderla). "VIRGINIDAD (2): Hay que usarla antes de perderla" (179). La segunda frase se explica por el hecho de que, en una sociedad tradicional, la mujer esgrime la virginidad como medio de conseguir marido. Se trata de un "recurso" femenino, comparado humorísticamente con el petróleo.

OBRAS CITADAS

Anderson Imbert, Enrique. *En el telar del tiempo*. Buenos Aires: Corregidor, 1989.

Buchanan, Rhonda Dahl. "Literature's Rebellious Genre: The Short Short Story in Ana María Shua's *Casa de geishas*." *Revista Interamericana de Bibliografía* 46.1-4 (1996): 179-192.

Carter, Angela. *The Bloody Chamber and Other Stories*. 1979. London: Penguin, 1993.

Dworkin, Andrea. *Women Hating*. New York: Penguin, 1974.

Datlow, Ellen y Terri Windling, eds. *Snow White. Blood Red*. Harmondsworth: Penguin, 1993.

Eliade, Mircea. *Imágenes y símbolos*. Madrid: Taurus, 1989.

Ferré, Rosario. *Arroz con leche*. Río Piedras: Huracán, 1977.

Jones, Steven S. *The Fairy Tale:The Magic Mirror of Imagination*. New York: Twayne Publishers, 1995.

Kolbenschlag, Madonna. *Adiós, Bella Durmiente: Crítica de los mitos femeninos*. 1979. Trad. Mireia Bofill Abelló. Barcelona: Kairós, 1994.

Martín Gaite, Carmen. *Caperucita en Manhattan*. Madrid: Siruela, 1989.

Merlo, Juan Carlos. Prólogo. *Falsificaciones*. Por Marco Denevi. Buenos Aires: Corregidor, 1984. 1-14.

Monterroso, Augusto. *Lo demás es silencio: La vida y la obra de Eduardo Torres*. 1978. Madrid: Cátedra, 1981.

Negroni, María. *El viaje de la noche*. Barcelona: Lumen, 1994.

Noguerol, Francisca. "Inversión de los mitos en el micro-relato hispanoamericano contemporáneo." *Las formas del mito en las literaturas hispánicas del siglo XX*. Ed. Luis Gómez Canseco. Huelva: Universidad de Huelva, 1994. 203-218.

Ortiz, Lourdes. *Motivos de Circe*. Madrid: Ediciones del Dragón, 1988.

"Las plumas de las mujeres: Escribir en femenino." *Tiempo Argentino* [Buenos Aires] 7 set. 1986, Sección cultural: 1-5.

Rowe, Karen. "Feminism and Fairy Tales." *Don't Bet on the Prince: Contemporary Feminist Fairy Tales in North American and England*. Ed. Jack Zipes. Aldershot: Gower, 1986. 209-226.

Rozo-Moorhouse, ed. *Diosas en bronce: Poesía contemporánea de la mujer colombiana*. Irvine: Latidos, 1995.

Sexton, Anne: *Transformations*. Boston: Houghton Mifflin, 1971.

Shua, Ana María. *Casa de geishas*. Buenos Aires: Sudamericana, 1992.

Valenzuela, Luisa. *Simetrías*. Buenos Aires: Sudamericana, 1993.

Zipes, Jack. *Fairy Tale as Myth/ Myth as Fairy Tale*. Lexington: UP of Kentucky, 1994.

IN WHOSE OWN IMAGE?:

ANA MARÍA SHUA'S GENDERED POETICS
OF FAIRY TALES

Ksenija Bilbija[*]

> *And as we all know, tales*
> *are born out of necessity and desire.*

—Jack Zipes, Fairy Tale as Myth/Myth as Fairy Tale

In the past three decades, Ana María Shua's poems, novels, short stories, as well as very short short stories, movie scripts, and even cook-book recipes have been dedicated to the cultural pondering and decoding of gender issues. Her texts have been enticing readers not only in Spanish, but also in English, German, Italian and Dutch, among other languages, to look beyond the most apparent forms, to be intuitive and act counter-intuitively, to think and to imagine. Slimy frogs turn into charming princes and much more, princesses kiss them once, twice or many times; ultimately writing becomes just an identity mirage in which the princess endlessly kisses her own image in an unpredictable mirror. Narrative depends on the writer's imagination and the reader's compromise and willingness to remain in the land of the virtually omnipotent societal structure, which, tradition has taught us, no matter how horrid the entanglement is, will eventually be resolved by the much needed "happily ever after" ending. Or maybe not? Perhaps the fin-de-millennium Western cul-

[*] Ksenija Bilbija is an Associate Professor in the Department of Spanish and Portuguese at the University of Wisconsin-Madison, where she teaches courses related to Spanish-American literature and culture. In her books and articles, Bilbija discusses post-colonial literature, gender issues, legacies of authoritarianism, popular culture, and new media such as hypertexts and cinema. Her book, entitled *Textual Bodies: Metaphors of Narrative Genesis in Latin American Literature* (Caracas: Monte Avila, 2000) provides specific literary, historical and cultural contexts within which the metaphors of narrative genesis are articulated by Horacio Quiroga, Jorge Luis Borges, Felisberto Hernández, José Donoso, and Rosario Ferré in their selected texts. Bilbija has also translated several books and more than a dozen short stories from Spanish, English, and Portuguese to her native Serbo-Croation language.

ture, the postmodern sensibility and project (if not a condition as Lyotard calls it) has a different script for the "happily ever after" kind of tales?

Ana María Shua's exploration of the fairy and folk tale genre distinctly points towards the following goal: if the patterns of classical fairy tales reflect the societal unconscious (as psychoanalysts and particularly Jungian scholars claim), that unconscious should be critically examined. In other words, the discursive analysis of different versions of traditional fairy tales may reveal cultural norms, codes and mores. Consequently, if our own particular ideology—or to be more specific in the case of Ana María Shua's literary opus, the feminist ideology—clashes with the one underlying the cultural unconscious, then the goal of her writing project becomes even more specific, to incite and animate her readers to reflect on gender identity and its discontents: "Si una princesa besa a un sapo y el sapo no se transforma en príncipe, no nos apresuremos a descartar al sapo. Los príncipes encantados son raros, pero tampoco abundan las auténticas princesas" (*Casa de geishas* 87). In her 1992 collection of "cuentos brevísimos," *Casa de geishas*, this revisionist project is foregrounded in the section of the book entitled "Versiones." Therefore, when in the above quoted "version" of the popular fairy tale "The Frog Prince" the authenticity of the princess is questioned, the reader should ponder what it means to be an authentic woman in this day and postmodern age. Nothing should be taken at face value, the subject, along with its femininity has disappeared or has mutated. As Baudrillard warns us, textuality hardly leads to reality but most likely to another textual web of simulacra.

In order to understand Shua's revisionist project, it is necessary to recall the tales from early childhood, to search for the missing links and repetitions, and even revisit the images that remain embedded in our collective memory. For example, the classic tale of "The Frog Prince," which heads the Brothers Grimm mid-nineteenth-century German collection, features a princess who makes a marriage pledge to a frog in exchange for her lost ball of golden yarn. Although she soon regrets her promise, the princess is forced by her father to keep it. Ultimately, she gets fed up with the slimy frog in her bed and smashes it into the wall. This violent act unexpectedly breaks the spell and the frog turns into a prince. However, the direct reference that Shua's narrative makes has to do with an earlier version of this tale, the one in which the princess kisses the frog who remains in her bed for three weeks before the spell is broken. Although Madonna Kolbenschlag's interpretation and qualification of this story in her study of feminine models and myths in fairy tales, *Kiss Sleeping Beauty Good-Bye*, is somewhat exaggerated, it also points to an important and prevailing structure of gender relations of this particular fairy tale:

> The patriarchal, androcentric bias of the tale is underscored by
> the fact that the heroine's accommodation is prescribed by her
> father, the King. The all-too-familiar pattern of the battered
> woman is evident: initial anxiety, anger and hatred are gradually

pacified by the realization that she has nowhere to go, no one to turn to. Her isolation and dependency make her a prisoner of male will. (206)

Shua's glimpse into the narrative web of "The Frog Prince" assumes the reader's preexistent knowledge of the tale. She does not bother to introduce the background situation, but rather focuses on the pun and the moral of the tale. The moral is unlike any other: identities are not fixed, disguises are multiple and authenticity is rare, if not impossible. However, she does not stop with this insight. It is only the first in the series of five avatars of the tale contained in *Casa de geishas*. By offering several versions of the same plot she virtually overcomes the limitations of the written language and printed page, and reminds the reader of the old, "happily ever after" times when the fairy tales were not fixed and different versions proliferated because orality was the principal mode of transmission. Nevertheless, Shua's simulated orality is yet another postmodern trademark. The epic storyteller whom Benjamin mourns in his illuminating reflections on the poetics of narrative construction, is nowhere to be found. Instead, the narrator may be one of the geishas who, we are warned at the beginning of the book, may not even be Japanese, women or even transvestites:[1]

> Claro que no es una verdadera Casa y las geishas no son exactamente japonesas; en épocas de crisis se las ve sin kimono trabajando en el puerto y si no se llaman Jade o Flor de Loto, tampoco Mónica o Venessa son sus nombres verdaderos. A qué escandalizarse entonces de que ni siquiera sean mujeres las que en la supuesta Casa simulan el placer y a veces el amor (pero por más dinero), mientras cumplan con las reglamentaciones sanitarias. A qué escandalizarse de que ni siquiera sean travestis, mientras paguen regularmente sus impuestos, de que ni siquiera tengan ombligo mientras a los clientes no les incomode esa ausencia un poco brutal en sus vientres tan lisos, tan inhumanamente lisos. (*Casa de geishas* 10)

Whoever the narrator may be, he or she is closer to us than we can imagine, and is not an impersonal master storyteller situated on a higher plain of knowledge which transmits the truth about the world. The narrator does not depict a static, unquestionable image to us, but rather relates a psychologically charged interpretation of a situation. As the title of the text "Simulacro" cleverly insinuates, simulations proliferate and protagonists are caught in the cynical web of reflections and dependencies. Women are not women, they are not even disguised men, or transvestites, but dolls, human replicas without a navel, without a trace of the umbilical cord that once tied them to their mothers. Although not of this world, these motherless daughters do seem to pay taxes and are aware of the economic benefits extracted from their profession, and furthermore, they do seem to know how to search for the meaning of life from behind patriarchy's back.

The second version of the Frog and the Princess tale ("Sapo y princesa II") makes a brief reference to the previous rendition, and continues the double-edged narration, still taking into account the traditional tale. Once again, the center of attention is the princess, who, apparently, impressed by the miraculous outcome of the previous kiss, continues kissing the prince who turns again, this time definitely, into a frog. From a young woman who does not keep her promise and who is overcome by fear and disgust in the presence of the repulsive animal, the focus of Shua's tale shifts to the young woman who is curious, experimental and closely involved with changing the conditions of her life and the contents of her bed. It is a woman with agency.

In "Sapo y princesa III" the young princess continues the kissing project, and this activity opens a chain of transformative reactions: the frog turns into a prince, who becomes an object, a washbowl, which changes into a bird, a petrel, which then evolves into a flower, a heliotrope, which finally metamorphoses into a mirror. Now the young woman is able to cherish and adore her own image, which is what she does with pleasure.

The idea of a princess thrilled by the discovery of her own secret power in her reflection in the mirror, recalls a heroine of another fairy tale: Snow White. According to Bruno Bettelheim's influential study *The Uses of Enchantment: The Meaning and Importance of Fairy Tales*: "the story of Snow White warns of the evil consequences of narcissism for both parent and child. Snow White's narcissism nearly undoes her as she gives in twice to the disguised queen's enticements to make her look more beautiful, while the queen is destroyed by her own narcissism" (203). Bettelheim's analysis of the tale is focused on the resolution of the Oedipal complex, the friction with the mother and the successful separation from her in the individuation path. While the mother-daughter relationship seems to be the central axis of the tale, the mirror seems to be the primary space in which the conflict between the two of them is played out.

Rightfully associated with self-love, the mirror, like the pond for Narcissus, is the only resource humans have to ever see their own eyes, mouth, nose, ears, that is, their own face. This pleasure arrives, however, with the often forgotten fact that the reflected image is actually inverted, and that every mirror is defined by its frame. If we are to point to anything about the reality of our faces, we have to do it while pointing to the apparently opposite side of the reflection in the mirror. In a way, if symbolically speaking, we are to examine the reality of gender, at times the right answer may be in the inversion of the canonized cultural narrative. Then the question of who is holding the mirror and framing a particular segment of reality, should enter into our calculations as well. With this in mind, and revisiting the idea that fairy tales discursively structure gender norms, it is possible to understand the way in which the mirror became such a powerful metaphor in fairy tales and some forms of imaginative literature.[2]

Vanity, self-centeredness, and neurotic narcissism seem to be associated with the classic version of the Snow White tale; however, Shua's literary mirror appears to be resemantisized. The princess, who first discovered her powers by kissing a frog, has now discovered her own desire. This body-centered narcissism points to a woman who is not only successfully separated from her father's desires, but who is spontaneous, cheerful, and more than anything else, a maker of her own self. If the traditional mirror reflects patriarchal values by framing the male desire, then Shua's princess has created an object, magical as it is, that not only reflects but also refracts the female desire.[3]

The fourth version, "Sapo y princesa IV," further elaborates the pleasures of her experimental spirit. Encouraged by the power of her body to change the reality surrounding her, she tests it by kissing donkeys, spiders, vultures, worms, wild boars, snakes, snails, and grooms. The ironic narrative voice parenthetically interpolates a comment regarding the prince, who observes this spree of creative energy with occasional bursts of jealousy. The choice of animals is symptomatic: it contains species that are usually not considered friendly to humans, but are quite common in fairy tales. The boar is, for example, one of the sacrificial god surrogates, while the spider, serpent and worm are associated with the female power (Walker 359, 413). The image of the groom, who obviously does not belong to the list, closes this "version" with the explicit hope that he will eventually ascend socially and not only metamorphose physically. The shift of emphasis calls the reader's attention to the moral importance and reception of fairy tales among "common folk," and their underlying hope to change their social status through appropriate behavior prescribed in the fairy tales. Basically, if a frog can turn into a prince, why should a simple groom not aspire to be magically transformed into a prince?

The last vignette related to the theme of the "Frog and the Princess" restates the issue of the original and its copy. Is the prince real? Was he turned into a frog by a fairy, or is it that the frog became a prince? Did her kiss change his destiny or was it already inscribed by the fairy's power, the pregnant princess wonders. The baby tadpole's "strange" cries seem to prove that the "real" nature of the prince is that of a frog, and that before becoming a frog, he was not a prince. It is the power of her desire that metamorphosed the frog into a more appropriate form to suit the princess. And if we invoke the words expressed in the epigraph of this essay by Jack Zipes, we see that desire, along with necessity, is the major instigator of fairy tales.

The frog-like nature of the prince is revealed to the princess through the baby frog she carries within. Its father's long tongue puts the identity of her husband and his true prince-like nature into a state of terminal doubt. The princess's doubt represents, at the same time, the failure of her power to transform by loving, and reveals the psychological mechanism behind the Frog Prince cluster of tales. The ultimate narcissism of the feminine desire revealed in the version with the mirror ("Sapo y princesa III") is now brought to its final conclusion. Her pregnancy is a sign that she is on her way to becoming a mother, and positive mother images are rare in traditional fairy tales. Maybe the frog that she will deliver will not testify to the repression of her desire, as one would expect from the patriarchal literary tradition, but will mark a new transformative realm in which women's lives continue beyond the ending.

If there is no archetypal prince and the princess's present husband is a simulacrum with a long tongue, then Shua's version of the fairy tale ultimately deconstructs the entire patriarchal system in which girls are trained to focus all their energy on transforming frogs into princes. On the other hand, the frog-like nature of every prince speaks of the true animal nature of the body and its instincts. The fairy tale world vanishes when confronted with such radical doubt as the fairy tale itself is transformed by internalized doubt. Because the characters of traditional fairy tales usually have no interior, psychological content in the modern sense, this radical doubt of the princess brings about the demise of her own princesshood. The unquestioned exteriority of the princess's actions is now brought into the domain of her own psyche. The fairy tale princess always submits to the will of the king, and is therefore transformed into pure exteriority. Besides her father's position, it is only her looks and her noble status which are required for her to be an "authentic" princess. The traditional "happily ever after"ending of the "Frog Prince" fairy tale is challenged by the frog-like cries of the princess's baby.

Shua's revisionist experiment plays with the canon on yet another level; while in the traditional tale, the transformative amphibian is a frog, her narrative avatars use the close relative of the frog, a toad ("sapo").[4] Unlike the frog's smooth skin, toads are characterized by their warty surface, and have been associated with evil magic performed by witches who use their legs and pulverized skin in the production of ritual potions (Von Franz 75). The toad's poisonous nature is stressed in folklore (Von Franz 74) and represents the "inverse and infernal aspect of the frog-symbol" (Cirlot 114, 344).

According to the Jungian scholar Marie-Louise von Franz, in mythology the frog is usually a masculine element while the toad is feminine. It is associated with the Mother Earth, and, most interestingly, it represents the uterus and childbirth.[5] In that sense, Shua's literary quest is not only invested in parodying the genre itself, but also in laying bare the building blocks of the Western symbolic order. Before transforming frogs into princes, the writer inverts the rules of the game and substitutes frogs with their "infernal aspect," toads (Cirlot 344). Shua strengthens the feminine element of her tale, even though that makes the conception of the tadpole ever more miraculous.

The feminist project of Shua's syncopated tale foregrounds an active heroine who playfully spins possible narrative webs emanating from the classic source. The "some day my prince will come" kind of expectations no longer seem valid at the end of the twentieth century. Postmodernism has left a permanent imprint on a variety of Western molds. Gender representations, along with socialization patterns, seem to be forever changed. So what happens with the prince in this new kind of space, not only the one who was a frog, but the real hero, the one who was able to outsmart the wizards, kill the dragons, and rescue the one and only princess?

The amending fairy tale project that Shua so successfully develops in *Casa de geishas* has its roots in a much earlier writing project, a volume of short stories entitled *Los días de pesca* (1981). Although her novel *Soy paciente* was published in 1980, the stories were written first, preceded only by a collection of poems *El sol y yo* published in 1967. Shua's subsequent titles point to the fact that narrative fiction turned out to be the genre most appropriate for her expression in language. New, feminist, and somewhat bitter fairy tales appear scattered throughout *Los días de pesca* as if calling on the reader to undo the repressive and uncertain reality of the late seventies and early eighties in Argentina, a period when disappearing was not only a discursive metaphor.

There are three stories in the collection which most explicitly recall the fairy tale fabula and structure: "Princesa, mago, dragón y caballero," "La escoba y la bruja," and "El detective, el vampiro y la niña." In addition, the story "Historia de un cuento," although not a direct revision of a classical fairy tale, lays bare the reality of the contesting process that the writer undertakes during the translation of the societal body into writing. Significantly, all these tales belong to the section called "Historias de la vida real," a subtitle which leads the reader to approach the stories in a paradigmatic and exemplary way.

"Princesa, mago, dragón y caballero," the longest of all the stories in the book, is a revision, or to be more precise, an updated version of the famous tale featuring a powerless damsel in distress who awaits a rescuer. Following the tradition in a tongue-in-cheek manner, the tale almost turns out to be exclusively about the knight called Arnulfo de Kálix.

The story begins with a tournament and the battle that everyone has been waiting for between Arnulfo de Kálix and Príncipe Verde. They must fight each other in order to win the right to face the wizard who has captured the Princess Ermengarda and is keeping her in the castle under the watchful eye of the dragon. All the necessary elements of the archetypal tale, according to Bettelheim's frame, are present: "the unlikely hero proves himself through slaying dragons, solving riddles, and living by his wits and goodness until eventually he frees the beautiful princess, marries her, and lives happily ever after"(111). However, Shua's hero will not only encounter a different kind of a princess, but will also experience more doubts, trials and tribulations than any archetypal representative of the patriarchal past. Although a hero in his most fundamental aspects (bravery, dexterity and persistence), Arnulfo is not presented as perfect and natural. More than anything else, he plays the role of the hero in this particular tale, but there is a gap between that role and his actual representation. From that gap emanates the urge that gets translated into a series of revelations about friendship, happiness, maturity and life goals. Discursively, the gap between the real self and the projected ideal is worked out through the ironic double voice of the omniscient narrator who has access to the mental world of the protagonist but does not consider it either important or worthy of further elaborations essential to the development of the narrative. He appears to be most honest and engaged when narrating within parenthetical brackets. The opening paragraph of the story contains one of his parenthetical remarks: "Y esa noche el caballero Arnulfo de Kálix y el Principe Verde bebieron juntos por el fin de la amistad que los unía y por la eternidad de la belleza (que los separaba)" (25).

From the rest of the story, it soon becomes obvious what this ironic remark means: the two men who must face each other in the battle which will determine the rest of their lives, became friends during the long period leading up to the tournament, and now that friendship must end in order for them to get closer to the goal whose "reality" they can hardly imagine: the princess. Later on, that same postmodern narrator, quite versed in Baudrillard's distinction between different orders of simulacra, will reveal parenthetically that what the two knights are longing for is not even a princess but rather her image: "El caballero Arnulfo amaba y deseaba ya a la princesa Ermengarda (a su imagen) como un chico ama y desea a su primera, no poseída bicicleta" (30). This clear separation between the real and its representation is underlined throughout the narrative. It is particularly significant because the traditional classic hero achieved his status through his image and not through his actual person. That is why it is generally quite difficult, if not impossible, to match historic figures with epic heroes. The image is what is cultivated and worshiped because of its discursive malleability. No real person matches the hero's idealized image.

Shua's narrative points to this fact from its inception and invokes it regularly, particularly emphasizing its relevance for female imagery. While the classic tale would most likely present the conflicting situation—the abduction of the princess, for example—at the beginning and always in the service of hero's conquering path, "Princesa, mago, dragón y caballero" foregrounds the practice of using the female image by male authors, narrators and story-tellers. Usually the female character appears as a motivation for male activity. This procedure makes her disappear from the classic narrative. She resurfaces at the end when the hero saves her from the dragon or a similar beast. The hero invokes her in memory every once in a while before some particularly harsh task, until finally walking away with her in order to live "happily ever after." Shua's hero undoes this Western textual fabric woven throughout centuries of obeying the male desire almost exclusively, and retracing the steps of classical heroes to question their supremacy. Although the narrative's title insinuates the change of the order of the characters' importance, it is not until the end that the reader is clearly faced with the open expression of female desire.

Like a traditional knight, Arnulfo de Kálix has a catchy name rounded out by his place of birth instead of the family name. Heroes do not belong to families but rather to their kingdoms, countries and nations, thus later ensuring the survival of their legend through repetition. Arnulfo de Kálix, however, has the psychology of a novelistic hero more than any epic character; he hears the legend of the dragon and the princess from a traveling singer when he is twelve, the right age for any adolescent to fall in love, and this poetic narrative becomes a guidance in his life journey. His first expression of love is also discursive. He engraves her name into his oak desk before he even imagines her. At that time, still a child more than a young man, he mentally conceives the dragon and not the princess. The space that the "discursive" princess occupies in his mind is measured by the well-known prosaic objects extracted from his modern, technologically well-equipped reality: in the beginning he loves her and needs her like a child who wants his first bicycle; then, like a young man pining after a movie actress; later, as he matures, his desire is like that of a writer who yearns for his first, still unwritten novel. As Arnulfo grows older he wants her like a middle-aged official who dreams of a job for which he sacrificed almost all his hopes; then, like a pilot of a commercial aircraft who wants his own small plane; and finally, like a man who has never seen the sea cherishes an old photograph that has been hanging over his desk for years. Like the mythical princess in the dragon's castle, he seems to be a prisoner of his own gender and desire. For one should not forget that his selfhood is constituted by the image of a female, a perfect "other" that he is not even sure exists. He loses his best friend, the Príncipe Verde, during a prescribed knight's tournament. Later, his mature life with a steady profession and a good wife turns out to be a mirage, because his path was determined by the rules of the fairy tale genre and its governing masculinity. And finally, our postmodern hero is forced to trade his youth and strength for the wisdom necessary to outsmart the wizard.

In a way there is a certain literary reworking of the quixotic narrative because Arnaulfo's pursuit of the princess parallels Cervantes's famous novel. Like a postmodern Don Quixote, Arnaulfo becomes infatuated with a discursive female phantasm—we should not forget that he first heard about the Princess Ermangarda from a ballad—and dedicates his life to the dual aim of becoming a true knight in order to gain possession of the "real" princess. The prince is charmed by the spell of a literary genre and does not possess the power to break out of its absolute laws. He is caught up in the web of narrative conventions in much the same way that Princess Ermengarda is invented and maintained as an image of ideal womanhood by the patriarchal social order. Women are best when they are imagined, rather than engaged in a dialogue with their dragon-like nature. It is that terrifying part of femininity which defies any generic rule with its unbounded desires that the dragon protects as well as enjoys. In the end, the princess's tears for the slain dragon betray a different kind of connection to this mythical creature that nurtures fire. The centuries-long relationship between the princess and the dragon is based on the power of sexuality which both the confined woman and her guardian reptile share.

Thus Shua's narrative is very explicit regarding the artificiality of a construct called "princess." Her image is made to serve as a metaphor for all the other desires that a maturing male may have and that are replaced by the demands of the traditional gender and genre expectations. "She" is the desire that gives the meaning to "his" life. The story in which she is "liberated" is not her story but the hero's, and she is framed in such a way as to represent the object of his desire and not its subject.

The ultimate twist of "Princesa, mago, dragón y caballero" comes at the end when the dragon is slain, the wizard is outsmarted, and the hero liberates the princess. He is an old, complete stranger for a woman who spent her entire youth with the dragon. Who is the villain now, the narrative voice silently posits. Whom should a woman, a "liberated woman" nevertheless, trust after being incarcerated for so long in the castle structured by patriarchal hegemony? How does the liberation affect feminism after the flight from the masculine order? Why should the princess suddenly accept the unsolicited "liberator," a complete stranger, after learning for centuries how to negotiate with her monstrous captor?

These are the underlying questions of the entire narrative. They also happen to be some of the much debated issues of the feminist movement of the sixties and early seventies in Latin America: how to convey to millions of women accustomed to the confines and demands of the patriarchal home, women who mostly, but not exclusively, live outside the urban centers of the Western civilization, that their position and role in the household is not "natural" but constructed? How to explain that the dragon can be eliminated and the wizard outsmarted?

As many critics whose research involves gender issues in Latin America have pointed out, feminist ideology and philosophy is not overwhelmingly embraced by women of all classes and sexual orientations. For example, Amy Kaminsky has summarized the problem in her excellent study of gender oppression and sexuality *Reading the Body Politic: Feminist Criticism and Latin American Women Writers* in the following manner:

> Feminism meets resistance there on the linked issues of foreignness, class allegiance, and sexuality. The mass-media representation of feminism as antisexual and antimale (or, simply and insidiously, antiheterosexual) and the popularly disseminated notion that the feminist movement is bourgeois and Northern

(and therefore doubly suspect, probably reactionary) have alien-
ated many otherwise progressive women and men. Women's
insistence on controlling their own sexuality, whether in choos-
ing their sexual partners or in having control over reproduction,
is represented as anything from perversion to selfishness, and as
the work of outside agitators. (18)

The reality of gender relations in Latin America points to the fact that
women have historically been restricted to private spaces, be that a house
or a convent.[6] And she has survived. As with any other authoritarian
regime, the prospects of change are often uncertain, and there is reluc-
tance to accept it because it may bring even worse conditions, such as further restrictions and loss of security. It is not surprising then, to see that
women are reluctant to accept the new ideology—even if it is feminist—that either comes from the privileged classes or from the outside.

After the many centuries Princess Ermengarda spent under the watchful eye of the dragon, she may not be eager to comply with the rules of the
fairy tale genre. The prince appears as the unknown stranger, not as the
adequate redeemer at the end of the tale. The realm of happily ever after
which completes the marriage plot is not accessible to the princess. Is it
possible that she came to love her imprisonment? Or perhaps she is afraid
that the unknown stranger, the dragon slayer, has a potential for more
oppression? Shua's narrative leaves these questions unanswered. It closes
with the image of a terrified and sad princess soaked in the green blood of
her captor, trying to resuscitate dragon's fiery breath. Overwhelmed with
fear and grief, she gazes upon old Arnulfo as if wondering what her life
will be like from now on.

Nevertheless, in *Casa de geishas*, there is a vignette that may serve as
a possible answer to the question of the princess's future. In "El héroe a
tiempo" a kingdom is plagued by a three-headed monster that devours all
its virgins. Soon, his greed is such that he does not bother to ascertain their
virginity. The hero arrives, and soon after slaying the beast, demands his
own reward. One form of oppression is substituted by another, and the
story ends with the expressed hope that yet another hero will arrive soon.

Princess Ermengarda's rescuer is not a unique personality, but a role
dictated by the symbolic order which defines the rules of story-telling for
the traditional notions of literature. The gender conscious poetics that
inform Shua's thought-provoking writing project suggest the possibility
of cultural transformation; however, her narrative gift is wrapped in a
transparent cellophane fabric that distances us from this revisionist potential. The veil that cushions Shua's discourse is woven out of very fine
threads of irony which, at least according to its Greek etymology
(*eironeia*), represents a practice of writing that dissimulates and interro-
gates laws of textuality. In this sense, the recipient of her fairy tales faces
the challenge and responsibility of passing this gift on to others—readers

and listeners, men and women— not unlike the storyteller who is at the same time a "teacher and a sage" (Benjamin 108). Shua's story requires a reader that enjoys the game of "defamiliarization" of the traditional fairy tales. The limitations of one's own gender are foregrounded and set into ironic play as "her tale" passes along a singular poetic vision dedicated to the mother ("A mi madre"[7]) who, we can only imagine, told her her very first tale.

NOTES

1. From the opening paragraph of the essay "The Storyteller: Reflections on the Works of Nikolai Leskov," Benjamin longs for "the art of storytelling" and the lost "ability to exchange experiences." According to him, the reasons are to be found in the rise of the print dependent genre, such as the novel, and the fact that "experience has fallen in value" (83-84).

2. Gilbert and Gubar, for example, claim that the voice that is heard from the mirror in "Snow White," is the voice of the patriarchal society.

3. Although more focused on Shua's formal experimentation with the genre of "cuentos brevísimos," Rhonda Dahl Buchanan also makes references to the revisionist project of fairy tales in her insightful article "Literature's Rebellious Genre: The Short Short Story in Ana María Shua's *Casa de geishas*."

4. Bruno Bettelheim mentions only one fairy tale, "The Three Feathers," in which the toad is used instead of the frog (289).

5. Marie-Louise Von Franz explains that in many Catholic countries, women who have childbearing problems or any other illness associated with the uterus, suspend the healing image of a wax toad as an *ex voto* in the churches where they request the intervention of the saints (73).

6. It would be an inaccurate oversimplification to assume that all the women of Latin America share the same oppressive conditions. The life of upper class *criollo* descendants in Argentina is very different from that of indigenous descendants in neighboring Bolivia. In addition to gender, class and race play a determining factor in the reality of Latin American social structures. However, in spite of the fact that upper class women have the opportunity to hire domestic help, and thus create space and time for writing and other artistic endeavors, their oppression comes from the same source: the patriarchal order.

7. *Los días de pesca* is preceded by the dedication which reads: "A mi madre." The status of language in the paratext of "dedications" is generally read as the clearest expression of authorial intention, tied to the realm of desire and reality constructed by it.

WORKS CITED

Baudrillard, Jean. *Simulations*. New York: Semiotext(e), 1983.

Benjamin, Walter. "The Storyteller." *Illuminations: Essays and Reflections*. New York: Schocken Books, 1988: 83-110.

Bettelheim, Bruno. *The Uses of Enchantment: The Meaning and Importance of Fairy Tales*. New York: Knopf, 1977.

Buchanan, Rhonda Dahl. "Literature's Rebellious Genre: The Short Short Story in Ana María Shua's *Casa de geishas*." *Revista Interamericana de Bibliografía*. 46.1-4 (1996): 179- 192.

Cirlot, J.E. *A Dictionary of Symbols*. New York: Barnes and Noble Books, 1971.

Franz, Marie-Louise von. *The Interpretation of Fairy Tales*. Boston: Shambhala, 1996.

Gilbert, Sandra and Susan Gubar. *The Madwoman in the Attic: The Woman Writer and the Nineteenth-Century Literary Imagination*. New Haven, Conn.: Yale UP, 1979.

Kaminsky, Amy. *Reading the Body Polatic: Feminist Criticism and Latin American Women Writers*. Minneapolis: U of Minnesota P, 1993.

Kolbenschlag, Madonna. *Kiss Sleeping Beauty Good-Bye*. New York: Doubleday, 1979.

Shua, Ana María *Casa de geishas*. Buenos Aires: Sudamericana, 1992.

——. *Los días de pesca*. Buenos Aires, Argentina: Ediciones Corregidor, 1981.

Walker, Barbara G. *The Woman's Dictionary of Symbols and Sacred Objects*. San Francisco: Harper & Row, 1988.

Zipes, Jack. *Fairy Tale as Myth/Myth as Fairy Tale*. Lexington: UP of Kentucky, 1994.

ESTE MUNDO, QUE ES TAMBIÉN EL OTRO:
ACERCA DE *BOTÁNICA DEL CAOS*
DE ANA MARÍA SHUA[1]

Raúl Brasca[*]

El microcuento rioplatense antes de Ana María Shua

Probablemente debamos a Macedonio Fernández y a Jorge Luis Borges los primeros microcuentos o, en sentido más amplio, minificciones, escritos en Argentina. Macedonio, que según Borges "escribía para mejor pensar," encontró en la fulgurante brevedad el vehículo ideal para su genio. Borges, le dedicó "Diálogo sobre un diálogo" (784), en el que reinventa una de las míticas conversaciones que solían tener, y que constituye uno de los puntos más altos del género en el país. Sin proponérselo, cada uno de ellos inició una tradición. En Fernández, predomina lo que hoy llamamos minificción ensayística que, en su caso, es especulación metafísica muchas veces impregnada de un humor absurdo. Borges no desdeñó (ni mucho menos) la metafísica, pero prefirió expresarse más narrativamente y la mayoría de sus textos brevísimos pueden caracterizarse como microcuentos. Fueron él y Adolfo Bioy Casares quienes compilaron los *Cuentos breves y extraordinarios* (1957), referencia obligada cuando se trata de narrativa brevísima. Allí antologaron textos tomados de la literatura universal que incluyen algunos de compatriotas (Manuel Peyrou, Silvina Ocampo, Santiago Dabove) y de ellos mismos, firmados o apócrifos, como el que ostenta la autoría de Clemente Sosa. Poco más tarde Bioy publicó *Guirnaldas con amores* (1959), su libro de minificciones. Si bien muchos escritores incursionaron en el género, son pocos los que escribie-

---

Escritor y crítico argentino, Raúl Brasca ha publicado *Las aguas madres* (cuentos, 1994), *Dos veces bueno. Cuentos brevísimos latinoamericanos* (antología, 1996), *Dos veces bueno 2. Más cuentos brevísimos latinoamericanos* (antología, 1997) y *La hora de todos. Relatos de fines de los siglos XVI, XVII, XVIII y XIX* (antología, 1999). Sus cuentos, microcuentos y ensayos han sido publicados en revistas y suplementos literarios de Latinoamérica, España y EEUU, así como en diversas antologías. Ganador dos veces del Certamen Internacional de cuento brevísimo de la revista *El Cuento* (México, 1988 y 1997) y premiado en su país por el Fondo Nacional de las Artes (1993) y por la Municipalidad de la Ciudad de Buenos Aires (1992-93), escribe actualmente crítica literaria en el suplemento de cultura del diario *La Nación* y colabora en publicaciones de diversos países.

ron libros íntegramente consagrados a él. En 1960, aparece *Historias de cronopios y de famas* de Julio Cortázar, breves destellos que iluminan en lúdico contrapunto la precariedad de lo real. Marco Denevi publica la primera versión de sus *Falsificaciones*, ficción metahistórica, en 1966. Posteriormente haría otra en 1969, y una tercera en 1977.[2] La microcuentística de Denevi ha interesado prácticamente a todos los antólogos y teóricos del microcuento, que han recurrido a ella para definir el género y fijar sus características.[3] *El mago*, brevedades humorísticas de Isidoro Blaisten, es de 1974. Los juegos intertextuales y metaficcionales toman forma de microcuentos en algunos de los *Cuentos en miniatura* de Enrique Anderson Imbert, publicado en Venezuela en 1976. Entre los libros que incluyen colecciones de microrelatos hay que mencionar *Los libros sin tapas* de Felisberto Hernández, publicados entre 1925 y 1931, *Indicios pánicos* (1970) de Cristina Peri Rossi, *El país del humo* (1977) de Sara Gallardo, y *Aquí pasan cosas raras* (1975) de Luisa Valenzuela, como los más notables. Este era el corpus del microcuento rioplatense, muy variado y de altísima calidad por cierto, cuando Ana María Shua dio a conocer *La sueñera* (1984), primero de sus libros de cuentos brevísimos, al que seguirían *Casa de geishas* (1992) y *Botánica del caos* (2000), objeto de este ensayo.

La microcuentística de Ana María Shua

El filósofo chino Chuang Tzu, que vivió en el siglo IV a.C. fascinó (y sigue fascinando) a los escritores de este siglo. Octavio Paz lo tradujo en 1957 y lo publicó en la revista *México en la cultura*. Escribió de él: "Creo que Chuang Tzu no sólo es un filósofo notable sino un gran poeta. Es el maestro de la paradoja y del humor, puentes colgantes entre el concepto y la iluminación sin palabras" (1). En ese mismo año, Borges y Bioy incluyen en *Cuentos breves y extraordinarios*, dos de sus textos, uno de los cuales es "El sueño de Chuang Tzu": "Chuang Tzu soñó que era una mariposa y no sabía al despertar si era un hombre que había soñado ser una mariposa o una mariposa que ahora soñaba ser un hombre" (20).

Por una operación mental que desestima el orden cronológico, estas líneas hoy se nos revelan borgeanas y parecen ser la síntesis de muchas ficciones del autor de *El aleph*.[4] Pero las transcribo aquí por otra causa: "El sueño de Chuang Tzu" es seguramente el microcuento que más descendencia ha tenido en la literatura latinoamericana.[5] Es más: de algún modo contiene a la mayor parte de sus descendientes, incluido el más famoso de ellos, "El dinosaurio" de Augusto Monterroso. En Argentina, casi simultáneamente con *La sueñera*, aparece *Cuentos del exilio* de Antonio Di Benedetto, cuya sección "Espejismos" reúne una colección de microcuentos basados en las oposiciones mundo real-mundo onírico e imagen real-imagen especular. Son los temas eternos caros a Borges, a los que habría que agregar, como un caso particular del primero, la concepción solipsista del mundo: somos porque hay un dios que nos sueña o nos piensa.

La sueñera arraiga también en esta milenaria tradición, consigna mil y una formas de transgredir la infranqueable línea divisoria entre el sueño y la vigilia, pero pronto van desprendiéndose de la inventiva de Shua otras oposiciones, realidades multiformes, mundos secretos que tienen la difícil coherencia del absurdo, la informulable lógica de la imaginación. Este material narrativo, una singularísima forma del decir conciso, y la omnipresencia del humor, caracterizan no sólo a este libro, sino a toda su narrativa brevísima. La tarea de exploración de posibilidades continúa en *Casa de geishas* (1992),[6] y no se limita a la invención de historias, se extiende al aspecto formal, indaga mecanismos, atiende a la multiplicidad de los sentidos, pliega sobre sí mismo el texto, una y más veces, suma referencias, gana en complejidad y belleza.

Botánica del caos: Antes y después de la palabra. Hibridación y mestizaje

Como una moderna nominalista, Shua (apenas mimetizada con el pseudónimo de "Hermes Linneo, el Clasificador," que apenas mimetiza a Carlos de Linneo) declara en su "Introducción al caos" la naturaleza singular de cuanto existe y afirma que los conceptos universales son meros nombres que nos sirven para escapar de la verdad primigenia. La cultura comienza con la primera abstracción y con la primera palabra que pretende condensar lo plural. Antes de la palabra, está el caos, la innumerable pluralidad. Después de ella, el jardín donde crecen los microcuentos del libro, especies híbridas que muestran sus hojas y flores hechas de palabras, pero que hunden sus raíces en el magma preverbal.

Vale la pena detenerse en esta introducción, no tanto para recordar las ideas de Guillermo de Occam, sino para extraer de ella la concepción de la literatura y del microcuento que Shua propone o, al menos, sugiere. En la realidad exterior sólo hay ocurrencias, las palabras nos consuelan con la ilusión de un orden falso y la literatura, arte de la palabra, aisla algunas de esas ocurrencias y les confiere un sentido. Por eso las palabras esconden más que lo que muestran. La función del arte sería entonces quebrar la resistencia del lenguaje, aunque sólo la poesía logre "cruzar el cerco: se clava en la corteza de las palabras abriendo heridas que permiten entrever el caos como un magma rojizo" (7).

De lo dicho pueden extraerse dos conclusiones: puesto que los microcuentos de *Botánica del caos* se nutren del caos original, no se puede esperar, ni debería desearse, que sean muy juiciosos; por otro lado, como el caos subyace en ellos a las palabras y como éstas intentan expresarlo, debe entenderse que aspiran a la poesía. La aspiración es legítima, tan legítima en el microcuento como en el cuento y la novela. Por eso, esta primera hibridación (la simultánea pertenencia al caos y a la cultura), es aplicable a toda narrativa que logre ahondar en el hombre y su mundo. En cambio, hay una segunda hibridación que es característica de la minificción. Algunos la llaman también "carácter proteico"[7] y consiste en la ambigüedad genérica, mestizaje de géneros que la brevedad parece albergar cómodamente; esa cualidad impidió hasta hoy una definición rigurosa que incluya la totalidad de los textos normalmente considerados dentro del grupo. Respecto de esto, hay una condición implícita en la microcuentística de Shua: la exigencia del elemento narrativo. Prácticamente, es casi imposible encontrar, en cualquiera de sus tres libros, minificciones en las que lo narrativo no esté presente. De esta manera se aleja del aforismo, y sus microensayos están siempre enmarcados por un pronombre personal y un verbo que les dan estructura narrativa:

Lo temible

Temible es lo que no se puede contar: los sueños, la locura y también lo innumerable o infinito. Nos recuerdan que la vigilia, la cordura y los límites son apenas categorías del pensamiento, que el universo es una dilatada pesadilla, que nos despierta la muerte. (138)

Pero más allá de las intenciones y los aspectos constructivos, la tesis de este ensayo es que el conjunto de microcuentos de *Botánica del caos*, bajo el manto de amable juego de ingenio y liviandad humorística, guarda una seria concepción del mundo que tiene todas las características de nuestra época: la desconfianza de la realidad, la anulación de casi todas las certezas, cierto escepticismo sobre el futuro de un mundo que se agota, una chispa de esperanza en el poder redentor de lo poético.

Laboriosa construcción del caos

Lo primero que se advierte en la lectura de este libro es un minucioso desmantelamiento en el orden de lo real que se lleva a cabo por un mecanismo casi general: la negación de las constancias y absolutos secularmente admitidos y la extensión del carácter de convención a casi todas las cosas. Analizaré sumariamente cómo lo anterior toma forma narrativa.

La tercera hibridación

Hay temas y mecanismos que resultan especialmente fértiles en el microcuento. Nombramos más arriba las oposiciones soñador-soñado e imagen real-imagen especular; podríamos agregar otras oposiciones, por ejemplo, diversas formas de dislocación del sentido y la reformulación mítica. Shua ha demostrado instinto para descubrir tanto nuevos procedimientos como las historias que engastan perfectamente en ellos. Los microcuentos de la primera de las once secciones del libro, titulada "Ejemplares raros," presentan una hibridación[8] entre dos reinos de la naturaleza, y constituyen, en el orden temático, el mayor hallazgo del volumen: son a la vez ejemplos de una familia de microcuentos y la demostración de sus posibilidades:

Amores entre guardián y casuarina

Plaza pública. Guardián enamorado de casuarina (secretamente incluso para sí mismo). Recorte del presupuesto municipal. Guardián trasladado a tareas de oficina. Casuarina languidece. Guardián languidece. Patéticos encuentros nocturnos. Con el correr de los días, casuarina transformada en palo borracho. Murmuraciones en el barrio. Una noche trágico parto prematuro: vástago discretamente enterrado. Previsible crecimiento *in situ* de una planta desclasada y rebelde que se niega a permanecer atada a sus raíces pero tampoco quiere estudiar y bebe desordenadamente cerveza sentada en el cordón de la vereda. (11)

El mecanismo es claro: primero las dos especies aparecen bien diferenciadas aunque ligadas secretamente, luego se las equipara (ambas languidecen), después se unen y comienza la transformación (casuarina aparenta un embarazo humano: se transforma en palo borracho),[9] finalmente se produce el híbrido que reúne propiedades de ambas especies. Otros cuentos ensayan asimilar narrativamente parcialidades de ambos reinos: mujer-planta, dedos-raíces, familia taxonómica-familia humana; o atribuyen a los individuos de un reino lo que es corriente en los del otro: plantas drogadictas, fantasmas vegetales, psicoterapias para plantas. En el último cuento de la serie la ambigüedad alcanza su punto más alto:

Ejemplares raros

Se les frota el cuerpo con agua de Alibur para que caigan las costras falsas dejando las llagas al descubierto. Se aplica sobre ellas una pomada antiséptica.

En la mayor parte de los casos, cicatrizan bien. Sólo en algunos pacientes las llagas siguen abiertas y toman un color terroso. Se las cubre, entonces, con un emplasto de algas marinas.

En la mayor parte de los casos se cierran sin dejar marcas al cabo de unos días. Sólo en algunos pacientes las llagas se inflaman y surgen unas raicillas blancas, móviles, que podrían confundirse con larvas. Su movimiento, sin embargo, se debe sólo a la velocidad con la que crecen. Se las rocía con abundante alcohol y se cubren con una gasa limpia y seca.

En la mayor parte de los casos los brotes mueren y las heridas cierran definitivamente. Sólo en algunos pacientes estas raicillas, ramificadas, profundamente hundidas, desarrollan una planta de hojas grandes, color ámbar, aterciopeladas, con gruesas nervaduras, que resultan deliciosas en la ensalada. (98)

Estos "ejemplares raros," de los que ya no se sabe a qué reino pertenecen, son además de una metáfora del género literario que los alberga, el primer paso en el desmantelamiento del orden, en el descenso al caos. Luego habrá otras instancias. ¿Qué pasa cuando se cambia la inconstancia de las costumbres humanas a lo largo del tiempo en inconstancia del tiempo frente a la implacable persistencia de las costumbres humanas, y cuando se invierten las leyes físicas, y cuando el teatro usurpa la realidad?

Tiempo cósmico versus tiempo humano

No se trata de la dilatación relativista del tiempo. Eso entra hoy en el orden natural y ya fue explotado en el microcuento por Fredric Brown y sus sucesores. Por lo menos, no se trata sólo de eso. Se trata de confrontar el tiempo cósmico con el tiempo humano en una lucha donde gana el tiempo subjetivo, oponer la constancia de los hábitos humanos a la invariabilidad del tiempo y elegir que es el tiempo el que varía atado a los hábitos constantes. Shua lo muestra de una forma más sencilla:

Puntualidad de los filósofos I

El profesor Kant es tan regular en sus costumbres que cada día esperamos su paso para poner en hora nuestros relojes. Cruza la calle siempre por esta esquina a las cuatro en punto de la tarde. El resto del universo, en cambio, es irregular, confuso, impredecible. A las cuatro en punto de la tarde a veces brilla un sol violento y a veces es de noche. Hay días en que recién acabamos de cenar y otros en que las cuatro de la tarde llegan inmediatamente después del desayuno. Los peores son esos días de infierno en que las cuatro en punto vuelven una y otra vez, casi a cada momento. Imagínese usted en qué horrible caos viviríamos si no nos informara el profesor Kant, con su paso regular y confiable, cuando están empezando a ser otra vez esas veleidosas cuatro de la tarde. (29)

El tiempo también puede condensarse y materializarse en una nube, o ser atropellado por un tren, pero no puede haber un garante permanente del orden. Por eso, es necesario que otro microcuento, "Puntualidad de los filósofos V, termine de este modo: "Desde que Kant ha muerto, toda certeza es precaria, a cada instante todas las horas son posibles. Y más de una vez se concentran simultáneamente varias en un solo momento vertiginoso y eterno del que salimos maltrechos, con los relojes mustios, desvaí-dos" (38).

Físico-química del caos y azar

Desde la inversión o anulación de las leyes tradicionales de la física hasta el reino total del azar, estos microcuentos desafían a Newton, ponen en tela de juicio a Einstein por aquello de "Dios no juega a los dados," y sobrepasan a Heisenberg rehuyendo hasta el determinismo de lo estadístico:

Dispersión

El problema empieza cuando el virus, desdeñando las célu-las, ataca la estructura molecular misma del organismo, cuyos átomos entran en un proceso de dispersión lento pero continuo como si fueran imanes que se repelen unos a otros.

El primer síntoma es un curioso y sumamente parejo aumento de volumen del paciente que no va acompañado por un aumento de peso. En efecto, su masa no varía aunque al cabo de varias semanas se lo note perceptiblemente más alto y más gordo. Pronto se nota que la persona comienza a atenuarse y los familiares cercanos se quejan de su falta de nitidez.

Si no se actúa a tiempo, la dispersión se acentúa hasta que las moléculas pierden cohesión. El enfermo ya no tiene apetito pero tampoco siente dolor. Antes de su completa desaparición queda reducido a una enorme mancha borrosa de cuya existencia es posible dudar, como si fuera una suerte de ilusión óptica. (62)

Seguirán un hombre que puede montarse en un rayo de luz, la explica-ción de nuestros tropiezos por la existencia de una parte invisible del mundo, el mágico condicionamiento de la "suerte" y, en "Las leyes del caos," el dominio del azar más absoluto:

y sin embargo el hombre sigue recitando las tablas de multiplicar como si el azar no existiera, como si él mismo no estuviera allí por accidente, como si el universo tuviera orden y sentido, como si alguna regla se cumpliera, como si no fuera cierto que todo es posible, hasta ese famoso golpe de dados capaz de abolir para siempre el azar. (Véase Nota[1])

La realidad como espectáculo

Henri Michaux concibió en *Voyage en Grande Garabagne* (1936) una numerosa serie de espectáculos en los que la realidad toma el lugar de la ficción teatral. Esos espectáculos incluyen la violencia y la muerte reales. Shua inventa espectáculos en los que la ficción teatral desplaza a la realidad. La violencia y la muerte reales resultan de una actuación, lo que se muestra en "Como todos" y también en "Los cadáveres":

Los cadáveres

Hace diez minutos, en la vereda de enfrente, intentaron asaltar una oficina. La policía ha puesto vallas y la gente se arremolina, empujándose para ver. Hay cadáveres.

Yo no cruzo por temor o por pereza, pero también a mí me gustaría ver a los muertos. Un acto de prestidigitación les escamoteó la vida y ahora fingen con la perfección absoluta que sólo puede obtener de sus asistentes un auténtico Mago.

Sin embargo, hasta que no se levanten y anden, el espectáculo no estará listo para ser exhibido. Sólo un par de veces logró el Gran Mago completar el truco, y desde entonces, para nuestro mal, persiste una y otra vez en los ensayos. (47)

Conectados con este tema de magia divina, hay microcuentos que interpretan el cosmos como una maqueta imperfecta y desechada, otros muestran el sistema de creencias sociales como fingimiento colectivo, otros afirman la imposibilidad de acceder a las figuras originales de personas u objetos ocultas bajo sucesivas metamorfosis. Lejos de encubrir la realidad, estos textos intentan desmantelar las sucesivas capas de apariencias que la ocultan.

Verdad y certeza

Cuatro creencias inamovibles reducidas a la contingencia más precaria: la posibilidad de clasificar a los individuos por rasgos comunes a una especie, el poder ordenador de un tiempo invariable, las leyes constantes que gobiernan los fenómenos naturales de acuerdo a un principio causal, y el libre albedrío humano, entre otras muchas, demuelen minuciosamente la inteligibilidad del universo. El caos creado ni siquiera tiene consistencia lógica consigo mismo porque, por ejemplo, el dominio del azar estaría en contradicción con la predeterminación de los actos humanos de acuerdo a un guión (divino o no). En cambio, es coherente como concepción. Hay una verdad, el caos, pero es inaccesible a la razón. Los microcuentos, son meras conjeturas acerca de sus posibilidades; sin embargo, el libro salva unas pocas certezas:

La más absoluta certeza

Pocas certezas es posible atesorar en este mundo. Por ejemplo, Marco Denevi duda con ingenio de la existencia de los chinos. Y sin embargo yo sé que en este momento usted, una persona a la que no puedo ver, a la que no conozco ni imagino, una persona cuya realidad (fuera de este pequeño acto que nos compete) me es completamente indiferente, cuya existencia habré olvidado apenas termine de escribir estas líneas, usted, ahora, con la más absoluta certeza, está leyendo. (147)

No es que el autor se justifique por su obra y el libro por su lector, como nuestros hábitos mentales nos inducen a entender. Rigurosamente es el libro que, para justificarse a sí mismo, necesita la certeza de su autor y su lector. Y la postula.

Humor: proximidad o distancia

Se ha repetido muchas veces que el humor pone distancia entre el lector y el libro. Sin embargo, en este caso, es indudable la intención de la autora de acortar esa distancia y de establecer un diálogo valiéndose, precisamente, de recursos humorísticos. Eso queda claro en el ejemplo anterior, y es evidente en el que sigue:

El orden de las personas

Elige la primera persona, cree elegirla, cuando en realidad es la primera persona quien lo elige a él, que al fin no es más que la tercera, no te rías de su confusión de pobre tipo, el último orejón del tarro que se cree el ombligo del mundo si a vos, pobre infeliz, te está pasando lo mismo, te creés que estás ahí adelante y no sos más que la segunda persona porque para que lo vayas sabiendo, la primera soy solamente yo. (153)

El microcuento logra su cometido porque quien lo lee se siente interpelado. En cambio una lectura atenta de "Amores entre guardián y casuarina," revela que el tono zumbón con que está narrado introduce una cuña entre lector y cosa narrada; esa cuña es la presencia del narrador que interviene así para relativizar lo que está contando, como si quisiera evitar que quien lee confíe demasiado en las palabras. No se puede ser categórico sin ser ingenuo, parece decir, lo escrito es una metáfora, es poético, cómo podría accederse al caos de otra manera. Se produce de este modo un pliegue del microcuento sobre sí mismo, ya no se ofrece a la lectura sino a través del filtro del humor.[10] Esta es característica general del libro. Hay un distanciamiento y una proximidad buscados. La proximidad es coincidencia en el asombro, es la ilusión de estar compartiendo un texto. La distancia es el pudor de intentar lo inaccesible.

Otras metáforas

Las grandes religiones como acercamiento poético a la verdad, los mitos, los viejos relatos maravillosos y las ficciones que fraguaron quienes quisieron por ese medio penetrar en lo real, integran el material intertextual que subyace a *Botánica del caos*. Desde la *Biblia*, el *Corán* y las *Mil y una noches*, hasta el Borges de "El milagro secreto," historias confinadas en la zona de la memoria permanente y también algunas en la del aparente olvido, acuden al llamado de los microcuentos de Shua, sólo para permitir o completar una posibilidad de sentido. Siempre una inversión, una superposición o una vuelta de tuerca, recrean la anécdota clásica, que se lee a trasluz de, casi siempre, dos filtros: el del humor y el de la reescritura:

Pecados de juventud

—Era muy joven. Hoy no podría repetir tantos logros, ni los errores. Hoy me llevaría mucho más de seis días, tendría que descansar seguido, durante más tiempo. Qué raras que serían las semanas. Miren como me tiemblan las manos. Las criaturas—¿no son bellísimas?—ya no serían tan perfectas. Les habría insuflado un aliento menos vital quizás, pero también menos feroz.

Así habla, como siempre, y los muchachos, que lo conocen y, a su manera, lo quieren, le pagan otro vino para seguir escuchándolo.

—Se habla de los treinta y seis hombres rectos que justifican el mundo y evitan la aniquilación, qué poca imaginación tiene la gente, nadie piensa en ustedes, ¿quién tiene ganas de mandarles un diluvio, una lluvia de azufre a los amigos?

Los muchachos sonríen, le palmean la espalda, le piden al mozo otra vuelta de anís Ocho Hermanos, son casi tan viejos como Él, o quizás como él, el narrador no tiene opinión propia en este caso. (50)

Conclusión

Fuertemente mediatizadas en cuanto a lo que cuentan, las breves narraciones de *Botánica del caos*, reproducen literariamente una vivencia singular de lo que llamamos realidad. Se han caído las esencias universales, el cielo impoluto, la inexorabilidad de las causas y los efectos. Detrás de las ruinas se vislumbra el innumerable desorden. No se trata de reconocer con Kant "la existencia de una realidad exterior incognoscible," ni de anunciar con Baudrillard "el asesinato de la realidad," ni de afirmar con Eco que hoy la realidad es virtual. Hay que traducir en historias esos enunciados. Narrar que hacia el fin del milenio nos encontramos con que nuestra euforia de amos y señores no era justificada, que los grandes relatos eran sólo consoladores, que nuestros instrumentos para penetrar en la verdad no son confiables y que no parece que vayamos a disponer de otros. Es lo que profundamente narran estos textos, no como alegoría, tampoco como mimesis, ni siquiera como simulacro, sino por gracia de una cualidad poética que está tan lejos del poema como cerca del microcuento. Los atributos del material narrativo encuentran su correlato en la forma elegida de organizarlo. La innumerable singularidad se corresponde con los numerosos textos unitarios que constituyen un relato fragmentado, abierto, siempre incompleto y sin posibilidades de ser completado. A esta ilimitada proliferación horizontal se agregan las sucesivas capas encubridoras analizadas más arriba. Resulta casi redundante hablar de la evidente originalidad de este libro, frente a su absoluta contemporaneidad y proyección al futuro. Pero sí es necesario señalar la hazaña del lenguaje que logra vencer su propia impostura porque, entre la representación y la interpretación, estas pequeñas piezas narrativas se erigen como la misma cosa que pretenden expresar: el caos que se esconde en el orden de la sintaxis, que se burla de las palabras que quieren significarlo y que se ofrece porque se sabe inasible.

NOTAS

1. Este trabajo fue escrito sobre un original de *Botánica del caos*, antes de su publicación por la Editorial Sudamericana. El cuento "Las leyes del caos," que cito en la p. 226 de este ensayo, no fue trasladado del original sobre el que trabajé a la versión impresa; sin embargo, prefiero conservar esta cita porque es particularmente reveladora de una idea subyacente en los microcuentos de *Botánica del caos*.

2. Denevi dedicó un segundo volumen al cuento brevísimo, *El jardín de las delicias* (Buenos Aires: Corregidor, 1992), recreaciones de mitos eróticos.

3. Tal es el caso de la investigadora española Francisca Noguerol, quien cita microcuentos de Denevi como ejemplos paradigmáticos de su tesis de que el microcuento es una modalidad narrativa posmoderna. Ver: "Micro-relato y posmodernidad: textos nuevos para un final de milenio," *Revista Interamericana de Bibliografía* 46.1-4 (1996): 49-66.

4. La dicotomía "soñador-soñado" es un tema que trasciende tiempos y géneros. El cuento "La noche boca arriba" de Julio Cortázar en *Final del juego* (1956) es otra versión de "El sueño de Chuang Tzu." Lo mismo puede decirse del microcuento "De la torre" de Eliseo Diego en *Divertimentos* (1946).

5. Al respecto, ver mi artículo: "Los mecanismos de la brevedad: constantes y tendencias en el microcuento," *El Cuento en Red. Estudios sobre ficción breve* 1.1 (Invierno 2000).<ttp://cuentoenred.org>.

6. Para un estudio sobre *Casa de geishas*, ver: Rhonda Dahl Buchanan, "Literature's Rebellious Genre: The Short Short Story in Ana María Shua's *Casa de geishas*," *Revista Interamericana de Bibliografía* 46.1-4 (1996): 179-192; o su versión en castellano: "El género rebelde de la literatura: El cuento brevísimo en *Casa de geishas* de Ana María Shua," *El Cuento en Red. Estudios sobre ficción breve* 2.1 (invierno 2001). <http://cuentoenred.org>.

7. Ver: Violeta Roja, *Breve manual para reconocer microcuentos* (Caracas, Fundarte, 1996) 61.

8. Los híbridos entre especies, sirenas, faunos, centauros, son personajes corrientes en el microcuento, no así la hibridación como tema.

9. Arbol aborigen de tronco muy abultado en el centro.

10. Sobre el humor en el microcuento, ver: Lauro Zavala, "Disolución de fronteras. (Humor e ironía en el cuento ultracorto)," *Ni cuento que los aguante: La ficción en México* (México: Universidad Autónoma de Tlaxcala, 1997): 209-216.

OBRAS CITADAS

Anderson Imbert, Enrique. *Cuentos en miniatura*. Caracas: Equinoccio, 1976.

Bioy Casares, Adolfo. *Guirnaldas con amores*. Buenos Aires: Emecé, 1959.

Blaisten, Isidoro. *El mago*. Buenos Aires: Ediciones del Sol, 1974.

Borges, Jorge Luis. *Obras completas*. Buenos Aires, Emecé, 1974.

Borges, Jorge Luis y Adolfo Bioy Casares. *Cuentos breves y extraordinarios*. Buenos Aires: Santiago Rueda, 1970.

Brasca, Raúl. "Un laberinto lleno de luz." *Cortázar, doce ensayos sobre el cuento "La noche boca arriba"*. Buenos Aires: El Arca, 1995. 107-115.

Cortázar, Julio. *Historias de cronopios y de famas*. 1960. Buenos Aires: Alfaguara, 1995.

Denevi, Marco. *Falsificaciones*. Buenos Aires: EUDEBA, 1966.

———. *Falsificaciones*. Buenos Aires: Calatayud, 1969.

———. *Falsificaciones*. Buenos Aires: Corregidor, 1977.

Di Benedetto, Antonio. *Cuentos del exilio*. Buenos Aires: Bruguera, 1983.

Gallardo, Sara. *El país del humo*. Buenos Aires, Sudamericana, 1977.

Hernández, Felisberto. *Obras completas*. Vol. I. Montevideo: Arca/Calicanto, 1981.

Miranda, Julio, ed. *Henri Michaux, Poemas*. Caracas: Fundarte, 1993.

Monterroso, Augusto. "El dinosaurio." *Obras completos (y otros cuentos)*. México: Joaquin Mortiz, 1980. 75.

Paz, Octavio. "Chuang Tzu, un contraveneno." *La Nación* 26 abril 1998, Suplemento cultural: 1.

Peri Rossi, Cristina. *Indicios pánicos*. Montevideo: Editorial Nuestra América, 1970.

Shua, Ana María. *Botánica del caos*. Buenos Aires: Sudamericana, 2000.

———. *Casa de geishas*. Buenos Aires: Sudamericana, 1992.

———. *La soñera*. Buenos Aires: Minotauro, 1984.

Valenzuela, Luisa. *Aquí pasan cosas raras*, 1975.

LA DUDA AGÓNICA EN
"COMO UNA BUENA MADRE"
DE ANA MARÍA SHUA

*María Victoria García-Serrano**

A lo largo de este siglo el vínculo existente entre algunos trastornos mentales y la maternidad—entendida ésta como biológica o social, como *motherhood o mothering*—ha sido documentado y corroborado tanto por los estudios psicoanalíticos como psiquiátricos de orientación feminista (Chodorow, Dinnerstein, Gove y Tudor, Warren, Nadelson y Zimmerman). Anticipándose algunos siglos a este aparente "descubrimiento" de nuestra época, la cultura griega, como nos recuerda Phyllis Chesler en *Women and Madness*, ya había sugerido la conexión entre la función de la maternidad y ciertas perturbaciones mentales. Deméter cae en lo que cabría diagnosticar como estado depresivo al ser raptada su hija Perséfone y verse privada de su presencia. Al desatender Deméter su función reguladora de las estaciones, la humanidad está a punto de perecer por su culpa; los dioses tienen que interceder ante ella y recuperar la sucesión cíclica de las estaciones para que así los seres humanos puedan seguir contando, para su sustento, con el fruto de las cosechas. No sólo en la mitología europea y latinoamericana (Cf. La Llorona) sino también en producciones literarias previas a nuestra época, ya existía constancia de dicho vínculo así como de su importancia; pensemos, por ejemplo, en "The Yellow Wallpaper," relato en el que Charlotte Perkins Gilman, a finales del siglo XIX, ficcionalizó magistralmente la depresión posparto.[1]

Tampoco las autoras latinoamericanas contemporáneas han pasado por alto el hecho de que las mujeres que cumplen el papel de madre sufren o están más propensas a sufrir determinados tipos de trastornos mentales. Gabriela Mistral, Rosario Castellanos, Carmen Boullosa ("Sí, mejor desaparece), Judith Ortiz Cofer ("Nada"), Alcina Lubitch Domecq ("Bote-

* María Victoria García Serrano realizó de la carrera de Filología Hispánica en la Universidad Complutense de Madrid, y se doctoró en literatura latinoamericana de la University of Wisconsin, Madison. Desde que terminó el doctorado, ha trabajado en el Departamento de Español de la University of Emory en Atlanta, Georgia donde enseña un curso sobre temas relacionados con mujeres hispanas. Ha publicado artículos sobre la obra de Laura Esquivel, Gloria Anzaldúa, Alejandra Pizarnik, y Gilda Holst en revistas literarias de los EEUU y Canadá. Actualmente está preparando un libro sobre la representación y tratamiento de la mujer "loca" en la literatura escrita por mujeres hispanas contemporáneas.

llas") y Ana María Shua ("Como una buena madre") son algunas escritoras que, como Gilman, se han adentrado en esta temática.² Examinando
los textos producidos por ellas, observamos que el tratamiento literario del
trastorno psicológico varía enormemente de unas autoras a otras. La única
manera de organizar, por el momento, esos escritos (así como otros que
presentan una enfermedad mental) es fijándonos en si el trastorno ha sido
(re)presentado en su evolución o sólo en la etapa final, es decir, como un
proceso o como un estado. Un ejemplo del primer modelo narrativo lo
constituye "Nada." En este cuento Ortiz Cofer traza el comportamiento
enajenado de doña Ernestina a partir de la muerte de su único hijo en Viet-
nam hasta su ingreso en un sanatorio. El segundo modelo nos lo ofrece
Boullosa en "Sí mejor, desaparece." La escritora mexicana ha preferido
"retratar" a su personaje femenino una vez que ha perdido "la razón" y lo
han encerrado en una casa o en un centro psiquiátrico.³

La diferencia formal que señalo entre los textos no es irrelevante. He
aquí algunas consecuencias que tiene. Por lo general, las autoras que deta-
llan el desarrollo del trastorno femenino suelen postular una causa del
mismo; en cambio las que se centran en el estado resultante no establecen
tan claramente una relación causa-efecto. Y mientras las primeras corro-
boran la premisa básica sostenida por numerosas feministas: "all the
man-made institutions, from marriage to the law, confine women and
drive them mad" (Showalter 1), las segundas no la defienden pero tampoco la rechazan abiertamente.

Ya que el relato "Como una buena madre" de Shua sitúa a la protagonista en un momento anterior a la aparición de la perturbación mental,
quizás por ello no deberíamos relacionarlo con las otras narraciones que
he mencionado. Sin embargo, como veremos a lo largo del cuento, la protagonista se encuentra al borde de un ataque de nervios, estado al que ha
llegado como consecuencia de la dedicación absoluta a sus hijos.⁴ Y, en
segundo lugar, a semejanza de las autoras que emplean el primer modelo
narrativo, Shua desea constatar la causa de la frustración, impotencia,
agotamiento físico y mental que siente la madre a lo largo del relato y que
no es otra que el comportamiento de sus hijos así como su respuesta a ese
comportamiento. Ahora bien, aunque los acontecimientos que registra el
cuento evidencian la causa "inmediata," no hay que olvidar que las instituciones o personas que le han impuesto a la figura femenina la tarea de
cuidar y educar a sus vástagos, serían responsables, en última instancia, de
ese estado anímico.

El relato de Shua—que, si no fuera por la ironía que contiene, se
podría leer como un cuento de terror—narra un día delirante en la vida de
una madre, sola en casa con sus tres hijos pequeños—Tom de cuatro años,
Soledad de seis o siete y un niño de pecho—mientras el marido se halla en
viaje de negocios. Ese día la conducta de los hijos dista mucho de ser
ejemplar: Tom y Soledad pelean entre sí constantemente, inundan el
cuarto de baño, utilizan los cosméticos de su madre y luego los arrojan al

suelo, organizan un picnic en la cocina, tiran uno de los estantes, destrozan una taza que tenía valor sentimental para la madre, manchan el mejor mantel que hay en la casa, no dejan de proferir insultos y palabrotas. Pero esto no es todo. Los tres niños parecen tener como objetivo final la aniquilación total del cuerpo materno. Primero, Soledad empuja a su madre y, al caer ésta sobre unos cristales rotos, se hace una herida profunda en una de las manos. Más tarde la protagonista se tuerce el tobillo procurando llegar lo más rápidamente posible a donde Soledad está gritando: "Lo está matando [. . .] ¡Lo MATA MAMA!" (80), pues supone que se refiere a Tom intentando de nuevo deshacerse de su hermano pequeño, pero en realidad es sólo de un perrito de peluche. Luego Tom y Soledad, remedando las acciones de los personajes de cierto cuento infantil, la empujan contra el horno y se quema el antebrazo. En otro momento se golpea la nuca intentando evitar el ataque repentino de Soledad, que quiere "ver[le] las tetas" (82) y de Tom, que "le metía las manitos por abajo" (83). En la escena final cuando la madre, refugiada en el cuarto de baño, cree estar a salvo de sus dos hijos mayores, el más pequeño le mete el dedo en el ojo y le causa una lesión en la córnea. Esta imagen con que Shua ha elegido poner punto final al cuento—la afligida madre, con el hijo en brazos, sentada en el inodoro—evoca la figura de la piedad—representación pictórica o escultórica de la Virgen María sosteniendo el cuerpo de Jesucristo—aunque en consonancia con el humor subversivo de la autora, las heridas corporales las ha sufrido la mujer.

En "Como una buena madre" al tiempo que contemplamos la lucha cuerpo a cuerpo de la protagonista con sus hijos, presenciamos la lucha conceptual (pero no por eso menos real) de ésta con la maternidad y sus preceptos. El modelo de la "buena madre" gobierna la actuación del personaje femenino a la hora de criar y educar a sus hijos y, a la vez, constituye el baremo con el que evalúa cada uno de sus actos minuto a minuto. Este opresivo modelo no se lo ha inculcado su propia madre, sino revistas especializadas, cuyo discurso, con pretensiones científicas, dirigido a las masas se ha erigido en fuente de saber y poder. La influencia que han ejercido esas obras en la conciencia materna la deja clara la voz narradora desde el primer párrafo del cuento:

> Mamá siempre leía libros acerca del cuidado y la educación de los niños. En esos libros, y también en las novelas, las madres (las buenas madres, las que realmente quieren a sus hijos) eran capaces de adivinar las causas del llanto de un chico con sólo prestar atención a sus características. (69)

Ahora bien, tanto el concepto de la buena madre como el del amor maternal ("las que realmente quieren a sus hijos") y los consejos de expertos a los que se refiere la narradora en la cita anterior han estado operando en la cultura occidental desde el siglo XVIII. He aquí como lo expone Silvia Tubert:

A partir de 1750, aproximadamente, aparece un fenómeno nuevo: no se trata de la emergencia repentina del amor maternal, sino de la importancia que se comienza a dar a este sentimiento y de las características que se considera que le pertenecen. La novedad es la exaltación del amor maternal como un valor simultáneamente natural y social, favorable para la especie y para la sociedad. No sólo se promueven los sentimientos y actitudes maternales, sino que se promueve a la mujer en tanto madre. Se multiplican las publicaciones que aconsejan a las madres ocuparse personalmente de sus hijos y amamantarlos, creándoles a las mujeres la obligación de ser *ante todo* madres" (83; énfasis en el original).[5]

Si los conceptos de la buena madre y del amor maternal han perdurado hasta nuestros días ha sido, en gran parte, por el interés que ha mostrado la ciencia (medicina, psicoanálisis, pediatría) en (re)definirlos y, por ende, controlarlos, como mantienen Barbara Ehrenreich y Deirdre English en *Por su propio bien*. Estas críticas feministas, al examinar la constitución de la maternidad como ciencia en los últimos siglos, evidencian cómo las madres norteamericanas adoptaron una actitud autoritaria y más tarde permisiva siguiendo los consejos dados por "los expertos"—médicos, psicólogos, pediatras (238-297). Las dos autoras denuncian el sentimiento de culpabilidad y la "duda agónica" que esos discursos han acarreado a un sinfín de mujeres:

La teoría psicoanalítica identificó dos grandes categorías de malas madres, la que sentía rechazo y la superprotectora, imágenes reflejas e igualmente perjudiciales. La acusación de rechazo materno se extendió de tal forma en la práctica clínica y en la literatura de divulgación que incluso la psicoanalista Anna Freud acabó por lamentar su abuso. Pocas madres podían leer sobre el síndrome de rechazo materno sin sentir una punzada en la conciencia. Toda mujer ha huido, en algún momento, de su hijo de dos años cuando pregunta por décima vez 'por qué'; ha dejado al pequeño llorando durante quince interminables minutos; ha permitido que vague su mente durante la conversación con el niño de cuatro años; en definitiva, ha 'rechazado' de un modo u otro a su hijo. Las madres de plena dedicación, que luchan por conseguir un hogar ordenado y limpio, saben lo que es enfadarse, odiar fugazmente a su hijo pequeño como si se tratase de un adversario adulto. Si la maternidad era satisfacción, estas ráfagas de hostilidad debían de ser traiciones y destruir implícitamente todo lo normal, bueno y decente. La ciencia no podía justificar esos sentimientos más que como perversiones, serpientes en el Edén de la relación madre e hijo. El resultado fue la duda agónica: la madre acusada de sentir hostilidad, agresividad y además (ante el experto en educación infantil o en salud mental) de disimularla, era una madre cuya propia vida interior era inhumana e ininteligible. A medida que sus deseos y necesidades se interpretaban como toxinas destructivas, se iba viendo arrastrada hacia una verdadera psicosis. (256-257)

He transcrito esta larga cita por dos razones: porque va a servir de eco al cuento de Shua, y, en segundo lugar, porque la "duda agónica" representa, en mi opinión, el aspecto esencial y más característico de "Como una buena madre." La repetición obsesiva de la frase "una buena madre, una madre que realmente quiere a sus hijos" a lo largo de la narración pone de manifiesto la tortura mental a la que se somete incesantemente la protagonista. Múltiples son los motivos por los que se atribula la figura femenina. En primer lugar, por cosas que no hace y debería hacer de acuerdo con su concepción de lo que es una buena madre.[6] El humor surge en el cuento por las obligaciones extremas y absurdas que la disciplinada protagonista, de tener tiempo, estaría dispuesta a hacer. Por ejemplo, en lugar de pedir que le lleven la compra a casa, "una madre que realmente quiere a sus hijos va personalmente a la verdulería y elige una por una las frutas y verduras que los alimentará" (72); en lugar de usar pañales desechables debería usar "pañales de tela [y lavarlos] con sus propias manos, con amor, con jabón de tocador" (74); en lugar de utilizar alimentos ya preparados o ciertas marcas— "[m]asa para pascualina La Salteña"(71)—debería prepararlos ella misma o elegir otra marca mejor.

Otras ocasiones en las que aflora la "duda agónica" es a la hora de disciplinar a los hijos. La primera reacción de la protagonista ante el mal comportamiento de Tom y Soledad, es poner en práctica las técnicas aprendidas en los libros que suele leer: "como una buena madre, equitativa, dueña y divisora de la Justicia" (70); "zamarreó con fuerza, tratando de demostrarle, con calma y con firmeza, que le estaba dando el justo castigo por su comportamiento" (70); "Calma. Firmeza. Autoridad. Amor" (71). Requiere tanta fuerza de voluntad, determinación y energía ejercitar este método que la madre lo abandona al poco tiempo de empezar el relato. Empleará más que técnicas para educar a sus hijos estrategias para mantenerlos distraídos y que no molesten. Por ejemplo, para que Tom deje de llorar le da un caramelo: "Pero una buena madre no consuela a sus hijos con caramelos, una madre que realmente quiere a sus hijos protege sus dientes y sus mentes" (70). A continuación les insinúa que vayan a ver la televisión para que no la agobien más. Los niños se sientan demasiado cerca del aparato, pero no les dice nada: "Una buena madre, una madre que realmente quiere a sus hijos, no lo hubiera permitido" (71). Para colmo el repartidor que viene a la casa—la única presencia masculina adulta en todo el relato—confirma sus sospechas de ser una mala madre al comentar aquél lo cerca que estaban los niños del televisor: "Ahora había un testigo, alguien más se había dado cuenta, sabía qué clase de madre era" (72). Observamos en las citas anteriores que aunque la madre ha conseguido lo que se proponía—que Tom cesara de llorar y que tanto él como su hermana la dejaran en paz—sus logros no le producen ninguna satisfacción debido a los numerosos reproches que se hace y a los sentimientos negativos (culpabilidad, inseguridad, odio) que la invaden.

Cuando más se aleja la protagonista del método disciplinario que aprendió en libros y novelas es al final del cuento, al empezar a peligrar su salud mental y física. La vemos tratar violenta y hostilmente a sus hijos: "Mamá la hizo callar de una bofetada" (80); "Agarró a cada uno de un brazo, apretando con bastante fuerza como para dejarles marcadas las huellas de sus dedos" (83); "La golpeó en la cara, con la mano abierta, arrancándole al bebé de los brazos" (84). Este cambio de actitud coincide con la animadversión cada vez más intensa que siente hacia sus propios hijos (y que el/la lector/a, conjeturo, hace suya). Aunque lucha por contrarrestarla, repitiéndose a sí misma mentalmente: "Sus hijos. Los quería. La querían. El amor más grande que se puede sentir en este mundo. El único amor para siempre, todo el tiempo. El Amor Verdadero" (81-82), no lo consigue. De ahí que su deseo a partir de entonces se cifre en estar "sola y llorar" (75, 76, 79, 80, 83), deseo que alcanza cuando se atrinchera en el cuarto de baño.

Que la protagonista tenga tan poco control de sus hijos como de la leche que le mana del pecho instintivamente cuando llora el bebé, no es tanto la causa de su abatimiento y frustración como los sentimientos poco maternales que se esfuerza en reprimir: "Tratando de no demostrarle que tenía ganas de vengarse, de hacerle daño" (70); "Mamá pensó que se iban a quedar ciegos y sordos y que se lo tenían merecido" (71). Poner en duda, aunque sea sólo por un momento, el "amor maternal" supone, para la protagonista de este relato, poner en duda todo lo demás: su identidad, su papel en la sociedad, sus habilidades, su experiencia, su cordura.

En resumen, el texto examinado presenta a una mujer a punto de sufrir una perturbación mental y el hecho de que cumpla el papel de madre está en estrecha relación con esa inminente perturbación. En "Como una buena madre" el trabajo físico y mental que suponen los niños, labor que con desenvoltura y cariño debe realizar cualquier buena madre, le produce a la protagonista pequeñas crisis, resentimiento, culpabilidad, dudas. Al evaluar su actuación de madre de acuerdo con el discurso que ha asumido, la protagonista reconoce, muy a su pesar, su ineptitud a la hora de emular el patrón de la buena madre así como de sentir siempre y en todo momento el amor maternal, y termina irremediablemente sintiéndose fracasada. Se hace responsable de este fracaso, como si fuera una deficiencia esencial suya, sin reparar en que quizás la raíz del problema lo presenta el discurso que dirige sus actos, que le ha hecho internalizar la imagen idealizada de la buena madre. Si hubiera logrado desembarazarse del peso de los mitos sociales que ese discurso transmite, digamos, de abortarlo, entonces podría haberse liberado del sentimiento de fracaso que la dominaba.

Por todo lo dicho, el texto de Shua, además de poner en jaque mate el mito de la buena madre, se presta espléndidamente, dada la precaria salud mental y física de la figura femenina, a la demostración de que "motherhood as a socially constructed institution [. . .], in its present form, often undermines the mother's mental health" (Yalom 4), como llevan afirmando desde hace años diferentes grupos feministas. Y ya que Shua no plantea en el cuento ninguna solución práctica a la crisis femenina, estos grupos además le ofrecerían alternativas a mujeres que se encuentren en la difícil situación de la protagonista. Por ejemplo, y según la presentación que hace Rosemarie Tong de estos grupos en *Feminist Thought*, las feministas radicales libertarias les propondrían delegar estos papeles en otros miembros de la sociedad más capacitados o dispuestos; las feministas culturales les sugerirían que en lugar de seguir representando un papel creado con intereses patriarcales, lo reinventen a su agrado; y por último, las psicólogas feministas Dinnerstein y Chodorow les indicarían que el único escape posible radica en convencer al marido de que comparta el cuidado y crianza de los hijos con ella.

Asimismo Ehrenreich podría aconsejarles algunas medidas para evitar al abuso físico infantil, como las que apunta en *Por su propio bien*:

> Veinte o treinta años más tarde, las mujeres reunidas en grupos o talleres de concienciación, descubrirían que la violencia materna contenida está tan entendida entre las madres de plena dedicación como las migrañas o los kilos 'de más.' Y que se puede curar, antes de que ocurra ningún acto abiertamente violento, con la ayuda de guarderías, grupos femeninos de apoyo, padres responsables, etc. (257)

En conclusión, si ya en la novela erótica *Los amores de Laurita* la escritora argentina quebraba la visión tradicional de la mujer embarazada como un ser sin deseos sexuales, ahora en "Como una buena madre" ilustra, a la vez que condena, el impacto negativo de los discursos reguladores de la labor materna en la conciencia femenina. Ya que estos dos escritos evidencian el interés de Shua en examinar, subvertir y cuestionar, con una gran dosis de humor, el rol de la madre, no me parece improbable que vuelva "a la carga" en sus próximas obras. Tanto la creatividad que caracteriza a la autora como su aguda observación de los papeles femeninos propician la aparición de nuevos textos, de nuevos acercamientos a las madres, "buenas," "malas," "regulares," "no tan buenas"y "no tan malas."

NOTAS

1. A pesar del reciente interés crítico en la relación entre madres e hijas—recordemos las antologías como *Salidas de madre* (Rojas), *Madres e hijas* (Freixas) y *Mothers and Daughters* (Manguel)—resulta sorprendente que en el hispanismo la cuestión de la maternidad y la salud mental siga estando deatendida.

2. Algunas películas latinoamericanas deberian estudiarse conjuntamente con los textos literarios que he mencionado. Por ejemplo, en *Lo que le pasó a Santiago* (1989),

del director puertorriqueño Jacobo Morales, una mujer de una familia acomodada se "volvió" loca cuando la separaron de su hijo. Este hecho, revelado al final de la película, sirve de explicación al comportamiento enigmático de la protagonista a lo largo de ella.

3. He examinado esta cuestión más brevemente en "Perturbaciones mentales y maternidad en 'Como una buena madre' de Ana María Shua y 'Nada' de Judith Ortiz Cofer." Este artículo saldrá publicado próximamente en una colección de ensayos preparada por Gladys Illarregui: *Femenino Plural: la locura, la enfermedad y el cuerpo en las escritoras hispanoamericanas* (Buenos Aires: Los Signos del Tiempo, 2000). Asimismo la he estudiado en "'Sí, mejor desaparece' de Carmen Boullosa: una versión de 'la loca criolla en el ático,'" que saldrá en la monografía preparada por *Texto Crítico* sobre las narradoras latinoamericanas de fin de siglo.

4. Que el relato esté narrado en tercera persona me parece un acierto lingüístico enorme. Como es sabido, algunos adultos tienden a emplear la tercera persona gramatical en lugar de la primera para referirse a sí mismo/a al hablar con niños. Así se rompe la correspondencia entre el sujeto de la enunciación y el sujeto del enunciado, pues en ambos casos debería ser un "yo." Es decir que cabría interpretar la elección de la tercera persona por parte de la escritora argentina como un indicio de la posible enajenación mental de la protagonista. La ausencia del artículo definido delante de "mamá" fortalece la interpretación que propongo. "Mamá leía libros" y "La mamá leía libros" no tienen el mismo significado en español.

5. Véase también la síntesis que ofrece Eulalia de Vega en *La mujer en la historia*:

> Con el triunfo de la sociedad burguesa se introdujo un concepto diferente de las tareas que tenía que desarrollar la mujer. Con estas nuevas ideas aparecieron la figura de la madre, el amor maternal y la infancia. Triunfó la idea de la madre responsable, dedicada a sus hijos, lo que tuvo unas repercusiones profundas en la vida y condición de la mujer contemporánea. A finales del siglo XVIII, las tareas femeninas y masculinas en la familia se hicieron más claras. La mujer burguesa abandonó el trabajo y se quedó a cargo de las tareas domésticas y de la educación y el cuidado de los hijos. Las tareas desempeñadas por la mujer en el hogar dejaron de considerarse trabajo, quedando solapadas por la idea del amor y de la felicidad familiar y doméstica. (45)

6. De todas las obligaciones maternas que realiza la protagonista, se siente satisfecha y orgullosa particularmente de darle pecho a sus hijos: "Una buena madre no alimenta a sus hijos con mamadera" (73). Eulalia de Vega en *La mujer en la historia* nos explica los prejuicios racistas y culturales que dieron lugar a la imposición de esta tradición y mito: "Los ilustrados se mostraron contrarios a esta práctica [el empleo de nodrizas], bajo la creencia de que la leche transmitía la personalidad e incluso las ideas religiosas, lo que suponía un grave riesgo, ya que muchas nodrizas eran judías o moriscas. Por ello, se manifestaron a favor de que la propia madre criara a los hijos" (44).

OBRAS CITADAS

Boullosa, Carmen. "Sí, mejor desaparece." *Mejor desaparece*. México: Océano, 1987. 89-98.

Chesler, Phyllis. *Women and Madness*. San Diego: Harcourt Brace, 1972.

Chodorow, Nancy. *El ejercicio de la Maternidad. Psicoanálisis y sociología de la maternidad y paternidad en la crianza de los hijos.* Barcelona: Gedisa, 1984.

Dinnerstein, Dorothy. *The Mermaid and The Minotaur. Sexual Arrangements and Human Malaise.* New York: Harper Colophon, 1976.

Ehrenreich, Barbara y Deirdre English. *Por su propio bien. 150 años de consejos expertos a las mujeres.* Madrid: Taurus, 1990.

Freixas, Laura, ed. *Madres e hijas.* Barcelona: Anagrama, 1996.

Gilman, Charlotte Perkins. *The Yellow Wallpaper.* New York: Feminist P, 1973.

Gove, Walter y Jeannette Tudor. "Roles sexuales adultos y enfermedad mental." *Mujer, locura y feminismo.* Ed. Carmen Sáez Buenaventura. Madrid: Dédalo, 1979. 58-86.

Lubitch Domecq, Alcina. "Bottles." *Out of the Mirrored Garden.* Ed. Delia Poey. New York: Anchor-Doubleday, 1996. 145-147.

Manguel, Alberto. *Mothers & Daughters.* San Francisco: Chronicle Books, 1998.

Nadelson, Carol C. and Veva Zimmerman. "Culture and Psychiatric Care of Women." *Culture, Ethnicity, and Mental Illness.* Washington D.C.: American Psychiatric P, 1993. 501- 515.

Ortiz Cofer, Judith. "Nada." *Daughters of the Fifth Sun. A Collection of Latina Fiction and Poetry.* Eds. Bryce Milligan, Mary Guerrero Milligan, and Angela de Hoyos. New York: Riverhead Books, 1995. 44-57.

Rojas, Alejandra, ed. *Salidas de madre.* Santiago: Planeta Chilena, 1996.

Showalter, Elaine. *The Female Malady. Women, Madness, and English Culture. 1830-1980.* New York: Penguin, 1985.

Shua, Ana María. "Como una buena madre." *Viajando se conoce gente.* Buenos Aires: Sudamericana, 1988. 69-84.

——. *Los amores de Laurita.* Buenos Aires: Sudamericana, 1984.

Tong, Rosemarie Putnam. *Feminist Thought. A More Comprehensive Introduction.* 2nd ed. Boulder: Westview P, 1998.

Tubert, Silvia. *Madres sin sombra. Maternidad y tecnología.* Madrid: Siglo XXI, 1991.

Vega, Eulalia de. *La mujer en la historia.* Madrid: Anaya, 1992.

Warren, Carol A.B. *Madwives. Schizophrenic Women in the 1950s.* New Brunswick: Rutgers UP, 1987.

Yalom, Marilyn. *Maternity, Mortality, and the Literature of Madness.* University Park, Pennsylvania UP, 1985.

LO FANTÁSTICO Y EL PAPEL FEMENINO EN "ALTAMENTE IMPROBABLES" DE ANA MARÍA SHUA

Mara L. García*

> *Quiero provocar emociones en el lector.*
> *La emoción estética es lo básico pero*
> *a caballo de esa belleza yo quisiera que en*
> *mi literatura hubiera otras emociones.*
>
> —Ana María Shua

No es posible hablar de la literatura argentina contemporánea sin mencionar a Ana María Shua, considerada una de las mejores y más leídas escritoras de su país. Esta autora provoca, adrede, emociones en sus lectores dejándolos cautivos en sus obras (García 78, 80). Uno de los propósitos de los escritos de Shua es lograr la unidad de impresión, mediante el efecto y la emoción que produce en los receptores. Los cuentos de esta escritora se encuentran entre la realidad y lo fantástico, entre lo real y lo aparente. Otros elementos presentes en la obra de Shua son el humor y la ironía, los cuales aparecen como una constante en la temática de su obra. En una entrevista con Rhonda Buchanan, la autora comenta: "el humor es algo constitutivo en mí, es parte de la mirada que echo sobre el mundo. [. . .] Es que además de ser trágica, la condición humana también es muy cómica" (302). El presente estudio tiene como objeto mostrar que Ana María Shua utiliza la técnica de lo fantástico con el propósito de presentar la posición que ocupan las protagonistas niñas y adultas en el espacio de la casa. Gracias a esta técnica, también podemos ver el interior de la mujer representado en un escenario. En este trabajo me ocuparé de tres cuentos que conforman la sección "Altamente improbables" del libro *Viajando se conoce gente* (1988): "Octavio el invasor," "El sentido de la

---

*   Mara L. García se doctoró de la University of Kentucky y actualmente enseña literatura hispanoamericana en la Brigham Young University, Utah. Ha publicado artículos sobre Elena Garro, Rosario Castellanos y otros escritores latinoamericanos, reseñas y entrevistas con escritoras. Es co-editora de los libros *Baúl de recuerdos: Homenaje a Elena Garro* y *Todo ese fuego: Homenaje a Merlin Forster*. También escribe cuentos, algunos de los cuales han sido publicados en revistas literarias. En 1997 publicó una colección de cuentos titulada *La casa de Calamina*.

vida" y "Fiestita con animación." Estos relatos utilizan como escenario principal el ámbito de la casa.

La *domus* que nos entrega Shua no es el espacio perfecto e ideal de la mujer tradicional. En este territorio tenemos protagonistas que tienen poderes sobrenaturales para controlar a otros, establecer el orden y crear sus propios lugares. La ausencia de la mujer en la casa representa el caos y el desorden. En otras ocasiones, la casa se transforma en un escenario donde la protagonista da rienda suelta a su imaginacion y asume diferentes identidades. La mujer ocupa el papel central en los relatos, en cambio, el hombre toma un rol secundario y muchas veces termina controlado y manipulado por la mujer. Otras veces el varón se presenta como el causante del infortunio de las mujeres. Antes de analizar los cuentos mencionados, es conveniente presentar algunas ideas de lo fantástico, puesto que se prestan apropiadas para el desarrollo de este estudio.

Según Tzvetan Todorov en su libro *Introducción a la literatura fantástica*: "Lo fantástico es la vacilación experimentada por un ser que no conoce más que las leyes naturales, frente a un acontecimiento aparentemente sobrenatural" (24). El crítico concluye que la definición de lo fantástico exige el cumplimiento de tres condiciones donde la primera y la tercera constituyen verdaderamente el género; sin embargo, la segunda puede no cumplirse:

> En primer lugar, es necesario que el texto obligue al lector a considerar el mundo de los personajes como un mundo de personas reales, y a vacilar entre una explicación natural y una explicación sobrenatural de los acontecimeintos evocados. Luego, esta vacilación puede ser también sentida por un personaje de tal modo, el papel del lector está, por así decirlo, confiado a un personaje y, al mismo tiempo la vacilación está representada, se convierte en uno de los temas de la obra; en el caso de una lectura ingenua, el lector real se identifica con el personaje. Finalmente es importante que el lector adopte una determinada aptitud frente al texto. (30)

"Octavio el invasor"

Efectivamente, los lectores penetran en un espacio donde suceden acontecimientos que por su naturaleza son inconcebibles ante sus ojos. Los receptores dudan que los hechos que suceden formen parte de la vida real de los protagonistas. Esta vacilación se mantiene muchas veces hasta el final, sin encontrar una explicación lógica a lo que sucede. En "Octavio el invasor" Shua introduce a sus lectores en un espacio mágico para presentarnos a Octavio, procedente de otro planeta que acaba de nacer en el seno de una familia terrestre. El bebé, al igual que los otros niños que llegan a la tierra, tiene la misión de conquistar el planeta. A medida que transcurre el tiempo, el niño se va adaptando a la vida de los humanos.

Muy pronto el amor y los cuidados de la madre logran que el pequeño se identifique con ella y se vuelva su aliado: "Ya había decidido que cuando se completaran los planes de invasión esa mujer, que tanto y tan estrechamente había colaborado con el invasor, merecía gozar de algún tipo de privilegio especial" (107). A la larga el niño empieza a apreciar a su hermano Alejandro, que según Octavio, también era uno de los invasores. Más adelante el niño se acostumbra a los brazos del padre, a quien antes había rechazado. Llega el momento cuando el niño aprende a pronunciar la palabra "mamá" y cuando esto sucede, ya es completamente humano y la infinita invasión había vuelto a fracasar gracias a la mujer.

Shua recrea un escenario común y corriente como es el ámbito del hogar. Este espacio está invadido por la presencia de dos extraños, Alejandro (Ale) y su hermano menor Octavio. Ambos llegan a la tierra con el fin de conquistarla. Como lectores dudamos que los niños sean extraterrestres. Por otro lado, las descripciones del narrador nos hacen penetrar en un ambiente ilusorio:

> Comenzó a sentirse inexplicablemente seguro, en paz. Allí estaba, por fin, formando parte de las avanzadas, en este nuevo intento de invasión que, esta vez, no fracasaría. Tenía el deber de sentirse orgulloso, pero el cansancio luchó contra el orgullo hasta vencerlo: sobre el pecho de la hembra terrestre que creía ser su madre, se quedó, por primera vez en este mundo, profundamente dormido. (100)

La madre asume un papel central dentro del cuento. Ella es la única persona que desde el principio enfrenta a los invasores y los domina. En el primer encuentro que ocurre en el hospital entre la madre y Octavio (el nuevo invasor), la mujer—sin saberlo—vence al supuesto enemigo. La actitud de Octavio nos indica que se queda rendido al sólo contacto con la madre, es decir, al acercamiento con el enemigo. El pequeño traía instrucciones previas de no mantener mucho contacto con la mujer que decía ser su madre: "De acuerdo con sus instrucciones, Octavio debía conseguir que se lo alimentara artificialmente: era preferible reducir a su mínima expresión el contacto físico con el enemigo" (102).

Hay que destacar el papel femenino dentro de la historia. La madre asume un papel primordial puesto que ella es la que consigue vencer al opositor. En el ámbito de la casa, la protagonista se presenta con mucho talento y poder. El lugar representa metafóricamente el espacio donde la mujer ejerce su control. El niño tiene la intención de destruir la tierra, sin embargo, el amor y los cuidados que le brinda la madre logran que éste se subyugue a la mujer. Por otro lado, nos enteramos que no es la primera vez que esto sucede ya que Ale, el hermano mayor, también tuvo la misma actitud que Octavio al principio. Por un comentario que hace la abuela nos enteramos de lo sucedido: "Acordate que con Ale al principio pasó lo mismo, hay que tener paciencia" (102).

Shua se vale de una experiencia muy femenina como la maternidad y la crianza de los hijos para convertirlo en un evento fantástico. Octavio empieza a contar, desde el vientre de la madre, sus experiencias antes de llegar a la tierra hasta su salida al exterior. Lo fantástico del cuento radica en que sucede un acontecimiento sobrenatural, es decir la llegada de un invasor, quien toma el cuerpo de un varoncito y se apresta a la conquista de la tierra; sin embargo, es vencido por la mujer. La madre llega a ser la salvadora de la humanidad. Ella posee poderes superiores a los del hombre y a los poderes de los extraterrestres. Es importante notar la transformación que sufre Octavio con su nueva familia. Al principio se le describe como un ser deshumanizado. El niño emite aullidos, los cuales más adelante se reemplazan por el llanto, para culminar su transformación cuando dice claramente la palabra mamá. Hay que destacar que la primera palabra que pronunció Octavio fue para llamar a la madre. A pesar que la mamá tenía que trabajar y no estaba todo el tiempo con el niño, Octavio reclama la presencia materna en la primera palabra humana que emite.

Shua desarrolla un relato fantástico, valiéndose de una situación muy femenina como es el cuidado de los hijos dentro del hogar. La autora, con una mezcla de humor e ironía, transmite a sus lectores un mensaje sobre el valor de ser madre y mujer en el espacio de la casa. La madre se vuelve irremplazable en cuanto al cuidado de los niños. Por otro lado, Shua presenta la soledad que experimentan los niños cuando no están junto a la madre: "Ale y Octavio se sentían extrañamente solidarios en su pena. Octavio llegó al extremo de aceptar con placer que el hombre lo tuviera en sus brazos, pronunciando extraños sonidos que no pertenecían a ningún idioma terrestre, como si buscara algún lenguaje que pudiera aproximarlos" (109). Entre el padre y el niño los códigos del lenguaje se presentan incomprensibles, dificultando la comunicación. La procreación y el nacimiento de un niño se muestra como un hecho fantástico. Estos sucesos con mucha frecuencia nos sorprenden y nos parecen acontecimientos increíbles. Nos encontramos en un ambiente común y corriente, sin embargo, allí se suscitan hechos que nos hacen dudar. No podemos creer que Octavio sea un invasor; pensamos que el narrador está jugando con los receptores, pero al final de la historia, Shua nos deja pensando y nos quedamos con la duda, puesto que el acto del nacimiento y el desarrollo de un niño es algo increíble, mágico y maravilloso que nos sorprende. A través de su historia fantástica, Shua logra que el lector se involucre en la lectura y disfrute de ésta hasta culminar el final.

"El sentido de la vida"

En "El sentido de la vida," la escritora nos entrega una protagonista sin nombre que ha recogido a un ser que a veces da la impresión que se trata de un animal o una persona. Este sujeto no habla, pero ayuda a la mujer innombrada en los quehaceres de la casa, al mismo tiempo que ella le enseña algunos modales y normas de comportamiento. A medida que pasa el tiempo, el individuo va creciendo y dependiendo de ella cada vez menos. Llega un momento en que la mujer se refugia en la compañía de este ser y, poco a poco, le va privando de su libertad. Finalmente cuando el sujeto encuentra un amigo, la mujer se da cuenta que había sido egoísta, pero por otro lado, se alegra que su soledad haya terminado.

Se establece una dependencia entre la mujer y estos dos individuos que han llegado a formar parte de su vida. Al igual que en "Octavio el invasor," en este segundo relato, Shua desarrolla la historia en el espacio de la casa. Nuevamente vemos que la mujer, en este caso una vieja, controla la vida de un sujeto hasta llegar a posesionarse de su libertad. Realmente no sabemos quién es este personaje, puesto que no se dan suficientes detalles para determinar su identidad. Dudamos si realmente existe, pertenece a otra dimensión, o es parte de la imaginación de la mujer. Al principio nos enteramos que la mujer lo había recogido cuando era muy pequeño e inclusive pudo meterlo en su bolsa. Ella misma duda que eso hubiera sucedido: "Ahora le costaba pensar que alguna vez había sido tan chico, pero no había duda: desde el Botánico a su casa lo llevó en el bolso. Por el camino compró un pedazo de corazón para el gato, porque se le ocurrió que podía ponerse celoso. Tenía razón. Desde que él entró en la casa, Hamburguesa empezó a pasar horas enteras escondido detrás de la heladera" (113). Por las descripciones del narrador, nos enteramos que el huésped alcanza dimensiones exageradas, y además asusta a los animales. La presencia del extraño transforma a la mujer y la convierte en otra, en una "jovata." Es inconcebible que un ser raro logre tantos cambios en la vida de una persona y dudamos que se trate de una mujer cuerda. De la misma forma que sucede en "Octavio el invasor," en este segundo relato la mujer domina en el espacio de la casa. Ella logra que el sujeto se quede en su hogar a cambio de acceder y aceptar al nuevo amigo que tiene el huésped.

La vida de la mujer anónima, cambia con la llegada del visitante y ahora tiene otro sentido. Ella vive en función del ser que ha recogido y éste se ha convertido en algo imprescindible para ella. Los lectores tenemos que comprometernos con el texto y atar los cabos que nos deja Shua. Ni siquiera al concluir la historia logramos identificar la identidad del sujeto que ha logrado transformar a la mujer: "Ahora su vida, lo que quedaba de su vida, tenía sentido [. . .] Vieja y sola, las horas se le habían vuelto demasiado largas. Ni siquiera Tic y Toc cantando a la mañana, ni siquiera los mimos del pobre Hamburguesa. Hasta que lo encontró" (112). La presencia del extraño representa la razón de vivir para esta mujer vieja. Shua nos muestra una protagonista que está sola y se refugia en un ser extraño para sobrellevar la soledad y la vejez. Este personaje representa para la mujer la compañía del marido y de los hijos que no pudo tener: "Ella había vuelto a cocinar, recreando para él las mejores recetas, las más sabrosas y divertidas, dándole mucha importancia a la presentación: a los chicos la comida les entra por los ojos. Y para ella siempre sería un chico, aunque se daba cuenta de que otros no lo verían así, sobre todo ahora que había crecido tanto" (113).

"Fiestita de animación"

En el último cuento que analizaremos, "Fiestita con animación," Shua nos da a conocer a la protagonista niña, llamada Silvita, quien en el día de su cumpleaños quiere mostrarles a los invitados,un truco de magia que aprendió en la televisión. Ante la mirada orgullosa de los padres de tener una hija tan lista, Silvita hace desaparecer a su hermanita Carolina. Cuando la animadora le pide que la haga regresar, la niña responde que no sabe cómo hacerlo, puesto que el truco lo aprendió en la televisión y en la parte de hacer aparecer, su papá le cambió el canal porque quería ver el partido. Todos los presentes se ríen, pero a pesar que buscan a Carolina por todos los rincones de la casa, nunca la encuentran. Los otros niños, incluyendo a Silvita, continúan divirtiéndose, mientras los padres siguen buscando desesperadamente a la niña.

En este relato tanto los lectores como los protagonistas dudan de los sucesos que ocurren en la historia por considerarlos fuera de lo común. La autora se vale de la técnica de lo fantástico, con la intención de presentar a la protagonista niña y su actuación en el espacio de la casa. Según Todorov, es necesario que exista la duda, tanto en el protagonista así como en el lector, y además es importante que dicha vacilación esté representada en la obra. Por medio de la técnica de lo fantástico, Shua presenta la situación de la protagonista niña en un espacio controlado por adultos. Silvita está atrapada bajo el dominio de los padres y siente que la *domu*s es un espacio de control. En la oportunidad que tiene, ella transforma la casa en un escenario teatral donde puede actuar y dar rienda suelta a sus elucubraciones.

Los lectores penetramos en un ambiente de fiesta donde la alegría y el ruido invaden la casa de Silvita. Muy pronto la *domus* se transforma en un escenario donde los animadores están tratando de amenizar el cumpleaños con juegos y concursos de bailes. Los niños toman el papel central, mientras los adultos asumen el papel de público interior, y los lectores conforman el público exterior formando un *mise en abyme*. Dentro de la historia sucede un intercambio de papeles cuando Ratón y Conejito, que estaban haciendo el papel de animadoras, se transforman en un público observador, y Silvita toma el papel de animadora en la función:

Se encendieron las luces.

—Silvita quiere mostrarnos a todos un truco de magia—dijo Conejito—. ¡Va a hacer desaparecer a una persona!

—¿A quién querés hacer desaparecer? —preguntó Ratón.

—A mi hermanita— dijo Silvia, decidida, hablando por el micrófono. (120)

El cambio de luces representa las luces en el escenario donde Silvita toma el papel de actriz para hacer su representación ante un público. Los lectores penetramos en un espacio irreal donde Silvita y su hermana Carolina se convierten en el centro de la atención de todos los presentes que conforman el público interior textual. Silvita ha escogido el momento propicio para actuar y ser el centro de la atención de sus padres y amigos. Parece que estos niños no tienen mucha comunicación con sus padres y la televisión ocupa un lugar importante en sus vidas. El padre, a diferencia de la madre en "Octavio el invasor," se muestra como el responsable del caos en el espacio de la casa. Si él no hubiera cambiado el canal, Silvita habría visto la solución del truco. Por otro lado, la niña aprendió el truco en la tele y ahora ella está proyectando a los demás ese ambiente ficcional que ha aprendido en la televisión.

Los lectores entran en un espacio donde se fusionan la realidad y la ficción. Ponemos en tela de juicio si lo que sucede es la realidad o un ardid de los niños. Muy pronto nos percatamos que lo que parecía ser un juego de niños forma parte de la realidad textual. Se rompe la ilusión de que se trata de trucos, puesto que se borra el límite entre lo real y lo ficticio: "El papá de las nenas había estado parado cerca de la escalera durante todo el truco y nadie podría haber bajado por allí sin que él lo viera. Sin embargo, siguieron la búsqueda en el piso de abajo. Pero Carolina no estaba" (121). Los lectores dudan de los acontecimientos que están suscitándose ante sus ojos. Pensamos que se trata de una broma y que en cualquier momento Carolina aparecerá. La duda de los lectores se mantiene presente hasta el desenlace en que tampoco encontramos una explicación lógica a lo sucedido. Según Todorov: "Hay un fenómeno extraño que puede ser explicado de dos maneras, por tipos de causas naturales y sobrenaturales. La posibilidad de vacilar entre ambas crea el efecto fantástico" (24). Luego Todorov, citando al autor francés Castex, agrega que "Lo fantástico [. . .] se caracteriza [. . .] por una intrusión brutal del misterio en el marco real de la vida real" (25). Al final del cuento nos encontramos con Silvia adulta, quien nos confirma que Carolina nunca más volvió a aparecer: "—Qué tonta fui esa noche—les decía, muchos años después, la señora Silvia, a un grupo de amigas que habían venido para acompañarla en el velorio de su marido—. ¡Con lo bien que me vendría tener una hermana en este trance!—y se echó a llorar otra vez" (121).

El final nos sorprende, puesto que no podemos concebir que un truco pueda hacer desaparecer a un ser humano. Por otro lado, Silvia adulta no llora por la pérdida de su hermana, sino por la soledad que experimenta por la perdida de su marido. A través de las palabras de Silvia, no sólo nos enteramos de la irreversibilidad del truco que hizo cuando era niña sino también de su egoísmo.

En los tres cuentos analizados, Ana María Shua presenta protagonistas niñas, adultas, y viejas que se desenvuelven y ocupan un lugar primordial en el espacio de la casa. La mujer toma el papel central dentro de este espacio y ella posee poderes sobrenaturales para dominar y controlar a otros. Por otro lado, el varón se muestra vencido, controlado y el causante del caos. La casa también se ve como un ámbito donde la mujer vence y controla al varón. Además, Shua nos envía un mensaje sobre la importancia y el valor de la mujer dentro de la *domus*. La escritora argentina se vale de la técnica de lo fantástico con el propósito de proyectar un espacio común y corriente como el ámbito doméstico y además recrear el interior de las protagonistas y la búsqueda de la identidad perdida. Mediante el humor y la ironía, Shua quiere reflejar problemas propios de nuestro tiempo como la soledad, la maternidad, la vejez y el abandono de la niñez.

OBRAS CITADAS

Buchanan, Rhonda Dahl. "Entrevista a Ana María Shua." Agregada a "Historiographic Metafiction in Ana María Shua's *El libro de los recuerdos.*" *Revista Interamericana de Bibliografía* 48.2 (1998): 279-306.

García, Mara L. "Un encuentro con Ana María Shua y *Casa de geishas.*" *Ariel* 11.1 (1995): 78-83.

Shua, Ana María. *Viajando se conoce gente.* Buenos Aires: Editorial Sudamericana, 1988.

Todorov, Tzevetan. *Introducción a la literatura fantástica.* México: Premio Editora, 1981.

ELEMENTOS COMUNES EN LA LITERATURA PARA NIÑOS Y ADULTOS DE ANA MARÍA SHUA

*Federica Domínguez Colavita**

Cuando en 1976 Isaac Bashevis Singer fue entrevistado por los estudiantes del curso de literatura infantil de Francelia Butler, en la Universidad de Connecticut, uno de ellos preguntó al escritor si utilizaba una aproximación diferente en el caso de escribir para niños o para adultos, a lo que Singer respondió negativa y terminantemente: "I would say that the laws of writing are the same when you write for an adult or when you write for a child" (Butler 156). Una pregunta semejante podría planteársele a Ana María Shua, en cuya obra dominan cuantitativamente los textos para adultos, pero que ha publicado numerosos textos para niños. Yo misma podría habérselo preguntado en uno de nuestros encuentros; o tal vez podría, en este momento, mandarle un *e-mail* con la pregunta directa, pero creo que es más interesante intentar inferir una respuesta desde una lectura reflexiva y comparativa de sus textos.

Precisamente, el objeto de este artículo es dar cuenta de los elementos comunes que encuentro entre las obras para niños y las obras para adultos de la escritora. Para realizar este análisis he elegido el marco teórico presentado por Roman Jakobson en su clásico ensayo "Lingüística y poética," en primer lugar, porque creo que las relaciones entre ambos grupos de textos se dan a nivel de todas y cada una de las "funciones" del lenguaje establecidas por Jakobson, pero además porque considero que Jakobson ofrece una aproximación teórica interesante para trabajar en literatura comparada, ya que permite basar la indispensable comparación en diferentes y bien definidos aspectos lingüísticos de los textos literarios.

A fin de fundamentar mis afirmaciones, empezaré por recordar que Jakobson sostiene que el lenguaje debe estudiarse en la completa variedad de sus funciones, para lo cual—dice—es necesario conocer primero los *factores* constitutivos del proceso lingüístico:

---

* Federica Domínguez Colavita es Profesora Titular de Literatura Infantil en la Universidad Nacional de San Luis, Argentina. Actualmente vive entre Argentina e Italia, y en este último país ha dictado cursos integrativos de literatura iberoamericana contemporánea en la Universidad de Trieste. Doctorada en 1974 en Washington University, de St. Louis, Missouri, desde entonces ha investigado y publicado extensamente sobre narrativa argentina, literatura fantástica, y la teoría literaria del cuento infantil.

El *destinador* envía un *mensaje* al *destinatario*. Para ser operatorio, el mensaje requiere, en primer lugar, un *contexto* al cual remite (es lo que en una terminología algo ambigua, también se denomina el '*referente*'), contexto que resulta comprensible por parte del destinatario, y que, si es verbal, es susceptible de ser verbalizado; en segundo lugar, el mensaje requiere un *código*, común, en su totalidad o al menos en una parte, al destinador y al destinatario (o, en otros términos, al codificador y al decodificador del mensaje); por último, el mensaje requiere un *contacto*, un canal físico y una conexión psicológica entre el destinador y el destinatario, contacto que le permite establecer y mantener la comunicación. (13, énfasis en el original)

Recordemos aunque Jakobson supone que cada uno de estos seis factores da origen a una *función* lingüística diferente, tanto que los mensajes pueden encuadrarse en términos de las seis funciones según una jerarquía particular de las mismas. El énfasis en un factor lingüístico da origen a la función correspondiente, que se transforma así en función predominante de un determinado mensaje; sin embargo, el lingüista atento—continúa diciendo Jakobson—no debe limitarse a la función predominante, sino que debe considerar también la participación secundaria de las demás funciones en dicho mensaje (13-41). Desde este punto de vista resultaría posible categorizar, eventualmente, los mensajes a partir de sus relativas funciones dominantes y secundarias.

Para mayor claridad, presento un cuadro con los factores y las funciones del lenguaje, conservando la relación establecida entre ambos por Jakobson,[1] pero modificando la secuencia propuesta por el lingüista, a fin de adecuarla a mi organización del análisis de estas funciones en la obra de Shua:

Factor lingüístico predominante	Función lingüística predominante
Destinador/emisor/codificador (*addresser/sender*)	I. Expresiva/emotiva (*emotive*)
Contacto (*contact*)	II. Fática (*phatic*)
Destinatario/decodificador (*addressee/receiver*)	III. Conativa (*conative*)
Contexto/referente (*context*)	IV. Referencial (*referential*)
Mensaje (*message*)	V. Poética (*poetic*)
Código (*code*)	VI. Metalingüística (*metaligual*)

Especifico, luego, las obras para niños y adultos que he seleccionado para este trabajo, procurando ofrecer un espectro variado de la producción de Shua, tanto en lo que se refiere a la cronología como a la temática y el género:[2]

Obras destinadas a niños	Obras destinadas a adultos
La batalla entre los elefantes y los cocodrilos	*Soy paciente*
Expedición al Amazonas	*Los amores de Laurita*
La puerta para salir del mundo	*La sueñera*
Ani salva a la perra Laika	*Viajando se conoce gente*
	El marido argentino promedio
	Casa de geishas
	El libro de los recuerdos
	La muerte como efecto secundario

A continuación procederé a considerar las manifestaciones de las seis funciones lingüísticas en los textos de Ana María Shua; sin embargo, antes de seguir con el tema central del artículo, quiero hacer una digresión importante, en la que aludiré a mi teoría sobre la estructura del cuento infantil de autor individual, es decir, no folklórico. El análisis crítico de esta forma literaria, que desarrollo en mi libro *Teoría del cuento infantil*, afirma que existe la variedad de literatura así denominada, y se propone establecerla y describirla. Pero esta descripción, a diferencia de la mayoría de los estudios sobre literatura infantil, evita cuidadosamente recurrir a factores extraliterarios como la especificación del destinatario o la delimitación de las intenciones del autor, centrándose en cambio en los aspectos internos, estructurales de esta forma literaria. La metodología que he aplicado en mi aproximación crítica se mantiene dentro de un marco formalista y estructuralista, y uno de sus resultados es la conclusión, teóricamente fundamentada y para nada obvia, de que los cuentos infantiles, y en general todas las obras de literatura infantil de varios géneros, son textos que, más allá de la marginación a que todavía los somete la crítica oficial, tienen completo derecho a ser incluidos en el gran ámbito de la literatura (Domínguez Colavita, 1990, 9-39, 185-193). Según mi postura estética —que es también una postura política—, la preparación de un corpus de literatura infantil consistiría en una especie de cosecha selectiva a partir de un corpus mayor; o bien en la determinación de un segmento dentro del continuo representado por la literatura universal (Domínguez Colavita 1992).

La digresión que acabo de hacer resulta insoslayable, ya que sólo cuando estamos convencidos de que la literatura infantil es antes que nada literatura, sólo cuando aceptamos que la literatura infantil tiene igual nivel estético que la literatura para adultos, solamente entonces tiene sentido comparar entre sí los textos para niños y adultos de un determinado autor.

Volviendo a las obras de Ana María Shua, cabe señalar que a lo largo de este artículo procuraré demostrar una hipótesis fundamental: la de que existe una profunda unidad entre los textos para niños y adultos de la escritora. Para comprobar esta hipótesis, recurro a la teoría de las funciones lingüísticas de Roman Jakobson, y planteo mi primera sub-hipótesis, según la cual las seis funciones del lenguaje están jerarquizadas en forma idéntica en los textos para niños y en los textos para adultos de Shua. Al respecto podremos ver que en ambos grupos de textos tienen relativamente poca importancia las funciones expresiva y fática, que son las primeras que analizaré; mientras que resultan fundamentales la función conativa, la referencial, la poética y la metalingüística. En el artículo planteo, además, una segunda sub-hipótesis, según la cual tanto las funciones dominantes como las secundarias se manifiestan en forma similar en ambos grupos de obras de la escritora.

Función expresiva

A nivel de estructura profunda, esta función es poco frecuente en los textos de Shua, pero a nivel de superficie es posible encontrarla con cierta frecuencia en los enunciados de los personajes o del narrador-protagonista, tanto en los textos para niños como en los textos para adultos. Se presenta básicamente bajo la forma de interjecciones y oraciones exclamativas.

Función fática

En los textos de Shua hay ejemplos de función fática en los parlamentos de varios personajes, como cuando en *La muerte como efecto secundario* se dice "–¡Tiene que gritarle en el oído! ¿No ve que así no entiende nada?"(159). Pero en algunas obras de Shua hay, además, una curiosa y más profunda manifestación de la función fática. Tanto en sus obras para niños, como en sus obras para adultos, he encontrado a veces un texto breve, aparentemente ajeno a la obra misma, mediante el cual la autora juega a salir de la ficción. En estos fragmentos, que se encuentran al comienzo o al final del texto total y que crean la ilusión de preceder o seguir al cuento o a la novela propiamente dichos, es posible identificar mensajes fáticos entre autor y lector. Por ejemplo, en *Ani salva a la perra Laika*, el mensaje inicial se abre con la palabra "Hola" (9), rito pragmático del establecimiento de muchas comunicaciones escritas, como las cartas informales; y también de ciertas comunicaciones orales, en particular las telefónicas. La función fática domina, también, el mensaje final de *La puerta para salir del mundo*, que insiste en la libertad que poseen tanto el autor como el lector para iniciar o interrumpir a voluntad la comunicación: "aprendí a escribir cuentos. Que es como aprender a inventar puertas para salir del mundo. Puertas que se abren y se cierran de manera que uno pueda volver a entrar cuando se le da la gana" (60-61). En *El marido argentino promedio*, el mensaje inicial aclara que la autora desea establecer una comunicación con diversos tipos de lectores: no sólo con las "dueñas" de los "Maridos Promedios," sino también con los "Maridos mismos," y aun con "hombres y mujeres solteros" que "pueden leer este libro sin desmedro de su condición" (12).

Función conativa

En los textos de Shua para niños y adultos, la función conativa, y por lo tanto la segunda persona, tiene una importancia poco usual en la literatura narrativa, generalmente dominada por la función referencial y por la tercera persona. La función se da en primer lugar a nivel de superficie, ya que en textos tan intensamente dialogados como los de Shua, es posible encontrar numerosos ejemplos de función conativa en los parlamentos de los personajes. Pero se da también a nivel profundo, puesto que en varios de sus textos el *yo* del relato se dirige a lo largo de la narración a un *tú*, que puede ser el lector o un personaje. La consecuencia inmediata de esta omnipresencia del destinatario es la transformación de la obra en un extenso y único mensaje conativo. Es necesario aclarar, sin embargo, que la función conativa puede tener dos orientaciones fundamentales: la apelación a un destinatario, o bien la voluntad de acción sobre un destinatario.

Veamos algunos ejemplos de función conativa-apelativa. En casi todos los cuentos para niños y en algunos textos para adultos de la escritora encontramos un cierto tipo de apelaciones implícitas. Se trata de interrupciones brevísimas del relato, de enunciados dirigidos al lector en los que casi puede adivinarse un tácito vocativo, un término silencioso que si se hiciera explícito equivaldría al "querido lector o lectora" de la literatura del siglo diecinueve. Veamos algunos ejemplos: "Un día descubriste que los magos de los cumpleaños hacen trucos" (*La puerta para salir del mundo* 11); "Y aceptemos que pensaba, Silvestre, no hablarle, por ejemplo del abuelo Gedalia" (*El libro de los recuerdos* 192). La explicitación de la apelación, el vocativo propiamente dicho, abunda en *El marido argentino promedio*: "hermanas" (34), "hermana" (106), "hermanita" (117), "Gorditas del mundo" (61), "compañeras" (107), "negrita" (118), "calvos del mundo" (119), "piba" (120), "señor" (130), "Hijas mías" (151).

En cuanto al segundo tipo de función conativa, la conativa-activa, entendida como voluntad de hacer reaccionar al destinatario a través de sugerencias, pedidos y órdenes, considero que unifica profundamente las obras de Shua, las cuales tienen una mayor cuota didáctica de la que a primera vista podría sospecharse. Su lección es básicamente una: la aceptación de un mundo imperfecto. En "La puerta para salir del mundo" Andrés debe aceptar la imposibilidad de decir siempre la verdad; en "Una pluma de paloma" Gabriel debe aceptar su edad; en "Las mujeres son un asco" la máxima es explícita: "en la vida no es posible tenerlo todo, porque siempre es necesario hacer transacciones" (13); en "La señora Luisa contra el tiempo" se trata de aceptar la muerte del hijo; *Soy paciente* es la aceptación de la condición patológica a nivel literal y metafórico; y "El libro del MAP," en *El marido argentino promedio*, es la aceptación lúdica, por parte de la mujer, de las imperfecciones del hombre que le toca en suerte.

Función referencial

Si partiendo del plano lingüístico nos adentramos en el plano literario, veremos que el estudio de la función referencial nos lleva, indefectiblemente, desde el discurso hacia el universo evocado por el discurso. Penetramos en el terreno de la llamada "crítica temática," quizás la menos "literaria" de las orientaciones críticas. Según el teórico italiano Massimo Fusillo, especialista en literatura comparada, nos encontramos aquí ante una reacción que se opone por igual al formalismo exasperado y al deconstruccionismo que destruye el significado (1-7).

Pero este apartarse del texto en tanto forma, para centrarse en el texto en tanto significado, en mi caso puede ser la base de ciertas relaciones intertextuales entre las obras de Shua destinadas a los niños y las destinadas a los adultos. Los nexos temáticos son numerosos, pero creo que cinco de ellos se reiteran en forma significativa en ambos grupos de textos: la maternidad como una relación personal fundamental pero también ambigua; la casa como centro de la intimidad, pero también como causa de la esclavitud femenina; la comida como elemento para generar y retener afecto; el dinero como motor de las grandes y las pequeñas empresas; y el tiempo, en su doble faceta de elemento destructor y evocador del pasado.

La maternidad

En los textos para niños y para adultos la maternidad aparece como la más intensa de las relaciones personales. Su emblema es el amamantamiento, que en realidad es síntesis de dos temas: la madre y la comida. En general, la madre es una figura positiva, pero tiene diversos grados de ambigüedad: mínima en los textos para niños y notable en los destinados a los adultos.

En los cuentos infantiles, la madre es sobre todo un personaje que ama violentamente, que brinda protección y que establece normas. En *La batalla entre los elefantes y los cocodrilos* se enfatiza la fuerza del amor materno, tan potente que puede llegar a desatar una guerra en el caso de un ataque a las crías (16). La capacidad de ayuda de la madre—y de la abuela en tanto variante de la madre—se extiende incluso a los objetos que les pertenecen, y así en "Mis aventuras en el centro de la tierra," la heroína usa el diamante del anillo de su abuela para perforar una capa de roca subterránea (43). Esta imagen benévola tiene, sin embargo, algunos atisbos de ambigüedad, y así en "Ani salva a la perra Laika," se habla de furias maternas y de las dificultades de la protagonista para conseguir ciertos permisos (28, 34).

En los textos para adultos, en cambio, la madre es una figura francamente ambigua con facetas contradictorias. En *Los amores de Laurita*, la protagonista (una embarazada que espera una hija) experimenta sensaciones que convencionalmente se excluyen entre sí, como el embarazo y el placer erótico. Además, en el pasado ha experimentado el aborto, y ahora está próxima a experimentar el parto y el amamantamiento. "Como una buena madre" de *Viajando se conoce gente* presenta a una madre a la vez amorosa y vengativa, responsable y víctima de sus hijos. El cuento construye un personaje extremo, cómico en sus ansias por encarnar el arquetipo ideal de la maternidad burguesa, y al que sus hijos agreden de manera feroz, cada uno en la medida de sus posibilidades.

En otros textos para adultos hay variantes interesantes del tema de la maternidad. En "Octavio el invasor," de *Viajando se conoce gente*, la relación madre-hijo, que en el cuento abarca el período que va desde el parto a la primera palabra, está planteada desde el punto de vista del niño (99-109). En *El libro de los recuerdos* hay un largo capítulo, "Clarita y su primer bebé," sobre las reacciones maternas y familiares ante el que "[t]odos fingen que es un bebé normal" (82). Y en "Bebé voraz," el brevísimo cuento de *Casa de geishas*, el personaje del recién nacido vacila entre la figura humana y la del animal nocturno, con lo que el acto del amamantamiento entra en el terreno de lo fantástico (115).

La casa

La casa como espacio del acontecimiento y como metáfora de la intimidad es otro de los elementos unificadores de las obras de Shua. Según afirma Bachelard en *La poética del espacio*, una primera aproximación al tema nos remite a un plano casi geométrico, con dos términos contrarios y excluyentes que serían el aquí y el allí, el dentro y el fuera, lo limitado y lo ilimitado, lo cerrado como opuesto a lo abierto, o lo finito como opuesto a lo infinito; mientras que una segunda aproximación nos lleva al plano de los valores, al del espacio sentido como feliz y el sentido como hostil (268-270, 29-30). Siempre según Bachelard, la casa es un ser privilegiado desde el punto de vista de sus valores de intimidad; no se trata de describir casas, sino de llegar a sus virtudes primeras, las que tienen que ver con la función de habitar, con el germen de felicidad central que reside en toda vivienda, desde el nido a la choza o al castillo (34).

En la obra de Shua, la sensación de intimidad es inherente a la noción de casa, y en ese sentido la unidad entre sus textos infantiles y sus textos para adultos es absoluta. La diferencia reside, nuevamente, en la ambigüedad, o más precisamente en los grados de la ambigüedad. En los textos para niños esa ambigüedad es mínima, está apenas insinuada en la concepción del regreso a casa como el fin de una hermosa aventura. Los textos para adultos, en cambio, son mucho más audaces y matizados, pues no sólo evitan cuidadosamente la identificación automática entre la casa y la felicidad, sino que lo hacen a través de una gama variada de emociones y reflexiones.

Soy paciente está estructurado en gran medida en función de dos espacios domésticos: la casa, que el protagonista está abandonando con gran esfuerzo, porque le permite "mantener la ilusión de estar sano" (16-17); y el hospital, ámbito del absurdo, que se convertirá en su casa definitiva.

En *El libro de los recuerdos* aparecen varias casas: la de la novia del abuelo Gedalia en Polonia, que una foto muestra como una casa sin paredes situada en medio de la nieve; la casa familiar en Buenos Aires, a la que llaman "la Casa Vieja;" el departamento de Clarita "nuevo, lindo pero alquilado" (77); y el departamento de un ambiente en que muere Selva/Liliana, la hija de la tía Judith. Quizás la más íntima sea la primera, la casa del recuerdo. En esta novela las casas están vivas, no son estáticas, y en el capítulo titulado "Sobre la Casa Vieja y sus múltiples destinos," se describe la casa de los abuelos y se narra su historia a través de un recorrido humanizado que va desde su nacimiento a su sucesiva transformación en una escuela para la infancia, luego en dos negocios casi adolescentes como el local para fiestas y la casa de fotografías, más tarde en una madura y erótica casa de masajes, y finalmente en un edificio reservado a los ancianos o "Club de la Tercera Edad." La última casa del libro es la tumba de la "babuela," desde la que la anciana ya muerta se dirige a la familia para contar su vida.

En *El marido argentino promedio* y en "Como una buena madre," la casa aparece vista en clave humorística. En *La muerte como efecto secundario*, hay una anti-casa, una especie de local para moribundos que irónicamente se llama "Casa de Recuperación". También en *Casa de geishas* hay otro tipo de anti-casa; ya que el libro ofrece en clave nueva, lingüística y metafórica, esa constante de la narrativa latinoamericana que es el burdel.

Finalmente, en este matizado tema del espacio doméstico, Shua se inclina algunas veces por la visión lírica, en especial cuando elabora el subtema de la casa perdida a causa del transcurrir del tiempo o a causa del alejamiento provocado por el viaje o el exilio. Este subtema ha sido particularmente bien desarrollado en el sector "Pertenencias," de *El marido argentino promedio* (195-215).

La comida

El tema de la comida recorre toda la historia literaria, cargándose de valoraciones sociales y psicológicas. Se encuentra ya en relatos míticos muy antiguos, como el Génesis que habla de la caída de Adán y Eva después que mordieron la manzana del paraíso. En todos los casos tiene múltiples valencias metafóricas que van desde el placer sensual a evocaciones como la muerte o la rebelión (Cappellozza 12-17, 103-157). Pero lo primero que debo señalar al tratar el tema de la comida en las obras de Shua, es algo mucho más elemental: la frecuencia con que el tema aparece. Tanto en los cuentos para niños como en los cuentos para adultos se habla continuamente de personajes humanos y animales que comen o maman; así como de lo contrario, de las sensaciones de hambre y sed, que deben ser evitadas con inteligencia a través de la preparación de ciertos platos, y sobre todo a través del "aprovisionamiento," clásico leit-motiv de las novelas de aventuras.

En todos los casos, la comida es un elemento esencial para generar y retener afecto. Por ejemplo, en *Soy paciente* la camaradería entre los enfermos se expresa gracias al mate que circula por la "Sala de Hombres;" y la monja, las enfermeras y los visitantes transmiten su simpatía a través de los caramelos o de ciertas comidas y bebidas más o menos clandestinas que brindan a los pacientes. Pero la comida no sólo genera afecto, sino sobre todo amor erótico: los cafecitos acompañan los "levantes;" el vodka acompaña las "festicholas" amatorias (*Los amores de Laurita* 141-146, 43-63); y al marido se lo retiene dándole de comer (*El marido argentino promedio* 24). En realidad, la presencia de la comida en Shua podría ilustrar perfectamente lo que Bachtin llama "inversión carnavalesca," la desacralización que provoca la comida, su poder para transformar lo ideal en material; puesto que la comida, como el sexo, corresponde a lo "bajo," al "vientre" (26). A pesar de que estos dos temas—sexo y comida—ya han comenzado a formar parte de la cultura oficial y de la literatura "seria;" todavía tienen dificultades para incorporarse a ella, por lo que tienden a refugiarse en géneros marginales como la literatura popular, el humor, la literatura erótica, o la literatura para niños.

El dinero

El dinero como motor de las grandes y las pequeñas empresas es otro de los temas que unifican los textos para niños y adultos de Shua. En las obras de la escritora, como en las de muchos humoristas, hay algún lugar para la nostalgia, pero muy poco para la utopía. Sus personajes, que se mueven en el ámbito de la burguesía y de la clase media, poseen la capacidad de observar el mundo y de constatar lúcidamente sus defectos; pero en cambio no poseen ni la resignación del santo ni la vocación del reformador, sino que encarnan una moral de la supervivencia.

Personalmente, considero que la literatura de Shua, especialmente la de las niñas-aventureras, la de *Los amores de Laurita*, y la de *El marido argentino promedio*, se inscribe en una neo-picaresca que conserva elementos importantes de la picaresca al estilo del *Lazarillo de Tormes*, pero que incluye algunas variantes. Como en la picaresca clásica, en las obras de Shua hay un (o más bien *una*) protagonista carente de dimensión heroica, pero dotada de inteligencia, de astucia y de una relativa elasticidad ética; rasgos que le permiten desenvolverse en el mundo ilógico o incomprensible en que le ha tocado vivir. Hay una concepción de la existencia como lucha en la que alternativamente al personaje le corresponde agredir o ser agredido. Y hay, sobre todo, una intensa noción del provecho personal. Pero mientras en la picaresca clásica la finalidad era derrotar el hambre, en esta picaresca postmoderna ya no se discute acerca de una supervivencia elemental, sino que se parte de una plataforma de lanzamiento mucho más alta, con lo cual el problema cambia de grado y se transforma en aspiración al bienestar económico. Desde esta perspectiva no resulta extraña la importancia del "negocio" y del dinero en los textos de Shua. Sin embargo, como sus personajes se mueven en el mundo despojado de ideales de la picaresca, su objetivo no es la riqueza sino sólo el bienestar, la "mantenencia", como lo señala con humor la misma Shua, citando al Arcipreste de Hita (*El marido argentino promedio* 202).

El tiempo

En las obras de Shua, este gran tema literario clásico se presenta bajo una doble faceta: la del tiempo que genera cambio y destrucción, y la del recuerdo y el sueño que permiten recuperar el pasado. En las obras para niños el transcurrir del tiempo se evidencia porque algunos personajes son vistos a lo largo de la propia historia personal, como la protagonista de "Ani en la cordillera de los Andes" que escribe un relato sobre su infancia cuando ya es adulta y tiene tres hijas; o como la perra Laika que, al final de "Ani salva a la perra Laika," reaparece "viejísima y un poco sorda," y además "sin olfato." (34). El siguiente subtema, el de la recuperación del pasado mediante el recuerdo y el sueño, es omnipresente, ya que todos los cuentos infantiles narrados en primera persona fingen ser recuerdos del tiempo en que la narradora era pequeña, tanto que comienzan con la fórmula "Cuando yo era chica . . ."

También en las obras para adultos, se presentan los cambios provocados por el tiempo, en particular el acceso a una nueva etapa vital, pero además la enfermedad y la muerte. Ya señalé que *Soy paciente* plantea la enfermedad como condición existencial. A su vez, *Los amores de Laurita* está estructurado sobre la alternancia de dos tiempos y dos edades de un único personaje: un día del presente de la "señora Laura," embarazada y a punto de tener una hija; y varios años del pasado adolescente de "Laurita." El libro *Viajando se conoce gente* es una colección de cuentos en los que domina el tema del tiempo. En *El marido argentino promedio* hay un capítulo, "El deterioro acecha," que plantea en tono humorísticamente resignado el tema del tiempo que comienza a minar al sujeto desde la juventud. El tema del tiempo destructor se reitera en muchos cuentos de *Casa de geishas*, como por ejemplo "El viejo y la muerte" y "Vida o muerte". A su vez, *El libro de los recuerdos* y *La muerte como efecto secundario* son novelas temporales, ya que la primera relata la historia de una familia a través de varias generaciones, y la segunda, la aventura de un hijo que conducirá al padre hacia la muerte. En todos los textos citados, de una u otra manera, se hace referencia al recuerdo que permite recuperar el pasado, pero donde mayor importancia tiene este tema es en *El libro de los recuerdos*, que unifica las tareas de recordar y reconstruir el pasado mediante los testimonios, las fotos y sobre todo la escritura.

Función poética

A esta altura de la exposición quisiera hacer una digresión basada sobre reflexiones anteriores. En un artículo escrito en colaboración con Delia Suardiaz, de la Universidad Nacional de San Luis, hemos desarrollado su innovadora teoría de que las formas poéticas son formas lingüísticas producidas no sólo por la *adición* de principios, sino también por la *violación* de principios.[3] Según dicho artículo, las formas poéticas producidas por la *adición* de principios son el resultado de una serie de restricciones formales que se agregan a los habituales principios de la competencia lingüística (167-170). Se trata aquí de agregar reglas más estrictas que las habituales, reglas que se superponen a las habituales. Estas nuevas reglas pueden tener que ver con la estructura superficial, como, por ejemplo, las de la métrica, la rima o la aliteración, o bien pueden tener que ver con la estructura profunda, como sucede con ciertas relaciones de semejanza y oposición. El ejemplo típico de restricción formal es el paralelismo.[4]

Las formas poéticas producidas por la *violación* de principios son formas lingüísticas que violan restricciones propias de una lengua particular (Suardiaz, y D. Colavita 173-174).[5] Las violaciones de principios generadoras de forma poética pueden producirse a nivel de estructura superficial, como las que alteran el orden sintáctico habitual, por ejemplo, "tengo un grande problema." Pero estas violaciones de principios también pueden producirse a nivel de estructura profunda, como las violaciones deliberadas de concordancia temporal ("lo quiero para ayer"), o la ruptura de ciertos "sistemas" cognitivos (por ejemplo, cuando introducimos un número en una secuencia que enumera una serie de colores). Finalmente, estas violaciones pueden insertarse también en el ámbito de lo pragmático, como cuando decimos a un amigo íntimo "sois muy tonto."

En las obras de Shua, para niños y para adultos, hay abundancia de formas poéticas de uno y otro tipo. Entre las formas poéticas producidas por *adición* de principios corresponde señalar los paralelismos sintácticos y semánticos. Por ejemplo, muchos títulos o subtítulos de cuentos o capítulos están vinculados entre sí por medio de estructuras o significados paralelos: "Mis aventuras en el polo sur" y "Mis aventuras en el centro de la tierra"; o bien subtítulos como "En que Laurita cumple por primera vez dieciséis años," "En que Laurita asiste por primera vez a una verdadera orgía" y "En que Laurita sólo representa un pequeño papel de reparto." Ocasionalmente los paralelismos son de tipo fónico, rítmico. En "La puerta para salir del mundo" hay una breve rima peyorativa: "Andrés, cara de pez" (18); y en *Soy paciente*, un par de estrofas que se repiten al comienzo y al final de la obra (20, 138).

Las formas poéticas producidas por la *violación* de principios están casi ausentes de los textos para niños. Tal vez la única excepción sea el nombre de un personaje de "La puerta para salir del mundo," el señor Qwerty, que tiene ecos anglófonos. Pero en los textos para adultos estas formas poéticas son numerosas. Hay alteraciones del orden sintáctico habitual en ciertos pasajes que recrean el fluir de la conciencia, como las libres asociaciones de la "señora Laura" en *Los amores de Laurita*: "¿Dolerá yo digo? [. . .] ¿Hay que gritar, llorar, agarrarse de los barrotes de la cama, anestesia pedir?" (172-173). En *El marido argentino promedio* abunda otro tipo de violación de principios, el de la ruptura de sistemas cognitivos o pragmáticos, generalmente con el propósito de lograr un efecto humorístico, como en esta serie que comienza con elementos de la retórica del discurso patriótico o militar y se cierra con la mención de una receta de cocina: "y de las mujeres es el futuro, la gloria, la perinola y la receta de la torta marmolada" (153).

Función metalingüística

En las obras de Shua destinadas a los niños aparecen mensajes dominados por la función metalingüística en aquellos casos en que la narradora busca asegurarse que haya coincidencia entre la variedad lingüística que está empleando y la que supone que posee el niño lector. Así, cuando la narradora utiliza una frase o un elemento léxico que han perdido vigencia, o una palabra extranjera o extranjerizante, procura incluir sinónimos o explicaciones, a fin de evitar que entre los interlocutores se produzcan barreras debidas al código lingüístico: "había tenido la prudencia de llevar conmigo varios pares de medias enterizas (las can-can) que se habían empezado a usar hacía poco ("Ani en la cordillera de los Andes" 52).

En los cuentos y novelas para adultos, generalmente se asume que la narradora y sus lectores comparten el mismo código, pero en *El marido argentino promedio* se hacen algunas aclaraciones metalingüísticas. Por ejemplo se explican algunas siglas: "No se trata del HIV (el virus del SIDA) ni del HVP (el papiloma virus humano), sino del SVV: el Síndrome de la Vuelta de las Vacaciones" (35). En el pasaje anterior se logra, además, un efecto humorístico al colocar en el mismo plano dos siglas convencionales y una inventada.

Un tema vinculado a la función metalingüística que se reitera en la obra de Shua es el de la ambigüedad. En algunos pasajes se hacen aclaraciones, especialmente mediante el recurso de incluir, entre paréntesis o

entre comas, la estructura profunda correspondiente a la estructura superficial ambigua: "Sergio describió entonces una noche de borrachera trágica en la que, después de tomarse entre los dos (Mario y él) una botella
de ginebra, la había roto contra el piso y él, Sergio, se había cortado el
pie" (*Los amores de Laurita* 51).

En algunos de los textos para adultos de Shua, el dominio del código
se transforma en el elemento evocado de una metáfora: para el protagonista bebé de "Octavio el invasor," la adquisición de la primera palabra
señala el momento en que se vuelve definitivamente humano (109); y para
la Laurita adolescente de *Los amores de Laurita*, su competencia en el
Scrabble, el juego metalingüístico por excelencia, es símbolo de superio-
ridad sobre el personaje masculino que la abandona y humilla en la relación erótica (161). A la inversa, en *El libro de los recuerdos*, la falta de
dominio del código castellano por parte de la "babuela" es el síntoma de
su integración incompleta al país de inmigración.

Independientemente de la comparación que he desarrollado, creo que
lo más interesante de esta presencia de la función metalingüística en las
obras para niños y para adultos, es la constatación de la gran conciencia
del lenguaje de Shua, y de su capacidad para insertar en el relato sus reflexiones sobre la lengua y la literatura.

Conclusiones

A lo largo del artículo he procurado hacer una relectura de obras para
niños y adultos de Ana María Shua a partir de la hipótesis principal de que
estos textos poseen una unidad que va más allá de la edad del lector al cual
están destinados, y que comprende tanto el nivel de la estructura del discurso como el nivel del universo evocado por el discurso. Para confirmar
dicha hipótesis, he recurrido a la teoría de las funciones lingüísticas de
Roman Jakobson, que me ha permitido dar cuenta reflexivamente de mis
impresiones como lectora; ya que he podido verificar mi primera sub-hipótesis, según la cual las seis funciones están jerarquizadas en forma idéntica en ambos grupos de textos; y también mi segunda sub-hipótesis,
según la cual tanto las funciones dominantes como las secundarias se
manifiestan en forma similar en las obras de Shua. La selección de la perspectiva teórica se ha revelado acertada y fructífera; puesto que me ha permitido realizar el necesario análisis comparativo dentro de una línea que
considero rigurosa desde el punto de vista crítico, pero sobre todo estimu-
lante y poética.

NOTAS

1. Se registran, separados por una barra, algunos términos alternativos utilizados en español e inglés para traducir los textos de Jakobson o para dar cuenta de su investigaciones. Véase, en primer lugar, Jakobson 9-47; pero además" Oswald Ducrot y Tzvetan Todorov 383-384; Robert Scholes 22-40; Jonathan Culler 55-73.

2. En la lista de obras citadas figuran los datos bibliográficos de cada una de las obras de Shua a partir de las cuales realizo las citaciones, así como los títulos de los cuentos que aparecen en los cuatro libros para niños y en *Viajando se conoce gente*.

3. Véase: Delia Suardiaz y Federico Domínguez Colavita, "Formas poéticas como formas lingüísticas creativas," *Revista/Review Interamericana* 26.1-4 (1996): 167-181.

4. Roman Jakobson atribuye al paralelismo prácticamente la totalidad de las regularidades poéticas, concibiendo incluso la rima como un caso especial y acumulativo de paralelismo. Véase: Jakobson 36-41; también Suardiaz y Domínguez Colavita, "Formas poéticas" 169; y Suardíaz y Domínguez Colavita, "El paralelismo" 41-49.

5. Una de las aservaciones más interesantes del artículo es que las violaciones de los principios propios de una lengua principal no llegan nunca a violar los principios de la gramática universal. Véase: Suardiaz y Domínguez Colavita, "Formas poéticas" 173-174.

OBRAS CITADAS

Bachelard, Gaston. *La poética del espacio*. Trans. Ernestina de Champourcin. México: Fondo de Cultura Económica, 1965.

Bachtin, Michail. *L'opera di Rabelais e la cultura popolare*. Trad. Mili Romano. Torino: Einaudi, 1979.

Butler, Francelia. *Sharing Literature with Children*. New York: McKay, 1977.

Cappellozza, Serena. *Función estructural y metafórica de la comida en* Como agua para chocolate *de Laura Esquivel*. Diss. Università degli Studi di Trieste,1998.

Culler, Jonathan. *Structuralist Poetics*. Ithaca, New York: Cornell UP, 1975.

Domínguez Colavita, Federica. *Teoría del cuento infantil*. Buenos Aires: Plus Ultra, 1990.

———. *Literatura y literatura infantil*. Conferencia, Universidad Nacional de San Luis, setiembre 1992.

Domínguez Colavita, Federica y Delia Suardiaz. "El paralelismo en la poesía de M. E. Walsh. La paradoja poética: regla y ruptura." *Revista/Review Interamericana* [Puerto Rico]19. 3-4 (1989): 41-49.

Ducrot, Oswald, y Tzvetan Todorov. *Diccionario enciclopédico de las ciencias del lenguaje*. Buenos Aires: Siglo XXI, 1974.

Fusillo, Massimo. *L'altro e lo stesso: Teoria e storia del doppio*. Firenze: La Nuova Italia Editrice, 1998.

Jakobson, Roman. "Lingüística y poética." Trad. M. T. La Valle y M. Pérez Rivas. *El lenguaje y los problemas del conocimiento*. Eds. Kostas Axelos, et al. Buenos Aires: Rodolfo Alonso, 1971: 9-47.

Scholes, Robert. *Structuralism in Literature*. New Haven: Yale UP, 1974.

Shua, Ana María. *Los amores de Laurita*. Buenos Aires: Sudamericana, 1984.

———. *Ani salva a la perra Laika*. Buenos Aires: Sudamericana, 1996.

———. *La batalla entre los elefantes y los cocodrilos*. Buenos Aires: Sudamericana, 1988.

———. *Casa de geishas*. Buenos Aires: Sudamericana, 1992.

———. *Expedición al Amazonas*. Buenos Aires: Sudamericana, 1988.

———. *El libro de los recuerdos*. Buenos Aires: Sudamericana, 1994.

———. *El marido argentino promedio*. Buenos Aires: Sudamericana, 1991.

———. *La muerte como efecto secundario*. Buenos Aires: Sudamericana, 1997.

———. *La puerta para salir del mundo*. Buenos Aires: Sudamericana, 1992.

———. *Soy paciente*. Buenos Aires: Losada, 1980.

———. *Viajando se conoce gente*. Buenos Aires: Sudamericana, 1988.

Suardíaz, Delia, y D. Colavita, Federica. "Formas poéticas como formas lingüísticas creativas." *Revista/Review Interamericana* [Puerto Rico] 26.1-4 (1996): 167-181.

LOS MUNDOS EN CONTRAPOSICIÓN EN LA OBRA INFANTIL Y JUVENIL DE ANA MARÍA SHUA

Irma Verolín[*]

Duplicar el capital frente a un espejo. ¿Especular?

— Ana María Shua, La sueñera

Al asomarme al universo de los relatos infantiles y juveniles de Ana María Shua, muy pronto descubrí que un texto me evocaba inmediatamente otro, que no siempre había sido destinado a un público joven o infantil. Si me empeñaba en restringir el análisis a la producción destinada a niños y jóvenes frecuentemente se ponían en evidencia la relación y el profundo entramado que liga un relato con otro, una novela con un relato brevísimo o un fragmento de una novela con la imagen de algún cuento. Supe que iba a resultar demasiado limitante no salir nunca de los márgenes de esta clase de producción literaria, como me lo propuse en un principio. Así es que no desestimé las sutiles vinculaciones que me permitieron detectar ciertas leyes o tendencias comunes a gran parte de sus obras, por este motivo encaré los textos de esta autora sobre la base de la literatura infanto juvenil pero tomando, al mismo tiempo, en consideración las líneas generales de la totalidad de su producción.

La realidad dual

En varios de los textos para niños, jóvenes y adultos de Ana María Shua aparece la escena del dentista: una situación—en varias ocasiones un poco absurda—de alguien que abre la boca, para que un médico busque extirpar un mal. Incluso en las leyendas recopiladas por la autora de entre el magma de posibilidades de relatos existentes, surge la escena de los dientes caídos y es la misma Ana María Shua quien se encarga de destacar como curioso el hecho. Ciertamente las partes del cuerpo y sus dolencias

---

[*] Irma Verolín es autora de varios libros de literatura infantil, muchos de los cuales han ganado premios, entre ellos el premio internacional "Julio C. Coba" por el libro de cuentos para preadolescentes *El palacio de la esquina*. Es autora de notas para el periódico *Orientación vital* y colaboradora asiduamente en diarios y revistas de crítica literaria. También escribe novelas y cuentos para adultos.

son un tema recurrente, pero los dentistas y la boca surgen en los relatos con especial énfasis. Da la impresión de que por un lado Shua destaca la importancia del cuerpo y su materialidad y por el otro indaga ese espacio misterioso y oscuro del cual surgen las palabras. Obviamente esta situación es una de las tantas en las que la autora pone en escena el traspaso de ese límite entre la normalidad y el peligro (el peligro de perder la vida tranquila, la cotidianidad, los parámetros de lo conocido). Una situación que se presenta como inofensiva muestra sus solapadas amenazas y el relato entra en la zona de lo tragicómico. En ese borde entre dos realidades, ese delicado y estéticamente estratégico límite se desliza la narrativa de Ana María Shua. El dentista invade el cuerpo sin salir de la escena de lo cotidiano, no se trata de una internación que nos arranca de las pautas de lo hogareño, y quizá por eso sea más peligroso, ya que nos ubicamos en una zona intermedia. Es un cuerpo expuesto en la frontera entre la salud y la enfermedad, entre la normalidad y la anormalidad, entre la seguridad y el riesgo de perderla, un cuerpo marcado por la idea del dolor y el avasallamiento. El desencadenante del conflicto está apenas allí, en segundo plano, casi asomándose en los márgenes de lo conocido, lo familiar. En este universo narrativo entre lo benigno y lo amenazante se extiende una delicada tela que puede rasgarse en cualquier momento. Hay un doblez, un fondo oscuro en las cosas aparentemente buenas y sencillas y el personaje cae en una trampa que ni siquiera es demasiado visible, aunque no por ello menos dolorosa, algo muy cercano a ir al dentista, estar expuesto a una situación que suele ridiculizarse, pero que causa temor.

Puede destacarse un carácter chaplinesco en los personajes de Shua. Si bien es difícil separar su narrativa de acuerdo al público al que está destinada, ya que su universo es coherente y compacto, desde ya, lógicamente, esa leve y solapada "tragicidad" no está presente en los relatos para chicos, pero existe un común denominador que me permitiría definir su estética y delinear de qué modo se sostiene su mundo narrativo. Existe en su producción para chicos una vasta zona dedicada a la reelaboración de relatos de tradición oral. En estos relatos que Shua escoge y adapta a nuestra sensibilidad es posible entrever un primer rasgo, ya que el acto de escoger, seleccionar y reescribir un relato que llegó hasta nosotros y hasta el registro de la escritura luego de haber soportado la prueba del traspaso oral a lo largo del tiempo, indica una orientación de la estética. En este caso los relatos escogidos por Shua integran un corpus que enfatiza la cosmovisión y contribuyen a delinear un universo narrativo con una visión propia y sumamente original. Por otra parte, ese gusto o inclinación por cuentos que están marcados desde su nacimiento por las pautas de la oralidad no se contradice con el modo en que está narrada la mayoría de sus historias: generalmente con una pincelada, con un solo gesto mediante un trabajo de gran síntesis es captada una escena, situación o el rasgo de un personaje. Se podría pensar que la literatura infantil "exige" este recurso, sin embargo, un punto de unión en la poética de esta obra permite interpretar que responde a una voluntad de estilo. Desde el principio estos rela-

tos de tradición oral traen consigo lo que podríamos llamar una cierta inocencia en la mirada, la misma inocencia del personaje de *Soy paciente* que
soporta casi sin perplejidad lo que le acontece. El mundo de los relatos
orales le permite a Shua fortalecer y contornear las leyes de su universo
narrativo, forjadas desde el inicio de su obra. Antes de trabajar con leyendas y relatos orales, Ana María Shua había escrito muchos libros donde su
estética ya estaba planteada. Estas leyendas y cuentos folklóricos no son,
en modo alguno un agregado, sino que funcionando como elementos
esenciales, componen partes que integran una totalidad y, al mismo
tiempo, confirman el trazado de las leyes de ese universo narrativo. Es
sabido que los pueblos que no conocieron la escritura y que dieron a luz
esos relatos que hoy conocemos como leyendas, tenían una visión distinta
a la que tenemos nosotros, los que integramos sociedades culturizadas por
la lecto-escritura. Esa visión entre fresca y asombrada suelen tener los
personajes que deambulan en las novelas y cuentos de Shua. Todo el
mundo de esta autora está más cerca de la vitalidad de los registros orales
que de la "cadavérica fijación de la escritura" (Columbres 135). Sin
embargo, en varias oportunidades, dentro del relato de las leyendas y
cuentos tradicionales o en las introducciones o textos que hablan de la
producción e historia de los mismos, la autora se encarga de tomar distancia de la lógica del mundo sobre el que esos relatos se sustentan, marca así
su propio sello, por lo general con el recurso del humor o un comentario
irónico. Como, por ejemplo, cuando en "El tigre gente"comenta que cómo
no se iba a dar cuenta la esposa que su marido era un lobizón "¡con semejante mal aliento!"(46), o cuando en *El valiente y la bella* hace aclaraciones o desliza opiniones sobre las costumbres arcaicas o patriarcales de los
personajes de la leyenda recreada. Este recurso en realidad está sosteniendo y reforzando toda una cosmovisión apoyada en la dualidad como
enfoque determinante.

La dualidad o el continuo juego de las oposiciones está presente de
una manera muy visible en el comienzo de varios libros infantiles. El
impulso mismo para comenzar a narrar se apoya en esas polaridades. *La
fábrica del terror* tiene la siguiente dedicatoria: "A todos los que alguna
vez hicieron muecas horribles delante del espejo. Y se asustaron de su
propia cara" (7). Lo interesante de la oposición en este caso reside en que
lo familiar, lo absolutamente conocido, es decir el propio rostro, es lo que
se convierte en "otro" y lo que provoca la reacción máxima de la polaridad: la huida por miedo. El espejo, entonces, transforma a lo conocido en
su opuesto, en su adversario. Y hay algo más, podríamos considerar que lo
que constituye una unidad, genera su oponente, la dualidad se desprende
de lo que parecía ser algo entero y no desdoblado. Esta oscilación entre lo
familiar y lo extraño es una constante que atraviesa toda su obra.

"Ani salva a la perra Laika" comienza con otra dualidad: la forma en
que la autora, convertida en personaje, es llamada por su madre y por los
demás. En este libro se encuentran muchos de las características que se

observarán en posteriores relatos: la unión del gran mundo o la política con la vida doméstica, la animalidad (como un emblema de ese otro mundo cercano y diferente) y el viaje como un salto de nivel más que como un proceso de transformación paulatino. Otra manera en que se dan los saltos es en la simplicidad de los medios utilizados para alcanzar metas extraordinarias. La heroína de esta historia, una niña audaz, ayudada por las tortugas—que son seres extraterrestres que están de incógnito entre nosotros—con una rudimentaria planta de lechuga y un piolín, sale de la tierra y entra en el espacio sideral para salvar a la perra Laika. En este relato aparece con gran fuerza otro de los temas emblemáticos de Shua: el de la verdad y la mentira que es, ciertamente, una de las tantas polaridades sostenedoras de su mundo narrativo. Claro que esta polaridad merece una mención especial ya que hace hincapié en la existencia del mundo real, la vida y la ficción literaria quizá de manera oblicua. Un leitmotiv en este relato es "si no me creen pregúntele a . . ." Esto nos indica en primer término que hay una verdad; luego que existe la posibilidad de una mentira, en tercer lugar que la verdad del texto puede ser puesta en duda y, por último, que existen testigos de la verdad. Obviamente el recurso tiene un toque humorístico y su repetición opera como una letanía que remarca las leyes del texto infantil. Aquí, igual que en otros textos de la autora, aparecen los grandes espacios, la vastedad de los escenarios, la exageración como una manera de ver abultada la realidad de los hechos y el intento del personaje de ganar dinero con su inteligencia, lo que no hace más que mezclar dos espacios: el de la imaginación y el del mundo material. En este sentido, la heroína está muy cerca de los lineamientos de los personajes de los relatos populares: el ingenio le permite cambiar su situación, esto no es de extrañar en relatos infantiles, sin embargo, la heroína en este caso no obtiene el reconocimiento de los integrantes de su medio, lo que rompe con los protocolos de los relatos folklóricos, aunque sí respeta la convención clásica al realizar la trayectoria del héroe que sale de su medio habitual y de regreso trae aquello que mejora la vida de sus habitantes. Aquí el saber se pone en escena nuevamente.

El tema del conocimiento, del revelamiento de un misterio y la pregunta como puerta para la acción se manifiestan con insistencia en los relatos. Una cuestión que se dirime, ya sea en los relatos o en esa suerte de marco con que Shua los sitúa y "explica," es la de la verdad. La verdad sólo puede ser pensada frente a la existencia de la mentira. Constantemente se remite a ella, se la compara con la verdad del texto, con la de la lógica cotidiana o el sentido común. Toda situación siempre es presentada cotejándola con las leyes de otro universo. El personaje narrador insiste en que su historia es verdadera rompiendo el paradigma de la escritura que se instaura simple y llanamente como ficción en primer término. En realidad Shua nos está haciendo un guiño que nos obliga a pensar al menos en que existen dos posibilidades, en que no podemos situarnos con demasiada tranquilidad en ningún universo porque del otro lado, al costado, allí nomás, reflejado en el espejo, trasponiendo una puerta o introduciéndose dentro de la tierra o disparándose hacia el cielo, está lo opuesto.

En la introducción a *El valiente y la bella* la autora nos habla del origen de los relatos, del modo en que un hecho concreto se fue convirtiendo en leyenda y constituyó otra verdad, separada de la verdad de los hechos y casi antagonista de los mismos. ¿Podríamos pensar a toda la literatura de Ana María Shua como un juego de mundos contrastrados, de verdades en pugna, de escenarios y situaciones en oposición? Desde ya que esta hipótesis es aplicable si profundizamos en el sentido y la eficacia de este recurso.

"Ani en la cordillera de los Andes" emplea procedimientos semejantes a los de "Ani salva a la perra Laika." Personajes así nos hacen pensar en que semejante pobreza de medios ha de surgir en países no desarrollados económicamente como la Argentina: los piolines, los animales que como hadas madrinas asisten al protagonista en su empresa, o un rejunte de anteojos familiares para producir un efecto multiplicador. Aquí, para poner de manifiesto dos criterios o puntos de vista, invita al lector a que haga la prueba. Así la verdad o la mentira serán dirimidas por la experiencia concreta. Y, al mismo tiempo, en esta rudimentaria sencillez y primitivismo para alcanzar metas tan impresionantes, se observa la tradición de los relatos populares como los de "Don verídico," por un lado, y por el otro si reconocemos que entre los medios utilizados y los fines alcanzados no hay relación, ya que los medios son demasiado pobres para semejantes fines.

Del mismo modo podemos considerar la forma en que aparece el viaje: no hay una evolución o transformación como proceso sino como salto. El elemento mágico opera por encima de la lógica. Aquí se produce otro salto y otra ruptura. El procedimiento consiste en ir sumando pequeños elementos para producir grandes efectos: una cantidad de pares de anteojos, o una cantidad de tortugas o cincuenta ballenas empujando un témpano. Este mismo procedimiento genera el relato que se construye a partir de una gran cantidad de exageraciones. El salto es un recurso de unión en el plano de la historia. Ahora bien, una de las formas en las que Shua intenta realizar esa unión o salvar las oposiciones en el seno del lenguaje es empleando el humor. Mediante la distancia que el humor establece, las cosas muestran sus diferentes aristas. El empleo del humor está en relación directa con la bipolaridad de este universo.

Otra de las polaridades cotejadas con frecuencia es la de "el tiempo de antes" y "el tiempo actual." Así entran en escena la Ani infantil y la señora contemporánea, las costumbres antiguas y la vida del presente. El antes y el ahora son dos categorías que establecen más que dos tiempos distintos, dos enfoques diferentes, dos pautas de comportamiento, hábitos disímiles. La autora nos invita a entrar y sumergirnos en las leyes del relato pensando alguna forma de oposición, como si nos dijera: "Este mundo existe, porque existe otro. ¿Y si existe otro, no existirán otros más?"

Entre las oposiciones más reiteradas puede citarse la del mundo cotidiano y el mundo del texto. En los libros de relatos recopilados y reelaborados de tradición oral, las leyendas y cuentos populares, hay dos narradores: el del relato mismo y esa otra voz, más cercana a la de la autora o acaso que se confunde con la autora misma: la que enmarca esos relatos, donde se cuenta brevemente la trayectoria de su búsqueda, la preferencia en la elección de tal o cual relato y los diferentes puntos de vista. Esas dos voces realizan un contrapunto, hacen espejo o se convierten entre sí en la contracara de lo que se refleja en el relato desde un enfoque filosófico o sociológico. Dentro del libro hay alguien más que mira ese mundo y lo tiñe con sus pareceres y visiones. La historia presentada por sí sola parecería perder un pie y allí está la narradora desdoblada, convertida en otra, como esa cara que provoca susto en las primeras de *La fábrica del terror*. Esos marcos son por lo general una suerte de "cocina del escritor" que al dar cuenta de los procesos de producción de los relatos y explicar los mecanismos escogidos por Shua para producir un efecto, hacen de puente pero remarcan continuamente la diferencia entre ese mundo de ficción y éste donde los cuerpos tienen peso, gravedad y sufren los males de la enfermedad y sus padecimientos. En esa interminable comparación, Shua hace hincapié en la estructura que tiene la vida en relación con la que el arte literario produce artificialmente: "Los cuentos necesitan un buen final. Pero en la vida real las historias no terminan: se van entrelazando como plantas trepadoras que se necesitan unas a otras para sobrevivir"(*El tigre gente* 90). En determinados momentos el procedimiento para despertar al lector frente a la otra realidad es brusco y efectivo: "Imagínense simplemente lo peor" (*El tigre gente* 77). Convocar al acto de imaginar es producir una realidad paralela a la del texto, que a su vez es paralela a la de la vida. Esas realidades se entrecruzan de tanto en tanto, aunque comúnmente cada cual se mantiene en sus fronteras y sigue sus propios cursos.

Algunas oposiciones suelen formarse con las distintas versiones de los hechos o la manera en la que los personajes ven las cosas. "También da miedo darse cuenta de que las cosas no son lo que parecen" (20), leemos en *La fábrica del terror*: la dualidad entre lo genuino y lo aparente. O entre la convención literaria y el registro real: "Los pastores de los cuentos tienen un trabajo fácil y entretenido. [. . .] Los pastores de verdad tienen un trabajo duro" (*La fábrica del terror* 25). Incluso es sostenida desde las distintas posibilidades de focalización de un mismo objeto o hecho: mirar de cerca o mirar de lejos y obtener resultados contrapuestos. Dualidad entre la normalidad y la anormalidad, entre lo vivo y lo muerto, lo humano y lo animal, claro que esto merece un abordaje más específico porque es una de las oposiciones que muchas veces es salvada en el cruce, la asimilación, es un mundo invadido por otro en dos direcciones. En muchas oportunidades el narrador define su criterio partiendo de la negación del criterio de otra persona: "Quien suponga que el Duende se enamoró de ella por su baja estatura, no sabe nada de duendes" (*El tigre gente* 66).

Observamos que hasta para hacer una afirmación se construye gramaticalmente su opuesto dentro de ella.

El punto más emblemático de este juego de oposiciones en la literatura infantil es uno de sus últimos libros, *Las cosas que odio y otras exageraciones*. También podríamos considerar una clave que se encuentra en *El tigre gente*. En el primer cuento aparece un conjunto de rock que se llama "Divididos." El personaje, Darío, se encuentra en una situación ambigua o dual por la edad que transita. Hay dos espacios; Darío entra en ese otro lugar que por su nombre se asocia con el submundo, con un descenso de nivel, pero por la arquitectura del lugar no se sabe si se sube o se baja debido a esa multiplicidad de escaleras interiores, y que representa lo diabólico. Etimológicamente diabólico significa "dividido," lo carente de unidad. En una parte del relato leemos: "Basta con saber escuchar la música del Diablo. El que llevamos siempre adentro" (30). Siguiendo este planteo no sería errado considerar que esta dualidad, esta división en que el universo de Shua se explaya continuamente, es una simbología del ser interior, de nuestra profunda vida psíquica. Entonces podríamos concebir esos viajes por el mundo exterior como alegorías del ser interno, de una persona que busca hallar su lugar mientras es tironeada por fuerzas que le otorgan una dimensión dramáticamente dividida. Del mismo modo en el que el propio rostro se convierte, desde lo familiar a lo absolutamente extraño en el espejo, la interioridad del ser humano es un escenario que puede desdoblarse de una forma espeluznante.

El viaje como salto de nivel

En forma coherente con la lógica del universo de Shua, el viaje responde a esa estructura en la que los mundos se contraponen, guardan hacia adentro sus leyes y las mantienen. Los viajes que, por lo general, implican una transformación, un cambio de estado, la unión de dos puntos geográficos distantes, el pasaje de un antes a un después, no se realizan aquí durante el desarrollo de un proceso, mediante una transformación paulatina, sino a través de un salto, como si se pasara, por cierto, a otra dimensión. Y, de hecho, se trata justamente de eso. Dado que los universos se encuentran en diferentes niveles, es forzoso el salto. La línea que une los dos puntos geográficos se convierte en un lazo que apenas disuelve la dualidad. En este caso, *La sueñera* se presenta como paradigmática. Gran parte de la obra de Shua podría pensarse bajo la metáfora del viaje, del pasaje de lo conocido a lo desconocido. El salto, más que geográfico, es un cambio de paradigma; lo que cambia son los parámetros de la lógica en la que se mueven los personajes. Para llegar a otro país que se encuentra en la misma superficie (en el mismo nivel) la protagonista de "Mis aventuras en el centro de la tierra" se introduce en la profundidad de la tierra, desciende y pasa al otro lado. Desea llegar a la China cavando un foso desde su país, y en la trayectoria de ese pasaje se encuentra con un brontosaurio que sobrevivió gracias al calor que hay en el centro de la tierra. Así el pasaje es también temporal y no únicamente geográfico, el salto es temporal-espacial, se produce en dos niveles. Obviamente esto, igual que gran parte de las obras literarias existentes, funciona como una alegoría del trabajo del escritor, es decir que expresa el acto de salir de los parámetros de lo conocido para introducirse en otra realidad. En "Mis aventuras en el Polo Sur", el cambio de nivel se realiza cuando el personaje se introduce en la boca de una ballena que funciona como otra dimensión en el relato.

En un reportaje de la revista *Contratapa* le preguntan a la autora qué cuento de los que integran *El valiente y la bella* le gusta más y Shua contesta: "Ajmed, el cargador" (13). Ajmed es un antihéroe que obtiene sus logros por casualidad, ya que su torpeza y su miedo deberían haberlo conducido a otro resultado. Supera las tres consabidas pruebas, siempre se sube al árbol y desde ese lugar desnivelado realiza su "hazaña"; el salto se produce en una misma geografía pero más arriba. En "El caballo de madera" la conexión entre los mundos se realiza a través del vuelo. El viejo caballero Arnulfo lleva a cabo su proeza final del otro lado de un puente levadizo. De pronto, en una simple expresión, se cuela esta frase: "subir el río." Existe una predilección por bajar a las grandes profundidades o subir a alturas descomunales. Si bien es cierto que esta característica es propia de los cuentos maravillosos que abarcan todos los espacios de la tierra, la insistencia en el recurso en Shua es notable. De los viajes posibles, escoge el que franquea los límites del nivel cotidiano. "Ani salva a la perra Laika" y "Ani en la cordillera de los Andes" fueron publicados en un mismo libro y ambos presentan el viaje de la misma manera. Todos los cuentos brevísimos de *La sueñera* constituyen un salto de nivel, y el efecto está generalmente producido por el pasaje inmediato, brusco, el contraste producido por ese pasaje constituye el elemento de sorpresa.

"Guanaco blanco en la mitad de Francia" un cuento que fue escrito a pedido para formar parte de una antología que reunía cuentos bajo el tema del viaje, finalmente aparece publicado en *El tigre gente*. Lo notable es que al pensar en un viaje, Shua escoge el salto en el aire, un pasaje de un extremo al otro del planeta que se da en un instante el rebaño de vicuñas y guanacos que irrumpe en la escena haciéndose presente en un auditorio en un teatro. Además de mezclar las dimensiones de lo real y lo mítico, el relato une dos culturas o dos espacios desnivelados culturalmente.

Los relatos como formas para develar un saber

Es visible en los libros de Shua su preferencia por manifestar los procesos de construcción de los relatos que funcionan como un segundo plano que, a pesar de eso, no mitiga el efecto. Parece decirnos: les muestro algo, pero eso es apenas la punta del *iceberg*, con lo que abre la puerta a futuras indagaciones. En *El pueblo de los tontos*, Shua habla de la existencia de unos seres que son los tontos más sabios del mundo. Hay un cuestionamiento al concepto de inteligencia meramente racional y esto está remarcado en el prólogo. Esta clase de "tontos" le permite a la autora lanzar una mirada oblicua y original sobre el valor de las cosas del mundo y establecer un contraste con el llamado mundo real, el mundo de la especulación, la guerra, el sadismo. En esta contraposición de dos lógicas interviene en este caso la lógica de Hitler y el Holocausto (explícitamente referida en el prólogo) y la lógica de la poderosa ternura, de la inocencia a prueba de cualquier cosa. El efecto de los relatos está dado en parte por el contrapunto que se establece entre esa lógica de fondo, planteada en el prólogo—la lógica de la brutalidad, la de la maldad extrema que puso en escena la caída de la racionalidad de uno de los países más racionales del mundo al masacrar al pueblo judío—y la lógica de los pobladores de Jélem.

El saber aparece como un ejercicio imprescindible en la trama de estos relatos, y el efecto está dado por la instauración de una forma de conocimiento no convencional. Los lectores establecemos con el narrador una complicidad en la que los personajes quedan excluidos. La proverbial inteligencia judía se ríe de sí misma. Este gusto por la brevedad, por el equívoco pone sobre el tapete una evidencia del universo de Shua: todo saber es siempre altamente sospechoso, por un lado está el saber como experiencia del cuerpo y por otro, el saber como experiencia racional. Si siempre hay otro mundo en oposición a éste, de qué clase de saber estamos hablando. Aquí los tontos sabios experimentan un saber dado a partir de la experiencia del cuerpo. Con la mente se obtiene una cosa y con el cuerpo otra muy distinta. Las tres dimensiones en su experiencia concreta ponen en tela de juicio las especulaciones hechas a priori. También suele suceder que los personajes llegan a verdades equivocadas porque parten de premisas falsas o bien se emplean lógicas erradas para las situaciones planteadas.

Se detecta un rasgo persistente en la obra de Shua, algo semejante a un trasfondo de pregunta, los personajes están frente a alguna clase de indagación, a veces implícita, se asoman a lo que ocurre para entrever alguna forma de verdad. La existencia de prólogos que desmenuzan un porqué es un soporte más que sostiene este gesto. Se percibe una intención de rastrear el origen, de volver al principio que generó las cosas, remontar el modo en que ha surgido una historia, mostrar el lado oscuro para que esa voluntad de saber ocupe un lugar dentro de la ficción, para poder reflexionar sobre el oficio de hacer arte y dar cuenta de por qué una historia ha soportado el paso del tiempo o exponer las razones por las que aún tiene vigencia. El mecanismo de pregunta y respuesta es bastante frecuente en los personajes de Shua, ellos quieren indagar, porque siempre hay algo más que conocer y quién sabe en cuál de los mundos se encuentra aquello que dilucidará el enigma. Pero todo suele quedar en la nebulosa, porque emprender el camino del saber es una tarea inagotable. Los prólogos sostienen dentro de una estructura literaria esa misma actitud. El prólogo explicita y proporciona cierta dosis de información, pero deja abierta una zona de misterio de una manera muy notoria. La tendencia a resolver las situaciones de manera disparatada nos recuerda al Cortázar de "cronopios y famas," y el trazo del perfil de los personajes de Isaac Bashevis Singer. A medida que esta saga de situaciones inesperadas e ingeniosas se suman, vamos entrando en una lógica que pone en tela de juicio nuestras certezas. Y de alguna manera nos retrotraemos a una forma de conocimiento pre racional o, si se quiere, anterior a la incorporación del pensamiento abstracto, una lógica que posee la frescura de la mirada de los niños.

Por otra parte, el concepto de "tontería inteligente" le permite a la autora situarse en la zona fronteriza del absurdo, que como estética expresa el desbaratamiento de los valores mundanos vigentes. En *El pueblo de los tontos* el efecto se produce cuando de modo inconsciente cotejamos la lógica de estos "tontos" con nuestra lógica cotidiana. Todo el libro se apoya en una gran polaridad, una de las cuales oficia de trasfondo: la realidad y la leyenda. En la leyenda están estos relatos rescatados con fidelidad y en el sitio opuesto, el mundo o la segunda guerra mundial. El exterminio judío puede ser considerado la contracara de ese mundo de fantasía que el libro constituye en su totalidad. ¿Qué más representativo de ciertas atrocidades y arbitrariedades nazis que sacrificaron la vida de millones de personas en pos pequeñeces espeluznantes que ese reloj de sol que aparece en el pueblo de los tontos, un precioso reloj protegido con un enorme techo para que no se mojara?

El concepto de lenguaje dentro de la ficción

El tono de los textos de Shua es también un tono dual, en el interior del lenguaje se trabaja con contrastes permanentemente, es el tono de una tragicomedia. El recurso del humor está dosificado pero no deja de ser patético. Ahora bien, si consideramos al lenguaje como medio de conexión entre los seres dentro de la ficción, observamos que es un instrumento sumamente poco confiable. De allí que la animalidad aparezca con enorme asiduidad, esos personajes que carecen del lenguaje hablado (aunque en algunos casos dentro de la verosimilitud del texto sean dueños de ese don, por tener un protagonismo humano) desplazan a los humanos cuya característica distintiva es el uso del lenguaje. Las dos formas de acceder al conocimiento, ya sea mediante la experiencia del cuerpo o a través del pensamiento y el lenguaje, están sometidas a pruebas y poseen relativas garantías de eficacia. El lenguaje por sí solo, sin que el cuerpo se entrometa en la realidad, se sumerja en el mar de la vida y padezca las contradicciones de su materialidad, carece muchas veces de valor absoluto. Quien entra en la zona del lenguaje entra también en un sitio que le hace perder el otro, el del dominio del cuerpo. Y esta opción no tiene resolución alguna, como sucede en el cuento "Octavio, el invasor" del libro

Viajando se conoce gente. El ser permanece dividido y el lenguaje no logra suturar la herida de semejante división.

Son muchas las ocasiones en las que el lenguaje irrumpe en el relato como un extraño, como si invadiera la realidad. La relación entre el significado y su representación se ha quebrado, por ejemplo, en el Texto 117 de *La sueñera*, no sólo porque el lenguaje se constituye hasta tal punto en un universo con leyes propias haciendo que quien ingrese a él pierda su pertenencia en alguna clase de mundo, ya que el lenguaje y los cuerpos están en pugna y construyen otra polaridad, sino porque la ruptura del lenguaje con su referente es muy poderosa. El lenguaje es escenario de la pura convención y la pregunta que subyace en los relatos es más o menos la siguiente: ¿qué es lo que tiene de natural esta de por sí artificiosa construcción? El lenguaje y los cuerpos se someten de modo continuo a pruebas de constatación para dilucidar la vinculación o la ruptura entre ambos. Los personajes y el narrador se violentan o quedan perplejos frente a la convención del lenguaje. A veces, sin embargo, como en el Texto 171 de *La sueñera*, ocurre que entre las palabras y los cuerpos se produce un enlace: la niña llama a los pies, a los pájaros y a los ombligos de la misma forma y la realidad no desdice ese bautismo. Aquí el efecto del lenguaje es de condensación. Hay también procedimientos de multiplicación y de inversión. Un ejemplo de este último se encuentran en los Textos 120 y 123 de *La sueñera*: el territorio se fuga y deja a los habitantes y, en cambio, el suicida se tira hacia un abismo que empieza a llenarse. Muchos de los procedimientos narrativos que son empleados para la construcción de estos relatos se corresponden con los mecanismos del sueño descriptos por el psicoanálisis: inversión, multiplicación, condensación. Por otra parte la relación entre lenguaje y sueño es estrechísima y plantea un conflicto básico: ¿Cómo trasladar la simultaneidad de la imagen a la diacronía de la escritura? El mismo conflicto que se le plantea al soñante para comunicar a otros y a sí mismo su sueño, es el que tiene el narrador-escritor con respecto a la realidad. Tal vez sea la gran polaridad que se desarrolla en *La sueñera*, la de poner sobre el tapete las limitaciones del lenguaje, la de experimentar por medio de la escritura sus alcances y limitaciones con respecto al escenario del cuerpo real.

Resulta interesante observar que cuando se hace referencia al lenguaje, por lo general es para afirmar que el lenguaje crea un espacio de exclusión y no de comunicación, porque instaura una realidad paralela, un nuevo espacio. El lenguaje es en sí mismo una realidad. En "Guanaco Blanco en la mitad de Francia" la palabra "Montmartre," de la que se especifica su significado previamente, es decir monte de Marte, se transforma en un espacio físico gracias al cual las manadas de guanacos y vicuñas pueden apoyarse en un sitio material. De entre las muchas imágenes que dan una idea del sentido y valor del lenguaje, ésta funciona como una metáfora muy firme. El significado literal de la palabra tiene el peso, la fuerza y la consistencia de la materia. La palabra es creadora, originadora de mundos.

El cuerpo, ese escenario de la vulnerabilidad

Un cuerpo tendido en el sillón reclinatorio de un dentista que se expone abriendo su boca, permitiendo la entrada a la curiosidad ajena, es un cuerpo indefenso. Es la misma indefensión que padece el personaje de *Soy paciente* encerrado en un hospital convertido en cárcel o laberinto. La boca no puede ser usada para hablar, no hay lenguaje, sólo cuerpo mientras tanto el dentista hurga en la boca de ese cuerpo sometido a su labor y sus premuras medicinales. La madre de "Como una buena madre" sufre o padece las travesuras de sus hijos en su propio cuerpo. Ese ser que habla en "Octavio, el invasor" desde la experiencia concreta e inédita de vivir la transformación en su cuerpo, da la impresión de ser una voz mucho más sabia que ese cuerpo inexperto. El lenguaje se separa del cuerpo, el lenguaje construye otra realidad paralela a la del cuerpo. El dentista le habla de sucesos peligrosos a alguien que se encuentra en la misma situación, la escena es un poco macabra. El punto de cruce entre dos mundos opuestos: cuerpos y palabras, es el dentista y la boca.

Sabemos que la convención de los relatos populares establece que los personajes no son tales sino figuras representativas de fuerzas, valores o energías. En el trabajo que Shua realiza con estos relatos hay desvíos y uno de esos desvíos se relaciona con el cuerpo. El cuerpo padece, el cuerpo habla sin palabras. En sus cuentos infantiles—cuentos de miedo—es la transformación del cuerpo humano en otra cosa el elemento principal para producir ese efecto, como se registra en *La fábrica del terror* y *El tigre gente*. Hombres que no tienen ojos, deformaciones y mutilaciones del cuerpo humano, cabezas solas, despegadas del torso lo que, por otra parte es un símbolo de la irracionalidad vinculada con la típica transposición de la lógica conocida, muy presente en *La sueñera* y *El pueblo de los tontos*. Chicos cuyo conflicto es su baja estatura, por lo que tratan de permanecer acostados para que sus vértebras no se contraigan u operaciones de nariz como eje de un relato donde se trabajan los temas del doble, la máscara y la transmutación.

Su primera novela *Soy paciente* se inicia con las dificultades que encuentra un personaje para leer mientras viaja en un colectivo. El acto de leer (al que podríamos considerar antitético a una acción meramente corporal) se convierte en un ejercicio de tensiones y distensiones musculares, el cuerpo entra en escena de la manera más paradojal. Mente y cuerpo ingresan en una zona de cruce de la que, a lo largo de la obra de Shua, se mantendrá en forma continua. El escenario del cuerpo, ese mundo contrastante, y el de la mente buscarán aliarse. La mente en tanto especulación, imaginación, duda, reflexión será la que anteceda una acción (pensar en hacer dinero con acciones del cuerpo, el cuerpo en la encrucijada de estar atrapado por el dolor, el cuerpo convirtiéndose en animal, o perdiendo su cabeza), el cuerpo como contrapartida de la escritura.

Es en *La sueñera* donde Shua parece agotar las posibilidades que la experiencia del cuerpo ofrece. Por un lado indaga en la relación entre el cuerpo, la mente y las ideas y, por otro, entre el cuerpo con el medio exterior. Toda *La sueñera* podría considerarse como una experimentación, una suerte de prueba en la que el cuerpo físico y psíquico padece la exposición en un mundo con leyes nuevas y más aún, las consecuencias de adentrarse en él o de fluctuar entre este mundo conocido y real y ese otro, el onírico. El cuerpo sufre una gran variedad de mutaciones, padecimientos y amenazas. Si son indagadas las características y peculiaridades del espacio del sueño es tan sólo para comprobar cuán vulnerable puede resultar ese pobre cuerpo acechado por inconcebibles peligros. El cuerpo mismo se transforma en un espacio invadido por el mundo. Da la sensación de que la narradora intenta averiguar hasta dónde ese cuerpo es capaz de sobrevivir psíquicamente en un mundo hostil. La experiencia del cuerpo y el soporte del razonamiento no siempre van juntos, incluso el razonamiento se alcanza cuando el cuerpo ha llegado hasta un límite del que ya no puede regresar. Esta tirantez entre el saber de la inteligencia y el saber de la carne es puesta en emergencia gracias a las particularidades de un mundo que impone leyes versátiles, volubles y crueles. El texto 58 de *La sueñera* alcanza para delimitar una definición de ese espacio corporal: "Perderse en una densa oscuridad no es tan malo. Mucho peor es esa oscuridad liviana y negra capaz de penetrar por cualquier hendidura. En el cuerpo tenemos grietas suficientes como para permitir cada noche la infiltración constante que nos va oscureciendo las entrañas, tapándonos los ojos desde adentro, hinchándonos de nada" (34-35).

La sueñera o las experiencias peligrosas entre este mundo y el otro

En 1996 la editorial Alfaguara publicó una segunda edición de *La sueñera* dentro de su colección juvenil. Desde el primero de los brevísimos relatos de este libro, entendemos que lo imaginado alcanza un status equivalente al de lo cotidiano, pronto ingresa en la realidad y puede convertirse en atacante; la oveja pasa por una serie de mutaciones hasta transformarse en lobo. Al final del relato nos vemos en la necesidad de volver sobre el relato mismo y desandar el camino. Este es un recurso que aparece en varios de los textos de este libro, la brevedad impone una estructura circular, la fuerte tensión y condensación de estas historias encuentra su eficacia en los inteligentes desenlaces, muchas veces abiertos y otras, como en este primero, que se repliegan hacia su inicio, lo que le otorgan un grado muy alto de significación. Se inaugura también con este relato una serie de historias en las que aquello en lo que se confía se convierte en el agresor, es la traición de las formas, de las leyes conocidas, de lo que se espera según la experiencia o el saber acumulados. En algunas oportunidades la narradora pacta con el adversario, optando así por un camino hacia la salvación, pero en ese pacto pierde su integridad psíquica y el final abierto nos invita a imaginar toda clase de sutiles atrocidades. La fusión entre el cazador y la presa o el intercambio de roles se sostienen en la ambigüedad creada por este espacio que se va perfilando a medida que avanzamos en la lectura del libro, esa zona del sueño, esa contrapartida de la realidad.

El sueño es en sí mismo un espacio, la gran alternativa de este mundo y cada brevísimo relato de *La sueñera* lo metaforiza, construye una red de palabras para atrapar su sentido, además otorga pocas oportunidades para vencer al enemigo, de eso se trata, de vencer a una fuerza contrincante. Entonces avanzar en el territorio del sueño es un desquite frente a la lógica causal, el cuerpo al liberarse de esa imposición, paga un alto precio por su liberación momentánea. Salir o permanecer en ese espacio del sueño, así como vencer a un enemigo suelen ser los ejes del conflicto de estos minirelatos.

El juego de polaridad entre los dos mundos que es una constante en la obra de Shua se pone de manifiesto con mayor énfasis en este libro. Pero aquí los dos mundos pueden devorarse mutuamente, eliminar sus límites, confundir sus leyes y de ese modo confundirse uno con el otro. Dormir o entrar en el mundo del sueño puede ser la creación de una realidad paralela o una modificación absoluta de la realidad real. Los dos espacios se rozan continuamente y se sustentan en leyes muy maleables. Las leyes del espacio, especialmente las del espacio-tiempo, se quiebran constantemente porque cuando creemos que la realidad es nuestro sitio, nos descubrimos imprevistamente dentro del espacio del sueño o viceversa. Los dos mundos suelen quedar inmersos uno dentro del otro. Sin embargo, el límite entre ambos aflora tarde o temprano. Estamos frente a un verdadero buceo del quebrantamiento de las leyes espacio-temporales.

Ahora bien, si los límites de los espacios son difusos, ninguna materialidad es ciertamente confiable. Lo que debería ser el sostén de un cuerpo se transforma de repente en un abismo. El acto de caer, de resbalarse, de deslizarse involuntariamente hacia zonas peligrosas se repite una y otra vez en situaciones inesperadas. Cada relato es único en sí mismo a pesar de ello. El cuerpo sufre de parálisis o busca aferrarse, sujetarse, amarrarse, pero pierde inexorablemente su lugar, sin excesivo dramatismo aunque de un modo siniestro. En *La sueñera* el conflicto fundamental es la relación del cuerpo con el espacio que lo contiene. En algunas ocasiones el cuerpo se descorporiza al navegar entre estas dos realidades, cuyos límites no están nunca demasiado claros. De esta forma el aquí y el allá se convierten en una ilusión.

Muchas veces los relatos tienen la estructura que culmina con una reflexión. Se realiza una descripción o hay un acontecimiento y el remate es una deducción razonada. Nos encontramos ante un contrapunto entre el cuerpo y la mente. El cuerpo experimenta y la mente toma distancia y define la conclusión. Este mecanismo reflexivo suele descansar en una mirada jocosa a veces y otras veces, terrible.

Si bien hay minirelatos que han sido armados siguiendo las pautas del relato tradicional y que funcionan mediante la aplicación de la lógica clásica (una causa provoca un efecto y este se vuelve sobre el inicio del relato), otros se encabalgan en la estructura del silogismo, existe también una variedad de cuentos brevísimos que rompen con los protocolos del orden de lo real e imponen su "lógica onírica." A estos se les añaden otros con estructura circular, lo que demarca la falta de delimitación en los dos espacios que se mezclan, confunden o yuxtaponen tendiendo a borrar su separación.

La sueñera da la impresión de haber sido concebido bajo la idea básica de que existe una acechanza que puede venir desde el lugar menos pensado y cuando esta premisa básica se quiebra surgen frases como: "Los objetos no siempre resultan amenazantes. [. . .] sin ir más lejos, la mesita de luz me trae el desayuno a la cama" (Texto 42, 28-29). En muchas ocasiones pareciera que la autora intentara precisar las leyes de los mundos como para que el cuerpo conozca sus auténticos límites y sepa en qué confiar. La casa extendida, ese mundo del sueño, es una continua traición a lo conocido, a lo esperado. Otras veces, en una situación de extremo peligro, el personaje se fija en un detalle, algo vinculado a la razón, al criterio, a la información, al saber. La situación provoca un efecto entre conmovedor y grotesco, pero allí es donde mente y cuerpo entran en pugna, la dualidad se mantiene.

El sueño aparece también como un espacio con características físicas, se puede entrar o salir de él como de una habitación, se puede entrar, por ejemplo, en un sueño equivocado. El sueño es también un espacio donde el cuerpo puede vivir experiencias que le están vedadas dentro de los márgenes de la realidad (Texto 24). Es además el lugar donde puede ocurrir que un cuerpo ausente en lo real se haga presente (Texto 25).

Claro que si la realidad entre vigilia y sueño se pueden yuxtaponer o confundirse, también son capaces de independizarse la una de la otra, así como de revertir su relación. El sueño en vez de ser una realidad alternativa puede pasar a ser la matriz de otra realidad secundaria, la de la vigilia, en este caso se produce un trastocamiento de las leyes convencionales. El sueño adquiere mayor consistencia y la vigilia pasa a ser más volátil, menos densa.

Las cosas también se sostienen en la dualidad, suelen tener dos caras, una atrayente, visible, externa, pero detrás de su bella fachada está lo que provoca daño. Nada es lo que parece, no hay certeza alguna, no se puede pactar con ninguna verdad en este mundo, ni se puede confiar en un espejo ni en la imagen externa que le brindamos a los demás, tampoco en la propia interioridad. Lo que contiene ahora es contenido por el objeto que antes lo contuvo. ¿Qué pertenece a lo imaginado y qué a lo real? Muchas veces todo queda indeterminado en el texto, las dos realidades se vuelven equivalentes.

Consideraciones generales

Tal vez lo más impresionante de la obra de Ana María Shua es la atrevida manera en que utiliza recursos que encuentran su opuesto o su inversión en otro lado dentro de la misma obra. Entre esos movimientos antagónicos cabe citar: acumulación y disgregación, expansión y restricción, el objeto como prueba de verdad y el objeto desaparecido, reproducción y disminución, se desmaterializa lo material y se corporifica de lo intangible, el cuerpo como contracara de la escritura, el cuerpo como equivalente a la escritura, el desdoblamiento del yo y el otro como parte de sí mismo. En este universo todo lo que se considera una verdad dentro de una lógica se desmorona inexorablemente. El mito cae y con él las certezas. O al menos hay un intento de abolir ese espacio para crear otro nuevo con leyes menos apodícticas, el texto desmitologiza la realidad, se ponen en escenas sus trucos, su artificialidad y sus fracasos. Textos para vivir la incertidumbre que expresan la caída de un concepto positivista lógico del saber. Ya no hay un mundo ordenado que puede darle un férreo marco a los personajes; son los personajes los que levantan y hacen caer el escenario. La realidad es construida por una conciencia que se reconoce apenas como ejecutante del mundo circundante. Los personajes se encuentran sometidos a su propio poder, como si estuvieran en el interior de un caleidoscopio que no anticipa su forma. En este mismo sentido, cuando el personaje emprende una tarea descomunal, rompe con el precepto que afirma: el gran poder sólo es manipulado por los poderosos. Un mundo entra en otro, los límites están rotos y los personajes pagan el precio de semejante osadía de diferentes modos. Los cuerpos sufren los mismos percances. El universo se está moviendo y contiene muchos mundos y el lenguaje que no deja de asimilarse a ese doblez, a esa fluctuación, es concebido según las palabras de Borges: "como la luna, el lenguaje tiene su zona de sombra."

OBRAS CITADAS

Colombres, Adolfo. *Celebración del lenguaje*. Buenos Aires: Ediciones del Sol, 1997.

"Conversaciones: Entrevista a Ana María Shua." *Contratapa: Revista de literatura infantil-juvenil* 11 (1999): 12-13.

Shua, Ana María. *Ani salva a la perra Laika*. Buenos Aires: Sudamericana, 1996.

———. *Casa de geishas*. Buenos Aires: Sudamericana, 1992.

———. *Las cosas que odio y otras exageraciones*. Buenos Aires: Alfaguara, 1998.

———. *Expedición al amazonas*. Buenos Aires: Sudamericana, 1988.

——. *La fábrica del terror*. Buenos Aires: Sudamericana, 1990.

——. *El pueblo de los tontos*. Buenos Aires: Alfaguara, 1995.

——. *Soy paciente*. Buenos Aires: Losada, 1980.

——. *La sueñera*. Buenos Aires: Minotauro, 1984.

——. *El tigre gente*. Buenos Aires: Sudamericana, 1995.

——. *El valiente y la bella*. Buenos Aires: Alfaguara, 1999.

——. *Viajando se conoce gente*. Buenos Aires: Sudamericana, 1988.

ANA MARÍA SHUA'S STORIES FOR CHILDREN 1988-1998:

TRADITION AND INNOVATION IN FANTASY

Martha Manier *

Background

Ana María Shua never intended to write for children, in spite of the fact that she invented many stories for her daughters Gabi, Paloma and Vera when they were young. In a personal interview, the author explained to me the origin of these stories: "Sólo sirvieron para ellas porque eran muy personales. Realmente no han salido para publicar." In fact, her writing for children began only after her publisher, Editorial Sudamericana, requested she contribute to their new series, Sudamericana Infantil, under the direction of Canela (Gigliola Zecchini de Duhalde), the host of popular children's television and radio programs in the 70's and 80's, and a writer herself.[1] Editorial Sudamericana's desire for this new series can be attributed to the sudden boom in Argentine children's literature that began in the mid 1980's when writers not trained in pedagogy, but in literature and journalism, were changing the style of children's literature and the philosophy behind it. Moreover, by visiting the children in the schools, and by inviting the children's own opinions and commentaries—unheard of in Argentina at that time—, the writers were establishing a new, personal relationship between themselves and their readers, backing away from the roles of distant propriety and the all-knowing narrator. At the forefront were Graciela Cabal, Laura Devetach, Graciela Montes, Ricardo Marino, Gustavo Roldán and Ema Wolfe, all of whom then published with Colihüe or Quirquincho.[2]

For Shua, the transition to children's literature proved difficult. At first, she says: "empecé trabajando auto-censurada porque el tema de psicologismo que pesa sobre los escritores para niños en general, pero en la Argentina en particular, es muy fuerte. Entonces uno tarda en permitirse encontrar un conflicto en la literatura para chicos. Uno tarda en permitirse

---

* Martha Manier is a Professor of Spanish and Women's Studies at Humboldt State University in California. She has published translations of short stories by women writers of the Southern Cone in journals and anthologies in the United States and Chile, and has published articles on Argentine children's fiction.

contar una historia que no está mitigada por el humor, [. . .] ni por la broma. [. . .] pero si no hay conflicto, no hay narración."[3] During my interview, Shua goes on to say that her first attempts at writing for children followed the same tendencies she had observed and criticized: "las de estirar un conflicto mínimo, y llenarlo de frases simpáticas y 'poéticas' sin atender al relato." Her older daughters were the ones who helped her find the balance she was seeking. They read and rejected her early drafts, telling her what worked, and what did not, until our author was satisfied she had found what for her was the proper tone of expression for story telling. In reality what she did was come to her own understanding of children's literature, which she explained to me in our interview: "es algo que pueden leer con igual interés los chicos y los grandes. Hay literatura para adultos que no interesa a los chicos pero no puede haber literatura para los chicos que no interese a los adultos porque no es buena."[4] Her conclusion echoes that stated by C. S. Lewis in his often reprinted study, "On Three Ways of Writing for Children": "I am almost inclined to set it up as a canon that a children's story which is enjoyed only by children is a bad children's story. The good ones last. A waltz which you can like only when you are waltzing is a bad waltz" (210).

Interestingly, Shua and Lewis are both writers of fantasy literature, which according to Lloyd Alexander, children's author and Newberry Medal Winner, "presents the world as it should be [. . .] where courage, justice, love and mercy actually function" (146). Moreover fantasy literature is steeped in rationality and logic, replete with realistic details, and rooted in oral and traditional patterns. Lewis' work *The Chronicles of Narnia* is cited as one of the prime examples of the subgenre high fantasy, characterized by the struggles between good and evil in worlds far removed from our own in time and space. Shua's books for children, on the other hand, belong to the subgenre of low fantasy, which deals more with commonplace issues, specifically in Shua's case a groundless argument among friends, disillusionment, money to raise, obstacles or fears to overcome.[5] Low fantasy appeals to children because it invites them to enter and/or expand their imagination by addressing the question, "What if?" The direct and uncomplicated plot follows a chronological sequence and the protagonists are often types.

Jane Langton's 1973 essay "The Weak Place in the Cloth: A Study of Fantasy for Children" still serves as the basic text for defining the types of low fantasy. These include the tall tale, the real world left behind for a magical one, the real and the imaginary existing side by side, the once-upon-a-time, talking beasts, time travel, and ghost stories (178-196). Each of Shua's stories features a specific element associated with these types of low fantasy: personified animals (*Batalla entre los cocodrilos y los elefantes*), a personified toy and magical objects ("Puerta para salir del mundo" and "Una pluma de paloma"), an eccentric character involved in outlandish situations ("Mis aventuras en el Polo Sur" and "Mis aventuras en el centro del mundo") and ghost stories (the 14 stories collected in *La fabrica del terror* and *La fabrica del terror II*).

Personified Animals

La batalla entre los cocodrilos y los elefantes, the first children's book Shua published, features personified animals embroiled in a dispute over access to a particular spot in a river. The elephant newcomers want to bathe and relax, while the resident crocodiles resent the uninvited newcomers who are noisy and scare away the fish, the crocodiles' food. Their contention over a spot in the river compares to an argument over a spot on the sofa, a place at the table, a window seat at a cafe. The newcomers and the residents demand what they deem theirs by self-determined right. With the conflict established, Shua then illustrates how the two groups manage to reach their own accord with regard to the river's usage after a series of failed talks, unfinished battles, extended legal process, and misguided attempt at territorial division. Meddling in the crocodile-elephant dispute are a judicial stork, a solomonic hippopotamus and a story-telling giraffe whose narration seems to copy word for word what the reader has just read—"seems to" because Shua only gives the first sentence of the giraffe's story (her own first sentence verbatim) while summarizing the rest up to the point where the giraffe begins narrating again and again and again.

This animal conflict is quite unlike those presented in traditional stories such as the fight between the lion and the ox or that between the owls and the crows. In these, the animals struggle for supremacy, often encouraged by either fawners who tell them what they want to hear, or by those desirous of personal gain or revenge. Once the battle begins it does not end until the conquest or the death of the opponent. Shua's tale is much less violent, with the battles interrupted before any real damage occurs. Those who intercede do so to settle the dispute. During an interlude in the main action, the elephants and the crocodiles work in harmony, their quarrel set aside so they can arrive at a common end, the completion of a dam across the river. During a second interlude they sit together on the riverbank to listen to the giraffe's story. Their acts of cooperation and acceptance belie their quarrelsome stance. At the same time they remind the reader of the words with which Shua begins her story: "los cocodrilos y los elefantes, por lo general, no son enemigos" (9). Moreover they point to the story's conclusion, wherein both groups share the river, a settlement to their dispute.

Traditional Indo-European based stories created around animals are often humorous. Readers laugh derisively at the conceited, such as the fast rabbit, overcome by its own vanity. They laugh at the gullible, such as Henny Penny, because the readers "know the truth" and feel superior. They laugh when the hated snake or wolf is tricked by a clever fox or an industrious pig. In all cases, the laughter stems from or is directed to the type. This is not the case in *La batalla entre los elefantes y los cocodrilos*. In this tale, Shua's humor comes from 1) carefully chosen words giving wonderful sounds: "[El hipopótamo] metiéndose sin miedo en medio de la lucha, les propuso su proyecto a los que peleaban" (24); 2) strategic, yet sparse, use of superlatives and dimunutives: "Al principio, todos escucharon interesadísimos, porque no hay nada más lindo que un cuento en el que uno mismo es el personaje principal" (39), and "Y [los elefantes] hubieran salido disparando patitas para que te quiero, cada uno por su lado, si un bramido de la elefanta guía no los hubiera detenido" (32); 3) asides which offer non-essential detail, and shift the focus from the principals, as in "Los únicos que estaban contentos eran los peces, porque los cocodrilos estaban tan ocupados que no podían perder tiempo buscándolos para comérselos" (19); and 4) repetition, both actual and implied, which gives the story its structure. In all cases the humor is more subtle than outright. Even the battle scenes that could be drawn out into a written form of slapstick never are; however, Alicia Charré's line drawings, which elaborate upon the text more than illustrate it, do make the reader think the text is funnier than its words indicate. As an example, a drawing on page fifteen shows a young elephant whose trunk lies clamped between the jaws of a determined crocodile. The elephant's eyes squint in pain, its ears extend to their full width, and its front legs are raised into an open V-shape, as if hands outstretched calling for help. The text from which the drawing derives states: "el cocodrilito charlatán ya le había mordido la trompa a un elefante bebé" (15). Shua never describes the baby elephant's reaction but instead moves on to its mother's retaliation, which, in turn, leads to an exhausting free-for-all, limited to one paragraph of text and void of superfluous detail.

The structure of *La batalla entre los elefantes y los cocodrilos* conforms to the narrative patterns of traditional tales not only through repetition but through its manipulation of three episodes. By illustrating three wishes, the performance of three tasks, or the reaction of three people to a specific incident or scene, the traditional tale stresses difference and gives more importance to the first and third examples, and often presents the second in abbreviated form or as mirror to the first. Shua's three episodes are one and the same, with the same elements in the same order, shown in the following schematic:[6]

1. Prologue (description of crocodiles and elephants)>*encounter* between groups at river>*confrontation* over river use>*conflict meddler* (the stork and the hippopotamus)>temporary *conclusion* (divide river)>interlude (dam building)

2. *Prologue* (effects of dam building)>*encounter* (same)>*confrontation* (no water vs. too much) *conflict>meddler* (giraffe)>*temporary conclusion* (lie of hunters approach)>*interlude* (discovery of giraffe's identity; preparing to hear tale)

3. *Prologue* (same as Shua's)>(reference to several repeated narrations of the same story the reader has read to this point, with assumed *encounters>confrontations>conflicts>meddlers* up to the point where the giraffe begins to narrate)>*conclusion* (sharing river)

If any of these episodes is the weakest, it would be the third, in that it tells the reader about the narrations instead of letting the reader experience them. The summation speeds the telling and allows Shua to have the characters quickly resolve the story, because as the giraffe states, she cannot finish her tale until the crocodiles and elephants settle their dispute.

What we have then in the story's third part is a narrative joke. Are readers aware they have not only read about the telling but also have imagined it? Are the readers aware how much in control the author is at this point? Are they aware that like the crocodiles and the elephants, they too are being manipulated (Shua herself uses the word *manipular*)? Are they aware that they too are laughing, not at the giraffe, but at Shua's narrative voice? That they are being included as Shua jokes about her very authorship, when she attributes the book to the giraffe, "la verdadera autora" (43), who was earlier described as all-seeing, extremely famous, and a liar whose truths are even cast in doubt?

Magic

Animals in the stories "Puerta para salir del mundo" and "Una pluma de paloma"[7] introduce magic, a second element of low fantasy. Not only do they provide the protagonists, both young boys, with the magical object, that object then will enable them to travel between their realilty and a magical one. "Una pluma de paloma" illustrates this more directly. During a dream, a pigeon thanks the protagonist, Gabriel, for having saved her life that afternoon in the park. In gratitude she leaves a magic feather, which he finds on the carpet. The feather does not produce the magic the child Gabriel desires, limited as it is to producing travel between childhood and adulthood, adulthood and childhood. This goes undiscovered until much later when the adult Gabriel escapes to the park to reflect upon his problems. With the same feather in his pocket he wishes to be a child again. The wish granted, he does not find himself in an idyllic past but in the difficult days of being eight years old with skinned knees, rejection by friends, jealous feelings toward a sister, a first love, hated baths, and dreaded multiplication tables. Knowing he has overcome all those problems, he returns—with the aid of the feather—to the adult state, confident he can solve the latest set of problems confronting him.

Cerezo, the stuffed dog in "La puerta para salir del mundo," has a more complicated role. It is the object, a toy, which magically understands the feelings of a distraught child and comforts him—a normal personified role. At once the dog, having acquired the ability to speak a human tongue, promises an introduction to Señor Qwerty, who appears by stepping across the threshold of an instantly appearing door floating above Andrés' bed. Suddenly the magical elements have multiplied. Besides the magical toy, there is a magical "person" and a magical world, magically accessed. The world, El Mundo Donde Todo es Verdad, is, by its very nature, known to few; yet Andrés may be able to access it if he can tell the truth for twenty-four hours. The protagonist has a task to perform, telling the truth. What follows is a series of incidents which earn for Andrés the animosity of friends, the shock of teachers and parents, and a bad grade in history. The incidents also provide him a valuable lesson on gradations of truth, reality versus fantasy, and thoughtless responses, such as saying,"Oh nothing!" to his mother's "What are you doing?" By saying this, his passage to the World of Truth is closed; but in reality, a world of maturity has just been opened.

Many children and adults today take television for granted, not realizing they too pass visually through its magic door into the past and future, the real and the imaginary, fantasies and utopias. Television holds other viewers, as it holds Andrés, under its fictive powers. Unfortunately, when Andrés has the opportunity to take part in the filming of his favorite program, he realizes that what he saw at home had little to do with the actuality of painted sets, forced audience reactions, and the star's self-centeredness. It was "solamente un gran truco en el que todo, absolutamente todo, era mentira" (12).

In both "Puerta para salir del mundo" and "Una pluma de paloma," Shua has the protagonist reach very sophisticated conclusions: reality and Truth are practically unobtainable in real life; they are theoretical absolutes containing a bit of imagination and a great a deal of self-input. When all is said and done, the magic fades, and the viewers, the readers, and the protagonists of the stories are left to make their own determinations and resolve their own issues.

The Outlandish Character

Composed of the two stories "Mis aventuras en el Polo Sur" and "Mis aventuras en el centro de la tierra," *Expedición al Amazonas* focuses upon a nameless protagonist—the same in both stories—who narrates her adventures in the first person, presenting a one-sided conversation with the reader. Like Pippi Longstocking, the classic outlandish character of low fantasy literature, Shua's narrator is brash, confident, and self-sufficient. Unlike the orphaned Pippi, Shua's protagonist has a family consisting of parents, grandparents, and a younger sister, all of whom remain miraculously out of sight or indisposed whenever she embarks upon an adventure; yet they are present to welcome her home and show their love.

The protagonist's adventures are born of her need to earn money for a cause. Far removed from the everyday desires for a bicycle, a tape, a school project/trip, our heroine wants to finance an expedition to the Amazon. Her first adventure consists of selling iceberg ice for use in iceboxes; the second, the construction of a tunnel to China, will promote a travel service. Of course the schemes fail. The icebergs melt before arriving to the waters of Buenos Aires. As for China, she never arrives, not because of the magma at the earth's core that might melt her, but because she frees a brontosaurus from a subterranean cave and leads him up to her grandparent's back yard.

Another animal acting with a child, the brontosaurus has no magical powers nor the characteristics of personhood. Instead it has a very passive role, providing brontosaurus rides for neighborhood children, eliciting not even a minimal show of fear or surprise from grandparents or neighbors. The whales who participate in the iceberg scheme, by pushing the bergs northward, are shown as helpful friends. One of them, a mother whose baby was saved by the heroine, nurtures the heroine during the trip: she furnishes sweet water saliva, a soft bed of her tongue, a skin flap blanket, and healthy, but not tasty, plankton dinners. The whales, too, remain whales, speaking their own language, spouting, traveling by gam.

Throughout the stories the protagonist exhibits great practicality and logic. She also proves that one can have adventures by oneself, requiring neither an adult guide nor an adult foil in comparison to whom she might exhibit her superiority. Unlike Pippi Longstocking, our protagonist does not require child companions to marvel at her independence, provide contrastive character models, or set in motion yet another episode.

This character, like Andrés and Gabriel mentioned earlier, shows a need for truth, albeit her own truth. With the refrain, "si no me creés," she challenges the reader to check her story by examining the objects she has saved for this purpose—a piece of chocolate in the freezer from her food supply, a dried up piece of shark's eyeball—or by consulting with authority figures, such as the Russian ship captain from Odessa or her own grandmother. Who would dispute a grandmother? The refrain "Si no me creés" becomes, therefore, a clever narrative ploy that places the burden of proof on the reader's perceptions rather than the narrator's veracity. By setting the stories in the not too distant past of the narrator's childhood, Shua gives to a more world-knowledgeable reader possibilities that could have existed in a non-technological, non-jet, non-sophisticated era.

Finally Shua has her character use what little money she does earn (from the ice and the brontosaurus rides) to repay those she wronged in order to carry out her plan. Her grandmother receives a new diamond and new patio tiles, a store owner is reimbursed for the chocolates she took. No authority figure insists that she do this; it comes, rather, as a natural gesture.

Ghosts and the Supernatural

Traditionally tales of the supernatural, like most stories, have been told to warn the listener of dangers, to emphasize the cultural values of a specific group and to entertain. Children and adults like the rush of emotions that occurs when they are confronted with stories and figures associated with evil and/or death: witches, devils, ogres, skeletons, vampires, banshees. Listeners are caught up in the drama, the struggle, and are fearful that there may be no way out. Shua carries on these traditions, adding such effects as heightened fright and reader-writer communication about such issues as writing, source codes and cultural anthropology.[8]

In *La fábrica del terror*, Shua's revisions of Washington Irving's "The Legend of Sleepy Hollow" have as their purpose the creation of fear, evident from the beginning with the title change, "El jinete sin cabeza." She then eliminates Irving's lyrical descriptions of countryside and his lengthy description of Ichabod Crane which paint him as an eccentric, sympathetic cranelike figure. While maintaining the humor of the original, Shua's condensed description of him concentrates on the physical and the weak: "Era muy flaco y alto, con una gran cabeza sobre sus débiles hombros, y una nariz que parecía una zanahoria plantada en la mitad de la cara." (66).

Her lack of detail shows a widened concern for the story's action and allows her to influence the reader's reaction. In the original, Crane's flight from the horseman shows the reader how the protagonist's fears increase, thus enabling the reader to experience the same sensations. In Shua's version, the narrator tells, rather than shows, Crane's reaction: "horror," "terror," and "desesperación" (70). The reader maintains a passive role, and is unprepared for an added second ending in which Shua switches the story's focus to Bram Bones, Crane's rival for the rich Katarina Van Tassel. Bones' horse will buck, leaving Bones on the ground laughing at the joke he has just pulled on Crane until another rider, an assumed friend, comes to his aid. Shua switches the tone from humor to intense horror by having both Bones and the reader discover the second horseman's identity at the same time, through a process of remembering the white hand that helped Bones mount the horse, then feeling the *hielo ardiente* of the horseman's body, and finally seeing the horrifying sight of a headless body. A true storyteller, Shua has forced the nonbeliever—the reader as well as Bones—into belief by experiencing the horror personally.

In the one original fictional story in *La fábrica del terror*, "El show de los muertos vivos," the nonbeliever is again forced to believe and the horror is thereby increased; it is all the more horrible since it remains a mysterious secret. A young boy visits a voodoo show with his family during a trip to Florida. As the adults become increasingly alarmed by the noise, the strangeness, the gore of a stuck pig, and the transformation of men into beasts, the boy and his sister remain unfazed because, being accustomed to watching television and films, they consider the show to be nothing more than make-up, tricks and showmanship. The boy even participates in the show by drinking red and green liquids to verify they cause no ill effects on the innocent. Once again at home, the boy seems to forget about what he saw except when he has private conversations with his sister, suffers from nightmares, and watches his right foot change into a hairy hoof whenever he is in a bad mood, a secret he keeps from everyone.

An important aspect of the *La fábrica del terror* and *La fábrica del terror II* books not usually seen in other collections of frightening tales is the author's conversation with the reader at the conclusion of each story. In the first volume, writer/reader communication provides the reader insight into Shua's personality by telling what she finds frightening in the story that was just read, and at the same time, offering the reader (and potential writer?) narrative techniques. In both volumes she provides the reader with cultural information, sometimes related to the stories (first volume) and in other cases apparently extraneous (second volume). The discussion following the Chinese story "Las siete hermanas," in the first volume, tells of diverse Chinese populations, the dragon as a water god rather than a frightening beast, and the rural origins of the tale; thus the reader better understands the importance of the isolated rural setting, where visitors must be accommodated and beasts are commonplace. She also tells why she changed the title from "The Seven Jackal Brothers" to "The Seven Sisters": the sisters are placed in the foreground because they, like the reader, must determine the brothers' true identity as jackals.

Mystery, according to Shua, is an important part of fear. Discussing the use of repetition in the story, she advises the reader/potential writer that the more one repeats a thing, the less it is feared; whereas if the writer reveals identity suddenly, it is more horrifying. As an epilogue to "Asalok en vuelo nocturno" in *La fábrica del terror II*, Shua mentions elements of the Eskimo living evironment—the long dark winter nights, the isolation—which intensify the story of a sorcerer and his apprentice. What seems extraneous are the details concerning the young people eating hamburgers, watching television, and listening to rock and roll like any other adolescents, the fact that Eskimos have more than a hundred words for snow, and that men and women can have the same first names, but if they do, they cannot marry. It does, however, give a sense of a remote culture with universal as well as particular characteristics.

Conclusion

The varied types of fantasy which Shua employs, provide children entertainment, relief and release from reality, as well as role models in situations which they might experience, and re-creations of the fears and longings they may have. Yet they are not moralistic or didactic like many tales today which, when transformed into children's literature, often confuse adult interpretations and needs with those of children. Children like to be let in on the secrets, they like laughable but not mockable situations, characters, and stories. Shua responds to children's need for empathy toward characters, for inclusion of themselves in the narrations (first person narrator, notes to the reader), and for a good story.

Adults reading Shua's fantasy like her specificity of word, her underlying political comments for adults (the blind and deaf crocodile and elephant leaders, the lack of authority in adults), the means of access to one's own childhood through memories, her careful research, and her tone that can be serious but never sermonizing. And adults like a good story too. Her thoughts on narrative technique are intriguing to both children and adult readers as potential writers.

When I first talked with Ana María Shua in her office in 1992, she had only one book of literature there, *A Thousand and One Nights*, whose stories she would read when she needed a break. That book not only provided her with a respite, it became a model for her story construction. Shua reads about another woman story teller, Sheherezade, who created and re-created traditional tales with fictional narrative skills so superior that she extended her life 1001 days until her caliph husband lifted her sentence of death. According to Borges one becomes what one reads, even becoming the author at the point of creation. Shua is a new Sheherazade spinning the old tales with new twists, to keep herself and the reader alive through fantasy, wit, tradition, and innovation.

NOTES

1. See Canela's: *Marisa que borra* (1988); *Para cuando llueve* (1990); and *La boca del sapo* (1992).

2. The boom in children's literature continues, with each printing for well-known writers, such as Shua, totaling 8000 copies. This is an impressive number, when compared with works by such well-known writers of Argentine adult fiction (for example, the internationally recognized Mempo Giardinelli) will have a print run of only 2000 copies. Colihüe continues to be a major publisher of children's work, but due to administrative problems Quirquincho has lost much of its former innovative direction. Its place has been taken by Primera Sudamericana, Alfaguara, and Aique.

3. Shua told me during a personal interview with her on June 10, 1992 that the best example of a writer who writes "en broma" is her friend Ema Wolfe whose works, not necessarily intended for children, but published for them, satirize television programing (*A filmar canguros*, 1993), the family (*Familí*, 1992), how-to articles in women's magazines (*Hay que enseñarle a tejer al gato*, 1991), and vegetarianism in a meat eating country (*La aldobranda en el mercado*, 1989). Another well known author considered a writer "en broma" is Graciela Montes, yet I find Montes' humor to coat /cover serious social concerns such as homelessness, the Dirty War, the environment, the marginalized, and debasing forms of address.

4. Carolyn Lehman, a US writer of children's literature says: "Children's literature is the only one written, marketed, published, and criticized by persons other than for

whom it is intended. To be accepted at so many adult levels, it must meet adult criteria. (Personal interview, 15 Sept. 1999.)

5. In 1999 Editorial Sudamericana published *Historia de un cuento* for the young adult market ("literatura juvenil"), but since this book is nothing more than a compilation of Shua stories taken from her collections for adults (*Los días de pesca* and *Viajando se conoce gente*) it is not considered in this study.

6. This same structure applies to the stories in *La puerta para salir del mundo*.

7. Published in tandem in *La puerta para salir del mundo* (Buenos Aires: Sudamericana, 1992).

8. In the "Terror" books, *La fábrica del terror* (Buenos Aires: Sudamericana, 1990) and *La fábrica del terror II* (Buenos Aires: Sudamericana, 1998), Shua presents tales from five continents: Asia, Australia, Europe, North America, and South America. In the case of the latter, she retells only three stories, and these are indigenous:"Yasí-yataré, el que se oye y no se ve" (a "Guarani" tale, first volume), "La casa de Shushu (a Mapuche tale, second volume) and "El condenado" (a Quechuan tale, second volume).

WORKS CITED

Alexander, Lloyd. "The Flat-Heeled Muse." *Hornbook Magazine* 14 (April 1965): 141-146.

Langton, Jane. "The Weak Place in the Cloth: A Study of Fantasy for Children." *Cross Currents of Criticism: Horn Book Essays 1968-1977*. Ed. D. Paul Hines. Boston: Horn Book, 1977. 178-196.

Lehman, Caroline. Personal interview. Arcata, California. 15 Sept. 1999.

Lewis, C. S. "On Three Ways of Writing for Children." *Only Connect: Readings on Children's Literature*. Eds. Shelia Egoff, G. T. Stubbs, and L. F. Ashley. 2nd ed. New York: Oxford, 1980. 206-220.

Shua, Ana María. *La batalla entre los cocodrilos y los elefantes*. Buenos Aires: Sudamericana, 1988.

——. *Expedición al Amazonas*. Buenos Aires: Sudamericana, 1992.

——. *La fábrica del terror*. Buenos Aires: Sudamericana, 1990.

——. *La fábrica del terror II*. Buenos Aires: Sudamericana, 1998.

——. Personal interview. Buenos Aires. 10 June 1992.

——. *La puerta para salir del mundo*. Buenos Aires: Sudamericana, 1992.

CABRAS, MUJERES Y MULAS DE ANA MARÍA SHUA:

LA MISOGINIA ITINERANTE EN LA TRADICIÓN ORAL

*Gisela Heffes**

> *La educación es misógina; protege y perpetúa*
> *los sistemas de pensamiento y sentimiento*
> *que prefieren violencia y muerte*
> *a amor y nacimiento*
>
> —Alicia Ostriker
> (citado en Le Guin)

Primer Movimiento

Todavía no se escribió una historia universal sobre el origen de la misoginia, ni se recopilaron la mayoría de sus textos en un trabajo que—de proyectarse en el tiempo—supondría una obra de dimensiones en*ciclopé*dicas. Sin embargo, existen innumerables trabajos que procuran desentrañar, más allá de la dicotomía genérica femenino/masculino, el origen de los sistemas de dominación y de poder. Por esta razón, al definir las diversas modalidades que conllevan en sí la impronta "misógina" resulta fundamental insertarlas primero dentro de una estructura de fuerzas en pugna desde donde medir tanto sus efectos como el alcance en un tiempo próximo y lejano.

Lejos del impulso totalizador, una antología presupone el gesto personal de quien lleva adelante un recorte en el inmenso océano de las palabras, nombres, obras, vidas y condiciones símiles o remotas. Incluir significa descartar: movimiento casi fugaz dado que se oculta bajo su inmediata visibilidad. Se lee—por lo general—la presencia y no la ausencia.

---

* Gisela Heffes es Licenciada en Letras en la Facultad de Filosofía y Letras de la Universidad de Buenos Aires. Ha publicado trabajos en diversos medios gráficos como *Clarín, Perfil, El Ojo Mocho, El matadero, La Gaceta Magnética*, y ha participado en jornadas y mesas redondas sobre literatura argentina y latinoamericana. Es responsable del prólogo y compilación del libro *Judíos/Argentinos/Escritores* (Editorial Atril, colección Potpourri, dirigida por David Viñas).

Ante todo, porque la ausencia implica negación de una totalidad de la que difícilmente pueda constatarse acaso en un plazo breve. Y es en este primer movimiento, a partir de la selección, donde se lee la dicotomía ausencia-presencia en la que se produce un efecto de significación que da forma al cuerpo del texto que nos ocupa.

Cabras, mujeres y mulas (Buenos Aires: Sudamericana, 1999) de Ana María Shua, consiste en una "antología del odio/miedo a la mujer en la literatura popular" a partir de la recopilación de cuentos, refranes, poemas, coplas y canciones que pertenecen a esta tradición y que, por eso mismo, adquieren los rasgos de una expresión que envuelve del mismo modo a múltiples culturas tan diversas entre sí como distantes, en cuanto al orden espacial y temporal que las distingue.

De esta forma, tanto el problema de la oralidad como el de la misoginia constituyen el núcleo central a partir del cual se diagrama el entretejido primario de una representación subordinada a una mirada hegemónica. Frente a la escritura, actividad "particularmente imperialista" (Ong 21), la cultura oral y sus múltiples expresiones fueron "desmañadas e indignas de examen serio" (Ong 19). Según Walter Ong, la tendencia predominante llevó a considerar las creaciones orales como variantes de las creaciones escritas, motivo por el cual resulta legítimo advertir en esta presunción el modo en que operan determinadas formas de poder. Estudiada, pensada y leída originalmente no como una entidad en sí, autónoma, sino siempre como desprendimiento de una fuerza incondicional, positiva en su configuración dinámica e histórica, la oralidad y la mujer fueron cristalizados en el imaginario común como componentes rudimentarios y dependientes de una referencialidad superior. No obstante, y como se evidencia en la selección realizada por Shua, existe un desplazamiento interno a la funcionalidad de ambas figuraciones que permite descubrir una paradoja inherente a su formulación, y cuyo eje gira en torno a él semejante a una caja china: si por una parte la oralidad y la mujer fueron consignados a una espacialidad secundaria, un segundo plano del cual tardaron años en emanciparse, fue, por otro lado, el carácter mismo de la oralidad el que no sólo ayudó a forjarlo sino que consolidó los cimientos propios de la misoginia y los preservó en la médula de una concepción que—por su misma esencia—debió ser fija, prácticamente inamovible.

En el prólogo a *Cabras, mujeres y mulas*, Shua señala que los "cuentos, refranes y poemas seleccionados para esta antología tienen en común el hecho de ser violenta y groseramente contrarios a la mujer" (22). Se trata de "cuentos ejemplares que cumplen una función didáctica y tienden a demostrar que la mujer es un ser maligno en diverso grado" (22). Demostración que por su mismo fin, como por su condición (origen oral), asigna a las mujeres los atributos propios del estereotipo. Concepción que ayuda, a su vez, a revisar dos movimientos diferentes pero que conforman el mismo gesto inicial: por un lado el "odio" a la mujer; por el otro, el "miedo," como se expresa al comienzo de la introducción. Y el estereotipo, que muchas veces funciona como conjuro eficaz contra el "otro," se encarga de limitar los rasgos de su primera imagen para luego congelarla y reducirla a una territorialidad donde resulte inofensiva.

De esta forma, se establece una relación dominante-dominado a través de la cual el primero neutraliza al segundo y lo transforma, asimismo, en un objeto cuya identidad se define por negación:

> en el retrato del Otro descrito por el colonizador, el colonizado emerge como la imagen de todo lo que no es el colonizador. Todas las cualidades negativas se proyectan en él/ella. Se afirma que el colonizado es haragán y el colonizador se vuelve casi lírico acerca de esa cualidad. El colonizado es retrasado y malvado, un ser que en algunos sentidos no es totalmente humano. (Hartsock 34)

Para esto, resulta sugerente la diferencia que Shua señala, al principio del texto, entre las mujeres "tontas" y las mujeres "peligrosas." La "estupidez" femenina, erigida como una construcción capaz de articular (y sistematizar) una estructura de poder inflexible fue (y aún es) el fruto de diferentes "estudios," presumiblemente serios, que se encargaron no sólo de expresarlo sino de probarlo. Contrariamente, la "sabiduría popular" se aleja de esta concepción predominante, operando una transformación con respecto a la mujer que la convierte en un ser digno de ser temido: "La mujer aparece como una inteligencia dañina, puesta al servicio del mal y con una altísima capacidad intelectual que le sirve para engañar, mentir y atrapar en sus redes al hombre de todas las formas posibles" (24). Y frente a ella, el hombre aparece como "simple, ingenuo, incauto, bondadoso, a veces un poco tonto, y en ningún caso más inteligente que la mujer" (24).

Entonces, la oralidad marca una diferencia fundamental con respecto a la escritura y en relación directa a su concepción de lo femenino. Y sin embargo, ya sea desde el "temor," sea desde el "odio," a partir de su incomprensión o incluso desde su desprecio, se preserva en lo tocante a esta cuestión una actitud ofensiva que procura desarticular su representación imaginaria con el objeto de doblegarla siempre al mismo afán imperante, y gozar así del placer que una mujer dócil y sumisa pareciera poder ofrecerle. Es, en efecto, "aquella maravillosa sumisión que aparece como ideal en el cuento popular, y que alguna vez debió ser parte real o fingida de toda mujer en su relación con los hombres" (19), como indica Shua, la que—en su más visible inversión—alimenta una textualidad resentida, detrás de la cual subyace el íntimo deseo de "enderezar" una conducta ingobernable y peligrosa por el solo hecho de no consentir las voluntades y/o caprichos de *sus* respectivos hombres. En este sentido, la selección temática del texto revela las múltiples formas de abordar un tópico literario y social constitutivo, singularmente, del imaginario hegemónico de pueblos tan disímiles entre sí que sus tradiciones culturales parecieran no tener nada en común. No obstante, la variedad temática y genérica que envuelve la compleja problemática de la misoginia abarca desde ítems relacionados con el problema de la maledicencia (atributo femenino por excelencia), el peligro de la menstruación tanto en textos bíblicos como en leyendas de origen chorote y toba, entre otros, hasta "consejos para perfeccionar a mujeres defectuosas," la mayor parte de las veces asociados a "castigos" de violencia física que funcionen como ejemplificadores, a fin de no repetirse más.

Asimismo, los diversos temas detentan la fuerza de expresión que cada género en su condición oral produce, en tanto efecto de sentido. De esta forma, conviven alrededor de un mismo núcleo temático comentarios talmúdicos, cuentos, proverbios, coplas, canciones populares, textos bíblicos, legales y manuales "para el Matrimonio," como es el caso del capítulo dedicado a "Avatares del monstruo: esposas, viudas, madres, hijas, viejas, suegras, solteras (y otros defectos)." En todos éstos, coincide la mirada polarizada con respecto a la mujer, a través de la cual, si su comportamiento se ajusta a las expectativas previamente establecidas para ellas (aunque no por ellas) puede transformarse en un objeto sublime, digno de veneración incansable, como fue demostrado ya, principalmente, por Simone de Beauvoir en *El segundo sexo*. En el caso opuesto, la mujer se constituye en un objeto denostable que debe ser corregido de manera urgente y encarrilado hacia el camino de la ratificación imperante. Nunca sujeto, como objeto no ofrece matices a través de los cuales pueda resarcirse de una imagen que le fuera estipulada y que la ayuden a desplegar los rasgos humanos que sí detentan sus pretendidos tutores. Remitiéndose a su vez al significado mismo del título, Shua nos previene que la mujer es comparada "sobre todo con animales, y también con objetos y con plantas" (17):

> Siempre al margen de lo netamente humano, cuando se la considera posesión del varón se compara a la mujer con animales domésticos: cabras, ovejas, mulas, vacas, gallinas. Y cuando se la considera una amenaza se la compara sobre todo con animales a los que la tradición considera astutos, traicioneros, hábiles en las artes del engaño: cocodrilos, víboras, zorros y otros de la fauna local de cada pueblo. (17)

En esta circunstancia específica, el gesto personal de la compiladora consigue expresar a través de su realización inmediata una forma propia de significar. Y en su infatigable diagramación, se establecen los diversos núcleos por medio de los cuales es posible desarticular los procedimientos textuales que logran imprimir—en una lectura global—las diversas manifestaciones culturales de una tradición que aún late en los diferentes reductos del acervo actual.

Segundo Movimiento

Como parte de una segunda operación textual surge la reescritura de los cuentos. A modo de *restauración*, el desplazamiento procura retomar las particularidades iniciales e inherentes a su condición original: "Las versiones de los cuentos populares han sido reescritas, buscando en todos los casos acercarme a un hipotético relato oral, manteniendo sin modificaciones la esencia del cuento" (27). El movimiento resulta entonces inverso: se marcha hacia el pasado con el objeto de encontrar el génesis de una tradición cuya esencia implica, simultáneamente, dinamismo e inmovilidad. Se trata de un proceso dialéctico que, como veremos más adelante, constituye el fundamento propio de la "oralidad." No obstante, y una vez recuperada la materia narrativa, el gesto personal de Shua se visualiza en el formato ulterior: traducción o "trans-creación," como supieron definir los poetas concretos a la acción misma de traducir, el procedimiento entraña un modo de resignificar que en su posterior evolución revela una constitución nueva e inédita. Porque si bien los poetas brasileños concebían que esta actividad conllevaba en sí misma la posibilidad de "crear un nuevo lenguaje" (De Campos 160), otra "representación de realidades o contenidos ya preexistentes en otros lenguajes" (De Campos 161), lo cierto es que en este caso se trata más de revisar sus fundamentos principales en función de la recuperación misma de la tradición oral. Aunque tampoco se trata de un procedimiento alejado de las características típicas de su constitución: a partir del siglo XV, aproximadamente, las "personas letradas [. . .] han seguido reuniendo en textos lo dicho por la tradición oral, aunque resulta significativo que, a más tardar a partir del medioevo y la época de Erasmo, por lo menos en la cultura occidental, la mayoría de ellos no recogieron lo dicho directamente por la expresión hablada sino que lo tomaron de otros escritos" (Ong 25). Entre ellos, se encuentran los hermanos Grimm (Jacob y Wilhelm), quienes se ocuparon de rehacer "en forma más o menos directa algunas partes de la tradición oral, cuasioral o semioral, otorgándoles una nueva respetabilidad" (Ong 25). De todos modos, no fueron tantos, como tampoco lo son en la actualidad, el número de escritores y críticos abocados a la tarea de acordarles un nuevo sentido a las múltiples manifestaciones culturales que a través de esta tradición encuentran su vía de expresión y de reelaborarse continuamente.

Tercer Movimiento

En la dialéctica entre la escritura y oralidad se lee una forma de configurar al género femenino. Esto es, que encuentra su razón misma de ser en una cualidad indisoluble a su tradición. O, más aún, que constituye su causa y efecto y nos aproxima a una comprensión de su condición real.

Una de las características principales de las tradiciones orales es que debieron mantenerse intactas a lo largo de los años ya que, al formar parte de culturas que desconocían prácticamente la escritura, no existía "un lugar fuera de la mente para conservarlas" (Ong 45). A través de reglas mnemotécnicas ("memorización oral"), las sociedades que pertenecen a esta tradición dedicaron "gran energía a repetir una y otra vez lo que se ha aprendido arduamente a través de los siglos" (Ong 47). Y por esta necesidad, se estableció una "configuración altamente tradicionalista o conservadora de la mente que, con buena razón, reprime la experimentación intelectual" (Ong 47). Una de las fórmulas más utilizadas es la repetición y acumulación de un conocimiento vinculado a situaciones concretas, más que a referencias abstractas o lejanas de la experiencia cotidiana, propia de cada cultura en particular. De hecho, señala Ong que las tradiciones orales "reflejan los valores culturales contemporáneos de una sociedad antes que una curiosidad ociosa acerca del pasado" (54). Y esta dependencia con respecto a la inmediatez temporal y espacial se fue prolongando, como se manifiesta en *Cabras, mujeres y mulas*, a través de los años, semejante a un procedimiento dialéctico-oximorónico a partir del cual, si bien la concepción cultural se mantiene intacta, las repeticiones nunca son semejantes, idénticas en relación a lo anterior. La imposibilidad de registrar los relatos exactamente igual cada vez que el poeta, por citar un ejemplo, se disponía a recitar, cantar o narrar una de las tantas historias ante un público presente y único, conduce a la conclusión de que el "rito oral es presentado [. ..] no palabra por palabra, sin duda, pero sí con un estilo y estructura formulaica que se mantienen constantes de una ejecución a la siguiente" (Ong 69). Esta cualidad inherente a la tradición oral ayuda, por una parte, a comprender el modo en que se fue construyendo determinada imagen cristalizada de la mujer en el imaginario popular ya que, si bien es posible advertir que en textos que datan de más de cinco mil años todo lo concerniente a lo femenino ya era considerado como un "problema," también es cierto que este conocimiento que se transmitía oralmente de generación en generación no ofrecía posibilidades de ser pensado como sí lo hacen las culturas caligráficas que, al contar con la escritura, pueden liberar sus pensamientos hacia conceptualizaciones abstractas y someterlo, asimismo, a pruebas de refutabilidad que demuestren lo contrario. Por esta razón, resulta necesario comprender que, como ya lo señalaron algunos estructuralistas, entre ellos Lévy-Srauss, la mente oral totaliza, a diferencia de la caligráfica que consecuentemente, puede fragmentar. De este modo, no resulta extraño que la herencia cognitiva de estas culturas se parezcan tanto entre sí y sean presentadas, a su vez, como un todo compacto y homogéneo, imposible de desarticular.

Asimismo, es significativo la diferenciación establecida por Shua con respecto a la imagen forjada de la mujer en la cultura oral y la escrita, ya que la diferencia revela el modo en que esto funciona en dos imaginarios diferentes, en cuanto que utilizan procedimientos para pensar e imaginar disímiles y, en algunos casos, opuestos.

Con un denominador común que abarca todos (o casi todos) los grados posibles de misoginia, los cuentos pertenecen tanto al ámbito de Oriente como de Occidente, como explica Shua en el prólogo: "Traídos y llevados por los cruzados, los viajeros, los mercaderes de esclavos, los colonizadores, los soldados, han cruzado Asia y Europa, han entrado en Africa y en América Latina. El mismo tema central puede encontrarse desarrollado con variantes locales en un cuento chino, español, brasileño, marroquí, hindú o ruso" (28). Pero la agrupación realizada en *Cabras, mujeres y mulas*—y la posibilidad, insinuada, de establecer subgéneros—demuestran hábilmente la conexión recíproca, recientemente mencionada.

De manera que en el capítulo dedicado al "Origen de todo el mal y el Mal en sí mismo," encontramos la copla popular hispanoamericana:

Una mujer fue la causa

de la perdición primera;

no hay perdición en el mundo

que por mujeres no venga. (65)

En el mismo capítulo vemos el proverbio español: "En lo que el diablo no sabe hacer, pide consejo a la mujer" (65), el proverbio italiano: "Todo proviene de Dios, menos las mujeres" (65), el proverbio hindú: "Quienes están llenos de pecado, sólo engendran hijas mujeres" (65) y, entre muchos más, el siguiente proverbio de origen alemán, árabe, danés, griego, hindú, malayo, persa, polaco y ruso: "La mujer es el Satán del hombre" (66).

Se advierte de esta forma el modo en que las agrupaciones temáticas se amplían en el interior del texto, incorporándose a su vez la variedad genérica, lo que posibilita organizar un entramado dispuesto de manera que sea factible vislumbrar incluso los relatos potenciales que se ocultan detrás de cada uno de los expuestos, en tanto constituyen formas reconocibles dada su condición oral y su *modus operandi* intrínseco.

Cuarto Movimiento

Sin embargo, y a pesar de la misoginia, tanto los relatos, coplas, refranes, como los comentarios provenientes de diversas religiones, se encuentran signados por un elemento que, por su carácter imprevisible, logran surtir un efecto único, original: el humor. Quienes conocen el ensayo de Bergson, *La Risa*, saben que una de las definiciones acerca del significado de lo cómico son las "repeticiones" que se producen, generalmente, asociadas a situaciones de coincidencia: "Cuanto la escena repetida sea más compleja y se produzca más *naturalmente*, mayor será su carácter cómico" (Bergson 73, subrayado mío). De esta forma, si las culturas orales se caracterizan por los procedimientos mnemotécnicos utilizados con el fin de conservar su tradición, esto es: las fórmulas asimiladas durante siglos para transmitir el conocimiento de padres a hijos, sucesivamente, se valen de la repetición, ya que este recurso se constituyó en un componente unido al proceso cabal de lo que Ong denomina el "rito oral," cuando una persona caligráfica lee un texto narrado con los atributos propios de la tradición oral, resulta no sólo coherente sino previsible que se produzca un efecto risible. Se trata de dos registros diferentes que, de manera inesperada, quedan enfrentados. La colisión produce un sentido cómico, y resignifica los presupuestos inicialmente irritantes dado su carácter netamente misógino. Un caso visible al respecto es el cuento de los chamacocos (indígenas del Gran Chaco argentino-paraguayo), "La mujer que tuvo por amante a su caballo," donde el relato narrado con suma naturalidad y un lenguaje cotidiano, coloquial, provoca la risa del lector, quien a su vez es sorprendido por la naturaleza disparatada de la historia.

No obstante, lo inesperado sucede al quedar implicado otro efecto cómico, también descrito por Bergson. Según el filósofo francés, uno de los elementos característicos de lo risible es "el *género completamente particular del absurdo* que contiene lo cómico cuando en él concurre lo absurdo" (136, subrayado en el original). Pero encontramos el "absurdo" en circunstancias que se revelan en relación directa a otra particularidad de la oralidad: la descripción hiperbólica de la mujer, sea en sentido negativo (la mayoría de los textos transcriptos en *Cabras, mujeres y mulas*), sea en sentido positivo (casi inexistentes, con excepción sólo de aquellos que hacen referencia a la "mujer perfecta"). Entonces lo cómico se produce, en primera instancia, en el enfrentamiento entre dos culturas prácticamente opuestas, como lo son la oral y la caligráfica, aunque un lector contemporáneo se encuentre inserto dentro de lo que se define como la "era electrónica," con lo cual el efecto producido es aún mayor. Es que el absurdo, para este último, cifra en la distancia que lo abisma de una concepción, a su juicio, primitiva.

Y de este modo, el relato pecaría de ingenuo ante sus ojos, y esa forma de leer, esa cosmovisión dada a partir de una formación vinculada a la escritura resulta ineludible. Lo contrario nos remitiría a la vieja discusión en torno de cómo pensar al "Otro" y a la problemática acerca de las relaciones establecidas entre colonizador-colonizado dentro de una estructura de poder.

Por otra parte, las descripciones de personajes de dimensiones extraordinarias formaron parte de las estrategias propias de las culturas orales por la sencilla razón de que de esta manera resultan más fáciles de ser recordadas. Al respecto, Ong señala que la "memoria oral funciona eficazmente con los grandes personajes cuyas proezas sean gloriosas, memorables y, por lo común, públicas" (73). Así, la estructura intelectual de su naturaleza engendra figuras de proporciones hiperbólicas, es decir, figuras heroicas, por motivos condicionados por una realidad primordial: "para organizar la experiencia en una especie de forma memorable permanentemente. Las personalidades incoloras no pueden sobrevivir a la mne-motécnica oral" (Ong 73-74). De esta forma, se explica por qué la mayo-ría de los textos procedentes de las culturas orales hacen referencia a mujeres que, en el caso de no ser descriptas a partir de rasgos superlativos, sí lo son sus actos (engañar, mentir, ser haraganas, vengativas y traidoras, y no obedecer) o algunos atributos inherentes a su condición misma, como es el caso de la menstruación, la "lengua condenada" (que esto último forma parte de la naturaleza misma de la mujer ningún misógino lo pondrá jamás en duda, aún así se demuestre empíricamente lo contrario) o consti-tuir por su sola existencia el origen mismo del "Mal." Por lo tanto, esta descripción inevitablemente surte un efecto risible; es que su carácter con-tradictorio parece lindar, por momentos, con lo fantástico.

Ultimo Movimiento

Al principio del artículo observábamos el significado del gesto del compilador al llevar a cabo un corte y una selección, desde la cual plantear los lineamientos iniciales para lo que luego conformará una antología. El trabajo de Ana María Shua se manifiesta en los diversos movimientos que aparecen a lo largo de *Cabras, mujeres y mulas* (incluyendo para su análi-sis no solo la elección, sino la introducción, el trabajo de agrupación y reescritura), convirtiendo la clasificación en un tejido complejo a partir del cual fluyen diferentes fuerzas, muchas veces agónicas, otras, que encierran en su misma configuración el ademán laberíntico intrínseco a toda textualidad narrativa.

Por este motivo, al elaborar una recopilación de estas características, Shua reelabora como, a su vez, resignifica diversas relaciones subyacen-tes a una lectura primeriza y fugaz, que iluminan los caminos que condu-cen hacia nuevas referencialidades. El pasaje de uno a otro de los puntos señalados procura demostrar, asimismo, la constitución despojada de diversas cosmovisiones que todavía palpitan en los rincones del mundo. Y, ya distantes de los presupuestos iniciales, *Cabras, mujeres y mulas* resulta un texto donde confluyen y resuenan las músicas de un pasado al que ingresar resulta una experiencia sumamente placentera.

OBRAS CITADAS

Bergson, Henri. *La risa*. Trans. Amalia Haydée Raggio. Buenos Aires: Losada, 1989.

De Beauvoir, Simone. *El segundo sexo*. Trans. Pablo Palant. 2 vols. Buenos Aires: Siglo Veinte, 1970.

De Campos, Augusto, Décio Pignatari y Haroldo De Campos, eds. *Teoría da Poesía Concreta: Textos Críticos e Manifestos 1950-1960* Sao Paulo: Livraria Duas Cidades, 1975.

Hartsock, Nancy. "Foucault sobre el poder: ¿Una teoría para mujeres?" *Feminismo/Posmodernismo*. Ed. Linda J. Nicholson. Buenos Aires, Feminaria, 1992. 30-52.

Le Guin, Ursula. "La hija de la pescadora." *Escritoras y escritura*. Buenos Aires: Feminaria, 1992. 9-40.

Ong, Walter J. *Oralidad y Escritura. Tecnologías de la palabra*. 1982. Trans. Angélica Scherp. Buenos Aires: Fondo de Cultura Económica, 1977.

Shua, Ana María. *Cabras, mujeres y mulas: Antología del odio/miedo a la mujer en la literatura popular*. Buenos Aires: Sudamericana, 1999.

ENTREVISTA A ANA MARÍA SHUA BUENOS AIRES, MAYO 1996 Y SETIEMBRE 1998

ACTUALIZADA EN MARZO 2000

Rhonda Dahl Buchanan
University of Louisville

Rhonda Buchanan: *Tu primera incursión en el mundo literario fue* El sol y yo, *un libro de poemas publicado en 1967, cuando tenías solamente 16 años. ¿Podrías hablarme de tu iniciación literaria y contarme por qué no seguiste en el camino de la poesia?*

Ana María Shua: En mi país, durante los años 50, estaban todavía de moda las "declamadoras," que llenaban los teatros recitando poesías como lo había hecho en su momento Alfonsina Storni. Mi tía Musia, hermana de mi mamá, estudiaba declamación (además de abogacia) y yo era su público más fiel: desde que tenía tres años me acostumbré a escuchar las más sonoras poesías de la lengua castellana, recitadas con grandes ademanes. A los ocho años escribí, con inmenso éxito (escolar y familiar) mi primer poema, dedicado al "Día de la Madre." Y a los diez, gracias a mi maestra de sexto grado, que me estimulaba mucho, me convertí en la poetisa más famosa de mi escuela. Pero al año siguiente tuve una maestra que se interesaba más en las alumnas que sabían tocar la guitarra que en las poetisas. Como en esa época dependía mucho de los estímulos externos, dejé de escribir durante algunos años.

Tenía 13 años cuando decidí que quería estudiar teatro. Mi madre se preocupó: ¿qué clase de ambiente iba a encontrar una jovencita de buena familia entre la gente de teatro? Entonces consiguió una profesora particular que viniera a enseñarme a mi sola en mi propia casa. Aprendí muchísimos monólogos. Pero la excelente profesora, María Ester Fernández, rápidamente descubrió que mi vocación no era el teatro sino la literatura, y empezó a pedirme que le escribiera poemas como deber. Todos los sábados a la mañana la recibía con un poema y después de dos años tuve suficiente material como para empezar a pensar en un libro. Entonces María Ester me enseñó algo invalorable: cómo presentarme a concursos. Con *El sol y yo* (Buenos Aires: Ediciones Pro, 1967), gané a los 15 años mi primer premio literario: un préstamo del Fondo de las Artes para publicar el libro.

El premio exigía que se editaran mil ejemplares. La editorial tardó un año en publicar el libro y no lo quiso distribuir en librerías. Fue en ese momento cuando descubrí, para mi enorme asombro, que la poesía no se vende. Los mil libros, en dos enorme cajas, molestaban en mi casa y en mi conciencia. Traté de ofrecerlos librería por librería, pero nadie los quería aceptar. Para mí fue una sorpresa absoluta, un verdadero golpe.

Ahora me doy cuenta de que tuve mucha y muy buena prensa, inusual para un primer libro de poesía. En ese momento, todo me resultaba doloroso: los comentarios siempre empezaban destacando mi corta edad. Yo creía haber escrito un gran libro de poemas y en cambio me trataban como a una niña precoz. ¡Sólo quince años! Esa frase me causaba náuseas. Creo que fueron estas decepciones las que me alejaron en ese momento de la poesía. Pero nunca dejé del todo de escribir poemas. Simplemente, nunca más quise publicar. Creo que mi interés en la poesía se lee también en mis cuentos brevísimos.

RB: *Has trabajado tantos géneros literarios que pudiste escapar de las clasificaciones que suelen usar los críticos para categorizar a los escritores. Has escrito poesía, cuento, novela, literatura infantil y juvenil, guión cinematográfico, teatro, ensayo humorístico. ¿Qué determina la forma que va a tomar una obra tuya? ¿Hay algún género literario que prefieras sobre los otros?*

AMS: Soy una lectora omnívora y apasionada, y todo lo que está escrito me interesa. Quizás ése sea uno de los motivos por los que escribo géneros tan distintos. Pero no se trató de una decisión deliberada, sino de un camino que recorrí casi sin darme cuenta. Cuando recibí ese fuerte golpe de realidad y descubrí que casi nadie quería leer poesía, quise aprender a escribir cuentos. No se nota porque empecé tan joven, pero dominar la técnica del cuento me llevó muchos años. Empecé escribiendo una buena cantidad de prosas poéticas que nunca eran tan narrativas como yo lo hubiera deseado. Yo quería que mi primer cuento fuera extraordinario, una obra maestra de la literatura universal y esa aspiración pesaba tan gravemente sobre mí que nunca podía pasar del primer párrafo.

Tenía 19 años cuando tuve la oportunidad de escribir para una revista femenina que publicaba fotonovelas y cuentitos románticos. Me explicaron claramente lo que querían: cuentos de amor tradicionales, previsibles y melosos. Como esta vez no se trataba de Gran Literatura, me sentí más libre y produje rápidamente unos cuatro cuentos muy aceptables que la revista me publicó con el seudónimo de Diana de Montemayor. Ese ejercicio me sirvió más adelante cuando pude empezar a escribir cuentos más parecidos a los que yo soñaba.

Yo estudiaba la carrera de Letras y estaba muy preocupada por mi futuro económico. A los 20 años entré como redactora creativa en una agencia de publicidad. Durante quince años escribí avisos gráficos, frases de radio, guiones para comerciales, folletos y toda clase de propaganda para toda clase de productos. Ese ejercicio cotidiano me permitió una enorme versatilidad. Entretanto logré terminar mi primer libro de cuentos, *Los días de pesca* (Buenos Aires: Corregidor, 1981) y empecé la peregrinación por las editoriales con mi carpetita debajo del brazo. Descubrí que tampoco se vendían los cuentos. "Si fuera una novela..." decían los editores. Y yo me volvía triste con mi carpeta a casa.

Si quería publicar, no me quedaba más remedio que escribir una novela y me puse manos a la obra. Con gran esfuerzo conseguí terminar mi primera *nouvelle*: *Soy paciente* (Buenos Aires: Losada, 1980). Y la presenté a concursos: a muchos concursos. Cuando gané el primer premio en un concurso internacional de Editorial Losada, pude empezar a publicar narrativa.

Simultáneamente yo escribía un género al que quiero mucho y que quizás sea mi preferido: el cuento brevísimo. Había descubierto la revista mexicana *El Cuento*, de Edmundo Valadés, que hacía un valioso rescate del género. En cuanto escribí el primero, sentí que ése era mi terreno, mi hábitat natural, lo que más espontáneamente nacía en mi cabeza. Fue Valadés él que me publicó mis primerísimos microrrelatos.

Cuando salieron mis primeros libros, empezaron a llamarme de las revistas femeninas para pedirme columnas de opinión. Un día reuní todo el material de diez años de publicaciones de este tipo y apareció *El marido argentino promedio* (Buenos Aires: Sudamericana, 1991), un libro de ensayo humorístico que se había estado escribiendo solo, sin que yo me diera cuenta.

Los otros géneros aparecieron por pedidos específicos. Mi editorial decidió iniciar un departamento de literatura infantil y me pidieron cuentos. Me encantó la idea y descubrí una nueva posiblidad. Un director de cine quiso filmar mi segunda novela, *Los amores de Laurita* (Buenos Aires: Sudamericana, 1984), y me pidió que escribiera el guión con su colaboración. Así aprendí un nuevo oficio. Algo parecido sucedió con el teatro. Escribir para el espectáculo tiene algo de mágico, y poder colaborar con otras personas me resulta inmensamente grato porque mi trabajo de todos los días es muy solitario.

RB: *¿Podrías hablarme del oficio de escribir? ¿Cómo y cuándo trabajas? ¿Qué condiciones o ambiente necesitas para trabajar? ¿Trabajas en varios proyectos a la vez, por ejemplo, cuento y novela?*

AMS: Cuando era jovencita, no estaba segura de que existiera un oficio de escribir. Creía en la Inspiración, a la manera romántica. Creía que las Musas revoloteaban, aladas y caprichosas, junto a la cabeza del autor, cuando a ellas se les daba la gana. Con el tiempo y el esfuerzo, fui descubriendo que las dos cosas son ciertas: las Musas son caprichosas y el oficio de escribir existe. La Inspiración viene cuando se le da la gana, pero la única manera de aprovecharla es estar escribiendo en ese momento. Hoy escribo disciplinadamente toda la mañana y a la tarde generalmente contesto correspondencia. Escribo, o intento escribir, porque en este oficio no todo depende de la voluntad. Trabajo en mi oficina, un departamento que queda muy cerca de mi casa. Desde hace unos cinco años uso computadora. Me gusta el silencio y me molesta un poco la música. Pero mi aprendizaje en agencias de publicidad (donde también escribí muchos de mis primeros cuentos) me demostró que es perfectamente posible escribir aún en las peores condiciones.

La posibilidad de trabajar simultáneamente en distintos géneros me resulta muy útil. Cuando no puedo avanzar en un proyecto, me dedico a otro. En una misma mañana a veces escribo algo de una novela, un verso para chicos, un cuento brevísimo. Hay proyectos que se complementan maravillosamente entre sí. Por ejemplo, mientras sufría un poco escribiendo mi primera novela, me daba pequeñas alegrías con los cuentos brevísimos que podía empezar y terminar y pulir y ver brillar en el mismo día. En cambio, otros proyectos se excluyen, por ejemplo, trabajar en dos obras de ficción de largo aliento al mismo tiempo me resulta imposible. Nunca podría pensar simultáneamente un guión de cine y una novela.

RB: *Tu primera novela,* Soy paciente *ganó el Premio Losada en 1979 y fue publicada en 1980. Como fue escrita durante la dictadura, algunos críticos la consideran una metáfora de la represión. ¿Cómo respondes a esta interpretación?*

AMS: Para mí fue una sorpresa enorme descubrir que se incluía *Soy paciente* entre las novelas que tematizan la Dictadura. La escribí entre el 78 y el 79. Hacía poco que había vuelto de Francia, donde viví casi un año. Mi hermana había tenido que exiliarse en Estados Unidos. Mis dos primas maternas estaban viviendo en España porque sus respectivos novios (eran también dos hermanos) habían desaparecido.

Yo tenía mucho miedo. Sentía que frente a lo que hubiera debido escribir, toda literatura era trivial. La realidad era un agujero negro, innombrable y había que caminar con mucho cuidado por el borde. Nunca, ni remotamente, quise hacer con *Soy paciente* una metáfora de la dictadura. Si en ese momento hubiera pensado que podía entenderse así, no la habría escrito, o la habría quemado. Pero además, y para ser realmente sincera, no creo que la idea de una burocracia opresiva y absurda como la del hospital en la que se interna mi Paciente se pueda comparar con el terror que significó la Dictadura militar. A veces, leyendo alguna crítica, estoy a punto de convencerme. Y después, vuelvo a recordar: no, no era un sentimiento absurdo kafkiano lo que yo sentía en esa época, sino miedo a la muerte.

RB: *¿Por qué decidiste adoptar una voz masculina en* Soy paciente *y contar la historia en primera persona?*

AMS: Era un momento en que yo me planteaba, cada vez que empezaba con un tema nuevo, algún tipo de desafío técnico. Por ejemplo, contar en primera persona desde un hombre. Pero además las limitaciones que impone la primera persona (es imposible saber qué piensan o sienten los demás, no hay otra óptica que la del protagonista, sólo se puede ver lo que su campo visual admite) me daba un marco en el que trabajar frente a la inmensa, temible libertad de la novela, donde todo es posible.

RB: *Para ti, como escritora, ¿cómo fueron los años de la dictadura? ¿Sentiste miedo en relación con lo que escribías?*

AMS: Yo no tenía miedo, ningún miedo en relación con lo que escribía porque estaba segurísima de que mi literatura era totalmente inofensiva, trivial, y nada tenía que ver con lo que estaba pasando. Al mismo tiempo esa sensación desvalorizaba a mis propios ojos todo lo que hacía. No me merecía el don de poder escribir si no lo usaba para denunciar. En esos años, antes todavía que *Soy paciente*, terminé *Los días de pesca*, mi primer libro de cuentos. El editor lo leyó y me lo devolvió diciéndome que lo revisara y le sacara todo lo que yo creyera peligroso, por ejemplo, las malas palabras. Sorprendida, volví a releer el libro, que consideraba perfectamente inocuo, y descubrí que en un cuento se decía "hijo de puta," expresión que cambié por "Desgraciado." Otro de los cuentos era "Las putas de Paris" y le cambié el título por "Mujeres de Paris." No sufrí como escritora los años de la Dictadura, sino como persona: los sufrí por la muerte de tanta gente cercana que conocía, tantas personas que todavía, a veces, vuelven en mis sueños. Y sufrí por la diáspora de mi grupo familiar. Mis abuelos maternos tuvieron dos hijas, cada una de las cuales tuvo a su vez dos hijas: de las cuatro primas, soy la única que vive hoy en la Argentina. En esos años la hermana de mi mamá enfermó de cáncer y se fue a vivir a los Estados Unidos para que sus hijas, que no podían entrar al país, pudieran ir a verla.

RB: *¿Cuándo comenzaste a escribir los cuentos para el libro* Los días de pesca? *¿Hay un hilo temático o elementos estilísticos que le den unidad al libro?*

AMS: Aunque se publicó después de *Soy paciente*, éste fue en realidad mi primer libro de narrativa. Creo que el primer cuento lo escribí a los 18 años y el último a los 28. No hay ni un hilo temático ni elementos estilísticos que le den unidad al libro. En cada uno de los cuentos puedo reconstruir cuál fue la dificultad técnica que me propuse superar. Muchos nacieron como ejercicios que me autoadministraba para endurecer ciertos músculos literarios. En todos los casos me llegaba primero la forma, el tono y recién entonces, en relación con esa forma predeterminada, podía pensar en el tema. Creo que, como bien lo anota Marcelo Pichón Riviere en la contratapa, el único elemento que le da unidad al libro es el humor, que en realidad, tampoco aparece en todos los cuentos.

RB: *En 1984, cuando se publicó tu novela* Los amores de Laurita, *muchos críticos te encasillaron en la literatura erótica. ¿Estás de acuerdo en que* Laurita *es una novela erótica?*

AMS: No, *Laurita* no es una novela erótica. No la aceptarían en ninguna colección de literatura erótica. Sólo los dos últimos capítulos lo son. Pero claro, como el libro se cierra con esa descarga de alto voltaje, el lector se queda con la sensación de haber leído un libro de fuerte contenido sexual.

RB: *¿Se puede decir que* Los amores de Laurita *es una novela de iniciación o aprendizaje, una especie de Bildungsroman? ¿Qué aprende la protagonista de todos los amores que ha sufrido y gozado a través de los años?*

AMS: Supongo que sí, no estoy muy segura de lo que quiere decir eso, pero yo diría que *Laurita* trata, más o menos, de la educación sentimental de una joven argentina en los "swinging sixties." Como el personaje de Flaubert, la pobre Laurita no aprende nada, o, en todo caso, cuando lo aprende ya es tarde. Dice Kundera que la vida siempre es un borrador, y dice bien. No hay tiempo ni modo de pasarla en limpio. Curiosamente, mientras en la Argentina todos los comentarios se centraron en la cuestión del mundo femenino, y se lo consideró un libro realista (fue, incluso, muy cuestionado por agrupaciones feministas a causa del papel pasivo de la protagonista), en Alemania el libro fue interpretado como una visión satírica de la sociedad machista.

RB: *La visión que presentas de la mujer embarazada es muy original. ¿Cómo fue recibida la novela?*

AMS: En su momento generó cierta polémica. Mientras algunos comentarios elogiaron la calidad de la narración, muchos me acusaron de haber escrito deliberadamente un *best-seller* barato, usando el viejo truco publicitario del sexo para vender más. Y sin embargo, encontrar editorial para la novela me costó mucho. Yo había publicado *Soy paciente* con el primer premio de Losada y daba por descontado que iban a publicarme también *Los amores de Laurita*. Pero la asesora literaria de Losada se escandalizó cuando leyó la novela. El último capítulo, seguramente el más provocador, es un monólogo interior de una mujer embarazada de nueve meses que se masturba con el chorro del bidet. Entregué la novela un lunes y el martes la lectora de Losada me llamó cuatro veces hasta que me encontró. Me dijo que no publicara esa novela, que la hiciera desaparecer (me propuso quemarla) para que nunca cayera en manos de mis hijas. Mi marido no podría volver a levantar la cabeza y mi madre se sentiría avergonzada. La única intención de esa novela, según ella, era provocar escándalo, y sin duda sería un fracaso, apenas un escandalete del ambiente literario, ya que no tenía el menor valor artístico. Por suerte no le hice caso, y en cuanto me recuperé del chubasco, salí con mi carpeta bajo el brazo a buscar otra editorial.

RB: *¿Cómo concebiste la estructura de la novela, la idea de alternar entre Laurita y la Señora Laura?*

AMS: Para explicar cómo llegó esa idea (fue sobre el final del trabajo) tengo que empezar por confesar que me siento mucho más segura como cuentista que como novelista. Tratando de no perderme en el laberinto de la novela, decidí trabajar cada uno de los capítulos de *Laurita* como si fuera un cuento independiente, con la misma protagonista. Es un procedimiento similar al de la novela picaresca, con la que mi libro tiene estrecho parentesco. Pero cuando tuve todas las historias, sentí que faltaba un nexo que las organizara, que les diera mayor unidad. Intenté primero escribir una suerte de epílogo para cada historia de amor (o para cada historia de relación con un hombre, ya que de amor, en este libro, se trata muy poco) que diera a su vez entrada a la siguiente. En ese estado, y no muy convencida, le di a leer el original a otro escritor argentino, un amigo al que admiro por la excelencia de su ficción: Rodolfo Fogwill. Fue él quien me sugirió la idea de alternar entre estas dos épocas de la vida de Laura. Me interesó en el acto ese camino porque me permitía, además, introducir el último capítulo, diferente de los demás por estar escrito en primera persona.

RB: *Has escrito cuentos de todas clases, cuentos para adultos y para chicos y también cuentos brevísimos. ¿Qué distingue el cuento brevísimo como género? ¿Podrías definirlo? Según un artículo de Edmundo Valadés, el cuento brevísimo tiene orígenes orientales. ¿Hay alguna relación con la tradición oral judía?*

AMS: El cuento brevísimo es mi gran amor, una pasión que creo correspondida. Es un género maldito, porque se lo considera poco comercial. En esta época el mercado de lectores está volcado casi exclusivamente hacia la novela, el cuento mismo ha sido dejado de lado y el cuento brevísimo es casi tan maltratado como la poesía. No quiero intentar una definición teórica del género: se han gastado ríos de tinta intentando definiciones teóricas del cuento y en lo único en que todas las teorías coinciden es en la brevedad. Me remito entonces a lo más obvio: es un cuento brevísimo aquel que no tiene más de dos cuartillas. Limita por un lado con la poesía y por otro con el chiste, por eso el trabajo con el humor debe ser muy delicado. Está emparentado con la literatura oral, por supuesto, simplemente por los límites que impone la memoria, la literatura oral es el hábitat natural del cuento brevísimo, toda la literatura oral, no en particular la oriental o la judía.

RB: *¿Cómo concebiste los textos breves de* La sueñera *(Buenos Aires: Minotauro, 1984)? ¿Cuáles consideras que son tus influencias en este campo?*

AMS: Durante varios años, en el esfuerzo por pasar de la poesía a la narración, produje una cantidad de textos breves que no llegaban a ser cuentos: eran prosas poéticas. Si hubieran sido deliberadas, habría podido apreciar la buena calidad de su escritura, pero para mí eran solamente cuentos fracasados, y esos textos los odiaba por breves y por poéticos. Cuando finalmente pude terminar mi primer libro de cuentos y me sentí encaminada en mi primera novela, entonces sentí que había llegado el momento de desarrollar esa otra posibilidad, que ahora ya no era la única y por eso me la podía permitir. Para esa época un compañero de trabajo (otro escritor, como tantos que conocí, encadenado a los remos en una agencia de publicidad) me prestó su colección de *El Cuento*, la revista mexicana de Valadés. Allí encontré un espacio dedicado al cuento brevísimo de muchos autores que no conocía, y de pronto me encontré escribiendo yo misma un par de cuentos brevísimos para mandar a la revista. Así empezó *La sueñera*: escribí aproximadamente la mitad del libro al mismo tiempo que la novela *Soy paciente*. En cuanto a las influencias, destacó en primer lugar la importancia que el género tiene en la literatura argentina (es curioso, pero la mayoría de la gente lo olvida o lo ignora). Todos nuestros maestros han incursionado con felicidad en el género: Borges, Bioy Cásares, Cortázar, Denevi escribieron brevísimos. Y he leído con pasión brevísimos de autores tan dispares como Frederic Brown, con sus super-short-stories, y Henri Michaux, cuya obra conjuga como ninguna el género narrativo con el poético.

RB: *¿Qué significa el título La sueñera?*

AMS: Lo tomé del más famoso (al menos por aquí) de los poemas de Borges: "La fundación mitológica de Buenos Aires." El poema se pregunta literalmente: "¿Y fue por este río de sueñera y de barro/que las proas vinieron a fundarme la patria?" En un diccionario de argentinismos encontré el significado de "sueñera," que no todos los argentinos conocen. Tener "sueñera" es tener sueño, ganas de dormir. Lo curioso es que muchos (sobre todo en el extranjero) le dan a la palabra el significado incorrecto de "soñadora," o "mujer que sueña."

RB: *En 1992 aparece tu segunda colección de cuentos brevísimos,* Casa de geishas *(Buenos Aires: Sudamericana). ¿Cómo se relaciona este libro con el anterior?*

AMS: Creo que la mejor respuesta es la que escribí como brevísimo prólogo para estos brevísimos cuentos:

En 1984 publiqué *La sueñera*, mi primer libro de cuentos brevísimos. Ese libro tuvo pocos lectores pero muy calificados, y recibió de ellos halagos y alabanzas. El entusiasmo de esos lectores fue lo que me decidió a volver a intentar el género. No sin cierto temor a decepcionarlos (también en literatura lo que se gana en experiencia se pierde en espontaneidad), me decidí a escribir *Casa de geishas*, que doy a conocer con la siguiente salvedad:

Segundas partes nunca fueron buenas. Se abalanzaban cruelmente sobre las primeras, desgarrándolas en jirones, hasta obligarme a publicarlas también a ellas. (7)

RB: *En* Casa de geishas *se advierte una constante reflexión sobre el acto creador o el proceso de creación. Estas preocupaciones surgen también en tu novela* El libro de los recuerdos *(Buenos Aires: Sudamericana, 1994). ¿Podrías hacer algún comentario sobre los elementos de la metaficción en tu obra?*

AMS: El problema de cómo contar, que es también el problema del qué contar (y no se trata del tema: hay una forma de la forma y una forma del contenido, como bien lo señalaba el lingüista Hjelmslev) está presente siempre, de manera más o menos explícita, en toda obra literaria. En *La sueñera* también aparecen muchos textos relacionados más o menos secretamente con el tema, y en *Soy paciente*, donde el personaje se relata a sí mismo la novela, como si fuera muy natural (y no lo es), sin necesidad de grandes justificaciones. Todos los escritores estamos reflexionando constantemente acerca de nuestro trabajo, y esa reflexión circula a través de nuestros textos como las vetas en el mármol.

RB: *¿Se nota la presencia de la metaficción en tu tercera colección de cuentos brevísimos,* Botánica del caos *(Buenos Aires: Sudamericana, 2000)? ¿Cuáles son los elementos unificadores entre estos microrrelatos?*

AMS: El cuento brevísimo, por sus características como género, tiene ciertos tópicos. Uno de ellos es, por ejemplo, la recreación de cuentos populares, temas mitológicos o en general, de los lugares comunes de la cultura occidental. Al referirse a una historia que el lector ya conoce, no es necesario explicar quiénes son los personajes o cuál es el conflicto: eso es ideal para las exigencias de brevedad del género. Algo así pasa con la metaliteratura, que es otro tópico de las minificciones. La voltereta del lenguaje que permite salirse del argumento, (como un personaje de historieta que se trepa por el cuadro que lo contiene o que pincha con una aguja el globo en el que están escritas las palabras), permite resolver una situación en forma insólita y con máxima brevedad.

En cuanto a relación entre las minificciones de *Botánica del caos*, desde el punto de vista temático no hay ninguna. Como siempre, todas las clasificaciones son posibles y todas son arbitrarias. De hecho, los textos están agrupados en doce secciones en las que sí hay unidad temática. Creo que el conjunto apunta a configurar una imagen de este mundo extraño en el que vivimos, fragmentario, veloz, cambiante, inesperado. Un intento más de extraer un modesto cosmos personal del caos de la experiencia.

RB: *En 1988 se publicó tu segundo libro de cuentos,* Viajando se conoce gente *(Buenos Aires: Sudamericana), que está organizado en cuatro secciones: 4 de mujeres, 4 de hombres y 4 altamente improbables. ¿Qué sentido tiene esta organización?*

316

AMS: Cuando publiqué *Los días de pesca* tuve muchas críticas elogiosas que, sin embargo, aludían de diverso modo a la falta de articulación del libro. En realidad es raro que un libro de cuentos tenga una gran unidad. Lo más habitual es que se trata de un conjunto de textos que el autor eligió entre otros porque los considera de buena calidad literaria. Pero la crítica (me refiero a las reseñas en los medios periodísticos) se desconcierta: este libro, ¿de qué trata? Una crítica de *Los días de pesca* particularmente halagadora, publicada en un diario importante fue titulada así: "Temas y estilos diversos." Cuando organicé mi segundo libro de cuentos, decidí que no volvería a caer en la misma trampa. Y le di al libro una estructura en base a una clasificación absolutamente arbitraria, reuniendo los cuentos de acuerdo al sexo de su protagonista en algunos casos, o a su grado de incursión en lo fantástico (los "altamente improbables") en otros. Mi ardid dio resultado, todos los comentarios empezaron refiriéndose a esa clasificación y el libro produjo la impresión de tener una fuerte estructura interna.

RB: *En varios de los cuentos de esta colección incursionas en la ciencia ficción, especialmente en la última sección. Cuando apareció este libro, tu nombre empezó a asociarse con el de Angélica Gorodischer, la principal autora de ciencia ficción en la Argentina. ¿Cómo empezaste a interesarte en la ciencia ficción?*

AMS: Hubo dos momentos claves en mi relación con la ciencia ficción. Como lectora, empecé a fascinarme con el género a partir de la publicación en la Argentina de la revista *Minotauro*, que publicaba una excelente selección de la *Magazine of Fantasy and Science Fiction*. Eso sucedió en los años 60, cuando yo era adolescente. En ese momento actuaban al mismo tiempo influencias de distinto signo ideológico, pero relacionadas entre sí: la fama de Bradbury, por ejemplo, y el libro *El retorno de los brujos* de Powells y Bergier. Hay que recordar que nuestra mejor literatura tiene algo de ciencia ficción desde siempre. Hay varios cuentos de Borges que podrían entrar en cualquier antología del género. Están "Las fuerzas extrañas" de Lugones, el tema de la rosa de cobre en Arlt, y cuentos y novelas de Bioy Cásares. Descubrí a la ciencia ficción como una especie de continuación de ciertas características que me interesaban en la literatura argentina.

Por otra parte, en los años 80 hubo aquí un escritor, traductor y editor, Marcial Souto, que se dedicó durante varios años, con increíble fervor, a la difusión de la ciencia ficción en Argentina. Dirigió varias revistas (*El Péndulo* y otra vez *Minotauro*), creó y dirigió una colección de ciencia ficción argentina llamada también *Minotauro*. Souto leyó mi primer libro de cuentos y me vino a buscar para proponerme que escribiera cuentos de ciencia ficción para sus revistas. El fue el editor de *La sueñera*, que después de haber sido rechazado por varias editoriales que lo consideraron poesía, encontró su lugar en una colección de ciencia ficción.

RB: *¿A partir de qué año comenzaste a escribir cuento infantil?*

AMS: Empecé con el cuento infantil en 1988, por un pedido expreso de Canela, la directora de la recién inaugurada (en ese momento) sección infantil y juvenil de la Editorial Sudamericana.

RB: *¿Qué diferencia hay entre escribir un cuento para adultos y un cuento infantil?*

AMS: Un cuento infantil es un cuento como cualquier otro, que tiene que gustarle *también* a los chicos. Si el cuento no interesa a los adultos, tampoco le interesará a los chicos. Exige algunas limitaciones: es preferible que la mayor parte del vocabulario sea simple y coloquial y las estructuras sintácticas sean poco complejas. La experimentación verbal queda excluída. El cuento infantil sufre un constante acoso de parte de las buenas intenciones: le resulta muy difícil escapar a la función didáctica que muchos esperan del género.

RB: *Algunos de tus libros para niños y jóvenes incorporan la reelaboración de temas populares (cuentos, mitos, leyendas, personajes). Eso sucede en* Fábrica del terror *(Buenos Aires: Sudamericana, 1990),* Cuentos judíos con fantasmas y demonios *(Buenos Aires: Grupo Editorial Shalom, 1994) y* El tigre gente *(Buenos Aires: Sudamericana, 1995). ¿Por qué tanto interés en el cuento popular?*

AMS: Simplemente porque los cuentos populares son los mejores cuentos del mundo. Tienen un excepcional grado de perfección que les ha permitido sobrevivir a través de muchos siglos y muchas culturas. Y contienen en sí la esencia misma de lo narrativo, un núcleo esencial que puede resistir mil versiones sin modificarse y sin perder su atractivo. Durante años estuve convencida, como cualquier escritor de mi generación, que lo más importante de un cuento era la forma en que se lo contaba. Y sin embargo, frente al cuento popular, tuve que admitir que había algo más, algo que todavía no soy capaz de definir teóricamente, pero que allí está, inmutable, en el cuento popular, que se puede contar de mil maneras y, sin embargo, subsiste, atrapa, sugiere, interesa. En los libros que mencionas trabajé de dos maneras: en algunos casos, me limité a escribir mi propia versión de un cuento popular. En otros, tomé los elementos de una leyenda o un tema popular y los usé para construir mi propia historia, un cuento de autor.

RB: *Has escrito varios libros en que lo judío tiene un papel protagónico, tales como* Risas y emociones de la cocina judía *(Buenos Aires: Grupo Editorial Shalom, 1993),* Cuentos judíos con fantasmas y demonios, *y* El pueblo de los tontos *(Buenos Aires: Alfaguara, 1995). En realidad, la identidad judía está presente en buena parte de tu obra, también en tus novelas* Los amores de Laurita *y* El libro de los recuerdos. *¿Qué importancia tiene en tu obra tu origen judío?*

AMS: Yo escribo con todo lo que tengo y con todo lo que soy: con mi sexo (odio la palabra género, y más en español porque se confunde con género literario), con mi argentinidad, con mi judaísmo, con mi historia, mis recuerdos, mis lecturas. No tuve ningún tipo de formación judía: mi padre era un ateo militante y tenía miedo que cualquier tipo de acercamiento a lo judío se convirtiera en una excusa para atraer a los jóvenes a la religión. Pero para ser judío no hace falta estudiar, ni creer ni saber nada en particular: es algo que no se elige. Después de muchos años, tuve curiosidad por saber algo más de eso que de todas maneras soy, y empecé a leer sobre el tema. El tema judío no es una constante en mi obra, pero aparece con fuerza en aquellos libros que tienen elementos autobiográficos (*Laurita* y *Recuerdos*) y en otros que escribí por encargo (pero también por placer) para una editorial judía: *Risas y emociones de la cocina judía* y *Cuentos de judíos con fantasmas y demonios*.

RB: *¿Te identificas con otras escritoras judías argentinas?*

AMS: Sí, sobre todo con Alicia Steimberg, no tanto por judía sino porque compartimos un sentido del humor muy parecido y la misma percepción del absurdo de todas las cosas de este mundo. Muchos suponen que el humor autorreferencial es una característica típicamente judía. En el caso argentino, todo se vuelve confuso, porque ese sentido del humor es también una característica típicamente argentina. Por distintas razones que tienen que ver con la tradición literaria argentina me siento identificada, por ejemplo, con Liliana Heker, que es judía pero en nada lo demuestra a través de su obra.

RB: *Si tuviera que identificar un elemento constante en tu obra, diría que es el humor. Has publicado varios libros de humor que fueron best-sellers en la Argentina, sobre todo* El marido argentino promedio. *¿Estás de acuerdo en que tu humor se basa en la observación de costumbres de la vida cotidiana?*

AMS: Creo que sí. ¿Pero es que hay otra posibilidad? No estoy segura. *Risas y emociones de la cocina judía* también se basa en la observación de las costumbres de la colectividad judía argentina. Estoy releyendo ahora las pruebas de *Soy paciente* para una nueva edición y encuentro que tiene mucho humor negro. Pensándolo mejor, si hay otras posibilidades, y las he explorado casi todas, sin pensarlo ni poco ni mucho porque el humor es algo constitutivo en mí, es parte de la mirada que echo sobre el mundo. Mis cuentos brevísimos, por ejemplo, también son humorísticos en su mayor parte y no tienen que ver con costumbres sino con ciertas volteretas del lenguaje, cierto juego con lo inesperado. Es que además de ser trágica, la condición humana también es muy cómica. El universo es un lugar francamente ridículo.

RB: *Tu tercera novela,* El libro de los recuerdos *es una reconstrucción de la historia de una familia judía de inmigrantes polacos. ¿Cuál fue la semilla a partir de la cual creció la novela?*

AMS: Por un tiempo creí que sería capaz de escribir la crónica de mi familia paterna, los Schoua (ése es mi verdadero apellido). Mi abuelo Musa vino de Beirut (Líbano), empezó casi de la nada y llegó a obtener una gran fortuna. Se casó con mi abuela Ana (descendiente de judíos marroquíes) y tuvieron diez hijos que fracasaron en los negocios y perdieron todo lo que su padre había conseguido. Era una historia muy interesante, pero cuando empecé, con el grabador en la mano, a entrevistar a mis tíos, me di cuenta que para contar la historia "verdadera" hay que tomar partido. Por primera vez entendí por qué los historiadores no pueden ser objetivos y suelen estar embanderados en una u otra corriente política, lo que hasta ese momento me parecía una falta de ética intelectual. Mis parientes no estaban de acuerdo en uno sólo de los hechos acontecidos en la familia. No sólo diferían las interpretaciones, sino el relato de los hechos mismos, la cronología, las consecuencias, los personajes que intervenían. Entonces fue cuando me di cuenta que prefería contar una historia de ficción y también encontré el tono que tendría la novela: una yustaposición de versiones contradictorias, todas igualmente sinceras, todas igualmente creíbles. Y unos pocos entrecruzamientos, intersecciones entre recuerdos difusos y diversos que permitirían ir construyendo la historia. Una vez que me decidí por la ficción, elegí de la realidad lo que me convenía usar para armar mi historia: usé, por ejemplo, la casa de mis abuelos paternos, pero saqué de allí a la familia árabe y puse a una familia de judíos polacos. Por pura comodidad, me quedé con sólo cuatro hijos. Y usé muchas historias reales, tomadas de mi propia familia y también de muchas otras, para construir esta historia inventada. Una vez una tía me preguntó: "Ani, ¿por qué no contaste la verdadera historia de nuestra familia?" "Tía querida," le dije yo, "si hubiera contado tu verdadera historia, ¿estarías hoy conversando tan amablemente conmigo?" Mi tía sonrió y comprendió.

RB: *¿Qué problemas particulares tuviste al tratar de reconstruir la saga de tres generaciones de una familia?*

AMS: Tuve los mismos problemas que tiene cualquier novelista. Con el agravante de que elegí un método muy complicado para escribir esta novela. No intenté seguir la historia cronológicamente, sino que escribí capítulos sueltos que sucedían en distintos momentos de la historia familiar y del país. Como quien arma un rompecabezas, tuve que llenar después las formas vacías que esas piezas me habían delimitado. Fue muy difícil porque en muchos casos había empezado por contar las consecuencias y recién después tenía que inventar causas que las justificaran. Cuando uno escribe una novela, tiene que tener todo al mismo tiempo constantemente en la cabeza, se vive con un pie en este mundo y otro en el mundo de la ficción. Uno habla sólo por la calle y molesta a los amigos y familiares con inesperados comentarios acerca de sus personajes. En mi cabeza resonaban constantemente las voces de las tres generaciones que cuentan, cada una a su manera, la historia familiar.

RB: *¿Quiénes son las voces que narran la historia?*

AMS: No lo sé. Lo único que puedo decir es que son voces de la tercera generación, los que hablan son los nietos de aquella pareja de inmigrantes polacos que llega a la Argentina en los años 20. Como sus padres, (como todos los seres humanos), cada una de estas voces (ni siquiera sé si se repiten, porque no tienen una personalidad definida) cuenta su propia versión de la historia familiar, desautoriza las demás, y está convencida de estar en posesión de la verdad.

RB: *La memoria es un elemento fundamental en esta novela? ¿Qué es la memoria para ti y cuál es su función en la novela?*

AMS: No me gustan mucho las definiciones. Llamo memoria a lo que la mayor parte de la gente llama memoria. La palabra se ha cargado de una connotación moral entre los judíos, a causa del Holocausto, y entre los argentinos, a causa de la Dictadura. Recordar, No Olvidar, son mandatos éticos. Pero como autora de ficción, lo que me fascina de la memoria es su arbitrariedad, el hecho de que cada uno de nosotros guarda en su mente fragmentos que todos los demás han olvidado, huellas de acontecimientos que sólo para uno dejaron huella. Se recuerda un olor, un color, una imagen arbitraria y absurda, una palabra, una voz. Y no sólo es arbitraria la memoria: también es mentirosa, deformante. La memoria propia es tan poco confiable como la ajena. La memoria es una pobre loca y, sin embargo, sólo podemos contar con su delirio para reconstruir nuestra historia. ¿Ves? ¡Finalmente conseguiste una definición! La memoria es enormemente parecida a la reconstrucción que opera en la ficción. Y ésa es su función en la novela: delirar, contradecirse, y contar la única historia posible.

RB: *¿Tienes alguna opinión acerca de la gran cantidad de libros que han salido en los últimos años que giran en torno a la memoria, la historia (tanto familiar como nacional) y la ficción?*

AMS: ¿Qué es la literatura sino memoria? Me cuesta concebir una novela que no gire en torno al tema de la memoria de una manera o de otra. La novela familiar, además es casi un género literario, que en todos los casos incluye una fusión entre lo particular y lo nacional. ¿Qué otra cosa es, por ejemplo, *Cien años de soledad*? Yo no percibo que haya en este momento más libros relacionados con estos temas que de costumbre. En todo caso hay una revalorización crítica del género que provoca nuevas miradas sobre una antiquísima tradición literaria universal.

RB: *Cuando viniste a los Estados Unidos en 1995, hablaste en la Universidad de Louisville sobre la situación de las escritoras argentinas en el mundo literario. ¿Crees que las mujeres tienen las mismas oportunidades que los hombre para publicar sus obras con tal de que sean de buena calidad?*

AMS: No hay una respuesta única: depende del momento y del lugar. Hoy en los Estados Unidos, por ejemplo, hay una corriente que privilegia la literatura escrita por mujeres, como si fuera necesario compensarla de muchos años de indiferencia. Si sumamos esa orientación crítica al hecho de que los últimos *best-sellers* lationamericanos son de autoras mujeres, creo que hoy a una escritora lationamericana le resulta más fácil publicar en los Estados Unidos que a un hombre. En la Argentina todavía, en la mayoría de las editoriales, los lectores son hombres y prefieren publicar a otros hombres. No lo hacen como resultado de una postura machista, ni están en modo alguno en contra de las escritoras mujeres. Simplemente, sus redes de amistad son masculinas y a igualdad de méritos, se prefiere a un amigo. En la medida en que haya más mujeres en puestos de decisión en las editoriales, más escritoras podrán publicar sus obras. También en el ambiente literario, como en otros campos profesionales, las mujeres tenemos un "techo de cristal." Para una mujer es mucho más fácil acceder a la venta que al prestigio. Parece haber un límite al reconocimiento de la calidad de la obra de un escritor que las mujeres todavía no han logrado traspasar. Silvina Ocampo, por ejemplo, no ocupa el lugar que merece en el panteón de nuestros próceres literarios. Novelistas de alta calidad, como Libertad Demitrópulos, son injustamente ignoradas.

RB: *Tu cuarta novela* La muerte como efecto secundario *(Buenos Aires: Sudamericana, 1997) cuenta una historia de amor, de locura y de muerte, para usar las palabras de Horacio Quiroga. ¿Podrías hablarme de los orígenes de esta novela?*

AMS: Como siempre, la literatura viene de la literatura. Y también de la vida. Podría hablarte de *El país de las últimas cosas* de Paul Auster. De la muerte de mi abuelo en un geriátrico de lujo. De la tristeza de amar a un país que pierde poco a poco su dignidad y sus esperanzas. De mi interés de entomóloga por las relaciones familiares.

RB: *La acción ocurre en un "Buenos Aires futuro, cercano y peligrosamente real." ¿Por qué decidiste situar esta historia en el futuro, y en qué se parece este Buenos Aires del futuro al Buenos Aires actual?*

AMS: Fue una necesidad del texto. Todo está centrado en la relación del protagonista con un padre tiránico y terrible. Yo quería que ese hombre estuviera dispuesto a enfrentar al mundo entero con tal de rescatar a su padre. Para eso, me convenía que los geriátricos fueran obligatorios. Para eso, necesitaba que la acción pasara en el futuro. Para eso, debía llevar hasta las últimas consecuencias las tendencias que se están viendo en este momento en la sociedad argentina. Así, aunque sucede en el futuro, no es una novela de ciencia ficción sino de anticipación, una utopía negativa, como la de Orwell, sólo que aquí el horror no brota de un estatismo absoluto, sino todo lo contrario, de un estado de cuasi-anarquía.

RB: *Veo una relación entre esta novela y tu anterior,* El libro de los recuerdos *en que aparece otra vez una figura autoritaria que hace imposible la vida a sus hijos y su esposa. ¿De dónde viene este personaje tiránico que aparece con tanta frecuencia en tus obras?*

AMS: En efecto, es un personaje que reaparece una y otra vez en mi literatura, de diversos modos. Si lo buscas bien, lo vas a encontrar en todas partes. Tiene un pequeño papel secundario en *Los amores de Laurita*, aparece en uno de los cuentos de *Viajando se conoce gente*, y por supuesto está también en *El libro de los recuerdos*. ¿Quién será? No sé, pero decidí que era hora de convertirlo en protagonista, dedicarle una novela entera y sacármelo de encima.

RB: *Tu novela* La muerte como efecto secundario *ganó el Premio del Club de los XIII para la mejor novela del año (1997). ¿Qué es este premio y quiénes forman parte del jurado?*

AMS: Es el Premio Sigfrido Radaelli, que otorga todos los años el Club de los XIII a la mejor obra narrativa del año anterior. Es un premio muy modesto, apenas una cena y un cuadro donado por su autor, como corresponde a quiénes lo otorgan: trece escritores y críticos argentinos. Precisamente ese es su encanto: es un reconocimiento de los colegas. Algunos de los integrantes de ese jurado de lujo son Vlady Kociancich, María Ester de Miguel, Fernando Sánchez Sorondo, Antonio Requeni, Eduardo Gudiño Kieffer, Victoria Pueyrredón, Jorge Cruz y Alina Diaconú.

RB: *Publicaste tu primer libro,* El sol y yo *en 1967, cuando tenías solamente 16 años. Con la publicación de un libro de versos,* Las cosas que odio y otras exageraciones *(Buenos Aires: Alfaguara, 1998), me parece que has vuelto a tus orígenes literarios. ¿Cómo ha evolucionado tu obra desde la publicación de tu primer libro de poemas?*

AMS: Ojalá lo supiera. Quizás no evolucionó en absoluto. Los escritores deseamos siempre que nuestro mejor libro sea el próximo. Sin embargo, es posible observar puntos culminantes y curvas descendentes en la mayoría de los grandes autores, y lo que es peor, incluso en los autores mediocres. Dejo la cuestión a los críticos.

RB: *En los últimos años, has publicado varias antologías:* Sabiduría popular judía *(Buenos Aires: Ameghino, 1997),* Como agua del manatial: Antología de la copla popular *(Buenos Aires: Ameghino, 1998),* Cabras, mujeres y mulas: Antología del odio/miedo a la mujer en la literatura popular *(Buenos Aires: Sudamericana, 1998) y el libro que publicaste con Alicia Steimberg,* Antología del amor apasionado *(Buenos Aires: Sudamericana, 1999). ¿A qué se debe tu interés en recopilar y antologar las historias o versos que han perdurado durante años en la tradición oral? ¿Te preocupa la posibilidad de que desaparezcan eventualmente estas historias?*

AMS: Debo aclarar que no estoy haciendo un trabajo de rescate de la tradición oral. No soy folklorista y no trabajo en relación directa con las versiones orales. Los textos me llegan ya publicados. Simplemente, soy una apasionada lectora de cuento popular y como nos pasa a los adictos, deseo compartir la substancia que me provoca tanto placer. Esos cuentos han atravesado las barreras del tiempo y la distancia porque tienen un núcleo narrativo muy fuerte, y la capacidad de tocar el corazón de los hombres, evocando la emoción a través de la palabra. Pero a veces se los encuentra en versiones malas, deterioradas o tan cercanas a la oralidad que sólo pueden interesar a especialistas. Me gusta "curar" a esas historias que encuentro arrugadas, rengas, o deformadas y devolverles su atractivo para que vayan otra vez por el mundo seduciendo a los lectores.

RB: *Y en el campo de la literatura infantil y juvenil has publicado recientemente adaptaciones de cuentos populares en tus libros* La fabrica del terror II *(Buenos Aires: Sudamericana, 1998),* Cuentos con magia *y* Cuentos con magia II *(Buenos Aires: Ameghino, 1999) y* El valiente y la bella: Cuentos de amor y aventura *(Buenos Aires: Alfaguara, 1999). ¿Cómo se relacionan tus "versiones" con las historias originales? ¿Son versiones paródicas de las historias originales?*

AMS: No, no son paródicas en absoluto. Tampoco intento dotarlas de valores que no se consideraban tales en la época o la cultura en que fueron pergeñadas. En cambio me gusta tomar historias maravillosas y acercarlas todo lo posible a lo cotidiano. Hago una pequeña investigación para poder contar un cuento de hadas de la forma más verosímil posible, incluyendo detalles acerca de lo que comían las princesas o la ropa que usaban los valientes caballeros.

RB: *Para concluir, ¿podrías contarme algo de los proyectos en los que estás trabajando ahora?*

AMS: Estoy trabajando en este momento en un nuevo libro de cuentos. Además de los cuentos nuevos, me gustaría poder presentar algunos cuentos que han circulado como literatura juvenil y que por ese carril nunca podrían llegar a los lectores adultos. Quisiera escribir otro libro de poemas para chicos. También estoy pensando en el tema de mi próxima novela, pero por el momento no tengo mucho que decir. Me expongo en todos los caminos esperando que me esté acechando en alguno: porque con las novelas pasa eso; no tiene sentido ir a buscarlas. Hay que esperar que lo encuentren a uno. Ya sucederá.

BIBLIOGRAFÍA DE LAS OBRAS DE
ANA MARÍA SHUA

(en orden cronológico)

El sol y yo. (poesía) Buenos Aires: Ediciones Pro, 1967. Premio Estímulo del Fondo Nacional de las Artes; Faja de Honor de la Sociedad Argentina de Escritores.

Soy paciente. (novela) Buenos Aires: Losada, 1980. Segunda edición: *Maestros de la literatura contemporánea.* Buenos Aires: Altaya, 1996. Tercera edición: Buenos Aires: Sudamericana, 1996. Primer Premio Concurso Internacional de Narrativa de Editorial Losada. Tercer Premio Municipal. Llevada al cine por Rodolfo Corral en 1986.

Los días de la pesca. (cuentos) Buenos Aires: Corregidor, 1981. El cuento "Otro" recibió una mención en el Concurso Internacional de Puebla, México.

Los amores de Laurita. (novela) Buenos Aires: Sudamericana, 1984. Tres reimpresiones. Llevada al cine por Antonio Ottone en 1986.

La sueñera. (cuentos brevísimos) Buenos Aires: Minotauro, 1984. Segunda edición: Buenos Aires: Alfaguara, 1996. Dos reimpresiones.

Viajando se conoce gente. (cuentos) Buenos Aires: Sudamericana, 1988. El relato que da título al libro obtuvo el primer premio en el Primer Concurso de Cuentos Eróticos de la Revista *Don.*

La batalla entre los elefantes y los cocodriles. (cuento infantil) Buenos Aires: Sudamericana, 1988. Cinco reimpresiones.

Expedición al Amazonas. (cuento infantil) Buenos Aires: Sudamericana, 1988. Seis reimpresiones.

La fábrica del terror. (cuento infantil) Buenos Aires: Sudamericana, 1990. Catorce reimpresiones. Premio Lista de Honor de ALIJA; Premio "Los Mejores" del Banco del Libro de Venezuela.

El marido argentino promedio. (humor) Buenos Aires: Sudamericana, 1991. Tres reimpresiones.

La puerta para salir del mundo. (cuento infantil) Buenos Aires: Sudamericana, 1992. Cinco reimpresiones.

Casa de geishas. (cuentos brevísimos) Buenos Aires: Sudamericana, 1992.

Risas y emociones de la cocina judía. (humor) Buenos Aires: Grupo Editorial Shalom, 1993.

Cuentos judíos con fantasmas y demonios. (cuento juvenil) Buenos Aires: Grupo Editorial Shalom, 1994.

El libro de los recuerdos. (novela) Buenos Aires: Sudamericana, 1994.

El pueblo de los tontos. (antología de humor tradicional judío) Buenos Aires: Sudamericana, 1995.

El tigre gente. (cuento juvenil) Buenos Aires: Sudamericana, 1995. Reeditado por Sudamericana como *Miedo en el sur: El tigre gente y otros cuentos.* Primer Premio Municipal del Cuento; Premio "Destacado" de ALIJA.

Ani salva a la perra Laika. (cuento infantil) Buenos Aires: Sudamericana, 1996. Una reimpresión. Premio Cuadro de Honor de la Municipalidad de San Miguel de Tucumán; Mención Especial del Premio Fantasía Infantil.

La muerte como efecto secundario. (novela) Buenos Aires: Sudamericana, 1997. Premio Sigfrido Radaelli otorgado por el Club de los XIII.

Sabiduría popular judía. (antología de folklore) Buenos Aires: Ameghino, 1997. Una reimpresión.

Historia de un cuento. (cuento juvenil) Buenos Aires: Sudamericana, 1998.

Como agua del manantial: Antología de la copla popular. (antología de coplas populares) Una reimpresión. Buenos Aires: Ameghino, 1998.

La fábrica del terror II. (cuento infantil) Buenos Aires: Sudamericana, 1998. Premio Cuadro de Honor Municipalidad de Tucumán; Destacado de ALIJA.

Las cosas que odio y otras exageraciones. (poesía infantil) Buenos Aires: Alfaguara, 1998.

Cabras, mujeres y mulas: Antología del odio/miedo a la mujer en la literatura popular. (antología de literatura popular) Una reimpresión. Buenos Aires: Sudamericana, 1998.

Antología de amor apasionado. Shua, Ana María y Alicia Steimberg, eds. *(antología) Buenos Aires: Alfaguara, 1999.*

Cuentos con magia. (cuento infantil; adaptación de cuentos populares) Buenos Aires: Ameghino, 1999.

Cuentos con magia II. (cuento infantil; adaptación de cuentos populares) Buenos Aires: Ameghino, 1999.

El valiente y la bella: Cuentos de amor y aventura. (cuento infantil; adaptaciones de cuentos populares) Buenos Aires: Alfaguara, 1999.

Botánica del caos. (cuentos brevísimos) Buenos Aires: Sudamericana, 2000.

Traducciones de la obra de Ana María Shua
(en orden cronológico)

Libros Traducidos

Lauritas Liebschaften. Trad. Gunhild Neggestich. Wuppertal: Peter Hammer Verlag, 1992. München: Deutscher Taschenbuch Verlag, 1995.

Contos judaicos com fantasmas e demonios. Trad. Inés Noguera. San Pablo, Brasil: Shalom, 1994.

Patient. Trans. David William Foster. Discoveries Series. Pittsburgh: Latin American Review P, 1997.

Sono Paziente. Trad. Giovanni Lorenzi. Zanzibar Series. Firenze, Italia: Gruppo Editoriale Giunti, 1997.

The Book of Memories. Trans. Dick Gerdes. Jewish Latin America Series. Albuquerque: U of New Mexico P, 1998.

Traducciones en Revistas y Antologías

"Histoire de famille." Trad. Louis Jolicoeur. *Rencontres*. Ed. Marie-José Theriault. Montreal: Editions Sans Nome, 1989. 229-230.

"Als een goede moeder." Trans. Anke van Haastrecht. *Tegendraadse tango's*. Comp. Bakker and Anke van Haastrecht. Amsterdam: Het Wereldvenster, 1989. 49-60.

"Family Chronicle." Trans. Norman T. Di Giovanni. *Hand-in-Hand Alongside the Tracks*. Ed. Norman Thomas di Giovanni. London: Constable Publishing House, 1992. 95-104.

"Wenn man reist, lernt man Leute kennen." Trans. Ray-Güde Mertin. *Betonblumen*. Ed. Ray- Güde Mertin. Frankfurt: Fischer Verlag, 1992. 49-60.

"Excerpts from Dream Time." Trans. Regina Harrison. *Secret Weavers: Stories of the Fantastic by Women of Argentina and Chile*. Ed. Marjorie Agosín. Fredonia, N.Y. : White Pine P, 1992. 144-145.

"Other/Other." Trans. Mary G. Berg. *Secret Weavers: Stories of the Fantastic by Women of Argentina and Chile*. Ed. Marjorie Agosín. Fredonia, N.Y.: White Pine P, 146-156.

"Fishing Days." Trans. Mary G. Berg. *Secret Weavers: Stories of the Fantastic by Women of Argentina and Chile*. Fredonia, N.Y.: White Pine P, 157-163.

"Twelve Short Short Stories by Ana María Shua." Trans. Rhonda Dahl Buchanan. *American Voice* 44 (1997): 101-104.

"Cuentos brevísimos/Short Short Stories by Ana María Shua." Trans. Rhonda Dahl Buchanan. *Confluencia* 13.2 (1998): 212-214.

"Minor Surgery" and "A Profession like Any Other." Trans. Kathy Leonard. *Cruel Fictions, Cruel Realities. Short Stories by Latin American Women Writers*. Ed. Kathy Leonard. Pittsburgh: Latin American Review P, 1997. 97-109.

"Doña Luisa gegen die Zeit." Trad. Peter Ripken. *Andere Länder, andere Zeiten*. Ed. Peter Ripken. München: Marino Verlag, 1997. 247-256.

"A Good Mother." Trans. Dick Gerdes. *Próspero's Dream: A Translator's Portfolio*. Ed. Ilán Stavans. Willimantic, Connecticut: Curbstone P, 1998. 75-105.

"Wie eine gute Mutter." *Mohnblumen auf schwarzem filz*. Eds. Regina Keil and Thomas Brückner. Zürich: Unionsverlag, 1998. 181-196.

"Nastan Amerika." Trans. Göran Skogberg. *En färd mot vindens ansikete.* Ed. Göran Skogberg. Estocolmo: En Bok for Alla, 1998.

"La tía Judith." Trans. Ljlja Andjic. *Antología de la literatura judía contemporánea.* Ed. David Albahari. Andjic, Belgrado: SKZ, Srpska Kajizevna Zadruga, 1998. 404-413.

"From *The Book of Memories* - Almost Like America." Trans. Dick Gerdes. *The House of Memory: Stories by Jewish Women Writers of Latin America.* Ed. Marjorie Agosin. N.Y.: The Feminist P, 1998. 67-75.

"Selection from *House of Geishas* by Ana María Shua." Trans. David William Foster. *Rocky Mountain Review of Language and Literature* 53.1 (1999): 91-93.

"The Spinal Column." Trans. Rhonda Dahl Buchanan. *Human Rights in the Americas.* Ed. Marjorie Agosín. Spec. issue of *Southwest Review* 85.3 (2000): 386-395.

BIBLIOGRAFÍA SELECTA SOBRE LA OBRA DE ANA MARÍA SHUA[*]

Agosín, Marjorie. "Ana María Shua, Marisa Di Giorgio y Liliana Heker." *Literatura fantástica del Cono Sur*. Ed. Marjorie Agosín. San José de Costa Rica: Editorial Universitaria Centroamericana, 1992. 149-60.

———. "Escritura de una judía e historias de vida." *Taller de Letras* [Santiago, Chile] 24 (1996): 93- 98.

Andrade, Ester. "El modelo de heroína en tres escritoras argentinas contemporáneas: Shua, Abstatz y Gorodischer." *Actas del primer simposio internacional en Berlín Occidental sobre literatura y cultura literaria de mujeres de América Latina*. Berlin: Institut der Freien Universität, 1989.

Arango, Fanny. "Ana María Shua." *Jewish Writers of Latin America. A Dictionary*. New York: Garland, 1997. 483- 489.

Barone, Roxana. "La entrevista de *Puro Cuento*: Ana María Shua: 'Todo escritor sabe que escribe para un lector'." *Puro Cuento* 36 (1992): 2-6.

Beard, Laura. Rev. of *El libro de los recuerdos*, by Ana María Shua. *Hispania* 79 (1996): 827- 828.

Buchanan, Rhonda Dahl. "Entrevista a Ana María Shua." Agregada a "Historiographic Metafiction in Ana María Shua's *El libro de los recuerdos*." *Revista Interamericana de Bibliografía* 48.2 (1998): 292-306.

———. "El género rebelde de la literatura: El cuento brevísimo en *Casa de geishas* de Ana María Shua." *El Cuento en Red* 2.1 (invierno 2001). <http://cuentoenred.org>.

———. "Historiographic Metafiction in Ana María Shua's *El libro de los recuerdos*." *Revista Interamericana de Bibliografía* 48.2 (1998): 279-291.

———. "Literature's Rebellious Genre: The Short Short Story in Ana María Shua's *Casa de geishas*." *Revista Interamericana de Bibliografía* 46.1-4 (1996): 179-192.

———. "Narrating Argentina's 'Epoca del Miedo' in Ana María Shua's *El libro de los recuerdos*." *Confluencia* 13.2 (1998): 84-91.

———. "Visiones apocalípticas en una novela argentina: *La muerte como efecto secundario* de Ana María Shua." *Revista Iberoamericana* 66.192 (2000): 545-55.

Castro, Silvana. "Ana María Shua." *Breve diccionario biográfico de autores argentinos desde 1940*. Ed. Pedro Orgambide. Buenos Aires: Atril, 1999. N. pag.

Corbatta, Jorgelina. "Historia y ficción en la narrativa argentina después de 1970." *Romance Languages Annual* 5 (1993): 370-375.

---

[*] Han aparecido en los medios argentinos e internacionales muchas reseñas de la obra de Shua y entrevistas con la autora, de las cuales aquí se presenta una selección.

Cresta de Leguizamón, María Luisa. "Narrar desde el humor. Tres escritoras argentinas: Ana María Shua, Cristina Wargon, Luisa Futoransky." *Revista de Iztapalapa* 37 (1996): 37- 42.

Dellepiane, Angela. "El aporte femenino a la narrativa última argentina." *La escritora hispánica*. Eds. Erro-Orthmann, Nora y Juan Cruz Mendizábal. Miami: Ediciones Universal, 1990. 61-71.

De Mora, Carmen. "El cuento argentino del postboom: Mempo Giardinelli, Luisa Valenzuela, Ana María Shua y Fernando Sánchez Sorondo." *El relato breve en las letras hispánicas actuales*. Ed. Patrick Collard. Amsterdam: Ediciones Rodopi B.V., 1997. 23-40.

Drucaroff, Elsa. "Pasos que hacen camino." *La narración gana la partida*. Ed. Elsa Drucaroff. Vol. 11 de *Historia crítica de la literatura argentina*. Ed. Noé Jitrik. Buenos Aires: Emecé, 2000. 461-491.

Foster, David William. "Ana María Shua." *Pasión, identidad y memoria*. Ed. Marjorie Agosín. Albuquerque: U of New Mexico P, 1999. 40-45.

García, Mara. "Un encuentro con Ana María Shua y *Casa de geishas*." *Ariel* 11.1 (1995): 78-83.

García Corales, Guillermo. Reseña de *La muerte como efecto secundario*, por Ana María Shua. *Hispania* 83.2 (1999): 275-277.

Gimbernat González, Esther. "*Los amores de Laurita*. La irreverencia subversiva del cuerpo textual." *Novelistas argentinas de los 80*. Buenos Aires: Danilo Albero Vergara, 1992. 277-283.

Gliemmo, Graciela. "El erotismo en la narrativa de las escritoras argentinas (1970-1990). Apropiación, ampliación y reformulación de un canon." *Poéticas argentinas del siglo XX*. Ed. Jorge Dubatti. Buenos Aires: Editorial de Belgrano, 1998. 137-159.

——. "A cada Eva su manzana. La permanencia en el paraíso." *Feminaria* 7 (1991): 2-5.

González, María Inés y Marcela Grosso. "*Historia de un cuento*: Guía de trabajo para el profesor." Buenos Aires: Sudamericana, 1998.

Lagmanovich, David. "El microrrelato en Ana María Shua." *El relato breve en las letras hispánicas actuales*. Ed. Patrick Collard. Amsterdam: Ediciones Rodopi B.V., 1997. 11-22.

Maquieira, María Fernanda. "Los cuentos tradicionales: Conversaciones con Ana María Shua." *Contratapa: Revista de Literatura Infantil y Juvenil* 11(1999): 12-13.

Mertin, Ray-Güde. "Kultur in Diktatur und Demokratie–Ein Gespräch mit der argentinischen Schriftstellerin Ana María Shua." *Literatur Nachrichten* 28 (1991): N. pag.

O'Connell, Patrick L. *The Function of Memory in Argentine Postmodern Narrative by Mempo Giardinelli, Tununa Mercado and Ana María Shua*. Diss. U of New Mexico, 1997.

——. Historical Memory, Parody, and the Use of Photography in Ana María Shua's *El Libro de los Recuerdos*." *World Literature Today* 73.1 (1999): 77-87.

——. Individual and Collective Identity through Memory in Three Novels of Argentina's El proceso'." *Hispania* 81.1 (1998): 31-41.

Ortega, Julio. "Escritura femenina." *El arte de innovar*. México: UNAM, 1996. 137-139.

Oviedo, José Miguel. "Una novela sobre la muerte." *Cuadernos Hispanoamericanos* 571 (1998): 153-157.

Pollack, Beth. "Ana María Shua." *Encyclopedia of World Literature in the 20th Century*. 2nd ed. New York: St. James P, 1999.

——. "Entrevista a Ana María Shua." *Hispamérica* 23.69 (1994): 45-54.

——. Rev. of *Los amores de Laurita*, by Ana María Shua. *Chasqui* 21 (1992): 166-168.

——. Rev. of *El marido argentino promedio*, by Ana María Shua. *Chasqui* 22 (1993): 105-107.

——. "Shua y Ulla: Nuevas escritoras en la frontera literaria." *Palabras de allá y de acá*. Juárez: Universidad Autónoma de Ciudad Juárez, 1991. 36-41.

Secreto, Cecilia. "Herencias femeninas: nominalización del malestar." *Mujeres que escriben sobre mujeres (que escriben)*. Ed. Cristina Piña. Colección Biblioteca de Mujeres. Buenos Aires: Biblos, 1998. N. pag.

Siles, Guillermo. "El microrrelato y la crítica: los textos de Ana María Shua." *Reflejos: Revista del Departamento de Estudios Españoles y Latinoamericanos* [Universidad Hebrea de Jerusalem] 7 (1998): 17-21.

Verolín, Irma. "El humor en la escritura de narradoras argentinas contemporáneas: de la cosmovisión a la estética." *Feminaria* 21 (1998): 54-61.

Colección INTERAMER / *INTERAMER Collection*

Los estudios y trabajos que integran la colección *INTERAMER* tienen por finalidad poner al alcance del lector temas vinculados con el desarrollo socio-educativo y cultural que se produce en nuestra región. Se dirige tanto a docentes e investigadores como a público en general interesado en la presentación condensada de conocimientos indispensables para la comprensión crítica de problemas de nuestra región. La serie no se limita a una época, a una problemática o a una escuela de pensamiento y presenta obras que forman una biblioteca de consulta y orientación en torno a la educación y la cultura de nuestro tiempo.

The objective of the research and studies that comprise the INTERAMER series is to inform the reader of themes related to socio-educational and cultural developments in the Region. INTERAMER is directed to educators, researchers, and to the general public, all of whom may be interested in a condensed presentation of knowledge that is critical to the understanding of our Region's problems. The series is not limited to an era, a single problem, or to a school of thought, but rather, to a larger extent, presents studies that can be used as consultative material regarding education and culture of our time.

Lista de precios en los EE.UU. / *Price list in the U.S.A.*

INTERAMER No.

21. *Los sistemas de educación superior en los países del MERCOSUR: Elementos fundamentales y bases para su integración*
    Enrique Saravia, ISBN 0-8270-3125-4 $8.00

22. *Un huracán llamado progreso: Utopía y autobiografía en Sarmiento y Alberdi*
    Adriana Rodríguez Pérsico, ISBN 0-8270-3158-0 $18.00

23. *Azul... de Rubén Darío: Nuevas perspectivas*
    Jorge Eduardo Arellano, ISBN 0-8270-3176-9 $10.00

24. *Indicadores de la comprensión lectora*
    Margarita Gómez-Palacio, ISBN 0-8270-3167-X $10.00

25. *¿Pedagogía masculina - educación femenina?*
    Winfried Böhm, ISBN 0-8270-3169-6 $12.00

26. *La iconografía musical latinoamericana en el renacimiento y en el barroco: Importancia y pautas para su estudio (Spanish and English)*
    Rosario Alvarez, ISBN 0-8270-3177-7 $8.00

27. *Escuela, fracaso y pobreza: Cómo salir del círculo vicioso*
    Inés Aguerrondo, ISBN 0-8270-3168-8 $12.00

28. *La educación ambiental se enraiza en el continente*
    Marco A. Encalada, ISBN 0-8270-3172-6 $8.00

29. *La enseñanza de la historia*
    Josefina Zoraida Vázquez y Pilar G. Aizpuru, comps.
    ISBN 0-8270-3174-2 $14.00

30. *El español en el nuevo mundo:*
    Estudios sobre historia lingüística hispanoamericana
    María Beatriz Fontanella de Weinberg, comp.
    ISBN 0-8270-3170-X $12.00

31. *La educación para el trabajo en el MERCOSUR:*
    Situación y desafíos
    María Antonia Gallart, ISBN 0-8270-3283-8 $12.00

32. *Hacia una mejor calidad de nuestras escuelas*
    Sylvia Schmelkes, ISBN 0-8270-3300-1 $12.00

33. *Gabriela Mistral: An Artist and Her People*
    Elizabeth Horan, ISBN 0-8270-3277-3 $14.00

34. *Colombia: Literatura y cultura del siglo XX*
    Isabel Rodríguez Vergara, ed., ISBN 0-8270-3276-5 $18.00

35. *The Legal Framework of Education in the Organization*
    of Eastern Caribbean States
    Kenny D. Anthony, ISBN 0-8270-3301-X $10.00

36. *Oficio crítico: Notas de introducción a la literatura*
    hispanoamericana
    David Lagmanovich, ISBN 0-8270-3287-0 $14.00

37. *Education, Equity and Economic Competitiveness*
    in the Americas. Volume I: Key Issues
    Jeffrey Puryear and José Joaquín Brunner, eds.
    ISBN 0-8270-3314-1 $12.00

38. *Lectura y vida*
    María Elena Rodríguez, comp., ISBN 0-8270-3173-4 $12.00

39. *Adquisición de la lengua escrita*
    María Elena Rodríguez, comp., ISBN 0-8270-3367-2 $14.00

40. *Educación, equidad y competitividad económica*
    en las Américas. Volumen II: Estudios de caso
    Jeffrey Puryear and José Joaquín Brunner, eds.
    ISBN 0-8270-3315-X $22.00

41. *Theory, Practice, and the Education of the Person*
    Winfried Böhm, ISBN 0-8270-3423-7 $16.00

42. *La idea de universidad*
    Mónica Luque, ISBN 0-8270-3285-4 $18.00

43. *Educación y medio ambiente en los países andinos*
    Beatrice Edwards, ed., ISBN 0-8270-3284-6 $16.00

44. *Etnia y nación, Vol. I*
    George de Cerqueira Leite Zarur, comp.
    ISBN 0-2870-3286-6 $14.00

45. *Etnia y nación, Vol. II*
    George de Cerqueira Leite Zarur, comp.
    ISBN 0-2870-3424-5 $14.00

46. *Educación y justicia: Términos de una paradoja*
Pablo Latapí, ISBN 0-8270-3380-X $14.00

47. *Análisis y propuestas para la planeación educativa*
Carlos Muñoz Izquierdo, ISBN 0-8270-3379-6 $14.00

48. *Arquitectura vernacular en Panamá*
Julio E. Mora Saucedo, et al., ISBN 0-8270-3278-1 $14.00

49. *Aportes para una pedagogía de la persona*
Giuseppe Flores d'Arcais, ISBN 0-8270-3425-3 $12.00

50. *El puente de las palabras:*
Homenaje a David Lagmanovich
Ines Azar, ed., ISBN 0-8270-3302-8 $24.00

51. *El envejecimiento humano. Sus derivaciones pedagógicas*
Norma Tamer, ISBN 0-8270-3376-1 $16.00

52. *Alejandra Pizarnik: Evolución de un lenguaje poético*
Susana Haydu, ISBN 0-8270-3535-7 $18.00

53. *Gender Dimensions in Education in Latin America*
Nelly Stromquist, ed., ISBN 0-8270-3536-5 $18.00

54. *Educational Reform in the Commonwealth Caribbean*
Errol Miller, ed., ISBN 0-8270-3640-X $18.00

55. *The Heirs of Ariadne*
Harry Belevan, ISBN 0-8270-3642-6 $12.00

56. *Estudios de la mujer en América Latina*
Gloria Bonder, ed., ISBN 0-8270-3645-0 $18.00

57. *Educational Management in Latin America:*
Construction and Reconstruction of Knowledge
Benno Sander, ISBN 0-8270-3606-X $14.00

58. *Evaluación programática y educacional en el sector*
público: Enfoques y perspectivas
Mario Rivera y Luis Fernández y Zavala, eds.
ISBN 0-8270-3644-2 $18.00

59. *Latin America: Its Cities and Ideas*
José Luis Romero, ISBN 0-8270-3539-X $18.00

60. *Meio ambiente, educação e desenvolvimento*
José Carlos Mello, ISBN 0-8270-3541-1 $14.00

61. *América Latina: Universidades en transición*
Simon Schwartzman, ISBN 0-8270-3542-X $16.00

62. *Pedro Henríquez Ureña: Signo de América*
Emilio Carrillia, ISBN 0-8270-3642-0 $14.00

63. *Nationhood from the Schoolbag: A Historical Analysis*
of the Development of Secondary Education in Trinidad
and Tobago
Michael H. McD. Alleyne, ISBN 0-8270-3591-8 $16.00

64. *Haunting Demons: Critical Essays on the Works of Gabriel García Márquez*
Isabel Rodríguez Vergara, ISBN 0-8270-3852-6 ..... $14.00

65. *The Organization of American States in its 50th Year: Overview of a Regional Commitment*
Christopher R. Thomas, ISBN 0-8270-3876-3 ..... $16.00

66. *Medio Siglo de la Organización de los Estados Americanos: Panorama de un compromiso regional*
Christopher R. Thomas, ISBN 0-8270-3913-1 ..... $16.00

67. *Educación para un futuro sostenible en América Latina y el Caribe*
(Spanish and English)
Eloisa Trellez Solís y Gustavo Wilches Chaux
ISBN 0-8270-4042-3 ..... $14.00

68. *Educación en las Américas: Calidad y equidad en el proceso de globalización*
(Spanish and English)
Ernesto Schiefelbein and Benno Sander, eds.
ISBN 0-8270-3982-4 ..... $14.00

69. *Sustainable Development in Latin America: Financing and Policies Working in Synergy*
(English and Spanish)
Juan Carlos Jordán and Ramón López, eds.
ISBN 0-8270-4098-9 ..... $18.00

70 *El río de los sueños: Aproximaciones críticas a la obra de Ana María Shua*
Rhonda Dahl Buchanan, ed., ISBN 0-8270-4207-8 ..... $18.00

Para adquirir algunas de estas publicaciones, haga su pedido adjuntando un cheque (personal o bancario) a orden de la OEA a la siguiente dirección:

OAS Bookstore
Organización de los Estados Americanos
1889 "F" Street, NW
Washington, DC 20006
USA

E-mail: cidi@oas.org

To order any of these publications, please make your check (personal or bank) payable to the OAS and send to:

OAS Bookstore
Organization of American States
1889 "F" Street, NW
Washington, DC 20006
USA

E-mail: cidi@oas.org